Das

Erbrecht

des

Mittelalters.

Von

Dr. Eduard Gans.

Stuttgart und Tübingen.
In der J. G. Cotta'schen Buchhandlung.
1829.

Das

Erbrecht

in

weltgeschichtlicher Entwickelung.

Eine Abhandlung

der

Universalrechtsgeschichte,

von

Dr. Eduard Gans.

Dritter Band.

Stuttgart und Tübingen:
In der J. G. Cotta'schen Buchhandlung.
1829.

Vorrede.

Ein Schriftsteller ist so sehr, wie ich glaube, ein Mann des Publicums, daß er Wegbleiben und Wiedererscheinen nicht in seiner bloßen Beliebigkeit hat, sondern über Beides Rechenschaft schuldig ist. Wenn ich nach mehr als vier Jahren die Fortsetzung eines Werks gebe, das in rascheren Zügen zu liefern versprochen wurde, so darf ich, meiner Meinung nach, nicht ohne Vorwort auftreten, das die Versäumung erklärt. Von einer Reise zurückgekehrt, deren Resultate zum Theil dem jetzigen Werke gewidmet waren, wurde ich von der wohlwollenden Regierung meines Vaterlandes zu einem academischen Lehramte berufen, dem ich um so mehr alle meine Kräfte schuldig war, als schwierige Verhältnisse das vollständige Rechtfertigen eines Vertrauens nothwendig machten, dessen ganzen Werth ich erkannte. Drei Jahre habe ich bedurft, um mich in dieser neuen Laufbahn festzusetzen, um bei mannigfachem Wechsel der Vorlesungen, die vorbereitenden

Arbeiten zu unternehmen, die sie erfordern, und die, wenn sie mit Ernst betrieben werden, von weitaussehenden litterarischen Plänen abziehen müssen. Dazu traten einige dem Druck übergebene Arbeiten, welche in näherer Beziehung zu meinen unmittelbaren Beschäftigungen standen, die Gründung einer kritischen Anstalt, die vielfach meine Kräfte in Anspruch nahm, endlich das Auffinden und Auffassen neuer Berührungspunkte und neuer Interessen, wie sie in jedem bewegteren Leben, und meines gehört zu den bewegtesten, die alten wenigstens für eine Zeitlang verdrängen.

Jetzt aber kehre ich zu meinem Werke, wie zu einer alten Geliebten, zurück, und hoffe eher Lob für meine Treue, als fortgesetzte Vorwürfe für mein Umherschwärmen zu erhalten. Schwieriger dürfte es vielleicht seyn, für diesen dritten Band auf dieselbe Gunst, wie für die beiden ersten Anspruch zu machen, weil die Kraft einer jugendlichen Begeisterung, die diese entstehen ließ, in der größeren Nüchternheit des jetzigen sich kaum wieder erkennen läßt, und weil es scheinen könnte, als sey ich selbst zu jener trockeneren Weise der Behandlung zurückgekehrt, die anzufechten und zu beseitigen zum Beruf meines Lebens gesetzt war. Das Uebergewicht der historischen und blos darstellenden Seite über die philosophische Auffassung und Begründung ist wenigstens

der Quantität nach merkbar; und ich habe mich in
so fern gegen die etwaige Anfechtung sicher zu stellen, als sey ich von meinen Principien, in Beziehung auf die Behandlung der Rechtswissenschaft,
abgewichen.

Die Darstellung des Familienrechts des Mittelalters muß, des Geistes dieser Periode wegen, bedeutend von der des Alterthums und der neueren
Zeit abweichen. In vielfache, ja in unendliche
Besonderheiten zerspalten, sind es diese Particularitäten, welche das Wesen der Zeit ausmachen. Der
Gedanke, der Allem zu Grunde liegt, ist einfach,
und tritt in ermüdender Wiederholung auf. Verschieden und mannigfach sind nur die äußerlichen
Gestalten, die er sich giebt, die oft mehr poetischen
als gedankenvollen Formen, die er sich erlaubt, und
die heterogenen Bildungen, in denen er hervortritt.
Während im Alterthum und in der neueren Zeit der
Gedanke, der sich dann in die verschiedenen Consequenzen des Lebens durchführen läßt, das Obere ist,
müssen im Mittelalter die Besonderheiten musivisch
zusammengestellt werden: es handelt sich darum, historische Massen auftreten zu lassen, und die Wirksamkeit des Ganzen ist durch den ungeheuren Aufwand des Einzelnen bedingt, der darin verschwendet
ist. Wollte ein Historiker im Mittelalter, wie im
Alterthum, den einfachen Grundgedanken aufstellen,

und das Einzelne darin aufgehen laſſen, ſo würde
er eine überaus dünne Geſchichte liefern und ſich
mit Recht den Vorwurf zuziehen, dem Bilde alle
ſeine Fülle entzogen zu haben. Das Mittelalter iſt
die Welt der hiſtoriſchen Einzelnheit: daher bleibt es
auch der Lieblingsgegenſtand der bloßen und reinen
Hiſtoriker, das Alterthum und die neue Zeit dagegen
haben es weſentlich mit Gedanken, als mit dem
Hauptſächlichen und Obenanſtehenden zu thun.

Iſt das Mittelalter nun grade dazu geeignet,
mehr Particularität als die übrigen Perioden der
Geſchichte zu erfordern, ſo glaube ich dennoch nicht,
es an ſolchen Ueberſichten fehlen gelaſſen zu haben,
die den vielfach geformten und auseinanderfallenden
Stoff wiederum zuſammenfaſſen und das Beſondere
zu ſeinem Allgemeinen zurückführen. Nur habe ich
mich immer mehr und mehr bemüht, weniger in Form
von logiſchen Categorien aufzutreten, und mehr die
Tapferkeit der Sachen und Gedanken da, wo es
möglich war, allein wirken zu laſſen, als durch den
Harniſch anzudeuten, daß hier ernſte Geſchäfte ge-
handhabt würden. Abgeſehen davon, daß dadurch
ſolche, die mit der Bewegung des philoſophiſchen
Denkens unbekannt ſind, nunmehr doch die einfach
vorgetragenen Reſultate deſſelben beurtheilen können,
glaube ich jetzt zu der Ueberzeugung gekommen zu
ſeyn, daß die wahrhafte hiſtoriſche Darſtellung ſich

eben so weit davon entfernt halten müsse, die lebendige Einzelheit in allgemeine Formeln aufgehen zu
lassen, als sie etwa das Begriffmäßige und Inwendige sich durch den Ballast des mühsam erschleppten Einzelnen verkümmern lassen darf. Der Historiker und der Dichter sind hier in einem Falle. Geklingel ohne Gedanken wird man nicht Poesie nennen wollen, aber auch nicht Gedanken ohne das
Vorwiegende der Form. Wer seinen Stoff vom
Begriffe durchziehen läßt, und den so durchwärmten
und bildsam gewordenen, wiederum hervorbringen
kann, wird das Richtige und seinem Gegenstande
Angemessene leisten. Hätten sich in der neuesten
Zeit einige sonst mit Geist begabte Männer dieser
freilich schwereren Zucht unterworfen, so würde die
philosophische Richtung nicht in die unangenehme
Verlegenheit gerathen seyn, solche Erzeugungen, die
unter ihrem Namen gingen, als uneheliche Kinder
zurückzuweisen. Es ist in der That weit leichter, bei
Gelegenheit eines bestimmten Geschäftes auf Kosten
der Philosophie, das von ihr für alle Seiten des
Lebens mühsam erarbeitete zu verschwenden, gleichviel,
ob es passe oder nicht, als sein Geschäft selbst mit
philosophischem Sinne auszuführen, ohne die anderweitigen Kreise anzustrengen.

Weniger glaube ich, wird es der Entschuldigung
bedürfen, daß dieser Band auch in einem anderen

wesentlichen Punkte von den vorhergehenden abweicht.
Man wird hier vergebens jene harte und rauhe Polemik suchen, deren ich so oft angeklagt worden bin,
aber die alle, welche mich näher kennen, nicht aus
der Beschaffenheit meines Gemüthes, sondern aus
dem unaufhaltsamen Drang der Sachen erklären
werden. Als ich vor sechs Jahren jene heftige Ka-
nonade begann, die ich jetzt freilich, nachdem der Un-
gestüm des zu jugendlichen Alters gewichen, gern in
eine zierlichere Tactik verwandelt gesehen hätte, waren es folgende Umstände, die mich dazu berechtigten. Die legitime Herrschaft der Philosophie im
Rechte war mir eben in ihrer vollen Macht aufgegangen, und ich wollte meiner Herrin über alle Völker und über alle Reiche eine Universalmonarchie
gründen, die nothwendig das bloß Einzelne verschlingen mußte. Daß hier manches Verdienst nicht anerkannt, manch wohlerworbener Ruhm nicht geschont
wurde, versteht sich von selbst. Wer hat je in der
Hitze der Schlacht dafür gesorgt, daß dem Gegner zu
weich gebettet werde? Aber persönliche Motive muß
ich heute zurückweisen, wie ich sie früher abgelehnt
habe: ich mag nicht in Abrede stellen, daß ich einen
natürlichen Hang zur Polemik und zum Kriege habe,
der, wenn er einen gerechten Inhalt ergreift, sich dann
um so leichter entzündet; aber wenn die Schlacht
ausgetobt hat, habe ich wieder einen eben so natür-

lichen Drang zum Frieden und zur Versöhnung.
Wie jemand, den wissenschaftliche oder politische Angriffe trafen, sich persönlich verletzt fühlen könne,
habe ich niemals begriffen.

Wozu sollte auch jetzt noch der herbe Fanatismus nützen, mit dem ich vor sechs Jahren ins Feld
rückte? Der guten Sache ist vollständiger Sieg geworden. Es giebt jetzt fast Niemanden, der nicht
das Uebergewicht der philosophischen Bildung im
Rechte anerkennen müßte, oder in Ernst glauben
könnte, die Rechtsgeschichte dürfe sich noch mit ihrem
engen Boden und mit ihren dürftigen Studien begnügen. Hat ja selbst der berühmte Urheber der
historischen Schule seine Angriffe gegen die philosophische Begründung des Rechts, und gegen die uni-
versalgeschichtliche Ausdehnung als Misverständnisse
der Gegner erklärt und somit allem Streite ein Ende
gemacht. Haben ja selbst Mitglieder der historischen
Schule bei Abhandlungen, die zunächst Römisches
Recht betrafen, Rücksicht auf Indische, Griechische
und Deutsche Institutionen genommen, oder Vorlesungen über Universalrechtsgeschichte angekündigt.
Wem kann es noch einfallen, keinen Unterschied zwischen hoher und niederer Jurisprudenz zu machen,
oder zu wähnen, der Wissenschaft sey mit jenen ewig
wiederkehrenden civilistischen Abhandlungen gedient, die
bei Gelegenheit einer kleinen Neuerung das Alte hun-

dertfältig zu produciren wissen. Bei solcher Anerkennung, von der nur zu wünschen bleibt, daß sie
sich in recht vielen und gediegenen Arbeiten documen-
tiren möge, wäre es Starrheit, wenn ich nicht ebenfalls in milderen Formen mich zu bewegen wüßte,
und nicht die Härte früherer Aeußerungen bedauerte.
In einer zweiten Auflage meines Werks dürfte Alles verschwinden, was mehr der Zeit und Stimmung
als der Sache angehörte.

Daß aber selbst mit diesem Bande das Werk
nicht vollendet ist, bedarf noch der Vertheidigung.
Wenn man zunächst an die Ausarbeitung eines Buches kommt, so sind es mehr die allgemeinen Gedanken, als die Einzelnheit des Materials, welche die
Uebersicht ausmachen. Man schätzt den Umfang nur
nach den Ideen, die etwa den Inhalt bilden. Bei
der Arbeit kommt aber alsdann das ungeheure Heer
des Details in allmählicher Entwickelung zum Vorschein, und so schließt sich ein Band da ab, wo man
schon das Ende des Ganzen geglaubt hatte. Daß
in diesem Bande die Darstellung breiter und weitläuftiger geworden sey, wird man hoffentlich nicht
finden; vielmehr habe ich Manches zusammengedrängt,
was wohl Ausführung vertragen hätte, und anderes
blos aus dem Grunde weggelassen, daß das Buch
nicht zu stark ausfiele. Aber theils ist das Mittelalter schon oben als ganz unverträglich mit bloßen

Abstractionen geschildert worden, theils waren die Gegenstände zu neu und zu unerforscht, als daß nicht einige Ausführlichkeit nothwendig geschienen hätte. Selbst der Abdruck der Beweisstellen war in vielen Fällen nicht zu umgehen. Die meisten Quellen, die hier benutzt worden sind, befinden sich vielleicht in den Händen keines einzigen meiner Leser: und schwerlich hat jemand Muße oder Gelegenheit sich von der Wahrheit meiner Anführungen zu unterrichten. Sollte mich dieser Umstand nicht um so mehr auffordern, meine Beweise zu liefern, als hiermit zugleich der Nutzen verbunden war, daß meine Leser auch den Styl und die Abfassung von Rechtsquellen kennen lernen konnten, deren Eigenthümlichkeit zum Theil hierin selbst liegt?

Die vorliegende Bearbeitung des Romanischen Familien= und Erbrechts wäre aber ohne die Benutzung der Königlichen Bibliothek in Paris überhaupt ganz unmöglich gewesen. Diese enthält einen solchen Schatz von Büchern und Manuscripten, namentlich in Beziehung auf Romanische Länder, daß ein längerer Aufenthalt, als der, welcher mir vergönnt war, mich noch zu reichhaltigeren Notizen geführt haben würde. Vorzüglich ist es die bedeutende Sammlung Italienischer Stadtrechte, welche dem gegenwärtigen Bande außerordentlich förderlich geworden ist. Die Mittheilung einiger namentlich sehr

intereſſanter Statuten, verdanke ich der wohlwollenden Güte meines Herrn Collegen Homeyer, der
eine Sammlung, welche er in Italien zuſammenge-
bracht hatte, mich mit freundlicher Bereitwilligkeit
benutzen ließ. Für das frühere Mittelalter iſt die
Abſchrift des Piſaniſchen Manuſcripts, welche die
hieſige Academie der Wiſſenſchaften beſitzt, und auf
die v. Raumer ſchon in einer eigenen academiſchen
Abhandlung aufmerkſam machte, von der höchſten
Wichtigkeit geweſen. Was aber die Ausarbeitung
dieſes Bandes am Meiſten erſchwerte, war der Mangel an ordentlichen irgend brauchbaren Vorarbeiten.
Daß die Italiener nicht einmal ein Werk beſitzen,
in welchem eine äußerliche Kunde der Stadtrechte
gegeben wird, iſt auffallend: ſelbſt der gründliche Tiraboschi iſt hier dürftig und mager, und auch aus
Muratori iſt etwas Zuſammenhängendes nicht zu
lernen. Vortheilhaft zeichnet ſich das Spaniſche
Recht vor dem Italieniſchen aus. Man ſieht, daß
man es hier mit einem Reiche zu thun hat, und
dogmatiſche Arbeiten giebt es in Menge. Aber auch
eines gründlichen hiſtoriſchen Werkes, dem das gegenwärtige Buch ſehr viel ſchuldig iſt, muß dankbar
Erwähnung gethan werden: ich meine den Ensayo
von Marina, dem ſich an Reichthum des Studiums, und an Umſicht in der Bearbeitung wenige,
auch ſelbſt deutſche und franzöſiſche Werke an die

Seite ſetzen können. Die Portugieſiſchen Hülfsmittel, die ich benutzen konnte, haben mehr die Weiſe
deutſcher Compendien: doch iſt mir manches Schätzbare unzugänglich geweſen.

Darin weicht der Plan dieſes Bandes auf keine
Weiſe von den früheren ab, daß auch das Familienrecht ſich in demſelben bearbeitet finden. Oft iſt der
Ehe und väterlichen Gewalt, wo es nöthig war,
größere Ausführlichkeit als ſelbſt dem Erbrechte gewidmet worden. Es bedarf aber, glaube ich, keiner
Entſchuldigung, daß der Inhalt meines Buches um-
faſſender iſt, als der Titel verſpricht. Wenn aus der
Bemühung für das Erbrecht die gehörige Grundlage
zu finden, allmählich eine Geſchichte des geſammten
Familienrechts geworden iſt, ſo braucht bei einer folgenden Bearbeitung, der Name nur aus dem Buche
auf den Titel zu kommen. Wenn die beiden früheren Bände in Deutſchland keinen Beurtheiler gefunden haben (eine lüderliche Anzeige in den Erlanger
Jahrbüchern habe ich früher ſchon einmal characteri-
ſirt), ſo iſt kaum glaublich, daß dieſem dritten ein
anderes Schickſal bevorſtehe. Es iſt Sitte geworden,
nur von den Büchern Anzeigen zu verfertigen, die
ſich nicht außerhalb des Kreiſes der Facultätsſtudien
bewegen. Noch auffallender iſt es, daß dagegen faſt
alle franzöſiſchen gelehrten Journale von meinem
Werke Notiz nehmend, theils Auszüge, theils Beur-

theilungen gegeben haben, während doch zu erwarten
stand, daß sowohl die Form der Darstellung, als die
Weise des Denkens hier hinderlich seyn könnte. Am
allererfreulichsten ist mir unter diesen die neuliche Beurtheilung von Lherminier in der Revue Fran-
caise gewesen, weil sie von einem tüchtigen und geistreichen Manne Zeugniß giebt, der mit einer um so
schätzenswertheren Redlichkeit sich in mein Buch hin-
eingelesen, als ich sicherlich die Schwierigkeiten, namentlich für einen Nichtdeutschen, nicht beseitigt habe.
So unbegründet mir viele Vorwürfe scheinen, die
mir hier gemacht werden, so sind doch auch diese
lehrreich gewesen, und haben noch im gegenwärtigen
Bande Mancherlei vermeiden lassen, was vielleicht
zu denselben Anlaß gab.

    Ein Werk, dem ich die besten Kräfte meiner
Jugend gewidmet, und das nun auch noch das männliche Alter beschäftigt; bei dem ich es an mühsamen
Studien und Vorarbeiten nicht habe fehlen lassen,
darf hoffentlich auf ernste Aufnahme Anspruch machen, wie es in ernster Absicht unternommen worden.
Ist dieser Ernst mit ehrlicher Strenge gepaart, so
kann es mir nur um desto angenehmer seyn. Mit
dem vierten Bande soll das Werk beschlossen werden.
    Berlin, den 6ten September 1829.

Dr. Eduard Gans.

Inhalt.

**

Dritter Abschnitt.
Das Erbrecht des Mittelalters.

Einleitung.
Vom Recht des Mittelalters.

Die Römische Welt ist in dem vorigen Abschnitte als diejenige bezeichnet worden, welche es mit dem Recht als mit ihrem eigenthümlichen Gegenstande zu thun hatte, und deshalb ganz besonders als die Rechtswelt mit Ausschluß anderer und höheren Sphären erschien. Nachdem sich Rom im Osten angesiedelt hatte, und im Lichte des Orientalischen und Griechischen Alterthums die bunte Vermischung aller Seiten desselben als seinen letzten Act darbot, verlor das Recht allmählich den harten Character der kämpfenden Gegensätze, ohne jedoch die schweren äußerlichen Spuren ganz verwischen zu können, und ging zu einer gewissen Natürlichkeit und allgemeinen Menschlichkeit zurück, welche weder die Naivität der beginnenden Geschichte noch auch das selbstständige Erzeugniß aus früheren Zuständen genannt werden durfte. Jene Natürlichkeit und größere Wahrheit des spätesten Römischen Rechts, war vielmehr nur Erschlaffung der Gegensätze, und der Frieden der Ermüdung, der sich bedeutend von dem der Versöhnung unterscheidet.

A

Somit ist auch der Einfluß angegeben, den das Christenthum auf das Römische Recht übte und üben konnte. Das Christenthum hat für das Alterthum nur eine zersetzende Bedeutung gehabt; dasselbe ist dadurch gleichsam an einem langsamen Feuer zerstört worden, dem seine Zähigkeit nur einige Jahrhunderte widerstehen durfte. Rom hatte es mit festen, wenn auch morsch gewordenen Zuständen, mit einem fertigen Rechte, und mit ausgearbeiteten Verhältnissen zu thun, die ihre Kraft nur in dem Widerstande nicht in weiterer Entwickelung bekunden konnten. Das Christliche Leben hat die Römische Gesetzgebung nicht mehr umzugestalten vermocht: was als Einfluß desselben erscheint, sind Einräumungen, die neben dem Römischen Princip gemacht werden konnten, oder Folgen, die auch ohne das Christenthum, schon aus dem aufgegebenen Kampfe der Römischen Gegensätze hervorgehen durften.

Doch wir wollen näher in dieses Christlich-Römische Recht eingehen und unsere Behauptung im Einzelnen erweisen. Zunächst ist nie unter der langen Reihenfolge der Christlichen Kaiser, wie sehr sich auch die Forderungen nach Vereinfachung des Rechts vermehrten, an eine Umarbeitung desselben im Sinne der neuen Religion gedacht worden, vielmehr geht die Richtung in wichtigen Lehren dahin die Sätze der mittleren Jurisprudenz zu verwischen, und das ältere Recht wiederherzustellen. Alle Bestrebungen laufen auf eine Compilation hinaus, die ihrem wesentlichen Theile nach aus dem vorchristlichen Rechte besteht, und deren Modificationen oder Interpolationen, mehr einer allgemeinen Gleichmäßigkeit als einem veränderten inneren Standpunkte zuzuschreiben sind. Wie das ganze gesammte Alterthum überhaupt in einer großen Compilation, nämlich in der Compilation des Orientalischen, Griechischen und Römischen Lebens zu Byzanz endet, so ist auch das Römi-

sche Recht, dazu gebracht eine Zusammensetzung aus altrö-
mischen Grundsätzen, Griechischen Novellen, und einigem
Christlichem Beiwerk zu seyn. Das Römische Recht wird
nicht mehr durch das Griechenthum und Christenthum,
das es aufgenommen hat, modificirt, als etwa die lateini-
sche Sprache ihre Principien dadurch aufgiebt, beide verlieren dadurch nur ihre Haltung, Eigenthümlichkeit und
Classicität. Wie wenig das Römische Recht die Fähigkeit hat, sich durch das Christenthum neu zu gestalten,
zeigt am sprechendsten die byzantinische Weiterbildung desselben, welche ohne eignes Princip zu immer trüberen dunkle-
ren und misverstandeneren Darstellungen desselben gelangt.
Während das Römische Recht im Occident in Schule und
Wissenschaft zu neuer Durchbildung kommt, muß Rom [1])

---

1) Wie sehr man auch geneigt seyn mag, die Byzantiner für
etwas Anderes als Römer zu halten (den Römischen Kaisern des
Mittelalters gegenüber, werden die Byzantiner Griechen genannt)
und Constantinopel für eine vom alten Rom verschiedene Stadt, so
ist doch das Bewußtseyn in Byzanz niemals verschwunden, daß hier
die wahre Erbschaft des alten Roms sey. Die Römische Kaiserfort-
setzung der Deutschen ist nichts als Usurpation: Constantinopel ist
das neue, runzellose, nie alternde, jugendliche Rom

— — Τὴν νέαν ὄντως Ῥώμην
Ῥώμην τὴν ἀῤῥυτίδωτον τὴν μή ποτε γηρῶσαν
Ῥώμην ἀεὶ νεάζουσαν, ἀεὶ καινιζομένην

(Theod. Prodr. Otto Th. IV. p. 802.). Rom heißt dagegen urbs aeterna
l. 3. C. Theod. de calc. coet. (XIV. 6.) oder auch venerabili l. 2.
C. Theod. de habitu (XIV. 10). Augustinus de civitate Dei
lib. V. cap. 21. sagt: Deus Constantino etiam condere civita-
tem, Romano imperio sociam, velut ipsius Romae filiam sed sine
aliquo daemonum templo simulachroque concessit. Rom ohne
Tempel der Götter ist allerdings ein neues Rom, aber ein in seiner
Jugendlichkeit darum schon welkes, von der alten Grundlage gelöst,
ohne die neue ergreifen zu können.

dem der ungeheure Schmerz sich selber bis zum Anfang der neueren Geschichte hin zu überleben, beschieden ist, sein eigenes Recht misverstehen und verwelken sehen ²).

Freilich erscheint die Behauptung, das Christenthum habe nie in das Römische Recht Eintritt verlangt, um so bedenklicher, je mehr man allerdings sich darauf gefaßt halten muß, eine Menge von Thatsachen aufgestellt zu sehen, welche durch Nichts Anderes als durch den Einfluß des Christenthums in das Römische Recht gekommen seyn können. Was will man sagen, wenn sogleich die Frömmigkeit der Christlichen Kaiser vorgeführt wird, etwa das sechzehnte Buch des Theodosischen, oder das erste des Justinianeischen Codex, mit seiner Gesetzgebung über den Catholischen Glauben, Bischöfe, Kirchen, Geistliche, Mönche, Hä-

---

2) In der neuesten Zeit hat man dem byzantinischen Rechte viele fleißige Bemühungen zugewandt; doch nur seinem kritischen und litterarischen Theile. Haubold, Biener und Witte haben sich hier schätzbare Verdienste erworben (S. Witte Ueber einige byzantinischen Rechtscompendien des 9ten und 10ten Jahrhunderts im Rheinischen Museum für Jurisprudenz. 2ter Jahrgang. 2 Heft. S. 275 u. fg.). Aber der dogmatische und innerliche Theil des byzantinische Rechts hat sich solcher Arbeiten nicht zu erfreuen. Ich halte zwar dafür, daß das Römische Recht weder aus den Basiliken, noch aus anderen byzantinischen Rechtbüchern irgend eine Erläuterung oder eine andere, als die beiläufigste und unwesentlichste erhalten kann (einzelne kritische Conjecturen mit Hülfe der Basiliken rechne ich eben zu den unwesentlichen). Aber das byzantinische Recht braucht ja nicht grade als Erläuterung des Römischen Rechts behandelt zu werden: es hat in seinem Abfallen von demselben eine Art von Selbstständigkeit, die einmal dargestellt zu werden verdient. Die byzantinische Geschichte ist nicht erfreulicher als das byzantinische Recht, und doch geschieht in der letzten Zeit so viel für die Sammlung ihrer Schriftsteller: ja es hat ihr nicht an einem neueren Historiker gefehlt.

retiker, Schismatiker und Apostaten, und andere sich auf
das Christenthum beziehende Gegenstände. Der Glaube
und seine Bedeutung scheinen sogar immer mehr vorzu-
rücken, indem, das was den Theodosischen Coder doch nur
endet, sich am Anfang des Justinianeischen befindet. Aber
ein Anderes ist wohl die Gesetzgebung über die Kirche, und
der Einfluß der Religion auf das nicht kirchliche Recht.
Wir haben niemals an der Orthodoxie der Römischen Kaiser zweifeln wollen: sie äußert sich stark genug in den damit zusammenhängenden Titeln, gegen Häretiker, Juden
und Heiden ³). Aber sie bleibt auch auf diese Titel beschränkt; sie kommt niemals über dieselben hinaus und
das gesammte andere Recht geht beiher, ohne von dem
Einfluß dieser Frömmigkeit berührt zu werden. Wenn man
etwa im Theodosischen Coder die Spuren aufsucht, in welchen sich das Christenthum außerhalb der kirchlichen Lehren ⁴) bemerklich macht, so begegnet man kaum dreien oder
vieren. Im Jahr 409 verordnet Honorius, daß diejenigen Einwohner, welche aus Furcht vor barbarischer Inva-
sion ihre Provinz verließen und sich in anderen aufhielten,

---

3) Hanc legem sequentes *Christianorum catholicorum* nomen
jubemus amplecti, reliquos vero *dementes vesanosque judicantes*,
haeretici dogmatis infamiam sustinere, nec conciliabula eorum
ecclesiarum nomen accipere, divina primum vindicta, post etiam
motus nostri quem ex caelesti arbitrio sumserimus, ultione
plectendos l. 2. §. 1. C. Theod. de fide cath. (XVI. 1.) l. 1.
C. Iust. de summa trin. (I. 1.).

4) Unter kirchlichen Lehren, wird hier Alles verstanden, was in
weiterer oder näherer Beziehung mit dem Religiösen steht. Wenn
der Kaiser Constantius z. B. gegen die haruspices wüthet (Nemo
haruspicem consulat — Sileat omnibus perpetuo divinandi cu-
riositas — l. 4. C. Theod. de maleficis (IX. 16.) so gehört
dieses allerdings mit zu dem Kirchlichen.

nicht etwa unter dem Vorwand dort gemachter Schulden
festgehalten und ihrer Freiheit beraubt werden dürften.
Man solle sie ruhig in ihre Heimath zurückziehen lassen,
und das ihnen Geliehene auf Rechnung der Menschlichkeit
setzen ⁵). Die Ausführung seines Befehls trägt nun der
Kaiser vorzugsweise und selbst noch vor den Decurionen den Christen der benachbarten Ortschaften auf ⁶).

Man könnte hier nun leicht geneigt seyn, das Christliche Bewußtseyn des Kaisers Honorius geltend zu machen,
und sich auf diese Verbindung der Menschlichkeit (huma-
nitas) mit dem Christenthum zu berufen. Aber es ist
schon mit Recht bemerkt worden, daß, unter dem Ausdruck
Christiani im Codex Theodosianus meist clerici oder
episcopi gemeint sind ⁷). Der Kaiser trägt den Christlichen Geistlichen auf, über die Ausführung seiner Constitution zu wachen. Daß sie so neben die Decurionen gestellt sind, zeigt allerdings, daß man diese Aufsicht ihrem
Amte für gemäß hält. Aber der Auftrag gilt ihrem Amte,
nicht grade ihrer Lehre: der Kaiser kennt ihre Autorität
über die Gemeine, und so glaubt er den Bischöfen, wie den
Decurionen so etwas ⁸) am sichersten zuweisen zu können.
Die Verordnung selbst ist aber keineswegs das Resultat

---

5) Quibus si quicquam in usum vestium vel alimoniae im-
pensum est, *humanitati sit praestitum* nec maneat victualis
sumptus repetitio. l. 2. C. Theod. de postl. (V. 5.)

6) l. 2. C. Th. eodem. Et ut facilis exsecutio proveniat
Christianos proximorum locorum volumus hujus rei sollicitu-
dinem gerere.

7) Iacobi Gothofred. Comm. ad h. l. in ed. Ritteri I. 485.

8) S. l. 25. C. Theod. de litor. et itiu. cust. (VII. 16.)
l. 25. C. Theod. de pet. (X. 10.) l. 3. C. Iust. de commerciis
(IV. 63.)

eines Christlichen Bewußtseyns des Kaisers, sondern ganz
den politischen Verhältnissen entnommen: sie hätte eben so
gut von Julianus herrühren können. Eben so wenig aber,
wie diese Constitution können für das christliche Princip im
Römischen Recht etwa die Ausnahmen sprechen, die vom
gemeinen Recht für die Christen gemacht werden. Wenn
die Strafe der gladiatorischen Spiele als unpassend für
Christen befunden wird (Quicunque Christianus sit in
quolibet crimine deprehensus, ludo non adjudicetur.
Quod si quisquam judicum fecerit et ipse graviter no-
tabitur, et officium ejus multae maximae subjacebit) [9]
so zeigt dieses sich blos auf Christen beziehende Gebot am
stärksten von der Wahrheit unserer Behauptung. Das
Christenthum ist nicht im Stande zur Zeit des Valentinian
und Valens die gladiatorischen Spiele überhaupt abzu-
schaffen; auf das Innere des Strafrechts selbst bleibt es
ohne Einfluß: nur für Christen wird eine Ausnahme gemacht, weil die gladiatorischen Spiele mit ihrer, (hier
also particulairen Weise) nicht übereinstimmen wollen. Eben
so sollen Christen nicht zur Wache heidnischer Tempel ver-
braucht werden [10]. Diese Verordnung, welche wie die
vorige von Valentinian und Valens herrührt, ist nichts
als eine Rückwirkung gegen die Julianische Zeit. Wenn
man will, mag man sie eine Begünstigung der Christen
und des Christenthums nennen. Aber auch hier sollen nur
Christen nicht gezwungen werden, den Tempeln zu dienen:
sie werden in ihrer Besonderheit gegen eine andere geschützt:

---

9) l. 8. C. Theod. de poenis (IX. 40.)

10) Quisquis seu judex seu apparitor, ad custodiam tem-
plorum homines Christianae religionis apposuerit, sciat, non
saluti suae, non fortunis esse parcendum.

es gehört dieses zur Gesetzgebung über Christen, nicht zur Römischen Gesetzgebung aus Christlichem Standpunkt.

Doch könnte es allerdings in einigen Lehren den Anschein haben, als wenn Veränderungen und Ermäßigungen statt fänden, bei denen man eine völlige Unthätigkeit des Christenthums nicht annehmen dürfte. Dahin gehört vor allen Dingen das Römische Eherecht. Die Lehre von der Ehescheidung, die Nachtheile der zweiten Ehe, scheinen das Gepräge Christlicher Einwirkung zu tragen, und es könnte paradox vorkommen, auch hier das Christliche Moment nicht anerkennen zu wollen. Was zuerst die Ehescheidung betrifft, so hat man die größere Leichtigkeit in der frühen Zeit, und die spätere Erschwerung derselben immer aus dem Einflusse des Christenthums heraus erläutert. Aber auch das ältere Römische Recht kennt schon bei der confarreatio nothwendige Gründe der Scheidung [11]): eine Ehescheidung kommt überhaupt erst spät in die Römische Sitte hinein, und der Censor vertritt die Stelle des Gesetzes [12]). Schon früh wird von Schuld bei der Trennung [13]) gesprochen, und Augustus sucht die Scheidungen durch Formen zu beschränken [14]). Daß diese Principien mit dem späteren ehelichen Leben der Römer nicht übereinstimmen, daß das eheliche Band auf die leichteste Weise gelöst wird, und die Kirchenväter umsonst dagegen eifern, ist nicht zu bestreiten. Aber dieser Eifer zeigt selbst nur von der Unmöglich-

---

11) Dionys. Hall. II. 25. Plut. Rom. cap. 22.

12) Zimmern Rechtsgeschichte I. S. 562.

13) Cicero Topica cap. 4. Vat. fragm. §. 121.

14) Suet. in Aug. cap. 34. l. 9. D. De div. et rep. (24. 2.) l. 35. D. de don. int. vir. et ux. (24. 1.) l. un D. unde vir et uxor (38. 11.)

keit, die Ehe auf Chriſtlichen Grundſätzen zu erbauen, und so wird, das was die Geſetzgebung in Beziehung auf die Eheſcheidungen Neues hinzufügt, wie das Römiſche Recht der Chriſtlichen Kaiſer überhaupt den Character eines ſonderbaren Anbaues tragen, der weder den Hauptbau zu ſtützen, noch ſich ſelbſt zu etwas Eigenthümlichem zu erheben vermag. Es handelt ſich bei der ganzen Geſetzgebung über die Eheſcheidung gar nicht darum, die Ehe ſelber zu erhalten, ſondern das Aufgeben der Ehe iſt eigentlich nach wie vor freigeſtellt: nur wird dieſelbe durch einen Wall von Strafen befeſtigt [15], und die Trennung auf indirecte Weiſe unmöglich gemacht. Von Berührung mit dem Chriſtenthum ſcheint in dieſer Lehre ſich nichts zu finden, als etwa die Gunſt, die das Kloſter, und das Gelübde der Keuſchheit in Rückſicht auf die Trennung der Ehe genießen. Es iſt auch wohl nicht zu bezweifeln, daß die gleichzeitige Kirche ſich mit dieſer Geſetzgebung auf keine Weiſe begnügte, ſondern neben dem bürgerlichen Recht ihr eigenes Eheprincip, und das daraus reſultirende Trennungsrecht verfolgte. Der einzige Grund, aus dem die Ehe trennbar ſey, war im Evangelium [16] angegeben, und die Väter der Kirche wußten ihn ſehr wohl dem bürgerlichen Rechte gegenüberzuſtellen [17]. Welche Diſſidenz zwiſchen den Chriſtlichen und Römiſchen Divortienrechte ſich vorfindet, bezeichnet am ſtärkſten Hieronymus: Aliae sunt leges Caesarum, aliae Christi, aliud Papinianus, aliud *Paulus noster* praedicat [18]. Als im fünften und ſechſten Jahrhundert

---

15) Nov. 22. 117. 127. 134.
16) Matth. V. 32.
17) Clem. Alex. Strom. II. 23. Tertull. contr. Marc. IV. 34.
18) Ep. 30.

auf dem Umwege der Ungunst, in welche die zweite Heirath kam, allmählich durch Einfluß der Kirche die Ehescheidung in blos factische Trennung (separatio) überging, und so die Scheidung endlich ganz verschwand, hatte
auch das Römische Recht schon seine letzte Ausbildung erreicht.   Was die Kirche später als Gesetz anerkannte, hat
nie im Römischen Rechte Wurzel geschlagen.

Mehr wie das Ehescheidungsrecht, scheinen die Nachtheile der zweiten Ehe einen Einfluß des Christenthums zu
bekunten. Zwar hat auch schon die alte heidnische Zeit
die Weiber, die nur einmal heiratheten (univirae), geehrt [19],
und die Kraft des monogamischen Princips auch darin
gesucht [20], aber da die mittlere Jurisprudenz so sehr von
dieser Sitte abwich, so kann man sie als durch die neue
Anregung des Christenthums wieder restituirt betrachten.
Neu und dem Alterthum ganz fremd ist sicherlich die Ausdehnung auf Männer. Daß aber die Kirche auch hier nur
Halbes bewirkte, und das durchgreifende Princip in das
Römische Recht nicht einzuführen vermochte, beweisen die
harten Aussprüche der Kirchenväter über die zweite, dritte
und vierte Ehe [21], verglichen mit den Bestimmungen des
Römischen Rechts. Diese letzten bekümmern sich eigentlich
um die moralische Bedeutung der zweiten Ehe gar nicht;
sie sehen nur auf dieselbe in Beziehung auf die Kinder erster Ehe, und auf die Freigebigkeit des früheren Ehegat-

---

19) Reines. XIV. 73.

20) Tert. de cast. exh. c. 13.

21) Const. Apost. III. 2. secundas nuptias esse illicitas
propter mendacium, tertias intemperantiam demonstrare, et
quodlibet post tertias nuptias matrimonium, manifestam esse
fornicationem.

ten[22]). Ja so wenig ist die zweite Ehe an sich selbst
verhaßt, daß Justinian, in Beziehung auf die undankbaren
Kinder, die Vorschriften des Kaisers Leo, daß dem zweiten
Ehegatten nicht mehr als dem am schlechtesten bedachten
Kinde hinterlassen werden dürfe, aufhebt[23]). Wäre die
Schlechtigkeit der zweiten Ehe das Princip der sogenann-
ten Strafen gewesen, so hätte die Undankbarkeit der Kin-
der keinen Grund abgeben können, sie wegfallen zu lassen.

Die einzige wahrhafte Spur des Christenthums, welche mir im Römischen Recht vorzukommen scheint, ist die
Lehre von der Begnadigung (indulgentia), die eigentlich
ihrem wahren Werthe nach, dem gesammten Alterthum
fremd ist. Die Lehre von der Gnade setzt nämlich schon
die Einsicht voraus, daß das Recht nicht der höchste Standpunkt sey, daß es einen inneren Richterstuhl gebe, vor dem
der des äußeren Rechts nothwendig verschwindet. Dieser
innere Standpunkt muß aber selbst wieder ein äußeres Or-
gan haben; und so fällt er demjenigen zu, der vom Gesetze gelöst ist, dem Fürsten. Diese Tiefe der Gnade, als
vom Rechte specifisch verschieden, ist erst das Erzeugniß des
Christenthums, welches überhaupt der Rechtswelt zum Erstenmal die Welt der Innerlichkeit entgegenstellt. Factisch
sind wohl früher durch die Macht der Fürsten Strafen
verwandelt und Verbrechen in integrum restituirt worden[24]), aber dieses hat dann die Bedeutung einer richter-

---

22) Tit. C. Theod. de sec. nupt. (III. 8.) Tit. C. si se-
cundo (III. a.).

23) l. 10. C. de sec. nupt. (V. 9.)

24) Pauli rec. sent. IV. 8. 24. Quod et circa eos, qui in
insulam deportantur, vel servi poenae effecti sunt placuit ob-
servari, si per omnia in integrum indulgentia Principali resti-
tuantur.

lichen Abänderung. Die Gnade hat nichts mit dem Rechte
zu thun: sie beruht nicht auf Gründen; sie ist blos der
Ausdruck dafür, daß die Welt des Rechts nicht das Letzte
ist. Deshalb ist sie in einer republikanischen Verfassung
kaum gedenkbar, weil sie selbst nicht das Resultat eines
durch eine Majorität gefaßten Beschlusses seyn kann, sondern wie religiös in der Persönlichkeit Gottes, so auch welt=
lich in der Persönlichkeit des Fürsten wurzelt. Michae=
lis [25]) hat im Mosaischen Recht, das heißt bei den Israe-
litischen Königen ein solches Begnadigungsrecht finden
wollen. Aber weder der Fall, daß David die Strafe an
der Bathseba nicht vollzieht, noch, daß er dem Absalon
verzeiht, kann hier als Begnadigung verstanden werden.
Michaelis hat das Recht der Abolition mit dem der Gnade
durchweg verwechselt. Die Aufhebung einer Strafe durch
den oberen Richter kommt bei allen Völkern des Alterthums vor; eben so wie in gewissen Ländern die Fürsten
sich bei Capitalstrafen eine Bestätigung vorbehalten haben:
aber von da bis zur Gnade ist ein gar gewaltiger Schritt,
indem es sich hier gar nicht um eine Abänderung des bestehenden Rechts, sondern um eine vollkommene Anerkennung handelt; die aber wie alles Weltliche in der unend=
lichen Barmherzigkeit Gottes verschwindet, oder doch verschwinden kann. Will man im früheren Alterthum nach
Spuren der Gnade suchen, so glaube man ja nicht, sie da
zu finden, wo von der Abolition die Rede ist: sie liegen vielmehr anderswo. Die Gnade, die das Christen=
thum erst in der Barmherzigkeit Gottes, und in der der
stellvertretenden Majestät auf Erden fixirt, sind dem Princip des Alterthums gemäß, an die Bewußtlosigkeit des

---

25) Mosaisches Recht I. 38. u. f. VI. 42. u. f.

Zufalls, und an die Willkühr verlegt. Wer eine Freistatt erreicht, oder heilige und ehrwürdige Statuen umklammert, kann von der Strafe nicht erreicht werden. Eben so steht es frei, sich von der Todesstrafe durch freiwilliges und zeitiges Exil loszumachen. Die Befreiung ist hier nicht bewußtvolle Begnadigung, sondern sie ist dem neckenden Spiel des Zufalls, dem Fatum, ja selbst der subjectiven Entscheidung des Verbrechers selbst überlassen. Und doch ist hier eigentlich der Sitz der Gnade, so weit sie im Alterthum vorkommen kann: sie hat die Natur eines Gottesurtheils an sich, weil der Umstand, ob Jemand noch bei Zeiten die Freistatt erreichen kann, von den Göttern abhängt. Das Römische Recht hat diese Freistätten, selbst als die Kirchen die Tempel in dieser Beziehung verdrängten, nicht sehr gern gesehen, und allmählig beschränkt [26]. Aber die Lehre von der Gnade kommt schon durch Constantinus in das Römische Recht. Im Jahre 322 wird wegen der Geburt des Crispus und der Helena [27] allen Verbrechern, außer den Giftmischern, Mördern und Ehebrechern vergeben. Constantius ertheilt nach der Besiegung des Magnentius eine allgemeine Amnestie mit Ausnahme von fünf Verbrechen [28]; und endlich wird unter dem älteren und jüngeren Valentinian das Osterfest als der eigentliche Zeitpunkt der Begnadigung betrachtet [29]. *Ob diem Paschae (quem in-*

---

26) l. 1. 2. 3. C. Theod. de his, qui ad eccles. (IX. 45.)

27) l. 1. C. Th. de ind. crim. (IX. 38.). Propter Crispi atque Helenae *partum*, omnibus indulgemus praeter veneficos, homicidas, adulteros. Die Vermuthung des Jakob Gothofredus statt partum *paratum* zu lesen ist sehr wenig begründet.

28) L. 2. C. Theod. eodem.

29) l. 3. 4. 6. C. Theod. eodem.

tino corde celebramus) omnibus, quos reatus adstringit, carcer inclusit, claustra dissolvimus. Adtamen Sacrilegus, in Majestate reus, in mortuos veneficus, sive maleficus, adulter, raptor, homicida, communione istius muneris separentur. Das Osterfest hat hierbei die Bedeutung des allgemeinen Freudenfestes, des Tages der Tage.[30] (Βασιλίσσα τῶν ἡμερῶν ἡμέρα) an dem jedes Uebel schwinden und Erleichterung finden sollte [31]. Wie an diesem Tage die Freilassungen der Sklaven in der Kirche statt zu finden pflegten, so ist es auch der geeignete für die Begnadigungen. Die Begnadigungen, die Honorius bei Gelegenheit der vierten Secularfeier der Geburt Christi ertheilt, so wie im Jahre 410, als die Tyrannei des Attalus beseitigt ist [32], umfassen sogar alle Verbrecher ohne Ausnahme. Daß übrigens die Gnade nur im Stande ist, die Strafe zu erlassen, ohne die damit verbundene Schande hinwegräumen zu können, behauptet schon der ältere Valentinian in einem Rescripte an den Senat im Jahre 371. Indulgentia Patres conscripti, quos liberat, notat, nec infamiam criminis tollit, sed poenae gratiam facit; in uno hoc aut in duobus reis ratum sit. Qui indulgentiam Senatui dat, damnat Senatum [33].

Das Resultat dieser Bemerkungen ist nun kurz folgendes: Wie das Christenthum das Alterthum nicht hat umgestalten können, sondern nur an seiner Vernichtung zu arbeiten vermochte, so hat auch das Römische Recht nur einzelne und gegen das Ganze kaum in Betracht kommende

---

30) Gregorius Naziant. ed. Lips. 1690. in orati. funebri in Patrem 19. Num. 31. p. 304.

31) Gregorius Nyssenus or. 3. de ressur. Christi.

32) l. 11. 12. C. Theod. eodem.

33) L. 5. C. Theod. eodem.

Spuren seiner Coexistenz mit dem Christenthum aufzuweisen. Die Stärkungen, die das Christenthum ertheilen konnten, waren nicht für den welken Körper des Alterthums berechnet, den sie wohl eine Zeitlang noch in Spannung und Aufregung zu erhalten vermochten, aber um ihn desto schneller hinsinken zu lassen. Die Geschichte des Christlichen Roms hat etwas Mumienhaftes. Der Balsam erhält diesen Körper, aber als todten.

Wenn wir so von dem Schauplatze der Römischen Welt abstoßen, und uns in der engen Hütte des Christenthums mit diesem allein befinden, so entsteht nun für unseren Zweck die weitere Frage, was ist das Christenthum für das Recht gewesen, welche juridischen Bestandtheile finden wir in demselben, in welchem Sinne kann man von einem Christlichen Recht sprechen? Indem wir im Christenthum durch dessen Flucht aus den äußeren und gegebenen Weltverhältnissen in das Innere des Menschen, das Zerstörende der Geschichte und des Rechts des Alterthums erkannt haben, kann man von ihm sagen, daß es zwar das Jenseitige zu einem Diesseitigen gemacht, den Himmel auf die Erde gebracht habe, aber deshalb eben so das Diesseitige zum Jenseits herabgesetzt, und höchstens eben so tolerirt habe, als etwa das Alterthum und die Aufklärung die Religionen und das Himmlische tolerirten. Das Recht erscheint im Christenthum als besiegt und im Zustande der Duldung. So befänden wir uns aber auf dem absoluten Wendepunkte aller Geschichte und alles Rechts. Auf dem Standpunkte der alterthümlichen Staaten nämlich ist das Weltliche entweder durch die Religion allein möglich, und von derselben beständig erhalten, wie im Orient, oder doch von derselben ursprünglich gegründet, wie in Griechenland, oder das Weltliche enthält selbst die Religion als weltliches Institut, wie in Rom. Wenn somit das Weltliche

als getragen von der Religion, oder als ihr coordinirt erscheint, so findet es sich zum Erstenmal vom Christenthum
absolut verstoßen: es wird ihm nicht aufgegeben, sich nach
dem Geiste des Christenthums zu modeln, sondern es wird
als Sündhaftes verwiesen, oder als Gleichgültiges beibehalten. Wirklichkeit und Recht sind somit nur provisorisch,
ohne eine innere und gültige Bedeutung. Aber das Christenthum, indem es die geoffenbarte und offenbare Wahrheit enthält, ist eben so angewiesen diese Wahrheit zu verbreiten, sie nicht blos im Gemüthe des einzelnen Menschen
zu erwecken, sondern die Menschheit derselben theilhaftig zu
machen. Indem es damit beginnt, das Weltliche als nicht
von seinem Reiche von sich zu weisen, muß es dazu kommen das Weltliche zu zwingen, dieses Reich anzuerkennen:
denn was wäre das Christenthum mit seiner Wahrheit,
wenn diese nicht einmal die Kraft hätte, die Wirklichkeit zu
durchdringen, und wenn ihm eine Welt gegenüberstehen
dürfte, die für sich fortgehend das Christenthum selbst als
ein Gleichgültiges oder gar Unangemessenes betrachten könnte. Die Nothwendigkeit der Verweltlichung des Christenthums liegt eben in jenem Gegensatze des Religiösen und
Weltlichen, der als der ursprüngliche Anfang der Christlichen Anschauung gesetzt ist. Denn indem es ein Gegensatz ist, ist er zu überwinden; und indem der Anfang einen
Widerspruch in sich enthält, ist der Fortgang, diesen Widerspruch aufzuheben.

  Das Christenthum aber, um sich in der Welt zu vollbringen, muß einen Punkt innerhalb der Welt haben.
Dieser Punkt, von dem aus alles zu unterwerfen ist; das
weltliche Daseyn der Religion ist die Kirche. Diesem ihrem weltlichen Daseyn hat die Religion die Sorge sie
geltend zu machen und zu verbreiten überlassen. Die Kirche, indem sie diese Statthalterschaft übernimmt, darf sich
                                                    aller

aller Mittel und Triebfedern bedienen die der Weltlichkeit
überhaupt angehören: sie ist zwar durch die Religion gegründet und eingesetzt, aber für die Erde, deren Verhältnisse sie zu bestimmen, somit dieselben aber zu den ihrigen
zu machen hat. Die Kirche als Staat, und zwar als der
allgemeine Staat, befindet sich daher in einem unmittelbaren Gegensatze zu den besonderen Staaten. Wie nämlich
früher Alles Irdische dem Religiösen gegenüber als recht-
los erschien, dieser Widerspruch aber dadurch aufgehoben
wurde, daß sich die Religion selber als Irdisches, als Kirche setzte, so ist nunmehr jetzt auf dem Gebiete der Wirklichkeit ein neuer Gegensatz entstanden. Die Religion ist
nicht mehr in jener Feindschaft gegen das Weltliche begriffen, wie sie sich in den Formen der Verachtung und
Abweisung ausdrückt, sondern in einem offenen Kriege,
der das bisher Verachtete und Abgewiesene als Eigenthum
in Anspruch zu nehmen, oder zu erobern trachtet.

Diese der Entwickelung des Christenthums durchaus
inwohnende Wendung, welche den ganzen Inhalt der Geschichte des Mittelalters, im Kampfe des Staates und der
Kirche bildet, ist häufig, hauptsächlich von modernen Theo-
logen, so verkannt worden, daß man sie nur als Usurpation, und eine nicht dem Geist des Christenthums entsprechende Weiterbildung hat darstellen wollen. Nachdem in
der neuen Zeit, die Kirche als weltliche Institution mit
Recht dem Staate anheimgefallen und nur ihre Lehre als
unantastbares Eigenthum behalten hat, ist man zu der son-
derbaren Vorstellung gelangt, als wenn die Kirchenverbesse-
rung unmittelbar an die ursprüngliche Einfachheit der apo-
stolischen Zeit anknüpfe und nicht zu ihrem Mittelgliede der
hierarchischen Ausbildung des Christenthums nothwendig bedurft habe. Jene Verfassung der Christlichen Gemeinde, welche
sich noch zu gar keinem rechtlichen Zustande herausgebildet

B

hatte, und welche die Spuren des Geduldet und Gedrückt seyns noch an sich trägt, soll vielmehr, der dem Christenthum am meisten zusagende Zustand seyn. „Der Zustand „jener corinthischen Gemeinde," sagt Neander [34], „wie sie uns in den paulinischen Briefen erscheint, zeigt „uns, so mangelhaft derselbe auch in mancher Hinsicht, „war, wie eine Christliche Gemeinde beschaffen seyn sollte, „wie hier alle mit ihren gegenseitigen Gaben als Glieder „des Einen Leibes, von gleicher Würde einander ergänzend, „in einander würken sollten. Das Lehramt war hier nicht „ausschließlich Einem oder Mehreren zugetheilt, sondern „Jeder, der dazu Beruf fühlte, konnte in der Gemeindever- „sammlung ein Wort zur allgemeinen Erbauung reden. — „Diejenige Regierungsform mußte dem Geiste des Chri- „stenthums und den Zwecken zu denen Gemeinden sich bil- „deten, am meisten entsprechen, welche die freieste Entwicke- „lung derselben von innen heraus, das freieste Zusammen- „und Ineinanderwürken aller einzelnen Kräfte und Gaben „am meisten zu befördern geeignet war. Die monarchische „Regierungsform konnte gar zu leicht auf die freie Ent- „wickelung der verschiedenen Eigenthümlichkeiten hemmend „und unterdrückend einwürken, gar zu leicht dahin führen, „daß Eine bestimmte menschliche Form Allem aufgeprägt „wurde, statt daß der Geist frei waltend in mannigfachen „menschlichen Formen sich entwickeln, und diese in einan- „der greifen sollten. Sie konnte gar zu leicht dahin füh- „ren, daß das Menschliche überschätzt wurde, daß Ein „Mensch zu viel galt(?) daß er der Mittelpunkt wurde, „um den sich Alles sammelte, statt daß nur der eine un- „sichtbare Hirt Aller für Alle der Mittelpunkt seyn sollte.

---

34) Allgemeine Geschichte der Christlichen Religion und Kirche. I. S. 279—282.

„Wie sehr suchen doch immer die Apostel eine solche Ge-
„fahr abzuwehren. Wie dringt doch der Apostel Paulus
„in dem ersten Briefe an die Corinther auf das freie Zu-
„sammenwürken Aller, daß keine Kraft oder Richtung, alles
„Uebrige unterdrückend, vorherrsche. Das Monarchi-
„sche in geistlichen Dingen stimmt nicht gut zu dem
„Geist des Christenthums; auf das Gefühl gegenseitiger
„Hülfsbedürftigkeit, die Nothwendigkeit und das Seegens-
„reiche gemeinschaftlicher Berathung, wie gemeinschaftlichen
„Gebetes weiset es überall hin; wo zwei oder drei im Na-
„men des Herrn versammelt sind, verheißt er, Er wolle
„mitten unter ihnen seyn." Es läßt sich kaum diese absolute Anpreisung der ursprünglichen Christlichen Gemeindeverfassung, so wie ihre Aufstellung als die geeignetste
und daher auch vollendetste Form, ohne die zugleich damit
ausgesprochene Ansicht denken, daß die Christliche Kirchen-
geschichte nur als ein Abfall von dieser Vortrefflichkeit zu
betrachten sey, daß somit die Ausbreitung und der Sieg
des Christenthums, welcher nur in der Gestalt der Kirche
möglich wurde, selbst ein Uebel oder doch ein Herabkommen
des Christenthums gewesen wäre. Wer die Nothwendigkeit nicht begreifen kann, daß sich die Christliche Religion
wesentlich als Kirche, und zwar in ihrer vollkommensten
Einheit als monarchische Verfassung darstellen mußte, sollte
am allerwenigsten der Geschichtschreiber dieser Kirche werden wollen: er befindet sich mit seinem Gegenstand in fortwährend er Polemik, und je mehr ihm die Bedeutung, das
Ansehn und die Macht der Christlichen Kirche unter den
Händen wächst, um desto zorniger muß er gegen dieses
Wachsthum werden, und sich mit stiller Sehnsucht nach
jenen Zeiten zurückversetzen, wo es noch keine Kirche, sondern eine harmlose Gemeindeverfassung gab, deren Ge-
schichtsschreiber er allenfalls hätte seyn dürfen. Wie

B 2

Neander die Höhe und Stärke des Pabstthums, die
Zeiten, wo die Kirche wesentlich Staat, und zwar der allgemeine Staat ist, nach diesen Ansichten, aus denen eine
vollkommene Unkunde vom Staate hervorsieht, wird auffassen und darstellen können, ist nicht gut einzusehen. Es
wird immer nur die störende Vergleichung bleiben, wie de-
müthig die erste Verfassung der Christlichen Gemeinde gewesen sey, und wie hochmüthig und der Erde zugewandt
die spätere. Den positiven Sinn der irdischen Macht dieser Kirche zu fassen, setzt voraus, daß man sich nicht blos
in die apostolische Zeit vergrabe, sondern Kirche und Staat
in ihren Berührungen und damit auch in dem was jedes
für sich fordere, begreifen könne. Die große Kirchenver-
besserung des sechzehnten Jahrhunderts hat allerdings die
schlechte Identität, in welche Lehre und Kirche am Ende
zusammengefallen waren, aufgehoben: sie hat die Kirche
nicht mehr als die Lehre selbst anerkennen wollen, sondern
diese letztere aus den Klauen der Kirche befreit: sie ist in
so fern allerdings auf die ursprünglichen Quellen des Christenthums zurückgegangen und hat dieselben unmittelbar geöffnet; daß sie damit aber auch auf die ursprüngliche harmlose Christliche Gemeindeverfassung zurückgewiesen, oder
hierin irgend etwas Wünschenswerthes und Angemessenes
gefunden habe, setzt eben so sehr ein Misverstehen des Pro-
testantismus voraus, als im Früheren etwa ein Nichtbe-
greifen der hierarchischen Ausbildung lag. Wenn in der
ursprünglichen Christlichen Gemeindeverfassungen die Be-
schränktheit und Dürftigkeit der Form sich als die unschuldige Nothwendigkeit des Anfangs erweist, so liegt heutigen
Tages, wo der Staat kräftig und ausgebildet, selbst von
der Christlichen Substanz durchdrungen ist, in der sehnsüch-
tigen Hinweisung auf jenen Anfang als auf das Vollkom-
mere, nur pietistischer Hochmuth, und in jenem Vornehm-

thun gegen den Staat, ein weit gefährlicheres Pfaffenthum
als etwa das ist, das sich im Staate festsetzen und begründen will ³⁵).

Daß unter diesem Gegensatz der Kirche und des Staates nicht der Römische Staat und seine Kirche verstanden
wird, ist schon oben gezeigt worden. Der Römische Staat
war weder kräftig genug, um sich ganz vom Christenthume
durchdringen zu lassen, noch auch um die Ansprüche der
Kirche abzuweisen, und die eigene Selbstständigkeit dagegen geltend zu machen: er verhält sich zur Kirche blos lei-
dend. Die barbarischen Völker, welche sich auf den Ruinen des Römischen Kaiserreiches niederließen, waren in
der Dürftigkeit ihrer staatlichen Formen, in dem Drange
sich erst als Staaten festzusetzen, das geeignete Material
für das Christenthum. Die Erziehung des Menschenge-
schlechts, welche vom Christenthum ausgehen sollte, konnte
sich nicht an schon durchaus erzogenen und vollendeten
Völkern ausüben: um wie jede Erziehung mit der Härte
der Zucht zu beginnen, bedurfte dieselbe starker Naturen,
bei denen noch Alles Anlage und Möglichkeit sey, und die
durch den Eindruck, den das Christenthum machen sollte,
nicht sowohl besiegt als vielmehr fähig wären, ihn zu ver-
arbeiten. Die barbarischen Völker nahmen das Christenthum fast ohne Widerstreben an, nicht als von der Wahrheit desselben überzeugt, sondern wie eine Eroberung, die sie
machen. Wie sie sich Land und Gut, Sitte und Sprache
der besiegten Römer aneignen, so eignen sie sich auch das
Christenthum an: es scheint mit zu den neuen Sitzen zu
gehören, die sie einnehmen. Wie diese Eroberung sie ih-

---

35) S. die vortreffliche Recension von Lehnerdt. Jahrbü-
cher für wiss. Kritik. Jahrgang 1828. Septemberheft S.
418—20.

rerseits erobert, und leichtsinnig eingenommen bestimmt ist, sich ihrer vollkommen zu bemächtigen, dies ist erst eine spätere Erfahrung, die sie zu machen haben. Doch liegt auch, wie schon bemerkt worden ist, in den Germanischen Völkern eine gewisse Receptivität für das Christenthum, welche demselben lange vorangeht. Die Freiheit des Subjects, welche in der Sitte erhalten bleibt und selbst in dem Anerkannten und Festgestellten sich nicht verläugnet, ist, wie schon Tacitus treffend darstellte, die Grundlage aller Germanischen bürgerlichen Einrichtungen, die in so fern mit dem Christenthum übereinstimmen. Der größere Zusammenhang, welcher etwa zwischen der nordischen Mythologie und dem Christenthum als zwischen diesem und der griechischen herrscht, die Innigkeit des Gefühls, welche aus den schwermüthigen und freien Tönen Ossians hervorleuchtet, die Leichtigkeit mit der sich die alten scandinavischen Gesetze den Christlichen Institutionen anschmiegen oder einverleiben, kann als Zeugniß angeführt werden, wie in der vorchristlichen Germanischen Zeit schon weltlich eine Vorbereitung und ein Entgegenkommen lag, deren sich das Christenthum, als der geeigneten weltlichen Grundlage bemächtigen mußte.

Indem Kirche und Welt sich nunmehr gegenüber sind, und ihre gegenseitigen Einwirkungen auf einander zu vollbringen haben, muß dieses Verhältniß selbst schärfer ins Auge gefaßt werden. Im Orient ist die Welt selber religiös: in Griechenland und Rom wird das Religiöse unter dem Gesichtspunkte des Staates betrachtet: in den Christlichen Staaten scheiden sich die zwei Welten der Religion und des Staates, und der Clerus tritt den Laien gegenüber. Aber die Unabhängigkeit, welche auf diese Weise der Staat von der Religion gewinnt, ist nur die Freiheit einer tributairen Selbstständigkeit. Der Staat ist

zwar nicht selber das Religiöse, aber er steht unter dem
Schutze, unter der Oberherrschaft und Leitung der Kirche,
die ihn bevormundet. Diese höhere Stelle, welche die Kirche einnimmt, hat der Staat anzuerkennen; in der Anerkennung dieses nothwendigen und unbedingten Gehorsams
liegt das Band, das die getrennten Glieder des Kirchlichen
und Weltlichen wieder vereinigt: der Staat hat an die
Kirche zu glauben: die Kirche den Staat zu berechtigen.

Dieses Verhältniß von Kirche und Staat ist der
Grundgedanke alles Rechts im Mittelalter. Will man
ihn schärfer bestimmen, so muß man sagen: die Welt ist
ein Lehn der Kirche. Wenn man das Recht des Mittelalters im weiteren Sinne überhaupt das Feudalrecht genannt hat, so ist der Ausgangspunkt alles Feudalrechts in
dieser Beziehung des Staates zur Kirche zu suchen. Der
Staat hat seine Macht und Gewalt nicht aus sich selbst:
er ist nicht unmittelbar wie die Kirche: sondern seine Rechte
sind nur abgeleitete: die Kirche übt eine beständige Lehns-
herrlichkeit aus, und die Staaten sind ihre Vasallen. Nur
durch die Erfüllung dessen, was der Staat der Kirche
schuldig ist, kann er sich in der ihm sonst zugestandenen
Freiheit erhalten. Die Kirche kann den Staat geistig aufheben, ihn bannen: der Staat hat gegen die Kirche nur
die physische Gewalt und die Macht der Empörung.

Man kann das Feudalrecht mit Recht ein System
der Abhängigkeit nennen, worin das Abhängige zugleich
selbstständig und frei ist, und diese seine Abhängigkeit nicht
blos erträgt, sondern als sein eigenes Recht weiß und erkennt. Aber damit würde im Ganzen noch wenig ausge-
drückt seyn. Was die feudalistische Freiheit als solche vor
aller vorangegangenen unterscheidet, ist, daß der Staat
nicht aus einem Allgemeinen der Religion oder der Sitte
hervorgeht, sondern zu seiner Grundlage die Freiheit des

Subjects hat. Im Alterthum kann zwar von individueller, aber nicht von subjectiver Freiheit die Rede seyn. Jeder, der im Alterthum des Staates theilhaftig ist, jeder
Bürger ist gleichsam ein Stück, eine Parcelle des Staates:
außer dem Staate, für sich selbst, ist er vielmehr gar
nicht. Die Freiheit die dem Individuum zu Theil wird,
wird ihm durch den Staat mitgetheilt: der Staat wurzelt
in Griechenland und Rom eben so wenig im Subject, als
im Orient die Religionen ihren Boden in demselben haben.
Dagegen ist Religion und Staat in der Christlichen Welt
an das Innere des Menschen gewiesen worden, und diese
Kraft hat alle Religionen und Staaten besiegt, da sie dieser Innerlichkeit entbehrten. Das Recht und der Staat
des Mittelalters sind ein subjectives Recht und ein subjectiver Staat. Der Staat und das Recht haben nicht
mehr die Gewalt einer höheren Macht, eines Schicksals
über das Subject, in so fern sie ja seine Hervorbringungen
sind: aber sie sind ferner von festerer und unzerstörbarer
Dauer, indem sich das Subject in denselben als in seiner
eigenen That wiederfinden muß. Die Unruhen und Bewegungen, welche den mittelaltrigen Staat durchziehen,
sind daher so weit davon entfernt, denselben zu vernichten,
daß diese Erschütterungen vielmehr seine Befestigungen her-
beiführen. Wie sehr auch der Hauch der Subjectivität
den Staat als unfesten darzustellen scheint, und das Allgemeine unter der Stärke der besonderen Willkühr zu erlie-
gen droht, so setzt sich das Subjective doch auch sofort in
Institutionen und Rechtseinrichtungen um, und jeder vermeintliche Angriff wird selbst sogleich zu einer positiven
Gestaltung. Die einzelnen Glieder und Theile des Staates, welche auf diese Weise hervortreten, erscheinen gar
nicht in der Absicht, Theile des Staates zu seyn: sie kommen als subjective Berechtigungen vor, die ihren Platz ein-

nehmen. Der Kampf dieser Berechtigungen unter einander
steht ganz und gar vom Allgemeinen ab, und hat zunächst
nur das Interesse des Privatbesitzes und des Privatvor-
theils. Aber was so als Privates entsteht, weist sich späterhin als ein wesentlicher Bestandtheil, als ein Glied des
Staates aus. Unter der Decke der privaten Einseitigkeit
ausgebrütet, und am Heerde des Privatlebens erstarkend,
erwächst jede Seite doch zu einem Theile des Allgemeinen,
nur daß das Allgemeine sich selber noch von einer Besonderheit zur anderen fortschleppen muß, und noch nicht die
Besonderheiten als ihm angehörend setzen und betrachten
kann. Das Allgemeine ist nur erst in der Gemeinsamkeit
der besonderen Theile. Wie sich der feudalistische Staat
von dem des Alterthums darin unterscheidet, daß in jenem
der Staat aus dem Subjecte hervorwächst, in diesem das
Individuum nur als Theil des Staates Gültigkeit hat,
so unterscheidet sich auch der Feudalstaat von dem, was
wir den modernen Staat nennen können, dadurch, daß in
dem letzteren die Theile ihre subjective Hülle abgelegt haben, und was ganz für sich und isolirt von dem Nebenste-
henden zu seyn schien, als Glied und Theil des Ganzen
hervortritt. Indem vom Feudalstaate dies übrig geblieben
ist, daß jeder Einzelne im Ganzen nur seine Befriedigung
findet, und sich nach allen Seiten, als in dem seinigen er-
gehen kann, haben sich unsere Staaten dennoch wiederum
der Objectivität des Alterthums zu nähern begonnen. Die
Erstarkung des Staates in den absoluten Monarchien des
siebzehnten und achtzehnten Jahrhunders hat die subjectiven und privatrechtlichen Formen des Rechts vergehen
oder schwach werden lassen: was sonst als Gegenständli-
ches und in bloßer Beziehung auf sich selbst Gültigkeit
hatte, hat nur noch bestehen können, in so fern er sich im
Staate und als Theil des Staates erhalten konnte. Von

dem Standpunkte des so immer kräftiger werdenden Allgemeinen, ist der Feudalstaat als Bezeichnung für Unfestig-
keit und Willkühr der Besonderheit gebraucht worden,
während umgekehrt das poetische Interesse, das die Stärke
vieler neben einander stehender Particularitäten häufig ein-
flößt, so wie der Haß gegen eine vom Allgemeinen ausgehende Organisation, die Liebe und Anbetung des Mittelalters erzeugt hat.

Wenn man das Recht des Mittelalters mit einem
allgemeinen Namen Feudalrecht nennt, so kann man eben
so wohl sagen, es habe alle Seiten des Rechts in Form
privatrechtlicher Gestalt enthalten. In diesem Sinne steht
es dem Griechischen Rechte direct gegenüber. Dieses hat
das Privatrecht nämlich in die Form des Staatsrechtlichen aufgehen, und den Gedanken des Staats durch alle
Sphären des Privatlebens scheinen lassen [36]). Es giebt
keinen vollendeteren Gegensatz, als den platonischen Staat,
und den Feudalstaat. Wenn in dem ersten alle Gedanken
an Particularität und Berechtigung des Subjects aufgegeben, und die Wächter mit Zurücklassung alles dessen, worauf Neigung und Trieb einen Anspruch hat, zur Allgemeinheit erstarren, so giebt es in der Feudalmonarchie
Nichts im Staate, was nicht in Form des Eigenthums,
des Selbstischen, des Vertrages, oder in irgend einer anderen Gestalt des Privatrechtlichen aufträte. Der Staat,
die Gerichtsbarkeit, das Verbrechen und die Strafe sind
noch nicht zu absoluter Geltung und Anerkennung gekommen, sondern treten noch in der Gestalt des Mein und
Dein auf. Nur etwa darin, wo das Alterthum noch eher
die Categorie des Eigenthums zuläßt, in der Familie ist

---

36) S. Erbrecht I. Band. Kap. 6.

die privatrechtliche Form zu objectiver Sittlichkeit umge-
schlagen. Hier hat sich nämlich die Religion auf directe
Weise eingeführt, und indem sie die Familie dem Staate
entzogen, mit dem angemessenen Inhalte, auch die angemessene Form ertheilt.

Wenn wir so sagen, Alles Recht sey im Feudalstaate
in Form des Privatrechts aufgetreten, so soll damit keineswegs behauptet werden, der Feudalstaat habe auf der
Stufe des Privatrechts sich befunden. Auf dieser Stufe
befand sich das Recht nur einmal, unter der Römischen
Kaiserherrschaft. Dort hatte das öffentliche Recht nicht
die Form blos des Privatrechts angenommen, sondern der
ganze Inhalt der Römischen Welt war zum Privatleben
und zum Privatrecht herabgekommen. Es handelte sich
nicht darum, das Oeffentliche als Privatbesitz in Form
von Eigenthum zu haben, sondern der Sinn der Zeit war
nach Privateigenthum mit Hintenansetzung alles Oeffentli-
chen gerichtet. Das Mittelalter ist dagegen vielmehr die
Zeit der Uneigennützigkeit, der Armuth und der öffentlichen
Tugenden, aber in Form des Subjectiven, das heißt der
Ehre und der ritterlichen Tapferkeit. Im Mittelalter ist
alle Kraft des Allgemeinen in das Subject geschossen; in
der Römischen Kaiserherrschaft ist das Allgemeine kraftlos
oder gar nicht vorhanden, und der Inhalt des Privatlebens soll einen Ersatz für den Untergang der öffentlichen
Tugenden darbieten. Daher auch die verschiedenen Schicksale der Römischen und der mittelaltrigen Welt. Die Römische Welt hat sich bei aller Ausgebildetheit des Privat-
sinnes nie wieder zum öffentlichen Leben zurückerheben können, dagegen die Subjectivität des Mittelalters, nachdem
die privatrechtliche Form sich verzogen, den wahrhaften
Staat in seiner kräftigsten Allgemeinheit hat hervorbrechen
sehen.

Will man diese Natur des mittelaltrigen Rechts in ihrer weiteren Consequenz verfolgen, so wird sich sogar er= geben, daß aus demselben nie ein angemessenes und genü= gendes Privatrecht hat hervorgehen können. Es ist eine durch alle Stufen der Geschichte zu verfolgende Erschei= nung, daß wenn e i n e Gestalt die vorherrschende seyn soll, auch dieser so einseitigen und begünstigten, ihr Recht nicht widerfährt. So giebt es in China keine wahrhafte Fa= milie, weil der ganze Staat die Form der Familie ange= nommen hat; das Religiöse ermangelt in Indien seiner wahren Bedeutung, weil die religiöse Anschauung in Alles gedrungen ist; das Recht hat in Rom den Mangel überall sich vorzufinden, und bei den Völkern des Mittelalters kann es eben deswegen zu keinem ausgebildeten Privatrecht kommen, weil sich alles in die Formen und Beziehungen des Privatrechtlichen kleidet. Außerdem aber liegt diese Unmöglichkeit, daß sich ein angemessenes Privatrecht her= ausbilde, noch in etwas Anderem; die Kraft der ganzen mittelaltrigen Bildung hat ihren Sitz im Gemüthe, und in der Innerlichkeit. Die Thätigkeit aber, welche ein Pri= vatrecht zu Stande bringt, ist wesentlich der Verstand Wie diesem wiederum unmöglich ist, in den sittlicheren Sphären des Staates und der Familie, das Rechte zu treffen, und er sich zu diesem Rechten nur immer annähe= rend verhält, so ist es in der Lehre vom Eigenthum und den Verträgen lediglich der Verstand, dem die Ausarbei= tung allein zu übertragen wäre. Dieser Verstand, welcher im Römischen Volke das Vorherrschende, ja das Aus= schließliche war, hat deshalb zu jenem ewigen, nie genug zu bewundernden Privatrechte geführt, das bei Abwesen= heit des Sittlichen und Religiösen, einen freien Spielraum für sich allein hatte.

Hier ist nun der Punkt, wo die Fortdauer, oder Wie=

bereinführung des Römischen Rechts in die verschiedenen
Staaten des Mittelalters zu betrachten wäre. Bei aller
historischen Bemühung, die in der letzten Zeit diesem Punkte
zugewandt worden ist [37]), ist doch der eigentliche Kern der
Frage niemals berührt worden. Man hat sich damit begnügt, die einzelnen Spuren des Römischen Rechts in den
verschiedenen Gesetzgebungen der barbarischen Völker mit
größerem oder geringerem Erfolg nachzuweisen, ohne daß
damit eigentlich das Hauptsächliche beantwortet worden,
wie so es komme, daß zum Erstenmale in der Geschichte
ein fremdes Recht geborgt werden mußte, und daß ein
einheimisches Recht weder genügen, noch aus der Mitte
der Völker selbst hervorgehen konnte. Wo man die Be-
antwortung dieser Frage versuchte, ist man gewöhnlich in
die Litaney verfallen, die Einführung des Römischen Rechts
als voreilig und verderblich zu schildern: man hätte nur
noch ein wenig warten sollen, so würde sich ein großes,
kräftiges einheimisches Recht entwickelt haben: so aber
hätte man zu früh die Geduld verloren: man habe gleich
im Besitz und Genuß eines ordentlichen Privatrechts seyn
wollen: und so habe man nach und nach die Einfuhr des
Römischen Rechts von Italien herüber gestattet.

Solche Versicherung, daß ein tüchtiges einheimisches
Recht in Ermangelung des Römischen gewiß eingetreten
wäre, erscheint nun dem gemeinen Menschenverstand so äußerst plausibel, daß die gegentheilige Behauptung, welche
aus der Natur der Sache zu beweisen sucht, daß es unmöglich gewesen sey, schon wegen der apriorischen Evidenz,

---

37) S. meine Recension von Savigny Geschichte des Römischen Rechts im Mittelalter in den Jahrbüchern für wiss.
Kritik. Jahrgang 1827. Nr. 41—43.

die sie sich anmaßt, in großem Nachtheile ist. Man bringt
hierbei nicht einmal in Anschlag, daß die andere Meinung
ebenfalls wenigstens eine Hypothese ist, weil man überhaupt
geneigter ist, Hypothesen als strengen Deductionen Glauben
beizumessen. Doch unglücklicherweise für die Gegner hat
sich das, was sie als Hypothese setzen, realsirt, und man
kann ihnen nur auf dem Boden des Factischen und der
Geschichte nachweisen, wohin die freie ungestörte Entwickelung des Germanischen Privatrechts geführt hat. Dieses
historische Beispiel ist nichts Geringeres als England.
Dort hat das Römische Recht gar keinen oder doch einen
sehr geringen Einfluß ausgeübt, und das ganze Privatrecht
hat sich aus Germanischen Begriffen herausgebildet. Welche Verwirrung ist aber nicht daraus entstanden, und wie
sehr steht nicht England hierin allen denjenigen Europäischen Ländern nach, die entweder das Römische Recht
adoptirt, oder doch später sich nach der Grundlage desselben privatrechtlich gebildet haben? Wenn aber dasselbe fast
in den scandinavischen Ländern sich wiederholt, wenn in
Frankreich, dem Lande des doppelten Rechts, doch das
Römische Recht endlich bei Weitem den Sieg davon trägt,
so möchte man meinen, wäre die Hypothese der Gegner,
wie sie es nur wünschen können, historisch widerlegt, und
es sey nun erlaubt, das, was in der Erfahrung fest steht,
als auch vernünftig begründet, als in dem Gedanken der
Sache, und in dem Geist der Völker des Mittelalters lie-
gend zu betrachten. Wenigstens werden hier keine Facta
vermuthet oder erlogen, sondern nur erklärt, und die Erfahrung stimmt ganz mit dem überein, was sonst auch höher als alle Erfahrung ist.

Es ist eine hinreichend bekannte Thatsache, daß die
Erhaltung des Römischen Rechts im Mittelalter, namentlich der Geistlichkeit, die sich desselben bediente, zuzuschrei-

ben ist. Aber es scheint mir dieses bisher nur angegeben,
und auf keine Weise erklärt zu seyn. Wenn die ganze Welt
des Mittelalters überhaupt als Lehn der Kirche zu betrachten ist, so ist die Kirche einzig und allein nicht dem Feu-
dalnexus unterworfen: sie ist nicht feudistisch, sondern hie-
rarchisch geordnet, das heißt, in ihr sind die Stufen und
Glieder nicht eben so viele Selbstständigkeiten, die in den
Begriff einer stärkeren oder schwächeren Gemeinsamkeit zu-
sammenkommen. Das Hierarchische ist grade dem Feudistischen entgegengesetzt [38]): es enthält strenge und absolute
monarchische Herrschaft: die einzelnen Theile sind nicht belehnt, sondern eingesetzt. Wenn der Staat in der subjectiven Berechtigung des Einzelnen wurzelt, so ist dagegen die
Kirche das Ausschließen dieser Subjectivität, vollkommene
Unterordnung und Bezwingung des Particularen. Deswegen kann die Kirche wohl belehnen: so geht ja die ganze
Weltlichkeit bei ihr zu Lehn, aber sie selbst kann nicht innerhalb ihrer sich des Lehnrechts bedienen. Alles Recht
aber, das aus der Bildung der mittelaltrigen Völker hervorgeht, ist Lehnrecht. Wenn man im engeren Sinn das
Lehnrecht dem Landrecht entgegensetzt, so betrifft dieses nur
eine bestimmte Weise des Rechts am Eigenthum. Der
Character der Freiheit und Abhängigkeit in Einem, das
Aufgenommenseyn in einem höheren Schutze, ohne daß
deshalb das Eigene aufgegeben sey, ist das Grundprincip

---

38) Umgekehrt scheint Eichhorn, deutsche Staats- und Rechtsgeschichte II. §. 286., zu meinen, daß das Hierarchische und Feudalistische ein und dasselbe System seyen. Insofern die Kirche die
Welt belehnt, ist sie als Oberlehnsherr allerdings mit in der Feu-
dalverfassung: für sich ist sie aber ganz außer derselben. Dies
scheint auch von Eichhorn in demselben Paragraphen Note c. anerkannt zu seyn.

des mittelaltrigen Rechts[39]). Aber die Kirche hat nicht diese Freiheit und Abhängigkeit in Einem: sie ist starr objectiv: das Maaß ihrer Glieder ist genau bestimmt. Wo sie

---

39) Es verdient sicherlich die ehrenvollste Erwähnung, daß in der neuesten Zeit auch im deutschen Rechte nach Principien gesucht worden ist, und daß der wissenschaftliche Sinn sich nicht bei der bloßen Anreihung von Einzelnem zufrieden gab. Die überwiegende Macht des Römischen Rechts hat leicht dazu führen müssen, das Germanische Recht nach Römischem System zu behandeln. Allmählig kommt man davon zurück. Man geht in die Natur der Sache selbst ein, und forscht nach Grundsätzen. Ein solcher umfassender Grundsatz ist für das deutsche Recht so eben von Phillips, Grundsätze des gemeinen deutschen Privatrechts I. S. 417. u. f. nach Vorgang des gründlichen Werks von Albrecht über die Gewere, Königsberg 1828., in der Gewere oder im Schutze überhaupt gefunden worden. Das ganze deutsche Privatrecht zerfällt nach dieser Ansicht in die Lehre von der Freiheit (Gewere als Selbstvertheidigung), in die Lehre von der Vormundschaft (Gewere als Vertheidigung Anderer), und in die Lehre von der Gewere im engeren Sinne (Gewere als Vertheidigung von Sachen). Es ist hier nicht der Ort den Werth dieser Ansicht im Einzelnen zu prüfen, aber so viel darf schon bemerkt werden, daß wenn es verdienstlich ist, daß überhaupt nach einem Grundsatz gesucht wird, der gefundene dem Richtigen ganz nahe zu seyn scheint. Der Schutz, welcher sowohl der Person als Sache gewidmet ist, ist der Ausfluß der subjectiven Macht. Diese subjective Macht, das Geschützte zu vertheidigen, ist aber noch der Ausdruck für das objective Recht selbst. Der Staat ist noch nicht die Gewere für die innerhalb seiner befindlichen Rechte. Was wir im Text Feudalrecht genannt haben, trift somit mit dem Princip der Gewere zusammen. Man muß sich freilich hüten, dieses Princip der Gewere auch noch auf das heutige Recht übertragen zu wollen. Für das stark gewordene Allgemeine, in der Organisation des vernünftigen Staates, wäre das Zurückführen auf das Princip der Gewere nur eine schlechte Hymne mehr auf die Vorzüge des Mittelalters.

sie daher in das Weltliche tritt, das heißt, wo sie eines Rechtes bedarf, da kann es nur ein allgemeines objectives Recht seyn. Die Völker aber, über welche die Kirche herrscht, haben ein solches Recht nicht. Außerdem liegt es nicht in dem Gedanken der absoluten Herrschaft, wie sie die Kirche ausübt, daß die Herrscher gleiches Recht hätten mit den Beherrschten. Sie haben entweder eigenes Recht, oder, wo sie dessen ermangeln, ist es das Recht einer vergangenen Zeit, an das sie sich zu wenden haben. So ist das Römische Recht nothwendig dasjenige, welches für die Geistlichkeit die Grundlage für ihr weltliches Treiben abgiebt. Dieses daß sie das Recht der Vergangenheit zu dem ihrigen macht, steht übrigens nicht isolirt und einzeln da. Auch die Sprache, welche die Kirche spricht, ist nicht etwa die Sprache der Völker zu denen sie redet: es ist die allgemeine Sprache, das heißt die der Vergangenheit. Eben so ist es die Wissenschaft des gebildeten Heidenthums, welche in der Zeit der Barbarey von der Geistlichkeit festgehalten und bewahrt wird. Wenn es anfänglich auffallend erscheinen könnte, daß die Kirche sich zum Recht, zur Sprache und Wissenschaft des Heidenthums wendet, so liegt eben hierin die Erklärung, daß sie ein todter Schatz sind, der abgeschlossen und fertig, weder die Ansprüche eines Gegensatzes, noch die einer sich erhebenden Bildung macht. In diesem Sinne sind sie ein Reichthum, der um so schätzbarer ist, je mehr er ein Allgemeines, keinem Volke besonders Angehöriges enthält. Das Christenthum mußte in seiner Entstehung gegen das Recht und die unmittelbare Wissenschaft des Alterthums eifern. Die Kirche ist mit dem Rechte, mit der Sprache und Bildung Roms eng und ausschließlich verbunden.

Dieses ausschließliche Verbundenseyn der Kirche und Roms hat selber nun noch einen treffenderen Ausdruck.

C

Die Kirche wird Rom selbst. Wenn das erste Rom vom
Christenthum angenagt zu Grunde ging, so findet sich die
in dieser Zerstörung siegreiche Kirche an keinem Orte im
Mittelpunkt der nach allen Seiten hin zu beherrschenden
Völker, als in Rom: kein Name ist ihr anpassend, als der
Römische. Das Christenthum, die neue Welt, läßt bei aller Umkehr noch den Zusammenhang blicken, in dem sie
mit der alten Welt sich befindet: sie gewährt dem gestorbenen Heidenthum eine Art von Nachtaufe, und wenn das
alte Rom mit physischer Kraft die Welt beherrschte; so ist
es die geistige Gewalt, die jetzt die Völker bändigt: von
demselben Orte, von wo das Schwerdt ausging, erschallt
nunmehr das bezwingende Wort, und was nicht erobert
werden kann, wird gebannt.

Die Kirche kann sich aber erst zur Römischen gestalten und erheben, nachdem die Verwirrung der verschiedenen
sich kreuzenden oder sich erst festsetzenden barbarischen Völker vorüber ist, und das Mittelalter sich unter der Gestalt
eines großen umfassenden Reiches begreift. Denn der
Kirche muß die Welt gegenüber seyn, als eine einige: so
lange das Weltliche noch nicht diese Stufe erstiegen hat,
übt die Religion noch das Geschäft der Bekehrung und
Erziehung aus: erst der vollendeten Weltlichkeit gegenüber,
tritt sie ihren Beruf als Kirche an. So bringt das große
Fränkische Reich die weltliche Existenz der Kirche hervor,
und die Bedeutung des Papstthums empfängt seine irdische
Wirklichkeit aus den Händen derselben Könige, welche ihrerseits den Kaiserlichen Namen und seine Weihe von der
Kirche entgegennehmen. Das Fränkische Reich ist aber selbst
die erst äußerliche Einheit, zu der es das Mittelalter bringt.
Indem dieses Reich die verschiedensten Völkerindividualitäten noch in wahrhafter Mengung zusammenfaßt und die
drei Momente, in welche die Staaten des Mittelalters zer-

fallen, noch nicht als unterschiedene auseinandertreten läßt,
ist es, wie frühere oder spätere Reiche, etwa wie das Reich
Alexanders oder Napoleons an ein einziges Individuum
geknüpft, mit dem es sofort untergeht. Was sich aber
aus den Trümmern seiner Geschichte rettet, das ist die geistige Einheit. Das fränkische Reich wird getheilt, und
als Universalmonarchie aufgelöst, aber aus ihm entwickelt
sich der Gedanke des heiligen Römischen Reichs, als des
Vertreters der weltlichen Christenheit, als der zwar nicht
mehr alle Völkerindividualitäten äußerlich bezwingenden
Macht, aber als des geistigen Mittelpunkts für alle, als
des Ausdrucks für das, worin alle Staaten, die durch das
Band des Christenthums verbunden sind ihren Zusammenhang, ihr Oberes, und wie sehr auch ihre Besonderheiten
auseinander fallen ihr Allgemeines erblicken.

Wir wären somit zu dem Centralpunkte alles Staa-
tenverhältnisses und alles Rechts im Mittelalter gekommen, zur Kirche, die nicht mehr blos unbestimmt Kirche
ist, sondern die sich zur Römischen Kirche näher bestimmt
hat; zum Staat, der im heiligen Römischen Reich den
Ausdruck für das Allgemeine und Verbindende gefunden
hat. Dieser Gedanke, daß das dominium mundi dem
Römischen Kaiser zusteht, daß auch die entferntesten und
selbstständigsten Staaten in ihm ihren Oberherrn erkennen,
ist, weil ihm eben alle Realität abging, in dieser bloßen
Abstraction untergegangen. Aber im Grunde ist es auch
nur ein Gedanke, der die Herrschaft der Kirche begründet:
die Macht derselben ist nur so lange Macht, als man sie
dafür halten will. Wenn das Ansehn der Kirche sich länger als das des heiligen Römischen Reichs erhält, so ist
der Grund darin zu suchen, daß es der Weltlichkeit mehr
als der Kirche angemessen ist, ein unmittelbares Reich, unmittelbare Herrschaft und Machtvollkommenheit zu besitzen,

C 2

und daß in einem bloß geiſtigen und angenommenen Mittelpunkte, ohne die entſprechende Breite der phyſiſchen Gewalt, ſofort nur ein leerer Name erkannt wird, der ſich
zwar noch ohne Bedeutung recht lange fortſchleppen
kann, aber nie über die Wirkung eines Titels hinaus-
kommt.

Doch hat das heilige Römiſche Reich eine ihm allein
angehörige Beſonderheit: es iſt mit dem Deutſchen Reiche
unwiederruflich verbunden. Dieſer Umſtand, daß der allge-
meinſte Ausdruck für den Chriſtenſtaat ſich mit Deutſchland im engen Zuſammenhang befindet, hat für alle Zeiten den Character des Deutſchen Rechts und der Deutſchen
Staatsverfaſſung beſtimmt. Wenn in denjenigen Ländern,
die ſich weiter von dieſem Mittelpunkte der Chriſtenheit befinden, eine feſtere Einheit auftritt, und die Staatsmacht
ſich allmählig feſtſetzt und conſolidirt, ſo iſt grade in Deutſchland der umgekehrte Weg eingeſchlagen worden. Die Be-
ſonderheiten gehen immer mehr zu eigenen Selbſtſtändigkei-
ten auseinander; die untergeordneten Gewalten werden zu
wahrer Landeshoheit, und der Name des Kaiſers wird
nicht bloß über die Chriſtenheit, ſondern auch in der näch-
ſten Beziehung zum Deutſchen Reich zu einer leeren Allgemeinheit. Der Grund dieſer Verſchiedenheit liegt eben in
der Vereinigung des heiligen Römiſchen und des Deutſchen
Reichs. Als Herr der geſammten Chriſtenheit, kann der
Römiſche Kaiſer nicht in ſo unmittelbarer Einheit mit einem beſtimmten Lande und Volke ſtehen, denn er ragt, ſeinem allgemeinen Character zufolge, eben ſo ſehr über dieſes Land und Volk hervor. Es iſt eine ſehr richtige, in
das Weſen des Deutſchen Reiches eingehende, wenn auch
ſpäter nicht mehr ausgeführte Vorſtellung, daß der Deutſche
Kaiſer nicht auch des Reiches Fürſt ſeyn könne. Dieſe
Vorſtellung verliert zwar ſpäterhin und durch Misbrauch

ihre Wahrheit, aber niemals ist doch der Kaiser als Fürst
des Reiches von zu überwiegender Bedeutung; niemals
gelingt es ihm, die Lehne einzuziehen und sich zum wirklichen Herrn des Reiches zu machen. Deutschland als ein
einiges Reich, etwa wie England oder Frankreich gedacht
hätte, durch das Sichfestsetzen im Besonderen zugleich aufgehört, der Mittelpunkt der Geschichte des Mittelalters zu
werden: es hat die strenge und scharfe Ausbildung der
Nationalität gegen den Character eines allgemeineren
Standpunktes eingebüßt, und statt fester Wirklichkeit, nur
den Besitz einer jetzt um so weiteren Möglichkeit erworben. Die Schmiegsamkeit durch die zu allen Zeiten Alles
in Deutschland Eingang gefunden, so daß dasselbe der
Tummelplatz für jede sogleich einheimisch werdende Particularität gewesen, der Mangel an scharfer Abgränzung
nach außen hin, die sogenannte Vielseitigkeit der Bildung
hängen auf das Allerentschiedenste mit der Natur des Deutschen Staates zusammen. Die Allgemeinheit hat hier nie
die Macht gehabt, die Individualität dergestalt zu verschlingen, daß sie sich selber als einseitige Besonderheit, in
der ganzen Stärke derselben hätte zeigen können.

Dasselbige Schicksal wie Deutschland und aus densel-
bigen Gründen hat auch Italien. Wie Deutschland der
Sitz der allgemeinen weltlichen Macht ist, so ist Italien
das Land der allgemeinen geistlichen Gewalt. Der Pabst
ist daher wie der Kaiser nur einer von den Fürsten des
Landes, und es kommt in Italien niemals zur gewünschten
und nicht zu realisirenden Einheit. Republiken und Feu-
dalmonarchien gruppiren sich in bunter Vermischung um
den päbstlichen Stuhl. Aber die obere Herrschaft über die
Welt, die in der Natur des Pabstthums liegt, läßt den
Pabst nicht zur besonderen Herrschaft von Italien kommen.
Nur mit Rom und dessen unmittelbarem Gebiete identisch,

würde die Herrschaft über Italien, ihm die Herrschaft der
Welt rauben. Aber es kann auch keinem anderen Fürsten
gelingen, Italien in ein einiges Reich zu verwandeln. Hier
ist der Pabst gleich hinderlich, da er eben so wenig Italien
als ein Reich neben sich dulden kann, als er dasselbe zu
zu seinem eigenen umzuschaffen vermag. Die Einheit von
Italien und von Deutschland ist zu allen Zeiten ein frommer poetischer Wunsch gewesen, der dem Begriffe der Sache
widerspricht. Was den Mittelpunkt des allgemeinen Chri-
staates abgiebt, der sich nach den Enden zu in vielfacher
Besonderheit ergeht, kann nicht selber auch zu einseitiger
Nationalität erstarren, und es muß den Genuß seiner Individualität gegen den höheren Beruf aufopfern, Staat
und Kirche in ihren allgemeinsten Beziehungen vorzustellen.

Der Kampf der Kirche und des Staates, von wel-
chem als von der Geschichte des Mittelalters gesprochen
wird, vollbringt sich daher eigentlich nur in den beiden
Repräsentanten desselben, im Pabste und Kaiser. Hier ist das
Supremat wesentlich streitig, nicht etwa in der Christlichen
Weltanschauung, denn diese gewährt es unbedingt dem
Pabste, wohl aber in der Wirklichkeit, die sich gegen diese
Anschauung sträubt, und dem Staate sein selbstständiges
Recht will widerfahren lassen. In der Erniedrigung des
Römischen Kaisers ist der Staat überhaupt herabgesetzt,
so wie in den Spaltungen des Pabstthums die Kirche von
ihrer Gewalt verliert. Die übrigen Fürsten der Christen-
heit treten nicht wie der Kaiser in diesen unmittelbaren
Kampf mit dem Pabste. Das Supremat desselben ist hier
unweigerlich anerkannt, und nur über die Gränzen der
Ausübung kann sich ein Streit erheben. Dagegen ist der
Streit zwischen Kaiser und Pabst ein wahrer Rangstreit,
der das Innere der Frage ausmacht, ob die Kirche oder
der Staat zu siegen habe. Die anderen Staaten nehmen

nur Theil daran, indem sie dem Ausgange zusehen, und bald das Eine, bald das Andere begünstigen.

Das Haupt der Kirche, wie das Haupt des Reiches werden beide gewählt. In der Kirche ist die Wahl nothwendig, denn die Herrschaft ist hier lediglich Statthalterschaft: die Erblichkeit würde das eigene Recht an die Stelle setzen. Dann aber muß die Kirche ihres Ursprungs eingedenk seyn, der allgemeinen Menschheit anzugehören: sie ist nicht das Loos einer bestimmten Familie, das Eigenthum eines besonderen Geschlechts; nur in ihrer Herrschaft ist sie absolut: der Weg zu ihr ist der der unmittelbarsten Freiheit. So wenig durch die Geburt bestimmt ist, wer ein Kleriker sey, so sehr muß es dem Zufalle, der Fähigkeit und dem Glücke überlassen bleiben, welchen Rang man in der Kirche einnehmen dürfe. Ist aber der Fürst der Kirche nothwendig durch Wahl zu bestimmen, so kann das weltliche Reich ebenfalls nicht an Erblichkeit geknüpft seyn. Das Reich würde sich selbst alsdann angehören, es würde nicht mehr ein Lehn der Kirche bleiben. Daß Deutschland sich früh in ein Wahlreich verwandelte, liegt daher in dem nahen Zusammenhange des Reiches und der Kirche. Daß die Erblichkeit aufhörte, ist ganz zusammenfallend mit dem schon Gesagten, daß überhaupt keine starke besondere Macht in Deutschland entstehen konnte. Je weiter die Staaten von diesem doppelten Mittelpunkt entfernt sind, desto schärfer tritt das Princip der Nationalität der Besonderheit und der Erblichkeit hervor.

Es ist eine wesentliche Bestimmung des Christlichen Staatenbegriffs, daß es nicht mehr ein Staat ist, mit dem sich das Christenthum verbindet, sondern daß nur der Mittelpunkt gegeben ist, um den sich die übrigen Staaten gruppiren und festsetzen. Im Alterthum ist die Erhebung des einen Staats wesentlich die Zerstörung des Anderen.

Das Christenthum ist für alle Staaten, wie für alle Menschen. Die Bildung der Staaten ist also gleichgültig, vorausgesetzt, daß sie das geistige Band anerkennen, das die Christenheit verbindet. Die Kirche ertheilt im Voraus die Länder, die noch entdeckt werden könnten, wie sie die Lehnsherrin derer ist, welche vorhanden sind. Die Ausbreitung der Staaten im Raume ist ein Dienst mehr, welcher der Ausbreitung der Kirche geleistet wird. Die Staatenbildung ist in so fern freigelassen und unabhängig von der Kirche. Da sie unmittelbar die Herrschaft über die Welt hat, so ist das Weitere nur eine Entwickelung und ein ferneres Hervortreiben dieser Herrschaft.

Die Staaten des Mittelalters bilden aber noch kein Staatensystem. Ihrer besonderen Ausbildung ganz und ausschließlich zugewandt, bleibt ihnen ihre Allgemeinheit, nur die ganz unbestimmte Vorstellung des Christenstaates. Dieser Begriff und der leere Mittelpunkt des heiligen Römischen Reichs, läßt die Besonderheiten sich ganz in sich selbst vertiefen, und in Ermangelung eines alle Europäischen Völker verbindenden Gedankens, wie er etwa in der neueren Geschichte in Form des Gleichgewichts auftritt, kommen nur erst die Categorien, wie sie die natürlichen Verhältnisse der verschiedenen Europäischen Völker bilden, in Betracht. Statt der Angabe eines verbindenden Gedankens, in dem der Süden und Norden zusammen käme, sind es vielmehr die Verschiedenheiten der Völker, welche zu chàracterisiren sind. Die Nothwendigkeit dieser Verschiedenheit macht dann wieder das Allgemeine aus.

Wir haben im Mittelalter bereits zwei Momente erkannt, die Kirche und den Staat. Die Völker, welche zum Christenthum übergehen und Reiche stiften, participiren natürlich an beiden. Aber Kirche und Staat gehen von zwei ganz verschiedenen Endpunkten aus: die erste knüpft an die objectiven Formen des Alterthums an: der zweite arbeitet sich aus den subjectivsten Anfängen heraus. Die Staaten, die sich um die Kirche herum gruppiren, werden ebenfalls des objectiven Characters der Kirche theilhaftig: es werden die Anhänger, Vertheidiger, treuen Beschützer derselben seyn. Man kann sie die kirchlichen Völker nennen. Dagegen sind es andere Völker, die abliegen von der Kirche, und die mehr der Ausbildung weltlicher Interessen zugethan, zwar mit aller Ehrfurcht die Kirche betrachten, aber etwas von Weitem. In ihnen ist es die subjective Form des Geistes, welche bald überwiegend, bald ausschließlich vorherrscht.

Die kirchlichen Völker nennt man mit einem anderen Ausdruck die Romanischen. Die barbarischen Völker, welche sich in Spanien, Portugall, Italien und einem Theile von Frankreich festsetzen, bilden nicht aus der subjektivsten Freiheit heraus die Staaten die von ihnen gegründet sind, sondern sie werden selbst von der anziehenden Substanz des Alterthums verschlungen, in die sie aufgehen Die Sprache dieser Völker ist die flüssig und dem gewöhnlichen Leben anpassend gemachte Römische. Was von Germanischer Mundart mitgebracht ist, kann sich nicht obenauf erhalten, und läßt sich höchstens in einzelnen Worten und Wendungen erkennen. Die Germanische Subjectivität wird von der Substanz des Staates eingesogen: das Allgemeine erstarkt deswegen früher. Auf der pyrenäischen Halbinsel ist der Staat am frühesten fertig: er hat seine Pubertät erreicht, als die der Anderen noch schlummert: er steigt zu Macht, zu Ansehn, zu vollendeter Einheit heraus, und wird deshalb der erste Staat der Christenheit, mit dem sich sogar das heilige Römische Reich verbinden muß. Wenn wir aber von dem Einsaugen der Individualität durch den Staat sprechen, so bedarf dies einer weiteren Ausführung. Allerdings ist es die größere Macht der Objectivität, welche bei den Romanischen Völkern vorherrscht, und deshalb die Züge des Alterthums in Sprache, Sitte, Recht und Verfassung bei ihnen erneuert. Aber es muß deswegen nicht gedacht werden, daß die Germanische Bildung nicht auch ihren Antheil daran habe. Das Feudalsystem und Feudalrecht ist eben sowohl bei den Romanischen als bei den Germanischen Völkern zu finden. Nur kommt es bei jenen in den weiteren feudistischen Gliedern, bald zu einer hierarchischen Unterordnung unter das Allgemeine. Die Vasallen verhalten sich nicht zum König wie widerspenstige auf ihre Unabhängigkeit trotzende Mannen; denen ihr etwaiges Einwilligen in die Befehle des Königs erst auf dem Wege des Vertrages oder der Gewalt noch besonders abgedrungen werden muß; sondern das Gefühl ihrer Selbstständigkeit bringt sie eben zum Gehorsam und zur Unterwerfung. Es fällt keinem Spanier des Mittelalters ein, sich nicht für den freiesten europäischen Mann zu halten, und auf diese Freiheit nicht stolz zu seyn. Aber wo der König erscheint, schweigt seine Individualität, denn sie wird am allerhöchsten befriedigt, wenn sie von der königlichen absorbirt wird. Diese Vorstellung, die Kraft und Macht der Individualität am meisten von dem zu erhalten, der sie einzieht, giebt das Prinzip der Ehre als des vorherrschenden, Alles verdrängenden, und in seiner abstractesten Allgemeinheit oft einseitigen und langweiligen. Wenn der deutsche Sinn sich gegen die dramatischen Erzeugungen der Spanier sperrt, in denen die Ehre den ewig wiederkehrenden Inhalt ausmacht, so ist der absolute Unterschied der Romanischen und Germanischen Völker daran schuld, welche letztere sich weit mehr mit der ausschweifendsten Subjectivität, und mit dem eigensinnigen Zerfallen als mit der starren Substantialität befreunden können,

welche das Subjective zuerst verschlingt, um es in Form
eines Abglanzes, in Form der Ehre, oder als Attribut der
Substanz wieder von sich zu geben. In den Vorstellungen
von Glauben, Ehre und Treue liegt allerdings ebenfalls
das Subjective, aber in das Allgemeine versenkt: es ist
nicht mehr die Ungebundenheit, die von allem Objectiven
entblößte Willkühr, die sich umhertreibt. Schon der Unterschied, der zwischen dem Westgothischen Gesetzbuch und
den übrigen Gesetzen der barbarischen Völker herrscht, vermag die Verschiedenheit des Romanischen und Germanischen Rechts fester zu bestimmen. Das Fuero juzgo ist
ein wahrer Codex, ein allgemeines Gesetz für alle Stände
Verhältnisse und Einrichtungen des Staats: es handelt
vom Staate und seinen Bürgern: es geht von einem Allgemeinen, nämlich von Gott und vom göttlichen Rechte
aus: es ist nicht eine Compilation blos einzelner un-
gebildeter Bestimmungen, sondern darf darauf Anspruch
machen ein Ganzes zu seyn [40]). Deswegen ist es auch

---

40) Es hat mir zur höchsten Freude gereichen müssen, nachdem
diese Bezeichnung des Fuero juzgo längst niedergeschrieben war,
Nr. 6. der Revue Française Novembre 1828, und mit ihr eine
Abhandlung über die Gesetzgebung der Westgothen (de la Législation
des Visigoths S. 202—244.) zu Gesicht zu bekommen, die dem
Vernehmen nach von Herrn Guizot seyn soll, und in der allerdings
weder das ungeheure Talent starker und sicherer Characterisirung,
noch das des geistreichen Verbindens der einzelnen Momente zum
Ganzen zu verkennen ist, welches ich an Herrn Guizot bereits in den
Jahrbüchern für wissenschaftliche Kritik, Jahrgang 1828.
No. 59—60. bei Beurtheilung seiner Geschichte der Englischen Revolution, hervorgehoben habe. Die Abhandlung über das Gesetz der Westgothen ist so wahr und geistvoll, daß ich mich nicht enthalten kann,
die hervorstechenden Züge hier mitzutheilen. Von allen barbarischen
Gesetzen, sagt Herr Guizot, ist das der Westgothen das einzige, was

nicht, wie die übrigen barbarischen Geſetze, untergegangen, ſondern es dient noch heute als Grundlage des Spaniſchen

faſt bis auf die neueſten Zeiten ſich am Leben erhalten hat. Aus ſeinem Geiſte erklärt ſich noch der Zuſtand des heutigen Spaniens. Die Geſetzgebung der Weſtgothen iſt nicht das Geſetz des erobernden barbariſchen Volkes, es iſt das allgemeine Geſetz des Königreichs: es beherrſcht die Beſiegten, wie die Sieger, die ſpaniſchen Römer, wie die Gothen (S. 202. 203.). Während die perſönlichen Rechte bei den übrigen Barbaren vorherrſchten, ſetzt ſich ein Syſtem reeller oder Territorialrechte in Spanien feſt. Das Forum judicum iſt ein aus der Sammlung aller Geſetze gebildeter Codex, welche zum letzten Male auf dem 16ten Concilium zu Toledo, auf Befehl des Königs Egiza (687—701.), durchgeſehen und zuſammengeſtellt wor-den ſind. Dieſe Geſetzgebung iſt faſt immer ganz allgemein und categoriſch: es ſind aber nicht blos einzelne Gebote und Verbote, ſondern das allgemeine Princip, aus dem ſie fließen, iſt faſt immer hinzugefügt, ſo daß die Geſetze gleichſam philoſophiſche Wahrheiten zu ſeyn ſcheinen: dieſes zeigt, daß das Werk überhaupt von den Philoſophen damaliger Zeit, das heißt von der Geiſtlichkeit verfaßt worden iſt: denn dieſe bildete in den Tagen des Mittelalters den all-gemeinen Stand. Das Geſetz, ſagt das Forum judicum, iſt das Abbild der Gottheit, die Botinn der Gerechtigkeit, die Gebieterinn des Lebens: es ſoll alle Stände, Lebensalter, Geſchlechter beherrſchen, das allgemeine Intereſſe gegen das beſondere in Schutz nehmen. Darin unterſcheidet ſich alſo das Fuero juzgo von allen anderen Geſetzen der barbariſchen Völker, daß es ein einiges öffentliches Ge-ſetz iſt, während die anderen nur privilegia enthalten. Die ſtaats-rechtliche Theorie dieſes Geſetzes iſt aber folgende: Keine Macht iſt legitim, als in ſo fern ſie gerecht iſt, und ſelbſt vom Geſetze der Gerechtigkeit und Wahrheit beherrſcht wird. Alle rechtmäßige Ge-walt kommt daher von der einzigen ungetrübten Quelle aller Ge-rechtigkeit, von Gott: der Herrſcher erhält ſeine Gewalt nicht von den Händen derer, über die er herrſcht; ſondern von Gott: er beſitzt die Gewalt in ſich ſelber und nicht lehnweiſe. Dieſes ſind alſo die beide anſcheinend ſich widerſprechenden, aber dennoch ſich vereinigen-den Grundſätze. Der König ſoll gerecht und wahr ſeyn (rex kommt

Rechts. Die Gesetzbücher des späteren Mittelalters, das Fuero real und die siete Partidas können nur als wei-

---

von recte. Rex ejus eris, si recte facis, si autem non facis, non eris) aber daß er dieses sey hängt von Gott ab, dem er allein Rechenschaft schuldig ist. Die Consequenzen dieser staatsrechtlichen Theorie können so gefaßt werden. Die besten Depositarien der rechtmäßigen Gewalt sind die Geistlichen: da diesem die Erblichkeit in ihrem vollkommenen Absehen von allen anderen Zusätzen widerspricht, so wird zur Erblichkeit des Thrones wenigstens die Anerkennung und Bestätigung der Geistlichkeit hinzukommen müssen. Aber dieser so gewählte oder bestätigte Monarch ist absolut. Alle unteren Gewalten kommen von ihm, und werden durch ihn und in seinem Namen eingesetzt. Aber indem die Geistlichkeit so den ersten Stand bildet, ist sie schon wegen der Allgemeinheit des Gesetzes weniger entfernt von dem übrigen Theile des Volkes: sie hat nicht fremdes Recht, sondern ist den Landesgesetzen unterworfen. Die Geistlichen müssen vor den Civilrichtern erscheinen, und können von ihnen bestraft werden; die Geistlichen wie die Laien werden zum Kriegsdienst und zu seinen Lasten gezogen. Was übrigens die im Fuero juzgo angeordnete Wahl der Könige betrifft, so ist diese Wahl gar nicht gegen das Princip der Erblichkeit, sondern vielmehr gegen willkührliche Usurpationen, die sonst statt finden würden, gerichtet (S. 214—216.). Die königliche Gewalt in ihrer absoluten Gestalt, ist mit vielen Vorschriften und Grundsätzen umgeben (etwa wie die der Orientalischen Fürsten), wenn man aber fragt, wo die Macht sey, diese Vorschriften und Grundsätze aufrecht zu erhalten, so ist dieselbe nirgends vorhanden. Der Codex der Westgöthen, im Ganzen gerechter und menschlicher als die Gesetze der Franken und Lombarden, läßt dem Despotismus einen freieren Spielraum. Aber nicht blos im Staatsrecht, sondern auch in allen anderen Beziehungen des Rechts wird man im Westgothischen Gesetzbuch jenen objektiveren Character erblicken. Im Civilrecht begegnet man dem Römischen Recht, im Criminalrecht ist ein richtigeres Verhältniß zwischen den Verbrechen und Strafen. Anderwärts ist es allein der Schaden, welcher als vom Verbrecher verübt betrachtet wird, und die Strafe führt also blos zur Composition und zum Werigelde: im westgothischen Gesetzbuche kommt

tere Ausarbeitungen desselben betrachtet werden; ja selbst
das Gesetzbuch der neuen Zeit, die unter Philipp dem 2ten

---

zum ersten Male die Lehre vom Vorsatze und von der Absicht, die
moralische Seite des Verbrechens zum Vorschein. Der unfreiwillige
Todschlag, der Mord, werden ausdrücklich unterschieden; der verschiedenartige Werth den die anderen barbarischen Gesetze den verschiedenen Menschen beilegen, ist nur in Beziehung auf den Freien
und Sclaven beibehalten. Aber wenn so die Gesetze weit mehr, wie
überall, einen gebildeten Zustand nachweisen, so verschwindet dagegen
ganz die Freiheit nach unten zu, das Beistimmen zu den allgemeinen
Angelegenheiten, das den Germanischen Völkern eigen ist. Die Angelsachsen haben ihren Witenagemot, die Lombarden ihre Versamm-
lung von Pavia, die Franken ihr Maifeld und ihre placita gene-
ralia, in Spanien ist bloß die Geistlichkeit im Concilium vereinigt,
welche nicht stark genug, um einen wirklichen Widerstand zu leisten,
am besten sich der souverainen Gewalt anschließt, um als ihr Rathgeber zu regieren. Wenn man bisweilen das officium palatinum
den Rath, welchen die Großen des Hofes und die obersten Beamten
um den König bildeten, als einen Theil einer constitutionellen Verfassung hat betrachten wollen, und wenn man auch nicht läugnen
kann, daß derselbe oft Theil an der Gesetzgebung, an der Regierung,
ja sogar an der Wahl der Könige hatte, so muß man sich dennoch
wohl hüten, hierin irgend eine politische Einrichtung zu erblicken.
Das officium palatinum, schon eine Institution der Römischen Kai-
serzeit, hat nur etwas von feudalistischer Färbung angenommen, so
daß aber der hervorstechende Zug bei Weitem Römisch ist. Am Ende
kann der absoluteste Herrscher nicht alles allein machen, und er muß
Gehülfen und Rathgeber haben. Aber diese Rathgeber sind noch
weit davon entfernt, organische Theile eines verfassungsmäßigen
Staates zu seyn. Das Fuero juzgo nennt eine große Anzahl von
Localrichtern. Aber es scheint, daß auf keine Weise das Volk zur
Ernennung dieser Richter beitrug, sondern, daß sie sämmtlich vom
Könige und seinen Delegirten ernannt werden. Außer den perma-
nenten Richtern schickten die Könige Commissarien in die Provinzen,
um in Specialsachen zu entscheiden. Sämmtliche Richter beziehen
vom Könige einen Gehalt. Nirgends Rachinburgi, boni homines,

verfaßte Recopilacion, trägt noch ben Character des Fuero juzgo. Allerdings findet sich im 13ten und 14ten Jahrhundert in Spanien ein höherer Grad von Freiheit, als in der Westgothischen Zeit vor, aber ihrem Begriffe nach, ist sie blos die weitere Ausführung der alten Grundlage: selbst in den Cortes ist das Princip der Berechtigung des Volks, der Grundsatz der Subjectivität nirgends enthalten[41]), wie denn die Vernichtung der Verfassung gar nicht, wie überall, von bedeutenden Kraftanstrengungen begleitet ist. Wenn auch das reine Römische Recht in Spanien einen langen Kampf zu bestehen hatte, ehe es sich als Hülfsrecht durchsetzte[42]), so schließt das Verbot desselben nicht

---

und andere vom Volke ausgehende Schöffen. Den Priestern und Bischöfen ist überall die Aufsicht über die Richter anempfohlen.

Es mag mit diesen Grundzügen genug seyn, um zu zeigen, wie scharf Herr G u i z o t den Character des Westgothischen Gesetzbuches, im Verhältniß zu dem der Germanischen Rechte, aufgefaßt hat.

41) Sehr geistreich bemerkt Herr G u i z o t, Revue Française l. l. p. 242—44., daß die Zerstörung der Westgothischen Monarchie durch die Araber diesen größeren Grad von Freiheit vom 12ten Jahrhundert ab wieder einführte. Denn die Gothen, die den Pelagius in die Wälder von Asturien begleiteten, gingen gleichsam wieder in die Vorzeit der alten Subjectivität zurück, und wurden wiederum Germanen. „Les Compagnons de Pelage durent jasqu'à un certain point redevenir des Germains." Diese Zurückgermanisirung der Westgothen konnte nur bis zur Zerstörung der Arabischen Herrschaft fortdauern. Mit der Eroberung von Granada ist die letzte Spur einer wiederaufdämmernden Freiheit in Spanien ebenfalls erloschen. Herr G u i z o t sagt daher mit Recht: „Cependant les théories de l'esprit theologique du Forum judicum, avec l'aide de circonstances favorables ne tardèrent pas à pénétrer de nouveau.

42) Leges. Visg. II. 1. 9.

aus, daß die Spanische Gesetzgebung des Mittelalters nicht dennoch zum größten Theile auf Römischem und Canonischem Recht gegründet ist. Es verhält sich von Hause aus das Spanische Recht zum Römischen, wie etwa die Spanische Sprache zur Lateinischen.   Bei diesen überwiegenden römischen Bestandtheilen kann das reine Römische Recht eigentlich entbehrt werden: es ist nicht, wie in den Ländern Germanischen Rechts absolut nothwendig, um überhaupt ein Privatrecht herbeizuführen: es ist eben so wenig ein durchaus neues, erst einzuführendes, aber auch darum, wegen der Aehnlichkeit mit dem einheimischen Rechte leichter geeignet Verwirrungen zu veranlassen. Was den Romanischen Ländern, namentlich Spanien, schon in früher Entwickelung zu Theil wird, eine Einheit im Staate, ein geordnetes Gesetz, das sich über alle Theile gleichmäßig erstreckt, die früh ausgebildete Objectivität des Ganzen; alles dieses büßt es wiederum in der neuen Geschichte gegen die Germanischen Völker ein: diese Objectivität wird frühe Verwesung, das Gesetz ein sich nicht Erneurendes, sondern beständige Compilation, und Beibehaltung des Alten, nicht wie in England mit neuem Leben einer regen bürgerlichen Gesellschaft überwachsen, sondern jedes neue Leben annagend oder im Keime erstickend.

Der Character der Portugiesischen Rechtsverfassung ist im Ganzen nicht von dem des Spanischen Rechts verschieden, nur daß hier noch das letztere als ein Hülfsrecht dazu tritt. Es ist in Portugall nicht mehr die gedrungene Einheit des hispanischen Wesens, und gleichsam als wehte die unmittelbare Berührung mit dem Meer den Portugiesen einen größeren Grad subjectiver Freiheit zu, so ist es in Lusitanien eigentlich nie zu einem allgemeinen Alles umfassenden Gesetzbuche gekommen, und das Ganze hat sich auf die Sammlung der einzelnen Ordenações und

Foros

Foros beschränkt. Im Anfang herrscht das Fuero juzgo über Portugall, wie über Spanien; die Araber lassen die Christen ruhig unter ihren Gesetzen fortleben, und erst als im Jahre 1109. unter dem Grafen Heinrich Portugall zu einem von Spanien unterschiedenen Reiche wird, kann von einer eigenthümlichen Lusitanischen Rechtsgeschichte die Rede seyn. Das erste Document derselben sind die in der neuesten Zeit, wiederum so berühmt gewordenen Beschlüsse der Cortes von Lamego, welche aber eigentlich nichts als einige Bestimmungen, über die Erbschaft der Krone, über den Adel, und über die Gerechtigkeit enthalten. Unter diesem umfassenden Namen der Gerechtigkeit sind dürftige Festsetzungen über den ersten und zweiten Diebstahl, über den Ehebruch, über Todschlag und Nothzucht zu verstehen. Die Könige nach Alphons, schon von Sancho I. an, ertheilten den einzelnen Ortschaften Stadtrechte (Foros) und erließen Befehle (Ordenações), wodurch dem Bedürfnisse in einzelnen Theilen des Rechts abgeholfen wurde. Die Königliche Gewalt ist in Portugall in dieser Hinsicht auf keine Weise schwächer als in Spanien. Unter dem Könige Dionysius wird eine Portugiesische Uebersetzung der siete Partidas veranstaltet, und somit das neuere Spanische Recht neben dem Römischen als Hülfsrecht in Portugall eingeführt. Das Römische Civilrecht kommt zwar auf dieselbe Weise wie nach Spanien, so auch nach Portugall; aber es hat ein weit anerkannteres Daseyn in dem letzteren Lande, wozu der Umstand, daß hier kein eigentliches Gesetzbuch existirt, wesentlich beiträgt [43]). Erst in

---

43) Es wurde schon unter Johann dem 1sten eine portugiesische Uebersetzung des Justinianeischen Codex veranstaltet, wahrscheinlich vom Ioannes ab Aregis. Cf. Paschal. Ios. Melii Freygrii Historiae juris civilis Lusit. Olisp. 1806. p. 77.

D

der Mitte des 15ten Jahrhunderts tritt in dem Codex Alphonsinus eine Zusammenstellung der früheren Gesetze hervor, der dann für den Anfang der neuen Geschichte, der Emannelische Codex und die Ordinatio Philippina folgt.

Wie Spanien und Portugall gehört Italien zu den kirchlichen oder Romanischen Ländern: es theilt mit ihnen den gemeinsamen Character, daß das Germanische Element nicht das Hervorstechende geblieben, sondern sich in die Substanz des Alterthums aufgelöst, und somit eine objectivere Gestalt angenommen hat. Aber schon oben ist auseinandergesetzt worden, wie es hier nicht zu einer festen und gedrungenen Einheit, wie etwa in Spanien, kommen konnte, wie in demselben Lande, wo der päbstliche Stuhl sich befand, keine Monarchie sich als selbstständig erheben durfte, somit das Ganze sich in kleine Republiken auflösen mußte, oder doch in secundaire Monarchien, die als unmittelbare Lehne des päbstlichen Stuhles betrachtet wurden. Der Begriff der Freiheit in den Italienischen Republiken des Mittelalters, von dem fast monarchischen Venedig bis zur Florentinischen Democratie herab, ist eben so unterschieden von dem, was in Spanien Freiheit genannt wird, als was nach Germanischen Vorstellungen so heißen könnte. Wenn in Spanien die Freiheit in der Ehre liegt, so liegt die ganze Italienische Freiheit, in der gar nicht weiter ausgebildeten, sondern vom Alterthum aufgenommenen Vorstellung, daß die Herrschaft des Volkes die wahre Regierung sey. Es ist nach dieser Prämisse ziemlich gleichgültig, wie sich nun die Verfassung weiter gestaltet; selbst die abschreckendste Aristocratie hat ihre endliche Wurzel im Willen des Volkes, und sogar die Tyrannis, zu welcher diese Republiken sich umbilden, hebt für die Italiener den Begriff des Freistaates nicht auf. Während die Germani-

schen Völker bei aller Anerkennung der Macht des Königs oder
Kaisers, den wesentlichen Inhalt der Freiheit in Form von
Privatrechten für sich behalten, geben die Italiener den Genuß ihrer Subjectivität häufig hin, um auf Kosten der
Freiheit, der Sicherheit und des Schutzes ihre Theilnahme
am Allgemeinen zu erkaufen. Statt der heiligen, Ehre von
sich ausströmenden, Person des Königs wie in Spanien,
ist es die eingebildete Person des Volks, der sich das Volk
hingiebt. Weil aber das Volk dem Volke für diese Hin-
gebung nichts zurück giebt, so verliert sich in den unteren
Sphären des Rechts alle Selbstständigkeit und Sicherheit,
der eingebildeten politischen Freiheit wegen, und das Versinken dieser Republiken hat wie das Versinken der Spanischen Monarchie darin seinen Grund, daß das Allgemeine,
sey es nun in Gestalt der Monarchie oder der Volksherr-
schaft, früher als das Recht der Persönlichkeit ausgebildet
ist, und daher das Nachrücken dieser Berechtigung nicht
ertragen kann. Was dagegen selbst in Spanien anerkannt
werden mußte, Sicherheit der unteren Rechtssphären kommt
hier zu gar keiner Ausbildung, und so wenig an eine Einheit Italiens zu denken ist, eben so wenig kann von einem
Italienischen Rechte die Rede seyn. In diesem unmittelbaren Lande des päbstlichen Stuhles, und des kirchlichen wie
des Römischen Rechts, würde ein einheimisches nicht aus
diesen Bestandtheilen hauptsächlicherweise zusammengesetztes
Recht kaum denkbar seyn **). Das Italienische Recht ist
daher Römisches und Canonisches mit Longobardischen Bestimmungen verwebt; das Germanische läßt sich kaum noch

---

44) Schon das Edictum Theodorici beruht lediglich auf Römischem Recht: schon hier hat sich die Gothische Eigenthümlichkeit
ganz an die Römische aufgegeben.

in den einzelnen Stadtrechten oder Statuten erkennen; es
hat sich vollkommen in das Römische Uebergewicht aufgelöst. Eben so wenig ist eine große Mannigfaltigkeit oder
Verschiedenheit in dem civilrechtlichen Theil der italienischen
Stadtstatuten zu finden. Großentheils haben die kleineren Städte ihr Recht geborgt oder abgeschrieben, so daß
man nicht bloß Sachübereinstimmung, sondern sogar wört-
liches Zusammentreffen in den meisten erkennen kann. Die
Italienischen Republiken, wie sie überhaupt ihr belebendes
Princip dem Alterthum entlehnen, sind wie jenes mehr der
staatsrechtlichen Entwickelung als der privatrechtlichen zugewandt. Ein Patriotismus, der nichts Modernes an sich
hat, und der deswegen eben schon in seiner frühesten Jugend abgeblüht und winzig erscheint, tritt an die Stelle der
in aller Stille und Gemüthlichkeit der privatrechtlichen
Formen erblühenden Freiheit der Germanen, und die Kirche, als die einzige kräftige und durchgebildete Allgemeinheit ist auch die Einzige, welche bei dem schnellen Wechsel
der Macht und bei dem Untergehen der Republiken wenigstens durch ihre Zähigkeit aufzeigt, wie viel Wahrheit und
Bedeutung einst in ihr war. Verschieden von dem Rechte
der Italienischen Republiken bildet sich nun freilich das
Neapolitanische Recht aus. Hier hat sich das Lombardi-
sche Recht weit länger neben dem Römischen erhalten:
die Stadtrechte haben nicht den Character eines allgemeinen die Lombarda verdrängenden Rechts annehmen können, und späterhin hat die Spanische Herrschaft die Wirkung gehabt, ein zwar auf Grundlage des Römischen und
Canonischen Rechts erbautes, aber doch in vielfachen Constitutionen niedergelegtes oder ergänztes Recht hervorzubringen, dessen civilrechtlicher Theil sich mehr dem Character
der Spanischen Gesetzgebung als dem der übrigen Italienischen Staaten anschließt.

Von allen Romanischen Ländern ist endlich Frankreich am letzten zu betrachten, weil es schon den Uebergang zu den Germanischen Völkern bildet. Es ist das Land, in welchem die Romanische Eigenthümlichkeit gebrochen erscheint, indem es sich in zwei Hälften scheidet, wovon die eine dem Romanischen, die andere dem Germanischen Geiste angehörig ist. Während im Süden von Frankreich, das Reich der Burgunder und Westgothen etwa dem Ganzen den substantiellen Character Spaniens ertheilt, schließt sich der Norden dieses Landes vollkommen an das Germanische Wesen an. Die Gesetze der Salischen Franken und der Ripuarier weichen in nichts von der ungebildeten Weise der übrigen barbarischen Rechte ab: es ist weder eine Vorstellung von einem Staatsganzen in denselben, noch kommt die Gesetzgebung über das Aphoristische einzelner Bestimmungen hinaus. Dieser Unterschied des Südens und Nordens von Gallien, war schon bei den Römern: der Süden war völlige Provinz, während der Norden mehr in einem freieren Verbande mit Rom stand [45]). Späterhin hat sich, was das Recht betrifft, im Mittelalter die Germanische Denkart des Nordens der Römischen des Südens schärfer entgegengestellt. Die Stadtrechte und Gewohnheiten der nördlichen Provinzen (pays coutumier) enthalten mit geringen Modificationen Deutsches Recht: das Römische Recht hat sich hier nur subsidiarisch geltend gemacht: es hat bei weitem hier nicht die Wichtigkeit, zu der es in Deutschland kam. Dagegen ist der Süden von Frankreich Land des Römischen Rechts. Was in dieser Beziehung von Spanien gesagt worden ist, gilt auch hier. Die Romanische Eigenthümlichkeit hat die Germanische

---

45) Plinii hist. nat. IV. 17. et sq.

überwunden. Bei einem solchen Bruche, bei einer solchen Spaltung in zwei Hälften ist es freilich nothwendig zu wissen, welcher Bestandtheil der überwiegendere in Frankreich war, der Romanische oder Germanische. Wenn man die Französische Sprache betrachtet, so möchte man geneigt seyn, sie dem ersten zuzuerkennen, bedenkt man aber, daß alle geistige Bewegung von Norden ausgegangen, daß die Hauptstadt dem pays coutumier angehört, daß im Süden vielmehr eine noch dumpfe Hineigung zu Spanischer Denkweise herrscht, so wird man geneigt seyn, das Ueberwiegende des Germanischen Princips in Frankreich anzuerkennen. Der Unterschied, der sich zwischen Frankreich und allen anderen Romanischen Ländern vorfindet, und welcher kein geringerer ist, als daß die Franzosen an der Spitze der Europäischen Civilisation stehen, während die anderen südlichen Völker fast, wie die Orientalischen, aus der Bewegung der Geschichte ausgeschieden sind, spricht für den Triumph des Germanischen Rechtsprincips in Frankreich. Wenn somit, was die lebendige Bewegung angeht, die Franzosen dem Germanischen Recht angehören, so sind sie, was die Fähigkeit ihre Gedanken in die Realität überzuführen, was endlich den festen und bestimmten Verstand betrifft, durchaus Romanisch. Sie sind deshalb auch, mehr wie irgend ein anderes Europäisches Volk, juristisch gebildet, und stehen, in practisch juristischer Fähigkeit, den alten Römern am nächsten. Die königliche Gewalt hat eine Macht an sich; nicht blos eine solche, die als freiwillige Einsetzung von unten herauf erscheint, wie dies in dem Satze si veut le roi, si veut la loi deutlich genug ausgesprochen ist. Ja die größere Herrschaft, die die Könige von Frankreich über die Kirche erlangen, so daß diese eine Selbstständigkeit wie in Spanien nicht behaupten kann, geben diesem königlichen Ansehn noch einen Zusatz von

Stärke mehr. Aber dem legalen oder vielmehr der sprach-
lichen Bedeutung des Königsthums stand die Wirklichkeit
sehr entgegen. Statt daß der König, wie in Spanien, als
das Ehre ausströmende und somit erhaltende Princip, in dem
sich Alles zu concentriren habe, betrachtet wurde, ist der
eigentliche Zustand mehr dem Englischen ähnlich; Auflehn-
ung oder Zufallen der Vasallen macht den König schwach
oder stark, und das Königsthum hat seine Existenz erst zu
bewähren und zu behaupten. Die Einheit der königlichen
Gewalt fällt deshalb erst in Frankreich in die neue Geschichte, welche im Zeitalter Ludwig des 14ten eine Glanz-
periode für das unumschränkte Königsthum entwickelt, als
die übrigen Romanischen Länder schon mächtig im Sinken
begriffen sind. Eben so fällt die Ausbildung des Römischen Rechts durch Studium und Wissenschaft erst in das
sechzehnte Jahrhundert; im Mittelalter scheint es durch die
bekannte Ordonnanz Philipp des Schönen von 1312. fast auf
das einzige Orleans beschränkt gewesen zu seyn. Das pays
coutumier hat dagegen bis zur Französischen Revolution
hin dem Eindringen des Römischen Rechts widerstanden.
Daß endlich das Romanische Princip in Frankreich nur
von vorübergehender Dauer seyn kann, zeigt am klarsten
die Französische Revolution, welche dem Bestehenden auf
eine Weise abhold geworden, wie sie nur eben in einem
Lande der Doppelheit, bei dem Zusammenseyn substantieller
Verhältnisse, und des freien sich darüber bewegenden Geistes möglich ist. Wenn so in Frankreich gleichsam Spanien und Deutschland in einer Art von Mengung enthalten sind, so wird das eigentlich Charakteristische der Französischen Rechtsgeschichte mehr in der Betrachtung der In-
stitute liegen, die dem Germanischen, als der die dem Romanischen Geist verwandt sind.

Den kirchlichen oder Romanischen Völkern stehn aber

nun die Völker scharf unterschieden gegenüber, welche
man die Germanischen nennt. Obgleich sich die Christliche Religion auch bei ihnen verbreitet, so ist es nicht der
unmittelbare Character, der sich bei denselben vorfindet:
sie sind nicht in die Kirche aufgegangen, sondern mehr auf
freie Weise mit derselben verbunden. Eben so ist hier weder in Sprache, Sitte und Recht das sich an die Kirche
anschließende Alterthum die Substanz, welche die ursprünglichen Germanischen Vorstellungen eingesogen hat. Vielmehr entwickelt sich hier alles aus den Anfängen des Germanischen Wesens überhaupt. Der Begriff der individuellen Freiheit wird die Grundlage, auf der langsam die Germanischen Staaten sich aufführen. Der Staat bekommt
hier nicht die frühe Consistenz, wie in den Romanischen
Ländern: die Organisation des Staates muß allmählig
aus den Formen des Privatrechts aufsteigen und zum
Staate erwachsen. Die Geschichte dieser Staaten ist daher
im Mittelalter bei Weiten gegen die der Romanischen Völker zurück. Während die letzteren ausgebildete Staats-
und Rechtsverhältnisse, und was damit zusammenhängt,
die Blüthe ihrer Geistescultur besitzen, sind die Germanischen Völker noch in vollkommener Naivität, in Sprache,
Sitte und Recht noch den patriarchalischen Anfängen nahe,
und in einer Art von vorbereitender Geschichte begriffen.
Erst in der neueren Geschichte mit der eintretenden Reformation zeigt sich eigentlich die höhere Bedeutung des Germanischen Wesens, welches im Mittelalter noch zu sehr in
den Anfang versenkt ist. Während in den Romanischen
Staaten die königliche Macht bald das Ursprüngliche ist,
von der alle anderen Seiten des Staates ihre Bedeutung
erhalten, ist bei den Germanischen Völkern die monarchische
Verfassung nur die erweiterte Gemeindeverfassung, der
Königsfrieden nur der ausgedehntere Gemeindefrie-

den [46]). Die Gauverfassung, welche sich hier zu einer
Zeit vorfindet, in welcher die südlichen Staaten schon diesen letzteren Namen verdienen, und die in der heutigen
Grafschaftsabtheilung von England noch fast ihren früheren Character beibehalten hat, ist der ganz bezeichnende
Ausdruck für den Staat, der im Grunde nur das Gemein-
same von besonderen und privaten Interessen bildet. Der
Trotz und die Selbstständigkeit der Vasallen, die Schwäche
und Abhängigkeit des Königsthums, das sich erst durch
Anstrengung Ansehn und Macht zu erwerben hat, die vollendetste Subjectivität, die im Ganzen nur sich sieht, geben
der oft vielgerühmten Germanischen Freiheit einen trüben
Anschein, und machen den Eindruck vollkommener Gestalt-
losigkeit. Während man sich in dieser Zeit an der Ehre
der Spanier, an dem Patriotismus der Italiener, an der
freieren Ritterlichkeit der Franzosen erfreuen kann, ist alle
Innigkeit und alles Gemüth der Germanischen Völker nicht
hinreichend, um über den Verlust oder vielmehr das Noch-
nichtvorhandenseyn des Staates zu trösten, und die Theilnahme wendet sich noch von diesen groben obgleich sicheren
Anfängen zu jener schöneren Bildung, deren sich der Süden zu erfreuen hat. Deutschland verhält sich zu diesen
Germanischen Ländern, wie etwa Italien zu den Romanischen. Nicht blos auf sich allein hingewiesen, sondern als
Mittelpunkt des Christenstaates, macht sich hier der Begriff der Germanischen Freiheit dadurch geltend, daß der
Staat gleichsam nur eine unsichtbare Vorstellung ist, der
der sichtbare Zustand widerspricht. Die Ausbildung der
Landeshoheit ist nicht ein sich von selbst Verstehendes, son-

---

46) Phillips, Grundsätze des gemeinen deutschen Privatrechts.
II. 26.

dern sie geht misbräuchlicherweise und historisch aus der
aufgelösten Gauverfassung hervor. Die Bildung des Staates ist erst das Zweite und Abgeleitete, und mit ihr beginnt eigentlich die Zerstörung der Einheit des Reiches.
Deutschland hört von dem Augenblicke auf ein wirksames
Ganzes zu seyn, wo in die einzelnen Territorien die Substanz und der Begriff des Staates hineinkommt. Aber
durch diese kleineren Staaten, welche sich jetzt in Deutschland an der Stelle der deutschen Gaue bilden, nähert sich
grade dasselbe den Verhältnissen der kirchlichen oder Romanischen Länder. Es verliert zum Theil in der zerstörten
Gauverfassung den Germanischen Character, und wie es
überhaupt, als Mittelpunkt der Christlichen Staaten, für
alle Eindrücke empfänglich ist, so wird auch bald das Römische Recht die Stelle des unausgebildeten Germanischen
Rechts in so weit einnehmen, als nicht die wirklich tiefe-
ren Deutschen Rechtsvorstellungen widerstreben. Alles
Sträuben gegen diese vermeintliche Usurpation des Römischen Rechts ist vergebens, denn es ist das Bedürfniß
desselben darauf gegründet, daß Deutschland in die Nothwendigkeit versetzt ist, als Sitz des Römischen Kaisers den
Romanischen Ländern keinen Vorsprung zu lassen, ohne
Aufnahme des Römischen Rechts aber bei weitem zurück-
stände. Wenn man von ihm verlangt, es hätte die Ausbildung seines Rechts abwarten sollen, so sieht man zugleich
von der hohen geschichtlichen Stellung ab, die Deutschland
im Mittelalter einnimmt. Man setzt es zu Schweden und
Dännemark herab, die freilich niemals in die Verlegenheit
geriethen, die Germanischen Rechtsinstitutionen gegen fremde zu vertauschen. Ohne das Römische Recht wäre es
Deutschland unmöglich gewesen, zugleich bei seiner Eigenthümlichkeit festzuhalten, und eine weltgeschichtliche Bedeutung zu haben: das Römische Recht gab der Landesho-

heit, wie den einzelnen Territorien, die sonst mangelnde ob=
jective Consistenz: es gehörte mit zu dem Zusammenhang,
in welchem Deutschland zu den übrigen Staaten stand.
Das Römische Recht ging aber nicht, wie in den Roma=
nischen Ländern, seinen größeren Massen und Bestandthei=
len nach in die Rechtsbücher über, sondern behielt, wie in
dem nördlichen Frankreich, den Character eines Subsidiar=
rechts. In Spanien und Portugall verliert das Römische
Recht seine Reinheit und Ursprünglichkeit, weil es sich als
Landrecht darstellt; in Deutschland bewahrt es seine Ge=
nuinität, weil es sich nur subsidiarischerweise neben den
Germanischen Institutionen hält. In Frankreich ist das
Römische und Germanische Recht an zwei bestimmte geo=
graphisch unterschiedene Landestheile vertheilt. In Deutsch=
land ist Germanisches und Römisches Recht überall bei=
sammen und gegenüber.

Wie Spanien und Portugall den Romanischen Cha=
racter reiner bewahrt haben, als etwa Frankreich, so stehen
auch England, Dännemark und Schweden, als die reineren
Germanischen Länder da. England hat freilich schon früh
im Mittelalter durch die Eroberung der Normannen einen
Zusatz Romanischer Bildung erhalten. Aber dieser Roma=
nismus ist selbst erst aus der dritten Hand. Die Nor=
mannen mußten sich erst die Sprache und Sitte der Fran=
ken zu eigen machen, ehe sie sie weiter auf England über=
trugen. Trotz des Sieges und der Eroberung der Nor=
mannen, ist der Französische Bestandtheil der Englischen
Bildung und des Englischen Rechts gegen den Angelsäch=
sischen gehalten, gering. Dieser Französische Zusatz hat sich,
sowohl in Sprache als in Recht, in das überwiegende Ger=
manische Element verloren. Dann war es aber eine Nord=
französische Bildung, mit der die Englische behaftet wurde,
und diese trug selbst, wie wir früher gesehen haben, den

Germanischen Character. Wenn auch ein strengeres und durchgreifenderes Lehnrecht durch die Eroberung nach England kam, so ist eine eigentlich neue Verfassung von den Normannen keineswegs eingeführt worden. Die Reichsversammlung der alten Sachsen wird regelmäßig fortgehalten, die curia regis bekommt eine jetzt nur ausgedehntere Bedeutung. In diesem Sinne bleibt England ein in jeder Beziehung durchaus Germanischer Staat. Das Römische und Canonische Recht gewinnen zwar durch die Eroberung einigen Boden, aber dieser ist so klein, daß von einem Einflusse desselben gar nicht die Rede seyn kann. Die Lehre vom Eigenthum und den Verträgen, der Gerichtsbarkeit, den Verbrechen und Strafen, die ganze Staatsverfassung werden auf consequente Weise aus der Angelsächsischen Grundlage und dem dazu gekommenen Normannischen Lehnrecht entwickelt. Nur im Eherecht und Erbrecht wird eine sehr bescheidene Wirksamkeit des Römischen und Canonischen Rechts zugelassen. Wenn so das Germanische Recht hier vorherrschend bleibt, so hat doch die Normannische Eroberung einen anderweitigen Einfluß auf England bewährt. Der Zusatz, der in Sprache und Sitte vom Romanismus herübergekommen, hat trotz der bleibenden Gauverfassung sehr früh England den Character einer bedeutungsvollen Einheit aufgeprägt. Es kommt im Mittelalter zwar nicht als ein Staat vor, der das Weltschicksal zu leiten hat, aber doch mächtig genug ist, um in den bleibenden Streitigkeiten mit Frankreich größtentheils die Oberhand zu behalten. Im Inneren ist es dann wieder das Germanische Element, welches vorwiegt; das Königsthum ist wechselnden Schicksalen unterworfen: es hat sich nach der größeren oder geringeren Kraft der Herrscher zu behaupten, und beruht auf freiwilliger Unterwerfung der Barone: alle Versuche, es auf göttliche Tradition zu begründen, scheitern an tief eingewurzelter Subjectivität: die Revolutionen selbst sind nur Befestigungen des alten mittelaltrigen Geistes. Wenn Deutschland der einzige Germanische Staat ist, der im Mittelalter zu einer weltgeschichtlichen Bedeutung kommt, so ist England derjenige, welcher dem Mittelalter seine Ausbildung als Staat zu verdanken hat, und bei allem Einflusse in der neueren Geschichte von dieser Bildungsweise sich nicht hat befreien können.

Als die reinsten Germanischen Staaten treten endlich die sogenannten Scandinavischen Länder, Dännemark, Norwegen und Schweden auf. Sie können mit Recht als die unvermischtesten Quellen Germanischer Rechtsbildung, und als die beste Erläuterung derselben betrachtet werden. Weder haben sie, wie Deutschland, eine weltgeschichtliche Bedeutung, noch wie England den Drang, sich in eine Staatseinheit zusammen zu ziehen. Der mythische Character der alten heidnischen Vorzeit, wird gar nicht durch das historische Alter abgeschnitten, und die Sage behält ihren Werth, als rings herum die männliche Kraft der Geschichte schon erstanden ist. Während die übrigen Germanischen Völker, die Deutschen und Engländer dem Hintergrunde allmählig entwachsen, und in die geschichtliche Bewegung hineingerissen, ihre subjectiven Formen immer mehr abstreifen, behalten die Scandinavischen Völker die immer neu befruchtende Isländische Urquelle, und erstaunen durch ihre staatliche Kindheit, und durch patriarchalische Formen. Das Königsthum muß sich, wie in einer mythischen Zeit, den Heroismus beigesellen, um eine Geltung zu erhalten, und die Feudalität entbehrt jener Durchbildung, wie sie in Deutschland durch das Longobardische Lehnrecht, und in England durch die Einführung des Normannischen statt findet. Hier ist weder das Bedürfniß

des Römischen Rechts vorhanden, das auch in der That
niemals Eingang gefunden hat, noch ist das Lehnrecht, wie
in England, eine fruchtbare Quelle für das gesammte Privatrecht. Im Rechte der Scandinavischen Völker kommt
es niemals zu einer scharfen und ausgebildeten Jurisprudenz, und die neueren Schwedischen Gesetzbücher haben noch
ganz den alten Sagencharacter an sich. Sitte und Gewohnheit sind überall noch an der Stelle einer bestimmten
Rechtsverfassung. Das Dänische Reich hat sich am meisten noch von dieser Scandinavischen Grundlage emancipirt,
und ist einer objectiveren Gestalt des Rechts näher getreten. Aber in Schweden und Norwegen hat selbst die Reformation und die neuere Geschichte den ursprünglichen
patriarchalischen Character nicht aufzuheben vermocht.

Zu den Romanischen und Germanischen Völkern treten aber als drittes Glied die Slavischen. Wenn die Geschichte des Mittelalters ein Ganzes ist, so darf ihr eben
so wenig, wie das Alterthum, die Urquelle aller Geschichte,
der absolute Anfang derselben, das Orientalische Moment
abgehen. Der Orient zwar als solcher hat seine weltgeschichtliche Bedeutung verloren; der Schauplatz alles Weltgeschichtlichen ist allein in Europa. Dafür ist aber der
Drang des Orients eingetreten, sich europäisch zu machen,
und seine physische Kraft in Europa zu geistiger umzubil-
den. Die Völkerwanderungen bilden so die Grundlage der
mittleren Geschichte, und die Eroberungen der Araber stellen das geistigere asiatische Wesen als einen Gegensatz auf,
an dem sich das Christlich Germanische Leben erst hervorarbei-
ten und stärken muß. Die Völkerwanderung aber, als eine
nicht mehr unruhige und unendlich bewegliche, sondern als
zum Stehen gebracht, und bis zu einem gewissen Grade
zulässig, ohne die schon sich bildenden Staaten wieder über
den Haufen zu werfen, macht den Begriff der Slavischen

Völker aus, so wie aller derer, die wie die Finnen und
Magyaren, trotz ihrer Europäischen Sitze und dem Christenthum das Gepräge des Orientalischen Lebens tragen.
Die Slavischen Völker bleiben nicht wie die anderen Europäischen vom Orient ein für allemal abgeschnitten: sie
sind nicht qualitativ von Asien unterschieden, sondern was
ihnen vielmehr trotz ihrer Wohnsitze abzustreiten ist, das ist
der Europäische Character. Ihre Gränze nach der Asiati-
schen Seite zu ist nicht bestimmt und fest, wohl aber ist
sie es nach der Europäischen. Wie die Scandinavischen
Völker mit einer alten unversiegenden Urquelle, mit ihrem
Alterthum zusammenhängen, und deshalb im Mittelalter
gar nicht in die Europäische Cultur eintreten, so sind die
Slavischen mit dem Orient verbunden. Die Bekehrung
zum Christenthum findet hier am allerspätesten statt. Noch
im funfzehnten Jahrhundert wird die Krone Polens von
einem Heiden eingenommen, der nur mit ihr die Taufe
empfängt. Will man die Rechtsverfassung der Slavischen
Völker characterisiren, so muß man sagen, sie sey durch
und durch Orientalisch. Die Orientalische Rechtsverfassung hat aber zwei Seiten, von der man die eine die ruhende,
die andere die bewegliche nennen kann. Die Rechtsverfassung der dem Orient verbleibenden Staaten, hat sehr
wenig von individueller Freiheit aufzuweisen: dagegen die
der wandernden Asiaten jene freiere Bewegung in sich hat,
welche schon in der Unstätigkeit und in dem Wechsel der
Wohnsitze liegt. Es findet sich daher neben aller absoluten
Gewalt despotischer Herrscher, die Feudalität einiger demselben verwandten Geschlechter, und die Bedeutung, welche
das Gefolge hat. Dagegen ist wieder das Volk von aller
Freiheit entblößt: es ist leibeigen, oder gehorcht stillschweigend wie in den Staaten des Orients. Diese Vermischung von einer unausgebildeten nicht bis in die unteren

Kreise gehenden Feudalität, mit Despotismus des Herr-
schers und vollkommener Unfreiheit des Volks, enthält
den Begriff der Slavischen Reichs- und Rechtsverfassung.
In der Gefolgschaft liegt die Möglichkeit, sich der Europäischen Cultur zu nähern, wie dies denn auch später die
Slavischen Völker gethan oder versucht haben. Die Macht
der Herrscher, der Zustand des Volks, bleibt trotz aller
Annäherung den Orientalischen Verhältnissen gemäß. Wenn
sich auch im Slavischen Alterthum schon Städte, wie etwa Novgorod, aufthun, so hat eine Bürgerfreiheit in dieser Zeit einen weniger historischen als mythischen Character. Auch im Orient treten bisweilen Städte von Bedeutung auf, und was etwa in Nestors Chronik davon vorkommt, ist ganz mit dieser Farbe angethan. Wenn man
die Pravda des Jaroslav lies't [47]), so findet man einerseits ein System der Blutrache, wie es nur in Orientalischen Rechten möglich ist, dann aber wiederum eine
Theilnahme der Gemeine an der Entscheidung des Rechts,
welche den Germanischen Character trägt. Die Dürftigkeit des Gesetzes weiset ebenfalls dahin, denn die gebildeten Orientalischen Rechte sind durchaus weitläufig und bis
ins Langweilige vollständig. Die Slavischen Völkerschaf-
ten sind aber selbst wiederum unter sich verschieden. Derjenige Theil derselben, welcher seine Sitze im Vordergrunde,
der Europäischen Cultur zugewandt, hat, läßt aus seiner
Rechtsverfassung allmählig den Orientalischen Character
ausscheiden, und sucht sich in Ermangelung eines nun un-
möglichen eigenen Rechts mit Hülfsrechten zu begnügen.
Dahin gehören die Slavischen Völker, die selbst als Theile

Deutsch-

---

47) S. Ewers, das älteste Recht der Russen. S. 265 u. fg.

Deutschlands zu betrachten sind, vor Allem aber die Polen: Die Polen, als die Blüthe aller Slavischen Stämme, haben sich allmählig, und zwar schon früh europäisirt: sie haben sich an die Germanischen Völker angeschlossen: und so ist zwischen denselben und den hinter ihnen liegenden Slavischen Stämmen eine Feindschaft eingetreten, wie sie immer zwischen der sich ablösenden Bildung, und der natürlichen durch Stamm und Sprache verwandten Grundlage dieser Bildung statt finden wird. Die Polen verhalten sich zu den Slaven, wie etwa die Dänen zu den Scandinaviern: sie emancipiren sich von natürlicher Verwandtschaft, um in die Geschichte und die Bewegung der Welt einzutreten. Das Polnische Recht entbehrt daher auch den Anstrich großer Nationalität. In Beziehung auf Religion der abendländischen Kirche angeschlossen, haben die Polen dem Canonischen Recht nicht entgehen können. Was das Weltliche betrifft, so war durch ihre Anschließung an Deutschland, nothwendig das Germanische Recht ihnen auf eben die Weise ein Hülfsrecht, wie etwa das Römische in Deutschland. Für die damalige Ausbildung Slavischer Völker war das Magdeburgische Recht reich genug, um dem Bedürfnisse abzuhelfen. Dagegen bewahrten die hinteren Slaven den Orientalischen Charakter. Als sie mit Europäischer Cultur in Berührung traten, war es jene graue Vermischung des Alterthums und der neueren Zeit, welche sich in blasser Gestalt in den Resten des Byzantinischen Kaiserthums erhalten hatte. Das ein halb Jahrtausend lang sterbende Byzanz übergab seine Religion, seine Ansprüche, zum Theil seine Sprache und Schrift, den Russischen Slaven, die so gleichsam als Erben und Fortsetzer desselben zu betrachten sind. Die Russen waren die Barbaren, an die sich das östliche Rom überlieferte. Aber die

E

Byzantinische Cultur konnte den Erben kein besseres Schicksal bereiten, als den Erblassern. Darum ist Rußland im
Mittelalter ein kaum zu berücksichtigendes Land, und in
der neueren Geschichte, hat es nur durch das vollkommene
Ablassen von seiner Wurzel, und durch das Einführen Europäischer Bildung, als eines Handelsartikels eine hohe
Bedeutung erlangt.

Nachdem wir somit die Bedeutung des Rechts im
Mittelalter, sowohl im Allgemeinen, als mit Berücksichtigung der verschiedenen Völker abgehandelt haben, dürfte
in eben demselben Geiste die Abhandlung des Erbrechts
folgen können. Wie in den früheren Abschnitten wird
eine kurze Berücksichtigung des Familienrechts vorange-
schickt werden. Die Ordnung der Darstellung ergiebt
sich von selbst. Zuerst die allgemeine Christliche Grundlage
des Familienrechts, das Canonische Recht, dann die Rechte
der Romanischen, Germanischen und Slavischen Völker.

Aber eine Bemerkung dürfen wir nicht verabsäumen.
Das Mittelalter umfaßt an tausend Jahre, und innerhalb
dieser Zeit haben sich die Rechtsverhältnisse vielfach modificirt. Was im Anfang der Staaten Rechtens war, ist es
am Ausgang des Mittelalters schwerlich mehr. Wie kann
also das Mittelalter als eine Einheit zusammengefaßt werden? Sind hier nicht Perioden zu unterscheiden, und dieselben vorläufig näher anzugeben? Darauf kann geantwor-
tet werden, daß eine solche Periodisirung nur ein unleben-
diges Schema abgeben würde. Dadurch, daß e i n e Reihe
der Entwickelung vorgezogen wird, werden die verschiedenen Zeiten des Mittelalters ihrer Verschiedenheit nicht beraubt. Ohnehin wären diese Perioden in den verschiedenen
Staaten nicht gleich, und so würden durch vielfache Un-
terbrechung, die den Gedankengang des Ganzen störte, nur

Ueberschriften und Rubriken gewonnen. Eine gute Autorität für den hier befolgten Plan ist mir ganz neuer-
lich Jacob Grimm ⁴⁸). Er hat ebenfalls die Ueber-

---

48) **Deutsche Rechtsalterthümer** Vorrede. S. VIII.:
„Schwerer wird es beinahe werden, die allzukühne Verbindung und
„Nebeneinanderstellung ferner Zeiträume zu rechtfertigen. Stellen
„aus Tacitus, aus den alten Gesetzen, aus Urkunden des Mittelal-
„ters, und aus Weisthümern, die vielleicht erst vor hundert Jahren
„aufgeschrieben wurden, beweisen in einem Athem. Bei näherer
„Prüfung wird man erkennen, daß ich geschichtlich zu Werk gehe,
„so oft es thunlich ist, und kein Mittel versäume, darüber sichere
„Bestimmungen auszumitteln. In der langen Zeit von tausend und
„bald zweitausend Jahren, sind aber überall eine Menge von Fäden
„losgerissen, die sich nicht wieder anknüpfen lassen, ohne daß man
„darum die offenbaren Spuren ihres ehemaligen Zusammenhangs
„verkennen dürfte. Das auf solche Weise innerlich Verwandte
„kann, wie mich dünkt, unschädlich aneinander gereiht werden, und
„nirgends will ich damit seinen unmittelbar geschichtlichen Zusam-
„menhang behaupten. Fortgesetzte Forschung mag entweder die ver-
„lorenen Zwischenglieder der Kette auffinden, oder die vermuthete
„Verbindung widerlegen. Den festen Haft und Halt einzelner
„Rechtsgewohnheiten setzen glänzende Beispiele außer Zweifel. Nie-
„mand hat es bis jetzt für uncritisch ausgegeben, daß bei Erläute-
„rung der alten Gesetze die Germania des Tacitus zur Hülfe ge-
„nommen wird, ungeachtet zwischen beiden Quellen über ein halb-
„tausend Jahre liegt. Aus gleichem Grund müssen die alten Ge-
„setze ihrerseits wieder gebraucht werden, für fünfhundert Jahr jün-
„gere Urkunden des Mittelalters, diese für die Weisthümer, alle aber
„sich untereinander ergänzen. Eine eigentliche Rechtfertigung dieses
„Verfahrens gewährt das Buch allenthalben selbst, das sonst gar
„nicht hätte können geschrieben werden, und einen ähnlichen Maaß-
„stab bietet die Sprachgeschichte dar, welche uns in heutigen Volks-
„dialecten, Formen und Wörter des höchsten Alterthums erkennen
„läßt."

E 2

zeugung gewonnen, daß eine genaue Sonderung der Perioden, der Einheit der Anschauung schaden würde. In
der Regel werden die Gesetze sämmtlicher barbarischer Völker dem Deutschen Rechte vindicirt und bei der Entwickelung desselben vorgetragen. Da der folgenden Abhandlung aber die Abtheilung in die verschiedenen Staaten zu
Grunde liegt, so müssen die einzelnen Gesetze nicht sowohl
dem Germanischen Rechte im Allgemeinen, als dem besonderen Staate zugetheilt werden, dessen rechtliche Grundlage sie ausmachen. Die Gesetze der Westgothen fallen
somit Spanien, die der Angelsachsen England und die der
Longobarden Italien zu.

Endlich muß in Beziehung auf die Gränzen des Mittelalters und der neueren Zeit noch eine Bemerkung gemacht werden. Wenn auch in politischer Rücksicht die
Reformation, die Scheide zwischen beiden Zeiten deutlich
genug hervorhebt, so sind in rechtlicher Beziehung die
Principien des neuen Rechts gegen die des Mittelalters
weit später aufgegangen. Das sechzehnte, siebzehnte, ja
oft das achtzehnte Jahrhundert enthalten noch mittelaltri-
ges Recht, freilich zwar in seinem Schwachwerden, und in
blasserer Gestalt, aber doch noch immer erkennbar genug.
Ja oft sind hier erst die Grundsätze des Mittelalters aus
der Sitte in die Gesetzgebung übergegangen. Haben wir
ja doch noch im neunzehnten Jahrhundert das Duell, das
privilegirte Forum, und die Patrimonialgerichtsbarkeit
übrig behalten! Deswegen kann die Zeit, in welche man
das Ende des Mittelalters gewöhnlich zu setzen pflegt,
in rechtlicher Beziehung selbst als noch zum Mittelalter
gehörig betrachtet werden. Die neue Zeit erblüht in der
Gesetzgebung erst in unseren Tagen. Das sechzehnte, siebzehnte und achtzehnte Jahrhundert, sind mit dem Abtra-

gen des Gebäudes beschäftigt. Neben dem Schutte treten schon Zeichnungen und Pläne zu neuen Aufführun-
gen hervor. Aber bis Alles abgetragen worden, ist es
noch die Erinnerung an das Alte, welche den Geist der
Zeit ausmacht.

Erſtes Kapitel.

Canoniſches Recht.

Wenn die Kirche ſich auch in allen den Beziehungen dem Römiſchen Rechte angeſchloſſen hat, in welchem das Privatrechtliche vorwiegt, und in ſofern von einem Syſtem des kirchlichen Privatrechts, einzelne Modificationen ausgenommen, nicht die Rede ſeyn kann, ſo werden die Abänderungen bedeutender, je mehr man ſich auf einem ſittlichen Boden befindet. Hier ſind es nicht mehr einzelne Beſtimmungen, mit denen man es zu thun hat, ſondern es tritt ein vollkommen gegliedertes Ganzes auf, deſſen beſtimmten unterſchiedenen Geiſt man angeben darf. Wenn die Kirche in der Unterwerfung des Staates unglücklich geweſen iſt, und hier ſich hat ſelbſt unterordnen müſſen ſo hat man ihr einen großen Einfluß und die Berechtigung zur Geſetzgebung, innerhalb des Kreiſes der Liebe und Empfindung, innerhalb der Familie niemals abgeſprochen. Hat auch die neuere Zeit ſie aus dieſer Sphäre verdrängen wollen, ſo geſchah es doch nur, nachdem ihre Principien in die weltliche Geſetzgebung bereits lange gedrungen waren, und man ſo den beſtimmten Segen der Kirche entbehren zu können glaubte, da man der Segnungen des religiöſen Einfluſſes längſt theilhaftig geworden.

Das weiche Element der Familie ist in allen Gesetzgebungen für die Eindrücke des religiösen Geistes empfänglich gewesen, wo überhaupt das Religiöse eine überwiegende Macht äußerte. Die Nähe oder Entfernung der Religion vom weltlichen Leben, hat sich im Familienrecht stets bemerklich gemacht. In China ist das Familienrecht selber die Religion, die Familie verliert hier alle Innigkeit dadurch, daß sie sich zum Staate ausdehnt; in Indien und Persien ist sie, je nach dem Geiste der verschiedenen Religionen ein vielfacher Götzendienst, oder ein Tempel der Reinheit, bei den Juden empfängt sie von der Religion nur einen milden und menschlichen Abglanz, und nimmt den Character der heiligen und patriarchalischen Familie an; unter der Herrschaft des Islam, vergeht sie am Hauche des Fanatismus, der es nur mit sich losreißenden Individuen zu thun hat: in Griechenland wird sie zu einer schönen plastischen und geschlechtlichen Construction, nach dem Muster der menschlichen Götter, in Rom endlich theilt sie die Zerrissenheit und den Kampf aller Verhältnisse, den hier die Religion weder heilen, noch beruhigen kann.

Aber in keinem dieser geschichtlichen Zustände ist die Familie in ihrer Wahrheit und in dem ihr angemessenen Elemente. Wo die Religion mit Macht in sie hineindringt, und sie mit religiösen Formen und Forderungen überzieht, da muß sie es aufgeben, die gegenseitige Liebe und Empfindung der Verwandten und Zusammengehörigen, die sittliche Gemeinschaft für ihren eigenen Inhalt zu halten; wo die Religion dagegen sich ganz von ihr lossagt, und sie sich selbst überläßt, da artet sie in das Aeußerliche des Eigenthums und der Vertragsform aus. Die Sittlichkeit wird zu formellem Rechte herabgesetzt. Die Familie darf somit weder in der religiösen Offenbarung, noch in der äußerlichen Staatsgesetzgebung ihre ausschließliche Grund-

lage haben: die eine würde ihr die Freiheit rauben, welche
grade Liebe und Empfindung in Anspruch nehmen, die andere würde ihr blos die Unterlage äußerer Vorschriften geben, die bei allem oft Zutreffenden und Richtigen, dennoch
den Kern des Familienrechts immer verfehlten.

Das Römische Recht ist von diesem letzteren das eigentliche Beispiel. Wie sich in der letzten Periode dasselbe
gestaltet, stimmt es fast mit den Forderungen, die wir an
dasselbe machen, überein. Die Ehe ist rein monogamisch,
die väterliche Gewalt hat ihre Härte abgelegt; die Verwandtschaft hat sich den natürlichen Verhältnissen genähert.
Aber diese Ergebnisse sind alle nur Folgen der Mattigkeit:
das belebende Innere des Familienrechts fehlt dennoch:
es haben sich Zustände gebildet, die die Sitte anerkennen
und lassen kann, aber die Sitte hat sie nicht herausgebo-
ren: sie sind nur Adoptivformen, deren sie sich bemächtigen
darf, ohne sie aber jemals als ihre eigene Hervorbringung
zu betrachten. Damit die Familie wahr und sittlich werde, muß zunächst die Wahrheit der menschlichen Natur auf-
gefunden werden. Das Christenthum hat das wahre Familienrecht mit sich geführt, indem es das Recht des Menschen, das Recht der Persönlichkeit zum erstenmale auf-
deckte. Wie im Christenthum das bestimmte Nationelle,
in so weit in ihm erst eine weitere Begründung des Menschlichen liegt, geschwunden ist, so hat auch die Familie aufgehört eine Griechische, Römische Familie zu seyn. Ihr
Boden ist nicht mehr der eines bestimmten Volks; die sittliche Gemeinschaft wird nicht durch bestimmte Volkseigen-
thümlichkeiten ihrem wesentlichen Character nach bedingt;
sondern wie alle Zustände des Weltlichen aus dem Geiste
des Christenthums hervortreten, so giebt es nur eine
Christliche Familie. Wenn der Christenstaat in verschiedene
Völkerindividuen zerfiel, die in Recht und Gesetz, wie in

Sitte auseinanderliegen, so sind es doch nur Glieder eines und desselben Ganzen, und ihre Verschiedenheit ist nur der Reichthum seiner Entfaltung. Spanien und Schweden sind, obgleich sie zwei Endpunkte ausdrücken, nicht wie China und Indien, wie Griechenland und Rom unterschieden. Ihr Unterschied fällt innerhalb des Christenthums, das Kraft genug hat, das Entfernteste zu umfassen und zu berechtigen. Eben so ist die Christliche Familie eine durchaus von allem Nationellen absehende, die Grundform für alle Verschiedenheiten, die somit nur in äußerlichen Abweichungen bestehen können. Es kann nicht mehr von der Vervollkommnung des Christlichen Familienprincips in diesem oder jenem Lande die Rede seyn, sondern nur davon, ob die Christliche Familie sich hier oder dort entsprechender oder mangelhafter dargestellt habe.

Mit dem Christenthum ist eigentlich der Grundsatz des Familienrechts gefunden, und es kommt zu keiner weiteren Bereicherung desselben. Wie das Christenthum überhaupt die letzte Gestaltung des weltgeschichtlichen Geistes, in so weit es den absoluten Wendepunkt desselben betrifft, ausmacht, und wie alle spätere Geschichte nichts als der realisirte Begriff des Christenthums ist, eben so ist die Geschichte des Familienrechts nichts als die Ausführung und Entfaltung des Christlichen Familienprincips. Dieses bildet die abstracte Grundlage, welche sich mit der Religion an die Stelle aller particularen Familien setzt, oder wenigstens diese Eigenthümlichkeit nur in demjenigen gestattet, was sich in willkührlicher Freiheit neben der Religion festsetzen darf. Wir werden später den wesentlichen Unterschied der Romanischen und Germanischen Familie verspüren, aber dieser Unterschied ist kein anderer als der schon angegebene der Romanischen und Germanischen Staaten. Durch diese Unterschiede geht ein gemeinsamer sittlicher Begriff, dessen

Realisation nur in dem einen oder anderen Volkselemente, einen weicheren oder spröderen Stoff vorgefunden hat.

Die Familie ist überhaupt, ihrer ganzen weiteren Entwickelung nach, von der Ehe als von ihrem Anfange bedingt. In dem Gedanken der Ehe, und in ihrer Gestaltung liegt das ganze Familienrecht. Die polygamische Form erzeugt eine ihr gemäße väterliche Gewalt, Verwandtschaft, und das entsprechende Erbrecht. Die Christliche Familie ist in so fern vollkommen enthalten in der Christlichen Ehe, als in der Hauptlehre des Christlichen Familienrechts. Mit den anderen Lehren hat sich die Kirche wenig oder gar nicht beschäftigt, denn sie sind überhaupt nur Consequenzen des Eherechts. Wollen wir die Ehe aber kirchengeschichtlich verfolgen, so muß nothwendig von den Bestimmungen des neuen Testaments ausgegangen werden.

Wie überhaupt die heilige Schrift in allen weltlichen Verhältnissen an das Bestehende anknüpft, und nur wo es nothwendig erscheint, diesem Bestehenden seine innere Bedeutung und Weihe ertheilt, so auch mit der Ehe. Von dieser ist zwar nur beiläufig die Rede, als von einer Institution, deren äußerliche Grundlagen gekannt sind, aber doch ist in diesen wenigen Worten der Begriff der Ehe, sowohl in seinem Unterschied gegen den Mosaischen, als gegen den Römischen enthalten. Wenn gesagt ist, die Männer sollen ihre Weiber lieben, als ihre eigenen Leiber, denn wer sein Weib liebet, der liebet sich selbst[1], oder, doch ist weder der Mann ohne das Weib, noch das Weib ohne den Mann in dem Herrn[2], so ist hiermit eine Vorstellung ausgesprochen, die sich in Beziehung auf die Ehe in

---

1) Epheser 5. 28.
2) 1. Corinther 11. 12.

keiner früheren Gesetzgebung findet [3]). Die Gleichheit, welche die Ehefrau in dem Römischen Recht errungen hat, ist aus dem Begriffe der individuellen und bürgerlichen Freiheit in die Ehe hineingekommen. Die Frau ist die Gleiche des Mannes, nicht weil es im Begriffe der Ehe liegt, sondern weil eine Römische Bürgerin, nicht im Verhältnisse der Unterwürfigkeit und der Ungleichheit sich befinden kann. Die Gleiche des Mannes seyn, heißt aber noch nicht eins mit dem Manne seyn: vielmehr schließen sich Mann und Frau durch diese Gleichheit aus, welche nicht das Resultat der Einheit, sondern vielmehr das Zusammenseyn verschiedener Existenzen ausdrückt. Die Römische Monogamie trifft daher nur in der Erscheinung mit der Christlichen zusammen: sie ist innerlich etwas ganz Anderes: sie hat in Rom ihre Wurzel, in der Ehre des auch den Weibern zugänglichen Bürgerthums: im Christenthum ist ihr Grund in der Ehe selbst, die an sich eine sittliche Existenz, Mann und Frau als zwei Hälften derselben enthält. Die Männer sollen nicht ihre Weiber lieben, als ein Anderes, wenn auch ihnen Gleiches außer sich, sondern sie sollen sie lieben, als ihre eigenen Leiber, als sich selbst, die Ehe ist nicht mehr ein äußeres Band, das zwei Individuen verbindet, sondern ein Höheres als das Individuum, worin sich dasselbe aufgiebt, um sich in einem Anderen wieder zu gewinnen. Eben so ist die Stellung, welche das weibliche Geschlecht im Christenthum erhält, eine sich von der Mosaischen und der Römischen Welt durchaus unterscheidende. Im Orient ist das Weib absolut unterworfen: in Rom ist sie, wie der Mann, absolut selbstständig: in

---

3) S. noch Matth. 5, 31. 32. 19, 3. 4, 5. 6. 7. 9. Hebr. 13, 4. 1. Tim. 4, 3.

der erſten Welt tritt die Berechtigung der weiblichen Sphäre nicht auf, in der zweiten iſt das, was dem Weibe als
ſolchem zuſteht, von dem, was den Mann ausmacht, nicht
gründlich unterſchieden: im Chriſtenthum iſt endlich Einheit
und Unterſchied in Einem, das heißt, die Frau iſt eben
ſo wohl in den Mann aufgegangen, als frey: ihr innerer
beſonderer Beruf iſt ein anderer, als der, welcher dem
Manne geziemt. „Ein Weib lerne in der Stille, mit aller
„Unterthänigkeit.   Einem Weibe aber geſtatte ich nicht,
„daß ſie lehre, auch nicht, daß ſie des Mannes Herr ſey,
„ſondern ſtille ſey, denn Adam iſt am erſten gebildet, her-
„nach Eva; Und Adam ward nicht verführet, das Weib
„aber ward verführet und hat die Uebertretung begangen.
„Sie wird aber ſelig werden durch Kinderzeugen, ſo ſie
„bleibet im Glauben, und in der Liebe, und in der Heili-
„gung ſammt der Zucht ⁴)."

Diese neuteſtamentlichen Beſtimmungen über die Ehe,
haben aber nicht den Zweck, eine äußere Geſetzgebung in
Beziehung auf dieſelbe zu bilden.   Vielmehr ſollen ſie nur
für die überall vorgefundene und beſtehende Ehe den inneren Sinn derſelben deuten.   Denn daß aus dieſen Beſtimmungen ſelbſt die Geſtaltung der Ehe erwachſe, dazu bedarf es, wie bei dem Chriſtlichen Rechte überhaupt, einer
Einbildung in die Weltlichkeit.   Der Zeitpunkt, wo das
Chriſtenthum auch in die Welt einſchlägt, iſt weit von dem
Augenblicke ſeines Eintritts entfernt.   Was die Chriſtliche
Ehe ſeyn ſolle, iſt wohl im neuen Teſtamente zu leſen, aber
daß ſie ſey, iſt erſt das Ergebniß einer ſpäteren Zeit, das
Werk von Jahrhunderten nach dem Chriſtenthum.

Die Beſtimmungen über die Chriſtliche Ehe ſtehen ſo-

---

4) 1. Tim. 2, 11—15.

mit dem, was Ehe zur Zeit des Entstehens des Christenthums ist, grade so gegenüber, wie das Christenthum der
Welt. Die Ehe wie sie in der Jüdischen und Römischen
Welt besteht ist schlechtweg nicht die Christliche. Aber indem sie nicht die Christliche Ehe ist, ist sie eine unwahre,
ihrem Begriffe nicht entsprechende. Dieses Prädicat der
Unwahrheit, schlägt selbst in die Ehe zurück, so daß diese
nicht blos als unwahre unrecht und verderblich ist, sondern
als Ehe. Die Ehe als eine wahre Christliche ist noch nicht
erstanden: die Ehe, wie sie ist, kann sich von ihrem Prädicate der Unwahrheit und Unangemessenheit nicht lossa-
gen. Wer sich von der Unwahrheit der Ehe losmachen
will, muß der Ehe überhaupt entsagen. Die Ehelosigkeit
ist somit der Ehe vorzuziehen, und die Ehe ist nur zu to-
leriren.

Dieser Schluß ist es, welcher in den ersten Jahrhunderten der Christlichen Religion überall vorherrscht. Man
weiß sich in der Regel die Ungunst nicht zu erklären, in
welcher die Ehe, trotz dem Evangelium, bei den ersten Kirchenvätern steht, und setzt sie meistens auf Rechnung heidnischer und jüdischen Philosopheme, welche sich in das
Christenthum eingeführt. Diese fremden Lehre, die eine
übertriebene Askese, innerhalb des Christenthums beförder-
ten, hätten durch das ehrenwerth gewordene Bestreben,
das Leibliche und Sinnliche zu ertödten, auch falsche Vorstellungen von der Ehe erweckt, und so das ehelose Leben,
als das reinere und vorzüglichere erscheinen lassen. Diese
Meinung läßt gleichsam den besseren Geist des Christenthums durch gnostische und neuplatonische Vorstellungen
verdunkelt werden, und betrachtet die ersten Jahrhunderte
der Christlichen Religion, als nicht dem Geiste des Christenthums gemäß, in Beziehung auf die sittliche Grundlage
desselben handelnd. Aber es ist zu bemerken, daß die voll-

kommene Differenz der vorgefundenen Welt und des Christenthums eben diese Zurückgezogenheit desselben von der
Welt hervorbrachte. Es ist dieses Absehen von ihr, und
die Erklärung, daß sie sündhaft sey, nichts Fremdes, dem
Christlichen Geiste Entgegenstehendes: die Welt, in so fern
sie noch nicht vom Christenthum durchdrungen ist, ist allerdings eine sündhafte oder gleichgültige, und es bleibt
für den Christlichen Sinn kein anderes Geschäft, als sich
von ihr, so gut es gehen will, zurückzuziehen. Die Ehe,
da sie von dieser Welt ist, theilt hier nur das Schicksal
aller anderen Institutionen, um so mehr, als sie eine sinnliche Seite hat, der leicht die sittliche nur als Vorwand
dienen mag.

In dieser Richtung, und von diesem Gesichtspunkte
aus, ist die Gunst, in der das ehelose Leben steht, zu betrachten. Schon Paulus, in dem ersten Briefe an die Corinther, obgleich er die Ehe auf jede Weise gestattet und
ehrt, scheint doch das ehelose Leben vorzuziehen. „Denn
„ich wollte lieber, alle Menschen wären, wie ich bin, aber
„ein Jeglicher hat seine eigene Gabe von Gott, Einer so,
der Andere so ⁵).” „Ich aber sage den Ledigen und den
„Wittwen: Es ist ihnen gut, wenn sie auch so bleiben,
„wie ich, so sie aber sich nicht enthalten, so laß sie freyen,
„es ist besser freyen, denn Brunst leiden ⁶);” oder „Bist
„du an ein Weib gebunden, so suche nicht los zu werden;
„bist du aber los vom Weibe, so suche kein Weib. So
„du aber freyest sündigest du nicht, und so eine Jung-
„frau freyet sündiget sie nicht; doch werden Solche leib-
„liche Trübsale haben. Ich verschonete euer gerne ⁷);”

---

5) 1. Cor. 7, 7.
6) 1. Cor. 7, 8.
7) 1. Cor. 27, 28.

und „Also, welcher verheirathet, der thut wohl, welcher
„aber nicht verheirathet, der thut besser [8])." Es liegt namentlich in diesen letzteren Worten eine Anerkennung der
Ehe im Allgemeinen, in so weit überhaupt auf menschliche
Zustände und Verhältnisse Rücksicht genommen wird. Aber
der gegenwärtige Zustand der Welt ist kein solcher, daß
man es nicht lieber vorziehen solle, sich nicht in denselben
einzulassen. Es ist kein Gebot, welches hier gegeben wird,
sondern ein Rath, der nicht blos mit der Lage der Corinthischen Gemeinde, sondern mit dem ganzen Verhältnisse
des Christenthums zur damaligen Welt in Verbindung
steht.

Ganz in diese Ansicht gehen nun mehr oder minder
die Väter der Kirche ein, indem sie entweder fanatisch die
Ehe mit der Unkeuschheit zusammenwerfen, und durch und
durch verdammen, oder doch die Vorzüge des ehelosen Lebens anzupreisen sich bemühen. Justinus der Märtyrer
verwirft jede Ehe als ein Unrecht, und kann nicht einsehen, wie
hier sich die Sinnlichkeit zu etwas Sittlichem solle erheben
können [9]). Clemens von Alexandria von jenem fanati-
schen Aeußersten sicherlich entfernt, und nicht einseitig
Christlich gebildet, sondern die Welt kennend und beherzi-
gend, kann trotz der schönsten und wahrsten Schilderungen
von dem Glück und dem Wesen der Ehe [10]), sich dennoch
von der Vorstellung, daß die Ehelosigkeit seliger sey, auf
keine Weise losmachen. Origenes findet in der Ehe
etwas Unreines und Unheiliges, eine zwar erlaubte Wol-
lust, die aber nur als Hülfsmittel für die Schwachen ge-

8) 1. Cor. 38.

9) Apolog. II. de ressur. carnis.

10) Strom. II. p. 502. III. p. 531, 537, 546 et sq.

stattet sey[11]). Noch strenger fast ist Tertullianus.
Trotz schöner Darstellungen von der gemeinsamen Andacht,
die ein gläubiger Mann und ein gläubiges Weib mit einander haben müßten[12]), hält er doch die Ehe für etwas
Unheiliges, dessen sich der Mensch schämen müsse; die Ehelosigkeit sey nicht wie die Ehe mit der Hurerei verwandt,
weswegen es denn das Beste sey, nicht zu heirathen, wenn
auch das Menschengeschlecht ausstürbe[13]). Ganz Aehnliches, obgleich etwas milder, lehrt Cyprianus: Wenn
das Erhalten der Jungferschaft auch grade nicht eine Christliche Pflicht ist, so ist sie doch ein höherer Grad von Tu-
gend[14]). Diese im Anfange blos unmittelbaren Ansichten erhalten vom vierten Jahrhundert ab, eine im Mönchs-
thum und in der Mönchsmoral liegende philosophische
Begründnng. Eusebius von Cäsarea meint, daß in der
Kirche Gottes zwei Lebensarten eingeführt seyen, die eine,
die sich den himmlischen Dingen und dem Dienste Gottes
widme, die andere, welche sich zur menschlichen Schwach-
heit herablasse, bei der man sich in die Ehe begiebt, Kinder zeugt, sich mit Aeckern, mit Handlung und mit anderen Geschäften des bürgerlichen Lebens befasse. Diese
zweite Lebensweise sey zwar nicht gottlos, aber doch auf
jeden Fall weniger von Gott[15]). Ambrosius sucht die
Vor-

---

11) Contra Celsum VII. n. 48. Hom. XI. in Ierem. n. 5.
Comm. in ep. Pauli ad Rom. 2, 25—29. Hom. XXIII. in
Num. n. 3. in Opp. ed. Carol. de la Rue I. p. 729. II. p. 358.
III. p. 191. 824 et sq. IV. p. 496.

12) Ad. ux. I. c. 8. Op. ed. Semler III. p. 101.

13) Ad ux. I. c. 5. Cf. de pudic. c. 4. de virg. vel. c. 10.

14) Op. Ven. 1728. p. 359.

15) Demonstratio evangelica. l. I. cap. 8. 9.

Vorzüge der Eheloſigkeit hauptſächlich durch Darſtellung
der mit der Ehe verbundene Beſchwerden bemerklich zu machen: er eifert gegen die lex Julia et Papia Poppaea,
er ſieht im conjugium nur ein jugum, und vergißt das
grade hier Bedeutſame der Präpoſition, er beruft ſich auf
die Thiere als auf Muſter der Keuſchheit, und meint, daß
wer ſein Haus überwinde, erſt im Stande ſey, die Welt
zu überwinden [16]). Trotz dem bedient er ſich kaum anderer Bilder, als ſolcher, die von der Ehe und von ſinnli-
chen Vorſtellungen hergenommen ſind. Die Kirche iſt eine
Braut, deren nackte Reize Chriſtum mit Begierden erfüllt
und ihn dahin gebracht haben, ſie ſich zur Gemahlinn zu
nehmen [17]). Auguſtinus, der ſelbſt von Ausſchweifun-
gen zu einem ſtreng ascetiſchen Leben zurückkam, läßt auch
die Eheloſen im Himmel einer höheren Seligkeit theilhaftig
werden; der eheloſe Sohn und die eheloſe Tochter ſeyen
ungleich beſſer, als ihre verehlichten Eltern: ihr Verhältniß im Himmel wird zu einander ſeyn, wie das eines
leuchtenden und eines finſteren Sternes [18]). Hieronymus dieſer größte Anpreiſer des Mönchthums und Beför-
derer deſſelben, meint, daß Gott und die Kirche zwar die
Ehe verſtatten, aber daß ſie eigentlich die Eheloſigkeit wollten [19]). Der Ausſpruch, wachſet und mehret euch, ſey
der altteſtamentlichen Zeit angemeſſen geweſen: da die Chri-

---

16) De virg. l. 5. 6. III. c. 7. in opp. III. 117, 180 et sq.
Ep. 63. ad Eccl. Verc. n. 36. in Opp. III. 1120.

17) De vita beata II. 2. 9. Exp. in Psalm. 35. 19. de sacram. VI. 5. 25. Op. I. 547, 886. II. 50. III. 484.

18) Serm. 354. ad contin. hab. cap. 8. 9. de sanct. virgin.
cap. 27, 28. in op. V. 961. VI. p. 258.

19) Ep. 97. ad Dem. de virg. serv. Ep. 95. ad Rusticam.

F

sten in der letzten Zeit lebten, so gehe sie dieser Ausspruch
nichts mehr an[20]). Jetzt sey die Ehe nur noch dazu gut,
reine Jungfrauen hervorzubringen, wie man etwa von
Dornen Rosen und aus den Muscheln Perlen gewinne.
Laudo nuptias, sagt er in diesem Sinne, laudo conjugium, sed quia mihi virgines generant: lego de spinis
rosam, de terra aurum, de concha margaritam[21]). Die
Jungfräulichkeit bringt ihm hundertfache, die Wittwenschaft
sechzigfache, und die Ehe nur dreißigfache Frucht[22]). Diese
Ansichten der abendländischen Kirchenväter werden auch in
der Griechischen Kirche getheilt. Basilius[23]) und
Gregor von Nazianz erklären das ehelose Leben für vor-
trefflicher als das eheliche, weder Gott noch die Engel
seyen verheirathet, und Christus sey von einer Jungfrau
geboren[24]). Gregorius von Nyssa fand in dem ehelosen
Leben eine Gleichheit mit Gott, eine Theilnahme an Gottes Heiligkeit und Reinheit. Hätten Adam und Eva nicht
gesündigt, so wäre auch ohne fleischliche Vermischung eine
Vermehrung des menschlichen Geschlechts möglich gewesen[25]). Johannes Chrysostomus meint, die Ehelosigkeit stehe so hoch über dem ehelichen Leben, wie der
Feldherr über dem Soldaten, der Himmel über der Erde,
und die Engel über den Menschen: sie sey dem Leben der
Engel noch vorzuziehen, denn diese hätten keine Sünde zu
überwinden; der Sündenfall und der Tod habe die Ehe

---

20) Ep. 91. ad Ageruchiam.
21) Ep. 18. ad Eustochium.
22) Ep. 91. ad Ageruchiam.
23) Ep. 160. ad Diodorum Op. III. 251.
24) Carm. II. v. 204—208. Op. t. II. p. 46. 106. et sq.
25) De virg. cap. 12. 13. in opp. ed. Paris 1615. II. 543—611.

hervorgebracht: im Paradiese sey keine Ehe gewesen[26]).
Auf gleiche Weise sprechen Athanasius[27]), Epipha-
nius[28]); Cyrillus[29]). Diese Meinungen der gewichtig-
sten Väter sind freilich nicht ohne Widerrede. Schon Ire-
näus[30]) meinte früh, der Christ solle zwar die Werke
des Fleisches fliehen, und durch den Geist von den fleischlichen Lüsten gereinigt seyn, aber er solle eben die Werke
des Geistes im Fleische vollbringen, Helvidius, Jovi-
nianus und Vigilantius, sprachen laut und heftig für
den Werth und die Heiligkeit der Ehe, doch scheinen die
Ansichten des Hieronymus, Ambrosius und Augustinus
leicht den Sieg davon getragen zu haben, obgleich die Hef-
tigkeit des Hieronymus, von der Schwäche seiner Behauptungen zeigte.

Wenn man so die Ehe nicht ganz zu verurtheilen
wagte, suchte man sie wenigstens als ein Minderes, der
Jungferschaft und Enthaltsamkeit gegenüber darzustellen.
Namentlich waren aber die zweite Ehe, und später die Ehen
der Priester der Gegenstand der eigentlichen Anfechtungen.
Der Zweck des Kinderzeugens, welchen als die Berechtigung zur Ehe die Kirchenväter noch bisweilen gelten lassen,
läßt, wenn er in der ersten Ehe erfüllt worden, keinen
Grund für die zweite Ehe mehr übrig. Die zweite Verheirathung wird also als das rein Vorherrschende der
Sinnlichkeit betrachtet. Diese Ansicht findet sich schon in

---

26) De virgin. cap. 9. Op. I. p. 274. et sq.

27) Op. Tom. II. p. 37. sq.

28) Op. tom. I. p. 66. 410. 506. 508. 714.

29) Cateches. 4, 15. 12, 15. Op. Oxoniae 1703. p. 59.
166. 216. sq.

30) Adv. haer. §. 11.

F 2

der Zoroastrischen Gesetzgebung[31]), in welcher die Ehe
als ein Mittel zur Reinheit zu gelangen betrachtet wird,
und in der daher die Monogamie anbefohlen, oder wenigstens gern geßhen ist, im Falle, mit der ersten Frau Kinder und namentlich Söhne gezeugt worden. Daß nach des
Athenagoras Meinung die zweite Ehe nur ein ehrbarer
Ehebruch sey (ὁ γὰρ δεύτερος γάμος εὐπρεπής ἐστι μοι-
χεια)[32]), findet sich, wenn auch nicht den Worten nach,
bei allen Kirchenvätern auch bei denen wieder, welche am
Mildesten über die Ehe denken, und ist, wie schon oben gesagt worden, zum Theil in die Römische Gesetzgebung übergegangen.   Eben so sind die Auserlesenen, die Cleriker,
zu Höherem als zur Ehe berufen.   Für sie ist das eheliche
Leben ein Festhalten am Weltlichen, ein Abziehen vom Dienste Gottes, eine Bigamie, wenn man bedenkt, daß sie schon
in einer Ehe mit der Kirche stehen.   Diese Ansicht ist bereits in den ältesten Zeiten der Kirche, auch bei den Kirchenvätern, die, wie Tertullianus selbst verheirathet waren.
Namentlich ist es die zweite Priesterehe, welche sich besondere Rüge zuzieht.   Daß trotz dem überall sich verehlichte
Priester finden, daß selbst die zweite Verheirathung der
Cleriker vielfach gestattet wird, besteht neben der dennoch
durchgreifenden Ansicht.   Die ausdrückliche Paulinische
Vorschrift, daß der Bischof eines Weibes Mann sey,
wird durch exegetische Kunstgriffe beseitigt, und das Beispiel des Apostels, der unverehlicht war, dagegen angeführt.
Auch in der Justinianeischen Gesetzgebung ist diese Meinung
von der Unangemessenheit der Priesterehe und der Priester-
familie zu finden.   *Convenit igitur hujusmodi eligi et*

---

31) S. mein Erbrecht I. S. 264.
32) leg. pro Christ. c. 28.

ordinari sacerdotes, quibus nec liberi sint, nec ne-
potes: etenim fieri vix potest, ut vacans hujus quoti-
dianae vitae curis, quas liberi creant parentibus maxi-
mas, omne studium, omnemque cogitationem circa di-
vinam liturgiam, et res ecclesiasticas consumat ³³). Der
Kaiser bezieht sich auf die canones die solches verbieten,
und unterstützt so die kirchliche Ansicht mit der weltlichen
Gesetzgebung ³⁴). Wenn auch erst vom 11ten Jahrhundert ab das Cölibat der Cleriker mit einer fast unerbittli-
chen Strenge festgehalten worden ist, so war dies sicherlich
keine neue Ansicht: nur hatte die Kirche mehr Kraft gewonnen, das was sie als recht erkannte, auch in der Wirklichkeit durchzusetzen.

Wenig scheint mit diesen Ansichten über die Ehe der
früh behauptete sacramentelle Character derselben und die
Unauflöslichkeit und Festigkeit übereinzustimmen, welche von
der Ehe dem Bande nach ausgesagt wird. Als Grundlage
dieser Lehre sind bekanntlich die Stellen des neuen Testaments zu betrachten, welche von der Ehescheidung sprechen.
„Es ist auch gesagt, wer sich von seinem Weibe scheidet,
„der soll ihr geben einen Scheidebrief. Ich aber sage euch:
„Wer sich von seinem Weibe scheidet, es sey denn um
„Hurerey, der machet daß sie die Ehe bricht, und wer
„eine Abgeschiedene freiet, der bricht die Ehe ³⁵); und
„Er antwortete aber und sprach zu ihnen: Habt ihr nicht
„gelesen, daß der Schöpfer von Anfang sie Mann und
„Weib gemacht hat. Und hat gesprochen: darum wird ein
„Mensch Vater und Mutter verlassen und an seinem Weibe

---

33) l. 42. §. 1. C. de ep. et clericis.
34) l. 45. C. eodem.
35) Matth. 5, 31. 32. 19, 9.

„hangen, und werden die Zwei Ein Fleisch seyn? So sind
„sie nun nicht Zwei, sondern Ein Fleisch. Was nun Gott
„zusammengefüget hat, das soll der Mensch nicht schei-
„den [36])." Ob nun die Scheidung selbst im Falle des
Ehebruches, eine vollkommene Auflösung des Bandes, oder
nur eine Trennung der Ehegatten sey, das hat sich zunächst
ganz ohne weitere Beziehung auf den inneren Character
der Ehe, lediglich exegetisch auf die verschiedene Deutung
bezogen, die den Worten παρεκτος λογου πορνειης und εἰ
μη ἐπι πορνειη zu geben seyen [37]). Clemens von Alexandria hält es für einen Ehebruch, wenn der Mann
sich selbst, im Falle eines Ehebruchs seiner Frau, zum zweitenmale verheirathe [38]); dagegen meinen Origenes [39]),
Basilius [40]) und Chrysostomus [41]), die Ehe sey in
dem einen im Evangelium angegebenen Falle trennbar. Basilius gewährt das Recht der Wiederverheirathung nur
dem Manne, nicht der Frau, was auch die Ansicht des
Ambrosius ist [42]). Andere suchen das Wort πορνεια

---

36) Matth. 19, 4—6. Marc. 10, 2—12. Lucas 16, 18.

37) Matth 5, 12. 19, 9. Cf. Selden uxor Ebraica III. 23.
Stock. Clavis Linguae. S. Novi Test. p. 873. Schoettgen nov.
Lexic. Graeco Latin. in nov. Test. ed. Krebs voc. πορνειη.

38) Strom. II. 23.

39) Comm. in Math. XIX.

40) Ep. ad Amphilochium cap. 9.

41) Hom. 19. in I. Cor. 7. Hom. VII. in Matth.

42) Can. 17. causa 32. qu. 7. Uxor a viro non discedat,
nisi causa fornicationis: quod si discesserit, aut maneat innu-
pta, aut reconcilietur viro suo: et vir similiter non dimittat
uxorem. Subauditur autem excepta fornicationis causa. Ideo
non subdit de viro, quod de uxore praemisit, quia viro licet

in einer weitläuftigeren Bedeutung auszulegen, wie z. B.
Augustinus. Dieser kennt auch eine geistige Hurerei,
welche ihm die Abgötterei ist. Idolatria, quam sequuntur
infideles, et quaelibet noxia superstitio, fornicatio est.
Dominus autem permisit causa fornicationis uxorem
dimitti. Si infidelitas fornicatio est et idolatria infidelitas, et avaritia idolatria, non est dubitandum et ava-
ritiam fornicationem esse [43]). Doch scheinen ihm hinterher über diese weitere Auslegung Bedenken aufgestoßen
zu seyn, und er bringt nicht ferner darauf: Neque volo
in re tanta tamque ad dignoscendum difficili putare
lectorem istam sibi nostram disputationem debere suf-
ficere [44]). Hieronymus hält es für eine Pflicht, daß
man die ehebrecherische Frau von sich thue: aber er glaubt
dem Manne nicht gestatten zu dürfen, bei Lebzeiten dieser
Frau eine andere zu heirathen, denn es könne ja die Be-
schuldigung des Ehebruchs eine Verläumdung seyn [45]): die
Frau aber dürfe nicht wieder heirathen, selbst wenn auch
der Mann von Schandthaten bedeckt sey [46]). Diese verschiedenen Meinungen und Auslegungen der Kirchenväter;

---

ducere aliam, si dimiserit uxorem peccantem, quia non ita
lege constringitur vir, sicut mulier; caput enim mulieris, vir
est. Es ist übrigens bestritten, ob diese Stelle von Ambrosius sey,
und nicht von Diaconus Hilarius. Cf. Cave Script. eccl. hist.
litt. p. 167. Berardus in Gratiani can. P. III. p. 65.

43) Can. 5. qu. 28. q. 1.

44) Lib. Retract. I. c. 19.

45) Can. 2. c. 32. qu. 1. Et quia poterat accidere ut aliquis calumniam faceret innocenti, et ob secundam copulam
nuptiarum veteri crimen impingeret, sic priorem dimittere ju-
betur uxorem, ut secundam, prima vivente, non habeat.

46) Can. 7. c. 32. qu. 7.

die Nichtübereinstimmung derselben mit den geltenden Gesetzen, zeigen von einer noch durchaus unfixirten Jurisprudenz. Eben so unbestimmt sind aber die Beschlüsse der
Kirchenversammlungen. Schon im Anfang des vierten
Jahrhunderts verbietet eine Kirchenversammlung zu Elvira
in Spanien einer Christlichen Frau, die ihren ehebracheri-
schen Mann verlassen hat, sich bei Lebzeiten desselben wieder zu verheirathen [47]), die von Arles vom Jahre 314
sagt dasselbige nur in Form eines Rathes [48]), das Concilium von Carthago im Jahre 407 hatte ganz diese Ansichten bestätigt, aber auf Anrathen des Augustinus war der
Vorschlag gemacht worden, daß ein kaiserliches Gesetz darüber erbeten werden solle [49]). Dagegen war auf einem
Concilium zu Vermerie im Jahre 752 nicht nur die Scheidung im Falle eines Ehebruchs gestattet, sondern auch dem
beleidigten Theile erlaubt worden, wieder zu heirathen. Die
gefährliche Lebensnachstellung ist hier dem Ehebruche gleichgesetzt [50]). Das Concilium zu Compiegne vom Jahre
757 setzte fest, daß es dem Manne, dessen Frau ins Kloster gegangen sey, erlaubt seyn solle, wieder zu heirathen:
und umgekehrt solle dies auch die Frau können [51]). Gegen Ende des 8ten Jahrhunderts stimmen dagegen wieder
der Beschluß der Kirchenversammlung zu Friaul, und im

---

47) Can. 8. caus. 32. qu. 7.

48) Labbe Concil. I. p. 1430.

49) Can. 5. caus. 32. qu. 7. Böhmer not. 6. ad h. can.

50) Can. 6. c. 31. q. I. Diese Beschlüsse des Concilii zu
Vermerie werden c. 24. causa 32. qu. 7. dem Concilium zu Tri-
bur zugeschrieben. Aber s. Berardus in Grati. can. P. I. c. 59.
p. 430.

51) Baluzii Capit. Reg. Franc. I. p. 183.

Jahre 829 ein Schreiben des 6ten Concilium zu Paris
an Ludwig den Frommen ganz mit dem Beſchluſſe von
Elvira Arles und Carthago überein[52]). Durch das Decret Gratians kommt jedoch, bei aller eklektiſchen Weiſe der
Behandlung[53]), der Grundſatz ein für allemal auf, daß im
Falle einer Trennung der Ehe beim Ehebruch, doch eine Wiederverheirathung unmöglich ſey. Dieſes Princip wird durch
die päbſtlichen Decretalen beſtätigt, welche zu dieſem Behufe
die betreffenden Concilienbeſchlüſſe interpoliren. So z. B.
in Kap. I. X. de divortiis; hier heißt es: Si qua mulier
in mortem mariti sui cum aliis consiliata est et ipse
vir aliquem illorum se defendendo occiderit, et si probare potest ipse vir, eam ream esse consilii, potest ipse,
ut nobis videtur ipsam uxorem dimittere, et *post mortem uxoris*, si voluerit aliam ducere: ipsa autem insi-
diatrix poenitentiae absque spe conjugis stet subjecta.
Die Worte *post mortem uxoris* ſind unſtreitig hier ein-
geſchaltet. Denn das Concilium von Vermerie, dem dieſer canon entlehnt iſt, obgleich er fälſchlich einem Worm-
ſer Concilium zugeſchrieben wird, hatte, wie oben ſchon bemerkt worden iſt, grade das Gegentheil angeordnet[54]).
Im Jahre 1180 ſcheint die Lehre, daß zwar wegen Ehebruch eine Trennung aber keine Auflöſung des Bandes ſtatt
finden könne, ganz feſt zu ſtehen, denn im genannten Jahre reſcribirt Pabſt Alexander III. an den Erzbiſchof von
Beauvais: Verum si conjugem suam ad infidelitatis

---

52) Sirmond. Concil. Galliae II. p. 775. Harduini Concil.
IV. 1292.

53) Cons. 32. qu. 7.

54) Gonzalez Tellez comm. ad cap. IX. de div. T. IV.
p. 256.

maleficium traxerit, mulier a viro recedere potest et separari, ita quod ei nubere alii non licebit, *quia licet separentur semper tamen* conjuges erunt [55]). Diese in der abendländischen Kirche von nun an geltenden Grundsätze finden allerdings zu allen Zeiten, namentlich im Anfang des sechszehnten Jahrhunderts bedeutenden Widerspruch. Erasmus, der Cardinal Cajetan und Ambrosius Catharinus Erzbischof von Campso können als die Bekämpfer dieser Grundsätze genannt werden. Aber das Tridentinische Concilium, das sich mit der Revision dieser Lehre zu beschäftigen hatte, bestätigte die Unauflöslichkeit der Ehe dem Bande nach. Der Canon lautet also:

> Si quis dixerit Ecclesiam errare, cum docuit et docet, juxta Evangelicam et Apostolicam doctrinam, propter adulterium alterius conjugum, matrimonii vinculum non posse dissolvi, et utrumque vel etiam innocentem, qui causam adulterio non dedit, non posse altero conjuge vivente aliud matrimonium contrahere: moecharique eum, qui dimissa adultera, aliam duxerit, et eam, quae dimisso adultero, alii nupserit, anathema sit [56]).

Die Gründe, mit denen das Tridentinische Concilium diesen Satz unterstützt, sind einfach folgende. Der Urvater der Menschen habe schon vom Weibe gesagt: Dies ist Gebein aus meinem Gebein, und Fleisch aus meinem Fleische, weswegen der Mann Vater und Mutter verlassen wird

---

55) c. 2. X. de div.

56) Conc. Trid. Sess. XXIV. can. 7. de sacr. matr. Ursprünglich lautete der Canon direct: Si quis dixerit ob adulterium solvi matrimonium posse anathema sit. Pallavicini Hist. Conc. Trid. L. XXII. c. 4. Die veränderte Fassung wurde der Griechen wegen gemacht die unter Venetianischer Botmäßigkeit lebten.

und ſeinem Weibe anhangen. Chriſtus aber habe dieſe
adamitiſchen Worte angeführt, indem er hinzugeſetzt, was
Gott verbunden hat, dürfe der Menſch nicht ſcheiden. Da
nun der Apoſtel Paulus von der Ehe alſo geſprochen:
„Männer liebet eure Weiber, wie Chriſtus geliebet hat die
„Gemeine, und ſich ſelbſt für ſie dargegeben hat," und hinzugefügt habe: „dieſes Geheimniß ſey groß, ich ſage es
„aber auf Chriſtum und die Gemeine⁵⁷), ſo hätte die
kirchliche Tradition immer gelehrt, daß die Ehe ein Sacrament ſey. Dagegen ſeyen zwar zu jeder Zeit unfromme
Menſchen, die unter dem Vorwand des Evangeliums
fleiſchlicher Begier gefröhnt hatten, aufgetreten: dieſem aber
wolle die Tridentiniſche Synode ein für allemal wehren,
und deshalb habe ſie das Anathem ausgeſprochen⁵⁸).
Nachdem das Tridentiniſche Concilium ſomit die Unauflöslichkeit der Ehe feſtgeſtellt, konnte ein Streit nur noch
darüber entſtehen, ob die Nichttrennbarkeit der Ehe einen
Glaubensartikel bilde, oder als bloße Disciplinarſache an-
zuſehen ſey. Obgleich die katholiſche Kirche ſtets dieſe Lehre
im erſten Sinne betrachtet hat, ſo haben ſich doch auch viele
Stimmen für die letztere Meinung erhoben⁵⁹). Man hat
die negative Faſſung des Canons, die Nichtübereinſtim-
mung der Tradition, die bei den unirten Griechen ſtatt fin-
dende Wiederverheirathung bei aufgelöſter Ehe, wegen Ehe-
bruchs⁶⁰), ſo wie innere Gründe vielfach geltend gemacht.

---

57) Eph. 5, 32.

58) Pallavicini l. l.

59) S. Socher über die Eheſcheidung. S. 152. u. fg.

60) Drouwen de re sacram L. IX. Qu. IV. Cap. I. §. 2.
In his provinciis et dioecesibus ubi Graeci latinis permixti,
proprias ecclesias habent, a latinis Episcopis, quibus subjiciun-
tur, contra antiquam, quam hactenus retinuerunt, matrimonia

Wir haben, so weit es hier möglich ist, die äußere Geschichte der Ehe als einer unauflösbaren und eines Sacraments verfolgt, nachdem früher die Meinungen der Kirchenväter über die großen Vorzüge der Ehelosigkeit vor der Ehe angeführt worden sind. Es fällt wohl sogleich der scheinbare Widerspruch in die Augen, der zwischen diesen beiden Annahmen statt findet. Wenn einerseits die Nichtehe bei weitem heiliger ist, als die Ehe, wie kann andrerseits die Ehe den Character eines Geheimnisses, ähnlich dem zwischen Christus und der Gemeine bewahren? Wie kommt die Heiligkeit und Unauflöslichkeit in die Ehe, die besser nicht eingegangen wäre? Dieser Widerspruch löst sich aber durch folgende Betrachtung. Das Sacrament gilt nicht für den Begriff und das Institut der Ehe, sondern für d i e s e Ehe: sie ist nicht als Ehe unauflöslich, sondern als d i e s e Ehe. Der zweiten Ehe gegenüber ist es die erste Ehe welche unauflöslich und ein Sacrament ist. Der Ehe gegenüber hat vielmehr die Ehelosigkeit diesen sacramentalischen Character. Daß statt der Scheidung vom Bande die lebenslängliche Trennung der Ehegatten ausgesprochen wird, beweist dieses hinlänglich. Denn wäre es um die Ehe zu thun, so würde die lebenslängliche Trennung im Grunde, als eine wahre Auflösung des ehelichen Verhältnisses angesehen werden müssen: sie würde eigentlich nicht ausgesprochen werden dürfen; denn das eheliche Band bleibt ja nur eine leere Abstraction, sobald die Ehegatten nicht bei einander sind. Ist aber nur der zweiten Ehe gegenüber die erste ein Sacrament, so ist es ganz übereinstimmend, daß die Ehelosigkeit ebenfalls ein Heiligeres und Vorzüglicheres als die Ehe sey.

---

propter adulteria dirimendi consuetudinem, nihil legimus ordinatum.

Diefe Annahmen liegen überhaupt ganz confequent
in dem Character und Fortfchritte der katholifchen Kirche. Was die katholifche Kirche, im Verhältniß zur
Chriftlichen Religion ift, das ift die katholifche Ehe zur
Chriftlichen. Es kommt in der Religion nicht mehr auf
die Natur und das Verftändniß der Lehre an, fondern die
Lehre hat fich an die Kirche aufgegeben: die kirchlichen
Satzungen find an die Stelle der Lehre getreten, und machen das Dogma felbft aus. So ift die Heiligkeit, die im
ehelichen Begriffe liegt, vollkommen gefchwunden, um in
einem kirchlichen Sacrament als Heiligkeit firirt zu werden:
In diefer Firirung liegt nun eine vermeintliche Anerkennung der Ehe 61); fie fcheint der Willkühr entnommen zu
feyn, und dadurch einen fittlichen und fubftantiellen Character erhalten zu haben. Aber es ift grade das Umgekehrte
der Fall. Indem fie feft gemacht ift, und ihr einziges we-
fentliches Prädicat jetzt die Feftigkeit ift, indem diefe Ehe
an die Stelle der Ehe getreten, ift grade die Sittlichkeit
des ehelichen Begriffes gefchwunden, und an die Stelle der
Feffel, welche die Liebe ift, ift die Feffel des Canons getreten.

Wir wollen diefe Kritik des katholifchen Lehrbegriffs
von der Ehe noch weiter verfolgen. Allerdings kann zugegeben werden, daß die Ehe heilig fey; aber was von ihr
als Begriff, als Inftitution, mit Recht ausgefagt wird,
kann nicht ebenfo von jeder beftimmten Ehe, von diefer
Ehe behauptet werden. Da diefe an die Willkühr der fie
bildenden Perfonen gewiefen ift, fo ift die Heiligkeit der
Ehe in jedem beftimmten Falle nur ein Sollen, das heißt
die Eheleute follen dem, was der Begriff der Ehe ift, in

---

61) S. Walter Kirchenrecht. S. 563 u. fg.

ihrer Ehe eine Realität geben. Weil aber dieses nur ein
Sollen ist, kann die Realität schnurstracks dem zuwiderlau-
fen was der Begriff ist. Die Ehe ist in dem bestimmten
Falle alsdann eine unwirkliche Ehe, das heißt, die Ehe
besteht nur dem Bande und nicht der Sache nach. Wird
nun am Bande festgehalten, wo eben die Sache fehlt, so
heißt dies das Sacrament dessen, was die Ehe seyn müßte,
jedem bestimmten Zustande aufopfere, der als Ehe geschlossen ist: so heißt dies ein unsittliches Verhältniß als Ehe
festhalten, und somit der Ehe selbst den Charakter der Un-
sittlichkeit, oder doch der Gleichgültigkeit gegen das Sittli-
liche beilegen. Soll die Ehe also in der That heilig seyn,
so muß auch die Realität diesem Begriffe entsprechen; wo
diese nicht entsprechend ist, muß grade die Ehe, weil sie heilig und sittlich seyn soll, aufgelöst werden. In der neuesten Zeit hat sich freilich der Gegensatz des katholischen Begriffes von der Ehe vielfach in seiner absoluten Flachheit
kund gegeben, so daß man auf die katholische Lehre, als
auf die tiefere geblickt hat. Wenn man die Ehe als einen
bloßen Vertrag darstellt, und ihr das sittliche Geäder entzieht, wenn man sie nicht höher stellt als etwa Kauf und
Miethe [62]), und daher ihre Auflösung in einen mutuus

---

62) Tief und geistreich, wie Alles was er ergriff, hat Napoleon
das Wesen der Familie und der Ehe aufgefaßt. Als bei der Dis-
cussion über den Code civil die Adoption ein Contract genannt
wurde, sagt der erste Consul. Un contrat ne contient que des
obligations géometriques, il ne contient pas des sentiments.
Mémoires sur le consulat p. 422. Damit ist alles gesagt. Aber
sollte nicht der neuere Formalismus dazu kommen, einen Tauschcon-
tract von Gefühlen in der Ehe zu erkennen. Verschieden von dieser
Tiefe ist freilich die scholastische Spitzfindigkeit von Devoti inst. can.
lib. II. §. 117., welcher der Staatsgesetzgebung in Ehesachen dadurch

dissensus setzt, so sperrt sich Gedanke und Vorstellung dagegen, und die katholische Lehre glaubt einen Triumph zu
feiern. Aber es ist eine Mitte zwischen denen, welche die
Auflösbarkeit für den Character der Ehe selbst halten, und
denen, welche eben den ganzen Werth der Ehe in die Unauflöslichkeit setzen. In der Mitte liegt eben die Ehe. Sie
wird eingegangen, nicht um aufgelöst zu werden, sondern
um lebenslänglich zu dauern, aber sie soll auch nicht gegen
ihren Sinn, und gegen das was sie eigentlich seyn soll,
für fest erklärt werden, das heißt, eine Ehe muß aufgelöst
werden, wenn nur noch ihr Name vorhanden ist. Es ist
hier nicht der Ort, schon über den protestantischen Begriff
von der Ehe zu sprechen, aber jede gute Gesetzgebung über
Ehescheidung, hat sich von beiden Extremen der Auflösung
und Unauflöslichkeit gleich weit zu halten.

      Es ist eben das Unterscheidende des Staates und der
Familie, als auch der Ehe, daß jener erste als die vollendete Sittlichkeit auch der realisirte Begriff derselben ist.
Ein Staat kann nur durch die höhere Macht der Geschichte
aufgelöst werden: die Ehe aber soll nur den Begriff der

---

abweis't, daß er meint, der sacramentalische Grund der Ehe sey das
natürliche nicht das civile Verhältniß. Indem der Civilcontract aufgehoben werde, bleibe das Natürliche und somit die Grundlage des Sacraments. „Nam sacramenti materia non civilis, sed naturalis
est contractus, qui simul est hinc quidem contractus civilis,
illinc vero sacramentum. — Itaque sublato etiam civili contractu integrum tamen est sacramentum, quod ab illo non pen-
det et quod suam habet materiam contractu naturali." Es ist
ganz consequent, daß Devoti nicht das Sittliche, sondern das Natürliche als den Grund des Sacraments setzt. Das Sacrament beruht somit gar nicht in der inneren Heiligkeit der Ehe. S. Walter Kirchenrecht 4. Auflage. S. 565. 566. Note p.

Sittlichkeit realisiren, und sie ist daher unwirklich, wenn die Realität nicht bei ihr ist.

Wenn daher die Christliche und Evangelische Vorstellung von der Ehe die Einheit der Ehegatten in der Liebe war, so ist der katholische Begriff dagegen die Unauflöslichkeit, weil vor der Kirche das Band geschlossen worden. Es ist nur die Unfehlbarkeit der Kirche, die sich in der Ehe abspiegelt und erhält. Man kann in so fern sagen, die Christliche Ehe sey in der katholischen Kirche zum bloßen Sacrament erstarrt: sie ist mit dem Worte Sacrament abgefunden worden, ohne daß man sich weiter Mühe gegeben habe, den Christlichen Begriff in die verschiedenen ehelichen Verhältnisse einzubilden. Die katholische Ehe ist nichts weiter als das Sacrament, der übrigens dem Inhalte nach heidnisch und Römisch gebliebenen Ehe. Wie die Ehe in Beziehung auf das Vermögen beschaffen seyn müsse, um auf den Namen einer Christlichen Anspruch zu machen, darum ist es dem Canonischen Rechte nicht zu thun. Alle Bestimmungen des Römischen Rechts bleiben in dieser Beziehung aufrecht. Die Canonische Definition von der Ehe knüpft daher auch ganz an die Römische Nuptiae sunt conjunctio maris et foeminae, consortium omnis vitae divini et humani juris communicatio an. Es heißt von ihr bei Augustinus Consensus ergo cohabitandi et individuam vitae consuetudinem retinendi interveniens, eos conjuges fecit. Individua vero vitae consuetudo est, talem se in omnibus exhibere viro, qualis ipsa sibi est et e converso [63]). Selbst wie die Definition von

---

63) C. 3. Caus. 27. qu. 2. Es ist bestritten, daß diese Worte von Augustinus seyen. Le. Plat. de spuriis in Gratiano canonibus cap. 5. §. 12. aber siehe Berardi ad Gr. can. P. III. cap. 19. §. 354.

von der Ehe an den Römiſchen Begriff anknüpft, ſo iſt
die Einſchärfung des monogamiſchen Princips nicht etwa
innerlich aus der Natur der Ehe hergenommen, ſondern
auf buchſtäblicher Exegeſe der heiligen Schrift begründet.
Pabſt Innocenz III. ſagt: Cum ab initio una costa in
unam feminam sit conversa et scriptura divina teste-
tur, quod propter hoc relinquet homo patrem et matrem, et adhaerebit uxori suae et erunt duo in carne
una: non dixit tres vel quatuor, sed duo, nec dixit adhaerebit uxoribus, sed uxori. Unde — sine dubita-
tione qualibet protestamur, quod nulli unquam licuit
insimul plures uxores habere, nisi cui fuit divina re-
velatione concessum. — Sane veridica haec sententia
probatur etiam de testimonio veritatis, testantis in Evangelio: Quaecunque dimiserit uxorem suam nisi ob fornicationem, et aliam duxerit moechatur. Si ergo, uxore
dimissa, duci alia de jure non potest: fortius et ipsa re-
tenta: per quod evidenter apparet, pluralitatem in utroque sexu, cum non ad imparia judicentur, circa matrimonia reprobandam [64]). Wenn es zur weſentlichen Natur der Chriſtlichen Ehe gehört, das Römiſche Dotalrecht
zerſtört, und ſich in der Gütergemeinſchaft eine angemeſſe-
ne Exiſtenz gegeben zu haben, wie dies unten näher hervortreten ſoll, ſo muß vielmehr vom Canoniſchen Rechte
ausgeſagt werden, daß es ganz in die Römiſche Vorſtellung
eingeht, eine Ehe ohne dos der Frau ſich als mangelhaft
zu denken. Hieronymus ſieht [65]) in der dos die ein-

---

64) Cap. 8. X. de divortiis. Ganz ohne Gründe drückt ſich
das Römiſche Recht aus, wenn es l. 2. C. de inc. nupt. ſagt:
Neminem qui sub ditione sit Romani nominis binas uxores
habere posse *vulgo patet.*

65) Ad. Oceanum. Auch das Talmudiſche Recht ſieht in der

G

zige Unterscheidung der Ehefrau von der Concubine; uxori tabulis et jure dotali opus est, quibus Concubinae
sunt destitutae. Augustinus spricht von der dos neben dem feierlichen Gelübbe als einem gleich wesentlichen [66])
derselbe, oder der Pabst Leo setzt sogar die dos neben die
Keuschheit: Qualis debeat uxor esse, quae habenda est
secundum legem, virgo casta et despontata in virginitate et *dotata legitime* [67]), ja während das Römische
Recht gar nicht durchaus darauf besteht, eine dos bei der
Ehe zu haben, sagt das Canonische ausdrücklich, daß keine
Ehe ohne dos eingegangen werden solle. Die Nebeneinanderstellung folgender zwei Texte ist in dieser Hinsicht interessant.

l. 11. pr. C. de repudiis (V. 17.) (Iustinianus).

Iubemus ut quicunque mulierum cum voluntate
parentum, aut si parentes non habuerit, sua voluntate
maritali affectione in matrimonium acceperit: *etiamsi
dotalia instrumenta non intercesserint nec dos data
fuerit*, tanquam si cum instrumentis dotalibus tale matrimonium processisset, firmum conjugium eorum habeatur: *non enim dotibus, sed affectu matrimonia contrahuntur.*

Ketuba die Unterscheidung zwischen Ehe und Concubinat. S.
Mein Erbrecht I. S. 144.

66) Nisi forte sponsa a patre erat tradenda, et exspectan-
da votorum solennitas, convivii celebritas et dotis aestimatio
et conscriptio tabularum. *De genesi ad lit. lib. XII. c. 41.*

67) Can. 4. C. 30. qu. 5. Dieser Text wird in den Capitularien ebenfalls dem Augustinus zugeeignet. *Georgisch. p. 1654.*

Can. 6. Causa XXX qu. 5. [68])

Nullum sine dote fiat conjugium; juxta possibilitatem fiat dos, nec sine publicis nuptiis quisquam nubere vel uxorem ducere praesumat.

Wenn alfo Juftinian von der Ehe meint, non enim dotibus sed adfectu matrimonia contrahuntur, behauptet das Canonifche Recht ganz fchroff. Nullum sine dote fiat conjugium: juxta possibilitatem fiat dos. Es bedarf dies aber einer Auseinanderfetzung, wie überhaupt das Dotalrecht fich zur Ehe verhält. Im Orient giebt es im Allgemeinen keine dos, weil es keine Freiheit des Weibes giebt. Es wird vielmehr für daffelbe den Angehörigen ein Preis bezahlt. In etwas weniger anfänglichen Zuftänden erhalten die Weiber felbft für den Verluft ihrer Jungferschaft eine Morgengabe. Nur wenige Anklänge des Dotalrechts finden fich bei den Perfern und Arabern. In Griechenland tritt zuerft mit der Freiheit des Weibes die dos auf. Das Weib ift freie Bürgerinn, fie muß ihrer Freiheit und ihrem Bürgerthum auch im Eigenthum ein Dafeyn geben: die Bettlerinn würde, als des Gutes beraubt, auch unfrei und unbürgerlich erfcheinen. Die Ehe ohne dos ift daher felten, und gehört zu den fchmachvollen: Im Ganzen ift dies auch die Römifche Vorftellung: eine mulier indotata ift nicht geehrt, und es ift eine der Pflichten des Vaters, der Tochter eine dos zu geben. Diefe Griechifche und Römifche Vorftellung ift, wie fchon

---

68) Obgleich diefer Canon dem Avelater Concilium zugeeignet wird, ift er dennoch aus dem fränkifchen Capitularien. *Georgisch.* p. 1536.

früher bemerkt worden [69]), gegen die Orientalische gehalten ein Fortschritt zur Ehre der Frau, es ist wenigstens
die Freiheit, der das Alterthum fähig ist, welche sich in
der dos manifestirt. Aber im Christenthum hat der Begriff der Freiheit einen absoluten Wendepunkt gehabt; das
Eigenthum und der Besitz, die Aeußerlichkeit und Weltlichkeit sind es nicht mehr, welche das einzige Daseyn der
Freiheit bilden, sondern indem diese im Inneren des Menschen ihren Sitz aufgeschlagen, war sogar ihre erste That,
von dieser Aeußerlichkeit des Eigenthums und Besitzes zu
abstrahiren. Daß das Weib frei sey, braucht nicht erst
in der Existenz einer dos bewahrheitet und aufgewiesen zu
werden. Vielmehr darf die Christliche Vorstellung behaupten, daß die Liebe intensiver und stärker sey, die von der
Zufälligkeit des Vermögens, und von allen äußeren Vor-
theilen absehe. Ohnehin soll, wo beide Ehegatten eins
sind, Gemeinschaft der Güter nothwendig folgen. Daß die
Frau zu dieser Gemeinschaft etwas mitbringt, ist außerwe-
sentlich, sie hat ja dennoch Theil an dem was der Mann
besitzt: sie ist also nie ohne Habe, und ihre Freiheit ist
auch in der Sphäre des Vermögens begründet. Wenn
also das Canonische Recht, in Beziehung auf die Forde-
rung einer dos, noch weit strenger und formeller ist, als
die Rechte des Alterthums, so zeigt dies zur Genüge, daß,
nachdem es damit fertig geworden, die Ehe für ein Sacrament zu erklären, ihm an der wahrhaft sittlichen Ausbildung des ehelichen Begriffes wenig gelegen ist. Etwas
verschieden stellt sich freilich die Meinung derjenigen, welche
in den Stellen des Canonischen Rechts, die von der dos
handeln, gar nicht eine dos, welche die Frau dem Manne

---

69) S. mein Erbrecht I. S. II. S. 302.

zu bestellen hat, finden, sondern lediglich das Witthum, dotalitium, vidualitium, darin suchen, das der Mann der Frau zuzusagen hat [70]. Wir werden erst unten die Natur und die Bedeutung des Witthums näher auseinandersetzen können, das gleichsam jenen einfachen Text des Tacitus zur Grundlage hat: dotem non uxor marito sed uxori maritus offert [71]. Auch ist schon hier zugegeben daß es eine sittlichere Nothwendigkeit ist, wenn der Mann gezwungen ist, als Bedingung der Ehe der Frau ein Witthum auszusetzen, als wenn die Bestellung einer dos abseiten der Frau als Grundlage der Ehe gefordert wird; obgleich der eigentlich Christlichen Vorstellung auf das Witthum nicht als wesentliche Bedingung der Ehe erscheinen dürfte. Aber daß das Canonische Recht nur vom Witthum spräche, ist ganz unmöglich. Wie kämen Hieronymus und Augustinus dazu, dasselbe zu kennen? Was hätte das Canonische Recht mit einem durchaus Germanischen Institut zu thun, das sich auf keine Weise an die Ehe, wie sie das Canonische Recht empfängt, anschließt. Selbst die Stellen, welche aus den Capitularien der fränkischen Könige in das Decret gewandert sind, erhalten, obgleich in den Capitularien nur das Witthum gemeint ist, eine ganz andere Bedeutung im Canonischen Recht. Dieses versteht unter dotalitium überhaupt nichts Anderes, als die Römische donatio propter nuptias, mit der das Witthum allerdings eine große Aehnlichkeit hat [72]. Aber die donatio propter nuptias ist nichts Selbstständiges, sondern setzt wesentlich

---

70) Walter, Kirchenrecht 4. Ausgabe S. 557.

71) De mor. Gem. c. 18.

72) Cap. 4. X. de don. int. vir. et ux. Cap. 15. X. de foro compet.

zu ihrer Existenz die dos voraus, so daß das Canonische
Recht, selbst wenn es die Nothwendigkeit der donatio
propter nuptias verlangt, damit doch auch nur das Römische Dotalrecht bestätigt [73]). Es ist allerdings wahrscheinlich, daß dem Canonischen Recht für den Begriff der
Ehe mehr daran gelegen war, die donatio propter nuptias
als die dos festzuhalten, aber indem es auf eine solche besteht, besteht es auch zugleich auf die dos, ohne welche die
donatio propter nuptias selbst unmöglich ist. Wenn die
Kirche somit in dem Bestehen auf Dotirung, als auf einem wesentlichen Merkmal der Ehe selbst sich eigentlich vom
Geiste des Christlichen Ehebegriffs entfernt, um sich dem
des Alterthums wieder zu nähern, so ist der eigenthümliche
Sinn den die Kirche damit verbindet, allerdings die Nothwendigkeit der Anerkennung und Oeffentlichkeit der Ehe.
Ueberall, wo von dem Erforderniß einer dos die Rede ist,
wird dasselbe mit der Verheirathung abseiten des Vaters,
und mit der priesterlichen Einsegnung in Verbindung gesetzt. In dem pseudoisidorischen can. 1. causa XXX. qü.
5. heißt es: Aliter legitimum non fit conjugium, nisi
ab his, qui super ipsam foeminam dominationem habere videntur, et a quibus custoditur, uxor petatur, et
a parentibus et propinquioribus sponsetur, et legibus
dotetur, et suo tempore sacerdotaliter; ut mos est cum
precibus et oblationibus a sacerdote benedicetur [74]).
Aber diese Nothwendigkeit selbst, daß die Ehe eine äußere
Gestalt gewinne, so sehr sie einerseits als eine der Ehe er-

---

73) cap. 8, X. de don. int. vir. et ux.

74) Es bedarf hier wohl keiner Auseinandersetzung, daß auch
die unächten canones für unsern Zweck ganz den Werth der äch-
ten haben.

wieſene Ehre angeſehen werden kann, führt andererſeits
das eheliche Verhältniß doch ganz auf das Gebiet dieſer
Aeußerlichkeit hin, und abſtrahirt immer mehr von der inneren Bedeutung. Dem katholiſchen Begriffe vom Sacrament iſt dieſes vollkommen angemeſſen. Das Weſen der
Ehe iſt ihre abſtracte Feſtigkeit: die nächſte und nothwen-
digſte Erſcheinung derſelben iſt aber die größtmögliche Oeffentlichkeit, daher dem Canoniſchen Recht mehr wie irgend
einem früheren die heimlichen Ehen zuwider ſind. Wenn
die Ehe übrigens ein Sacrament iſt, ſo folgt, daß eine
Form dafür zu finden ſey, welche die Kirche ertheilt, ſo
wie, daß überhaupt die Geſetzgebung über Eheſachen, und
die Jurisdiction der Kirche zufalle.

Die Sitte, die eingegangene Ehe dem Biſchof und
durch dieſen der Gemeinde zu melden, war ſchon früh in
der Chriſtlichen Kirche. Wie ſtreng die heimlich gehaltene,
oder der Kirche nicht angezeigte Ehe beurtheilt wurde, iſt
ſchon aus den bekannten Worten Tertullians zu erſehen:
Penes nos occultae quoque conjunctiones, id est non
prius apud ecclesiam professae, juxtà moechiam et fornicationem judicari periclitantur [75]). Ob hierunter ſchon
die völlige prieſterliche Einſegnung, wie ſie heute beſteht,
zu verſtehen ſey, könnte zweifelhaft erſcheinen. Man hat
zwar namentlich das vierte Carthagiſche Concilium vom
Jahre 389 angeführt [76]), wo es heißt: Ut sponsus et
sponsa *cum benedicendi sunt a sacerdote*, a parentibus suis, vel a paranymphis offerantur, qui cum benedictionem acceperint, eadem nocte pro reverentia ipsius

---

75) De pud. cap. 4. ad ux. II. 9.

76) Berard. ad Gratiani Can. P. II. T. I. e. 35. Bingham.
Orig. s. ant. eccl. XXII. 4. §. 1.

benedictionis in virginitate permaneant [77]). Wenn
aber auch eine solche Einsegnung statt fand, so scheint doch
diese noch etwas Außerwesentliches gewesen zu seyn, und
nur die Anzeige an die Kirche die Hauptsache ausgemacht
zu haben. Denn es ist nicht wohl einzusehen, warum das
Justinianeische Recht sich nicht dieser Einsegnung als einer
nothwendigen Form würde bemächtigt haben, da es ja für
die mittleren Stände, die keine dotalia instrumenta errichteten, die Anzeige an den defensor ecclesiae für nothwendig erklärt. Wie sehr auch das weltliche Recht nur neben
dem kirchlichen hergeht, so wäre doch die benedictio sa-
cerdotalis als eine wenigstens wünschenswerthe Form angeführt worden, und es ist kaum glaublich, daß man sie
gänzlich ignorirt haben würde [78]). Erst später daher
scheint die priesterliche Einsegnung als wesentliche Form
der Ehe aufgekommen zu seyn. Als solche findet man sie
in den Fränkischen Capitularien [79]), wo sogar, sonderbar
genug, auch an die jüdischen Ehen dieselbe Anforderung gemacht wird [80]). Im Orient ist durch Leo den Philoso-

---

77) Can. 33. Dist. 23. und c. 5. c. 30. qu. 1. S. auch
can. 50. c. 27. qu. 2. *quia illa benedictio, quam nupturae sacerdos imponit*, apud fideles cujusdam sacrilegii instar est, si
ulla transgressione violetur. Die Stelle ist vom Jahr 386.

78) Boehmer jus eccl. Prot. III. IV. 3. §. 14. sq.

79) VI. c. 327, 408. VII. 389, 463. Georgisch. p. 1577,
1608, 1708, 1734.

80) Add. IV. c. 2. *Georgisch.* p. 1793. Quod si absque
benedictione sacerdotis quisquam Christianorum vel Hebraeo-
rum noviter conjugium duxerit, vel solemnitatem legis pro dotali titulo in quocunque transcenderit, aut centum principi solidos coactus exsolvat, aut centum publice verberatus flagellas
suscipiat.

phen die benedictio in das bürgerliche Recht eingeführt,
oder wenigstens strenger eingeschärft worden, denn es geht
aus den Worten der Leonischen Novelle [81]) hervor, daß
die Einsegnung schon früher üblich, aber wiederum außer
Gebrauch gekommen war (Quemadmodum adoptionem
promiscue habitam neglexit vetustas — ita et absolu-
tam matrimonii constitutionem; *cum id citra jam re-
ceptam benedictionem iniri sineret*, neglexisse videtur).
Auch hat schon der Kaiser Basilius Macedo eine Constitution gegen die heimlichen Einsegnungen der Ehe erlassen [82]).
    Wie sehr nun aber auch das Canonische Recht die
Einsegnung für wesentlich bei der Ehe betrachtet, wie viel
Gewicht auch auf die Oeffentlichkeit, und auf den priesterlichen Segen gelegt wird, so ist doch niemals die Vorstellung während des Mittelalters aufgekommen, daß die mangelnde Einsegnung die Ehe nichtig mache. Vielmehr sind
die heimlichen auf bloßem Consensus beruhenden Ehen stets
als gültig von der Kirche anerkannt worden [83]), so sehr
man sie auch misbilligte. Wenn man dagegen schon etwa
anticipirend die Grundsätze des protestantischen Kirchen-
rechts hält, so könnte man erstaunt seyn, hier grade die
Einsegnung zur wesentlichen Form der Eingehung der Ehe
herausgebildet zu sehen. Aber dem Geiste der katholischen
Kirche ist dieses durchaus angemessen. Da die Ehe ohnehin an sich selber ein Sacrament ist, so ist zwar ihre öffentliche Eingehung und die priesterliche Einsegnung, die
einzige dieser sacramentalischen Natur entsprechende würdi-

---

81) Nov. 89.

82) Leunclavii Iur. Graec. Rom. I. p. 87.

83) Can. 9. c. XXX. q. 5. c. 9. 25. 30. 31. X. de spons.
c. 2. X. de cland. desp.

ge Form, aber diese Form kann nicht erst die in Consensus wurzelnde Ehe zum Sacramente erschaffen, daher ihre
Verabsäumung zwar höchlich zu misbilligen ist, aber die
Ehe nicht vernichten kann. Dagegen ist in der protestantischen Lehre die Ehe kein Sacrament, aber eine sittliche und
heilige Institution, die daher auch unter einer ihr angemessenen Form geschlossen seyn muß: sie sucht erst in der
religiösen Weihe eine Begründung für sich, und datirt von
dieser Weihe ihren Anfang. Da der bloße Consens auch
eine Form ist, wodurch das nur Vertragsmäßige eingegangen wird, so sucht die Ehe nach einem höheren Grunde,
der ihr von der religiösen Seite erst wird. Das spätere
katholische Kirchenrecht hat freilich die Erklärung des Consenses vor dem Pfarrer und wenigstens zwei Zeugen bei
der Ehe unter Strafe sonstiger Nichtigkeit anbefohlen, und
das schon vom Lateranensischen Concilium eingeführte drei-
malige Aufgebot (bannus nuptialis), jedoch ohne weitere
Strafe der Nullität abermals eingeschärft [84]), aber troß
dem ist dennoch das eigentliche Princip des Alterthums,
daß die Ehe durch bloße Einwilligung geschlossen sey, im
Canonischen Recht vollkommen stehen geblieben, und die
katholische Ehe schließt auch hier durchaus mit der Römischen zusammen.

Wenn die Ehe somit in der Einwilligung ihren eigentlichen Anfang hat, so muß dieser Consensus in solchen
Umständen ein Hinderniß finden, gegen die er entweder
machtlos ist, oder die ihn nicht als wahrhaft hervortreten

---

84) Conc. Trid. Sessio XXIV. cap. 1. de ref. matrim. Ausgenommen ist hier freilich der Fall einer Gewissensehe, bei der zwar
kein Aufgebot, aber nach dem Tridentinischen Concilium dennoch
Förmlichkeiten statt finden müssen. Cf. *Devoti* inst. can. Tom. II.
§. 108.

lassen. Aus den Ehehindernissen, welche in jeder Gesetzgebung über Ehe sich vorfinden müssen, kann man die Bildung und die Stufe des bestimmten Eherechts schon herauserkennen. Die Abtheilung der Ehehindernisse in impedimenta dirimentia und impedientia ist dem Canonischen Rechte eigenthümlich, weil nur stärkeren Umständen, als die sind, welche die Eingehung der Ehe ausmachen, die Vernichtung derselben zugegeben werden kann. Ist das Hinderniß schwächer als die Ehe selbst, so wird es nur im Stande seyn, die nicht eingegangene aufzuhalten, wie z. B. ein früheres Verlöbniß, Einsprüche beim Aufgebot [85] u. s. w. vermag aber das eheliche Sacrament selbst nicht das Hinderniß zu beseitigen, so muß die Eingehung der Ehe als nicht geschehen betrachtet werden. Das Sacrament der Ehe bleibt nun unverletzt, denn die Ehe war von Anfang an nicht vorhanden. Wenn daher der Consensus der Ausgangspunkt der Ehe ist, so wird Alles was denselben aufhebt, wie Unfähigkeit des Willens, überhaupt Irrthum, Zwang, Betrug auch die Ehe vernichten. Eben so hat aber die Ehe einen Zweck, auf den selbst der Consensus gerichtet ist, oder doch gerichtet seyn kann. Die vor der Ehe bestehende Impotenz annullirt daher dieselbe. In dem mangelnden Consensus ist auch das Verbot des älteren Canonischen Rechts, daß der Entführer die Entführte nicht heirathe, zu suchen [86]. Dagegen ist selbst der vollständige Consensus unerheblich, wenn die Ehe durch vorangegangene Umstände wie eine frühere Ehe, ein feierliches Gelübde der

---

85) C. 50. 51. c. 27. qu. 2. c. 1. 2. 3. X. de matrim. contr. intr.

86) C. 10. 11. c. 36. qu. 2. Cap. Reg. Franc. I. t. 90. VII. c. 183. 395.

Keuschheit [87]), die Erlangung höherer Weihen [88]), oder durch begleitende Umstände, wie die Verschiedenheit des Glaubens [89]), Ehebruch [90]), oder zu nahe Verwandtschaft unmöglich wird.

Die Lehre von den Ehehindernissen, welche die Verwandtschaft darbietet, ist nur bei anfänglichen oder noch zum Theil dem Anfange zugewandten Völkern, verschiedenen und von dem was die natürlich sittlichen Vorschriften gebieten, abweichenden Bestimmungen unterworfen. Wenn die Perser und Griechen den Inceft in gewissem Grade erlauben, so findet sich schon bei den Juden und Römern eine vollkommen vernünftige Gesetzgebung in dieser Rücksicht. Das Canonische Recht hat eigentlich dem Begriffe nach diese Lehre gar nicht weiter geführt, sondern nur das Römische und Mosaische Recht angenommen. Daß die Hindernisse nach Graden berechnet werden, geht blos die Rechnung, nicht die Sache an, und bezieht sich höchstens auf die Lehre von der Verwandtschaft. In den ersten sechs Jahrhunderten schien sich die Kirche vollkommen bei den durch das Römische Recht angegebenen Verboten wegen Nähe der Verwandschaft zu beruhigen. Die Ausdehnung auf Geschwisterkinder in dem Concilium zu Agde [91]) hatte schon zu mehreren Zeiten des Römischen

---

87) Conc. Trid. Sessio XXIV. c. 6. 9. de sacr. matrim.

88) C. 1. X. de cl. conj. c. 1. 2. X. qui cl. Conc. Trid. l. l.

89) C. 15. 17. c. 27. qu. I.

90) Das ältere Canonische Recht ist hier unbedingt streng, das spätere modificirt diese Lehre. Cf. c. 1. 2. c. 31. qu. 1. c. 4. 5. eod. und c. 1. 6. X. de eo qui duxit.

91) C. 8. c. 35. qu. 2.

Rechts ebenfalls beſtanden [92]), die weitere auf Kinder der
Geſchwiſterkinder, wie die Concilien von Epaon und Au-
rergen ſie ausſprachen, veränderte im Grunde wenig im
Principe. Endlich aber kam man durch eine allgemeine
Auslegung des moſaiſchen [93]) Wortes שאר בשר dazu die
Ehe zwiſchen allen Verwandten für unſtatthaft zu erklären. Aber was denn nun unter einander verwandt
ſey, bedürfte einer ferneren Erläuterung. Man mußte hier
wieder auf das Römiſche Recht Rückſicht nehmen, das in
der prätoriſchen Erbfolge des Cognaten bis zum ſiebenten
Grad geht, und hier die Verwandtſchaft aufhören zu laſſen
ſcheint [94]).

C. 1. C. XXXV. qu. 2. Gregorius Papa in Concilio Meldensi.

De affinitate consanguinitatis per gradus cognationis placuit usque *ad septimam generationem* observare. Nam et hereditas rerum per legales instrumento-
rum diffinitiones sancita, usque ad septimum gradum
protendit heredum successionem. Non enim succede-
rent, nisi eis de propagine cognationis deberetur [95]).

---

92) l. 1. C. Theod. si nupt. ex. rescr. l. 3. C. Th. de inc. nupt.

93) Levit. XVIII. 6.

94) Pauli rec. sent. IV. 11. §. 8. §. ult. I. de succ. cogn. l. 153. D. h. t. Die Stelle aus Paulus iſt von Iſidor von Se-villa aufgenommen. S. c. 6. c. 35. qu. 5.

95) Ob dieſer Canon von Gregor ſey, was wenigſtens nicht mit dem Concilium von Meaux (845) übrreinſtimmt, darüber Be-rardus ad Gratiani Canones, P. I. c. 50. App. I. p. 387. et sq. und P. II. c. 59. p. 119.

Da sich das Canonische Recht auf das Römische Erbrecht, in Beziehung auf die verbotenen Grade bezieht, so scheint hier auch ganz klar die Römische Computation zu Grunde zu liegen. Ohnehin stimmte dann das Verbot ungefähr mit den schon früher angenommenen verwandtschaftlichen Hindernissen überein, und waren nur auf Grade gebracht worden. Aber da man einmal die sieben Grade genannt hatte, so konnte man auch annehmen, es sey von Canonischer Computation hier die Rede; und den historischen Ursprung dieser sieben Grade bei Seite setzen. Wo das Römische Recht noch mehr im Angedenken und in der Wissenschaft lebte, wie in Italien, konnte sich eine solche Verwechselung schwer einführen; dagegen wurde sie namentlich in allen Ländern allgemein, die dem Römischen Rechte fremder waren [96]. Der bekannte Streit des Petrus Damiani aber mit den Juristen von Ravenna, brachte eine Gesetzgebung, oder vielmehr eine authentische Interpretation des Pabstes Alexander des II. zu Wege, in welcher für die sieben Grade die Canonische Computation siegreich blieb [97]. Die Griechische Kirche beharrte indessen bei der Römischen Berechnung der sieben Grade [98], nachdem sogar früher das Verbot nur auf sechs Grade beschränkt gewesen zu seyn scheint [99]; oder doch wenigstens die im siebenten Grade abgeschlossene Ehe nicht als ungültig betrachtet, sondern nur Kirchenstrafen unter-

---

96) Walter Kirchenrecht §. 242.

97) C. 2. c. 35. qu. 5.

98) Leunclavii I. G. R. I. III. p. 204. 206.

99) Theodor. Balsamon. in Scholio ad Tit. XIII. Cap. 2. Nocomanis Photii in Bibl. jur. can. vet. opera. Voelli et Iustelli Paris 1661. p. 1081.

worfen wurde [100]). Aber während auch in der abendländ-
diſchen Kirche die Canoniſche Computation troß vieler ſchon
früher geäußerter Zweifel, daß dadurch Gutes entſtehen
könnte [101]), und troß des Geſtändniſſes der Unerzwingbar-
keit von Seiten des Damiani ſelbſt [102]) feſtgeſtellt wurde,
liefen die Grade große Gefahr, eine gewaltige Reduction zu
erleiden, die doch das urſprüngliche Verhältniß wieder zurückführen ſollte. Auf der vierten Lateranenſiſchen Kirchen-
verſammlung beſchränkte Pabſt Innocenz III. die ſieben Canoniſchen Grade auf vier [103]), und dies iſt ſeit dem Jahre
1216 das in dieſer Beziehung geltende Recht geblieben [104]).
Indeſſen iſt die Entfernung blos in der ungleichen Seitenlinie nothwendig [105]).

Die Ausbildung der Affinität bis zur Höhe der Verwandtſchaft, und das gleiche Schritthalten beider in Beziehung auf die Eheverbote, iſt aus dem Grundgedanken der
Ehe, daß beide Ehegatten ein Leib ſind, conſequent hergeleitet.

---

100) Const. Harmenopolus IV. 6.

101) Ceterum ante omnia considerandum est, ut sic cen-
sura disciplinae temperetur nec per immoderationem correptio-
nis peccati cumulus augeatur. Cf. Rhabanus Maurus in Regino
de eccl. Disc. II. c. 200.

102) Opusc. XII. cap. 29.

103) Cap. 8. X. de cons. et affin.

104) Es gehört zu den lächerlichſten Controverſen des Canoniſchen Rechts, ob der Canon ſich auf die grade Linie, oder nur auf
die Seitenlinie erſtrecke. Manche haben behauptet, er ſey allgemeiner Natur, daher dürfe auch ein Aſcendent ſeine Deſcendenten 5ten
Grades heirathen. Cf. Sanchez de matrim. Sacram. Lib. VII.
Disp. 51. n. 13. In der graden Linie iſt das Canoniſche Recht vom
Römiſchen niemals abgewichen. Cf. c. 1. c. XXX. qu. 3.

105) Cap. ult. X. de cons. et aff.

Can. 1. Causa XXXV. qu. 10.

Erunt duo in carne una. Si una fiunt quomodo potest aliquis eorum propinquus pertinere uni, nisi pertineat alteri?

Dagegen scheint die Griechische Kirche außerdem noch das Verbot der Heirathen wegen Affinität darauf begründet zu haben, daß dadurch die natürliche Stellung der Verwandten gegen einander verändert werde (Adfines nuptiis jungi possunt, si neque a sexto deficiant gradu, neque cognationis nomina confundant: nam qui haec confundunt, etiam in septimo gradu prohibendi sunt) [106]. Es war übrigens wenigstens formell consequent, daß man in der abendländischen Kirche, nicht blos eine, sondern sogar mehrere Gattungen der Schwägerschaft annahm, denn da der Verschwägerte in eine ihm zwar erst angeheirathete, aber doch nunmehr selbstständige Beziehung zum anderen Verschwägerten trat, so folgte, daß er nun gleichsam als Selbstverwandter bei einer neuen Ehe, den Ehegatten und dessen Verwandten zu Verschwägerten seines Verschwägerten machte [107]. Da die Ehegatten einen Leib ausmachen, so ist die Frau meines Bruders mir eben so nahe verwandt als mein Bruder selbst, und wenn die Frau nach meines Bruders Tode einen anderen heirathet, so tritt hier eine neue Schwägerschaft zwischen mir und dem Manne meiner Brudersfrau ein. Obgleich nun das spätere Canonische Recht die zweite und dritte Schwägerschaft aufgehoben [108], so hat sich doch noch in vielen Ländern die

Sitte

---

106) Const. Harm. IV. 6.
107) C. 12. c. 35. qu. 2.
108) C. 8. X. de cons.

Sitte hier eine Affinität, wenigstens im gewöhnlichen Leben zu behaupten festgesetzt. Wenn die Affinität auf Einheit der Ehegatten beruht, so sollte es eigentlich keine ille-
gitime Schwägerschaft geben. Das Canonische Recht substituirt hier aber der sittlichen Einheit, welche sich in der
leiblichen nur äußert, die leibliche Einheit selbst. Diese
findet nun auch in jeder anderen Vermischung, die nicht
ihren Grund in der Ehe hat, statt, also ist auch die illegi-
time Schwägerschaft der legitimen gleichzusetzen. Die Affinität, die auf dem Princip der Ehe beruhen sollte, wird
so auf das natürliche Princip zurückgeführt. Dieser Inconsequenz hat das Concilium Tridentinum durch die
quantitative Beschränkung des Eheverbots auf zwei Grade
canonischer Computation abzuhelfen gesucht [109].

Die geistliche Verwandschaft als Ehehinderniß ist
durch die Vorstellung des Zusammenhanges begründet, in
welchem der Taufende und der Pathe zum Täufling steht.
Die Firmelung erhielt späterhin ganz dieselbe Bedeutung
wie die Taufe. Aeußerlich scheint allerdings diese geistliche
Verwandtschaft der Adoption nachgebildet worden zu seyn,
woher das Wort filiolus. Daß es aber durchgehends
Sitte gewesen sey, diejenigen als seine Adoptivkinder zu betrachten, die man aus der Taufe hob, wie uns Procop
berichtet [110], und daß das Pathengeschenk gleichsam einen
Theil der künftigen Succession symbolisch angedeutet habe,
wie andere erzählen, scheint nicht angenommen werden zu
können [111]. Wir würden sonst in der Justinianeischen

109) Sess. XXIV. c. 4. de ref. matrim.

110) *Anecdota* s. hist. arc. c. 1.: „Εἰσποιητὸν ἐποιήσατο
σὺν τῇ γυναικὶ παῖδα ᾗπερ εἰσποιεῖσθαι χριστιανοῖς νόμος.

111) Cf. Hesychius v. υοθεσία. Monachus Sagallensis II. 29.

H

Verordnung, die die geistliche Verwandtschaft zuerst als Ehehinderniß einführte, wohl eine Spur dieser Sitte entdecken. Auch wird sehr bald die geistliche Verwandtschaft auf etwas ganz Anderem, als die Adoption ist, begründet. Die Pathen werden gleichsam als sponsores betrachtet, die für das Kind den Christlichen Glauben zusagen, und es darin festzuhalten versprechen[112]. Daß sich bis zum sechsten Jahrhundert kein Ehehinderniß aus der geistlichen Verwandtschaft ergiebt, liegt in dem einfachen Umstande, daß in den früheren Zeiten die Eltern ihre Kinder selbst aus der Taufe heben[113], oder als endlich Pathen auftreten, die von den Eltern verschieden sind, dennoch nur Personen desselben Geschlechts mit dem Täufling als Zeugen zugelassen werden[114]. Erst Kaiser Justinianus fand es für nöthig, die Ehen zwischen solchen zu untersagen, die zu einander im Verhältniß der geistlichen Verwandtschaft wären (Ea videlicet persona omnimodo ad nuptias venire prohibenda, quam aliquis, sive alumna sit, sive non, a sacrosancto suscepit baptismate, cum nihil aliud sic inducere potest paternam affectionem, et justam nuptiarum prohibitionem, quam hujusmodi nexus, per quem Deo mediante animae eorum copulatae sunt[115]. Daß schon früher durch das Nicäische Concilium dieses

---

Simeon Dunelmensis de gestis Anglorum an. 994. Dudo de act. Norm. III. p. 101.

112) *Tertullianus* de baptismo cap. 18. Augustinus Serm. 163. de tempore.

113) Augustinus ep. 23. ad Bonifacium.

114) Bingham or. eccl. Vol. IV. Lib. XI. c. 8. §. 2. et 3.

115) l. 26. Cod. de nuptiis.

Verbot eingeführt sey [116]), ist offenbar falsch [117]). In der Trullanischen Synode wurde auch die Ehe mit der Mutter des Kindes verboten, das man aus der Taufe gehoben hatte, und zwar aus dem Grunde, weil die geistliche Verwandtschaft, die auf einer Vereinigung in Gott beruhe, weit stärker sey als die körperliche (Ἐπειδὴ μείζων ἡ κατὰ πνεῦμα οἰκειότης τῆς τῶν σωμάτων συναφείας) [118]). Auch die Ehen zwischen den Pathen und den Eltern des Täuflings, zwischen dem Täufling und den Kindern des Pathen, zwischen den Pathen und den Geschwistern des Täuflings, endlich auch zwischen den Kindern des Pathen und den Geschwistern des Täuflings wurden untersagt, indem die Grade der geistlichen Verwandtschaft, trotz des Princips, doch anders, wie bei der leiblichen gerechnet wurden. In der abendländischen Kirche wurden Ausdehnungen, wie in der Griechischen ebenfalls geltend; hier wurde auch die Ehe zwischen dem Pathen und der Pathin verboten [119]), doch so, daß oft nicht die Nichtigkeit der Ehe, sondern nur eine Kirchenbuße folgte [120]). Da die geistliche Verwandtschaft nun als mit der körperlichen contrastirend, und als eine höhere wie diese betrachtet wurde, so folgte nothwendig, daß der geistliche Verwandte ein anderer als der leibliche seyn sollte, daß daher die Eltern ihre Kinder nicht

116) Harduini Conciliorum I. p. 460.

117) Berardus ad Gratiani Canones P. I. Cap. VII. p. 61 — 66.

118) Harmenop. IV. 6. n. 10. Cave script. eccl. hist. litt. P. I. p. 397. sq.

119) C. 5. c. 30. qu. 1.

120) Can. 3. c. 30. qu. 3.

H 2

mehr aus der Taufe heben durften [121]); und daß nur,
wenn ein Ehegatte mit Fleiß diesen Actus vollbracht hatte,
um dadurch getrennt zu werden, die Trennung aus Strafe
nicht vor sich ging [122]). Eine andere Ausnahme bildete
nothwendig die Nothtaufe, die ein Vater an seinem eigenen Kinde vollbrachte. Auch hier sollte deswegen keine
Trennung von der Frau statt finden.

Can. 7. Causa XXX. qu. 1.

Ad limina beatorum Petri et Pauli Apostolorum
principum, hic praesens homo, nomine Stephanus, oratio-
nis causa veniens nostro praesulatui suggerendo innotuit,
quod filium suum in extremo vitae positum, necdum
baptismatis unda lotum, absentia scilicet sacerdotum,
necessitate cogente, baptizasset, eumque ipse propriis
manibus retinendo suscepisset, atque pro hujus nec ne-
gotio notitiae tuae patefacto, reverentia tua, quasi recti-
tudinis zelo flagrans, praefatum hominem a sua con-
juge judicaverit separandum. Quod fieri nullatenus
debet, dicente scriptura, a Domino junctam esse viro
uxorem, et quod Deus conjunxit, homo non separet.
Quapropter et nos tantae auctoritatis jussione praecipue freti dicimus omittendum esse, et inculpabile ju-
dicandum quod necessitas intulit. Nam hoc baptizandi
opus laicis fidelibus juxta canonicam auctoritatem, si
necesse fuerit facere, libere conceditur. Unde si su-
pradictus genitor filium suum corpore morientem aspi-
ciens; ne animam perpetuo morte pereuntem dimitteret
sacri baptismatis unda lavit, bene fecisse laudatur: et

---

121) Can. 5. c. 30. qu. 1.
122) C. 4. c. 30. qu. 1.

idcircó cum sua uxore, sibi jam olim legitime sociata,
impune quamdiu vixerit judicamus manere conjunctum,
nec ob hoc contra praefatas auctoritate divinas aliquatenus separari debere.

Endlich wurde aber die Trennung der Ehegatten in
jedem Falle als übertrieben verworfen, wenn auch nicht
geläugnet wurde, daß Enthaltſamkeit in dieſem Falle lo-
benswerth ſey [123]). Was von der geiſtlichen Verwandtſchaft in Beziehung auf die Taufe galt, wurde auch auf
das Sacrament der Firmelung übertragen [124]), welche
zwar ehemals unmittelbar nach der Taufe folgte [125]), dann
aber zu einem eigenen Sacramente erhoben wurde [126]).
Nach dem Tridentiniſchen Concilium iſt das Ehehinderniß
aus der geiſtlichen Verwandſchaft ſehr beſchränkt worden,
indem ſie jetzt nur noch zwiſchen dem Taufenden und dem
Täufling, zwiſchen dem getauften Kinde und den Pathen
deſſelben, zwiſchen dem Taufenden, und dem Vater und der
Mutter des getauften Kindes, endlich zwiſchen den Eltern
des Täuflings und den Taufpathen entſteht. Die geiſtliche Verwandtſchaft zwiſchen dem Täufling und den Kindern der Taufpathen, ſo wie der Taufpathen unter ſich,
iſt durch das Concilium Tridentinum aufgehoben [127]).
Eben ſo hat dieſes Concilium die Ehehinderniſſe aus der
der geiſtlichen Verwandtſchaft nachgebildeten Schwägerſchaft

---

123). Cap. 2. X. de cogn. spirit.
124) Cap. 1. de cogn. sp. in 6to.
125) Tertullianus de baptismo Cap. VII.
126) Can. 101. 102. Dist. IV. de conservatione.
127) Conc. Trid. Sessio XXIV. cap. 2. de ref. matr.

zwischen dem Ehegatten des Pathen, und dem Täufling und dessen Eltern [128]) aufgehoben [129]).

Sämmtliche Hindernisse der Ehe sind aber nicht absolut. Indem der Pabst davon dispensiren kann, ist vielmehr angenommen, daß sie nicht ein Unbedingtes bilden, das man nicht beseitigen könnte. Zwar wird von den Canonisten behauptet, es gebe durch Natur und Offenbarung eingeführte Eheverbote, wobei keine Dispensation möglich sey [130]), aber in Beziehung auf die Verwandtschaft ist vom Tridentinischen Concilium ein Anathem auf die Behauptung gesetzt, daß die Kirche nicht von den mosaischen Eheverboten dispensiren könne [131]). Die Annahme einer Gränze zwischen den verschiedenen verwandtschaftlichen Graden fällt daher ganz einer beliebigen Auslegung anheim, und es steht fest, daß die natürliche Sittlichkeit für die Kirche kein nothwendiger Maaßstab ist.

Da die Ehe überhaupt ein Sacrament ist, so folgt daraus, daß es nur eine Ehe geben könne, daß also verschiedene Modificationen Wirkungen und Eingehungsweisen derselben nicht statt finden. Was nicht die Ehe ist, gehört eben dem weiten Felde der Nichtehe an: deswegen duldet die Kirche das alte Concubinat nicht, als eine Mittelstufe zwischen stuprum und Ehe [132]): und wenn auch das bürgerliche Recht den Unterschied des Standes später wieder in das Eherecht hat hineinspielen lassen, so hat die Kirche

---

128) C. 1. 2. 3. c. 30. qu. 4. c. 4. X. de cogn. spir. c. eodem in 6to.

129) Conc. Trid. Sessio XXIV. c. 2. de ref. matr.

130) Devoti l.l. §. 122. Walter, Kirchenrecht S. 574.

131) Conc. Trid. Sessio XXIV. c. 3. de sacr. matr.

132) Bened. XIV. de Synod. dioeces. l. 9. c. 12.

niemals davon Notiz genommen. Da aber die Ehe ein
wesentlich dem Christenthum Eigenthümliches, und nur in
dieser Beziehung Sacrament ist, so muß nothwendig gefragt werden, wie die nicht Christliche, oder nicht rechtchrist-
liche (orthodoxe) Ehe, also zum Beispiel die zwischen Recht-
gläubigen und Ketzern betrachtet wird. Gegen die Ehen
der Christen mit Heiden [133], oder mit Juden [124] eiferten
die Kirchenväter, aber sie wurden nicht als absolut sündhaft verworfen. Augustinus meint sogar: Nostris temporibus jam non putantur esse peccata, quoniam revera
in novo testamento nihil inde praeceptum est et ideo
aut licere creditum est, aut velut dubium derelictum.
Mulier mortuo viro, cui vult nubere nubat; tantum in
Domino. Quod duobus modis accipi potest, aut Christiana permanens aut Christiano nubens. Non enim
tempore revelati Testamenti novi in Evangelio vel ul-
lis Apostolicis literis sine ambiguitate declaratum esse
recolo, utrum Dominus prohibuerit fideles cum infidelibus jungi, quamvis beatissimus Cyprianus inde non
dubitet, nec in levibus peccatis constituat, jungere cum
infidelibus vinculum matrimonii, atque id esse ducat
prostituere gentilibus membra Christi [135]. Spätere
Concilien indessen, wie das zu Orleans vom Jahre 533[136]

---

133) Lib. de cor. mil. c. 13. Non nubimus Ethnicis, ne
nos ad idolatriam usque deducant, a qua apud illos nuptiae
incipiunt. Cf. ad uxorem II. 2.

134) Ambrosius de Abrahamo L. l. c. 9. Cave Christianae
Gentili aut Iudaeo filiam tuam tradere. Cf. can. 15. c. 28.
qu. 1.

135) De adult. conj. I. c. 25.

136) Sermon. Conc. Galliae I. p. 229. Harduin Conc. II.
1175. Berardus l.l. p. 268.

und das zu Auvergne [137]) vom Jahre 535 verbieten die
Ehen zwischen Juden und Christen ganz, und belegen das
Beieinanderbleiben mit der Strafe der Excommunication.
Im Orient verbietet auch das Trullanische Concilium die
Ehe zwischen Orthodoxen und Ketzern bei Strafe der Nichtigkeit [138]). In der abendländischen Kirche ist diese Nichtigkeit indessen nie angenommen worden, und die Ehen
aller Christen unter einander haben sacramentalische Bedeutung, ohne daß die der Orthodoxen mit den Ketzern deswegen gern gesehen und gebilligt werden [139]). Eine Ehe
der Nichtchristen unter einander entbehrt zwar des sacramentalischen Characters, aber die Kirche gesteht ihr die civile Bedeutung zu, d. h. sie erkennt sie als juristisches Verhältniß an. Dahin gehört der Unterschied zwischen matrimonium legitimum und matrimonium ratum [140]).

Indem das Canonische Recht für die Ehe blos den
äußerlich sacramentalischen Character kennt, und dieser lediglich in der Festigkeit und Unauflöslichkeit besteht, so
folgt, was übrigens schon oben gesagt worden ist, daß die
Einbildung des Begriffes der Ehe in die verschiedenen ehelichen Verhältnisse, oder die Lehre von den Wirkungen der
Ehe äußerst dürftig ausfällt. So ist, wie sehr auch das
Christenthum das Weib zu Ehren gebracht, durch wörtliche
Exegese von Cor. I. 11, 7. wo es heißt: „der Mann aber
„soll das Haupt nicht bedecken, sintemal er ist Gottes

---

137) C. 17. c. 28. qu. 1. führt die falsche Ueberschrift: ex
Concilio Urbanensi I.

138) van Espen Scholia in can. Trull. ad can. 72. Op.
Tom. VII. p. 155.

139) Can. 16. c. 28. qu. 1.

140) C. 7. X. de div. Cf. Devoti l. I. §. 141.

„Bild und Ehre, das Weib aber ist des Mannes Ehre," die Unterwürfigkeit des Weibes nicht blos im Sinne der Liebe, und der ihr zukommenden Selbstständigkeit gelehrt, sondern allerdings im Sinne einer Zurücksetzung, weil sie nicht Gottes Ebenbild sey.

C. 13. c. XXXIII. qu. 5. (Hilarius Diaconus).

Haec imago Dei est in nomine, ut unus factus sit, quasi dominus ex quo ceteri orirentur, habens imperium Dei, quasi vicarius ejus, quia omnis Rex Dei habet imaginem, *ideoque mulier non est facta ad imaginem Dei.* Sic etenim dicit et fecit Deus hominem; ad imaginem Dei fecit illum. Hinc est unde Apostolus; vir quidem ait, non debet velare caput suum, quia imago et gloria Dei est.

c. 14. eodem.

Satis hinc apparet, quemadmodum subditas feminas viris, et *pene famulas* lex esse voluerit uxores.

Obgleich nun allerdings die Christliche Substanz in Ausbildung des Eherechts sich stärker als die exegetische Auslegung erwiesen hat, so muß doch dem Canonischen Rechte nachgesagt werden, daß seine Aeußerungen über die Weiber sich wenig von denen des Alterthums unterscheiden, und wenn sie sich auch unmittelbar auf die heilige Schrift beziehen, sogar dem Römischen Rechte in Hinsicht auf die äußerliche Beachtung des weiblichen Geschlechts nachstehen müssen. Auch die Orientalischen Rechte wissen von der Frau nichts anderes zu sagen, als daß sie pene famula viri sey. Daß die Weiber nicht lehren und richten sollen, hängt allerdings mit ihrer Natur zusammen, daß sie aber kein Zeugniß ablegen und nicht beglaubigt seyn sollen, ist eine herabwürdigende Auslegung (nec docere enim potest, nec testis esse neque fidem dare nec judicare)[141]). Eben so wird die zu große Liebe, die etwa jemand seiner Frau zuwendet, als etwas schlechtes bezeichnet, ja dies und wenn jemand fortführe, seine ehebrecherische Frau zu lieben, wäre selbst dem adulterium verwandt.

Can. 5. C. XXXII. qu. 4. (Hieronymus).

Origo quidem amoris honesta erat, sed magnitudo deformis. Nihil autem interest, quam ex honesta causa quis insaniat. Unde et Xistus in sententiis, *Adulter est enim in suam uxorem amator ardentior. In aliena quippe uxore omnis amor turpis est, in sua nimius.* Sapiens vir judicio debet amare conjugem *non affectu* Rege impetus voluptatis, nec praeceps fertur in coitum. *Nihil est foedius quam uxorem amare quasi adulteram.*

Es ist schon oben bemerkt worden, daß das Canonische Recht die Vermögensverhältnisse nicht als wesentlichen Theil der Ehe betrachtet, und sich in dieser Beziehung ganz an das Römische Recht anschließt, dessen Dotalrecht, es nur in Berücksichtigung der Oeffentlichkeit der Ehe hervorhebt. Daß aber die Ehe nicht blos kirchlich gutgeheißen (ratum), sondern auch wirklich vollzogen (consummatum) sey, muß schließlich als eine dem Canonischen Rechte eigenthümliche Unterscheidung hervorgehoben werden. Die Kirchenväter [142]) stimmen im Ganzen dem Römischen Satz bei [143]), non enim coitus matrimonium facit, sed

---

141) C. 17. c. 33. qu. 5.

142) C. 3. 4. 5. 6. c. 27. qu. 2.

143) l. 32. §. 13. D. de don. int. vir. et ux. l. 15. D. de cond. et dem.

maritalis affectio. Aber wenn auch das matrimonium ratum schon vollkommen den sacramentalischen Character hat, so fehlt doch die vollendete Incarnation, wie zwischen Christus und der Kirche, sobald die Ehe nicht consumirt ist [144]), das matrimonium ratum ist, wie sich einige Canonisten ausdrücken [145]), gleich, der Vereinigung Christi mit der Kirche, per charitatem. Dagegen das matrimonium consummatum erst das mysterium der Incarnation vorstellt, deswegen auch nach consummirter Ehe keiner ohne Willen des anderen Ehegatten in ein Kloster gehen darf.

Die Mißbilligung [146]), womit die Kirche die zweite Ehe von jeher betrachtet hat, beruht auf etwas edlerem, als selbst der sogenannte sacramentalische Character der Ehe. Daß die Ehegatten noch über den Tod hinaus verbunden sind, kann als die wahre Heiligkeit der Ehe betrachtet werden, denn hier kommt es nicht mehr darauf an, eine Ehe gegen ihren Begriff und gegen das, was sie zur Ehe macht, festzuhalten, sondern die selbst durch die Natur aufgelöste noch als eine bestehende zu betrachten. Aber weil diese Heiligkeit der Ehe eine innerliche und dem Gemüthe angehörige ist, bleibt sie nur ein frommer Wunsch der Kirche: die Ehe hat es im Canonischen Rechte mit dieser Innerlichkeit nicht zu thun: wenigstens ist die Christliche Innerlichkeit in dem katholischen Rechte, noch ehe sie tiefe Wurzel geschlagen, zur Aeußerlichkeit erstarrt. Die Gesetzgebung der Kirche verbietet also die zweite und folgende Ehe nicht, aber sie verweigert denselben die priester-

---

144) C. 5. X. de big. non ord.

145) Floreus de spons. et matrim. II. 139.

146) C. 8. 9. 10. 11. 12. 13. c. 31. qu. I.

liche Einsegnung, welche nur einmal würdigerweise geschehen kann, und wiederholt ihre Kraft einbüßen würde.

C. 3. X. de secundis nuptiis (Urbanus III.).

Vir autem et mulier ad digamiam transiens non debet a Presbytero benedici, quia cum alia vice benedicti sint, eorum benedictio iterari non debet.

Weil aber die Gesetzgebung über Ehe in der Kirche lediglich mit der Aeußerlichkeit des Sacraments beschlossen ist, so ist neben aller Misbilligung der zweiten Ehe die Strafe aufgehoben, welche das Römische Recht sogar mit feinerer Berücksichtigung des Schicklichen und des Wesens der Ehe anordnet, nämlich die Infamie, wenn die Wittwe innerhalb des Trauerjahres heirathet. Auf so zarte Rücksichten kommt es dem Canonischen Recht nicht an, sondern nur auf die äußerliche und buchstäbliche Exegese der Schrift, welche, indem sie die Ehe nach dem Tode des Mannes gestattet, eine bestimmte Zeit, innerhalb welcher gewartet werden müßte, nicht festgesetzt hat.

C. 4. X. de secundis nuptiis (Urbanus III.)

Super illa quaestione, qua quaesitum est, an mulier posset sine infamia nubere intra tempus luctus, secundum leges definitum: Respondemus: Quod cum Apostolus dicat: Mulier viro suo mortuo, soluta est a lege viri sui: in domino nubat, cui voluerit: per licentiam et auctoritatem Apostoli, ejus infamia aboletur [147])

Wie aber der Begriff der Ehe im Canonischen Recht sich damit begnügt hat, beim Sacrament stehen zu bleiben,

---

147) C. 5. X. eodem Böhmer. Corp. jur. can. T. II. p. 697.

und eine Einbildung in die weiteren Seiten verschmähte,
so sind auch die übrigen Lehren des Familienrechts aus
demselben Grunde dem Canonischen Rechte immer gleichgültig geblieben: denn diese weiteren Lehren sind Ausbil-
dungen und Consequenzen des Eherechts, dessen Begriff aber
nach Canonischem Recht lediglich das starre Sacrament
ist. Man kann in so fern von keiner väterlichen Gewalt,
von keiner Vormundschaft, von keinem Erbrecht nach Principien des Canonischen Rechts sprechen, und es sind nur
dürftige Anhängsel und kleine Modificationen des Römischen Rechts, die hier zum Vorschein kommen. In der
Lehre von der Verwandtschaft ist es die äußerliche Berechnung und der Gedanke der geistlichen Cognation, die hier
als neu hervortreten.

    Der fernere Theil dieses Kapitels wird daher seiner
Natur nach nur ein Repertorium von spärlichen Einzelnheiten seyn, die sich als Veränderungen an das Römische
Recht anschließen. Was die Entstehungsweisen der väterlichen Gewalt betrifft, so ist namentlich die Legitimation in
ihrer nahen Berührung mit der Ehe im Canonischen Recht
einigen Modificationen unterworfen worden. Nach Römischem Rechte fand eine legitimatio per subsequens matrimonium nur statt, wenn jemand seine Concubine heirathete, niemals aber, wenn die Kinder spurii oder vulgo
quaesiti waren. Im Canonischen Rechte sind alle nicht-
ehelichen Kinder spurii [148]), andererseits aber hat die Ehe
die Kraft, alle vor derselben gebornen, wer sie auch seyen,
zu legitimiren (Tanta est vis matrimonii [149]), ut qui

---

148) C. 6. X. qui filii sint. leg.

149) Deswegen müssen auch Spurii und adulterini im Canonischen Recht alimentirt werden. c. 5. X. de eo qui duxit.

antea sunt geniti, post contractum matrimonium legitimi habeantur [150]). Daß die adulterini von der Wohl-
that der Legitimation ausgenommen sind, beruht auf dem
Hinderniß, welches der Ehebruch in Beziehung auf die Ehe
begründet [151]). Es könnte allerdings nun in Frage kommen, ob, nachdem das Ehehinderniß durch Ehebruch im
neueren Canonischen Recht bedeutend beschränkt worden [152]),
nicht auch eine Legitimation der adulterini eintrete: die
Praxis scheint sich aber dagegen entschieden zu haben [153]).
Wie die Kinder aus einer Nichtehe durch die folgende Ehe
überhaupt legitimirt werden, so sollen die Kinder aus einer vermeintlich gültigen Ehe, durch die nachherige Auf-
deckung der Nichtehe, die Rechte der legitimen Kinder haben. Diese mit der Putativehe verbundenen Wirkungen [154],
scheinen eigentlich der sonstigen Consequenz des Canonischen
Rechts zu widersprechen: es wird hier nämlich mehr auf
die innere Ueberzeugung, als auf den äußeren wirklichen
Bestand der Ehe gesehen. Aber eine solche Putativehe wird
auch nicht für gültig erklärt: es ist nur von den Handlungen die Rede, welche zwischen der vermeintlichen Eingehung und der Bekanntmachung des Irrthums vorgenom-

---

150) Sacramenti heißt es hier ursprünglich. Cf. Mansi Col-
lectio Cons. XXII. p. 367.

151) C. 6. X. cit. c. 1. c. 31. qu. 1. c. 4. 5. c. 30. qu. 1.

152) Gratianus ad c. 3. c. 31. qu. I. c. 1. 6. 7. X. de eo
qui duxit.

153) Walter Kirchenrecht S. 605. Note o. Schrader civ.
Abh. I. S. 6. und fg. J. H. Boehmer de leg. et coitu damn.
nat. §. 18—25. Schweickart de matrim. vi in liberis ad. leg.
Regiom. 1823.

154) C. 8. 10. 11. 13. 14. X. qui filii sint legit.

men worden. Zu diesen Handlungen gehören auch die Kinder; dieselben existiren, ganz abgesehen von der Ehe, und indem sie die Rechte legitimer Nachkommen erhalten, wird dadurch keine illegale Existenz gestattet, sondern vielmehr nur die Illegalität vom Tage der Wissenschaft an datirt. Ohnehin hat die Kirche auch das Band der Putativehe in gleichem Irrthum, wie die Contrahenten geschlossen, und es ist also nicht möglich, daß die Unschuldigen darunter leiden (Ideoque mandamus quatenus si constiterit, quod Episcopus inter eos sententiam divortii tulerit, filios quos sustulit de alio, *ad cujus copulam auctoritate praedicti Episcopi migravit*, legitimos judicetis, *eos hac occasione* ab haereditate non patientes excludi) [155]. Die Erlaubniß, welche die Kirche gegeben, und die Unwissenheit, in welcher sich die Eltern befanden, werden als die zwei Gründe angegeben, welche den Putativkindern zu Gute kommen (*ne per hoc cum filii, nec per ecclesiae permissionem, nec per paternam ignorantiam excusentur, ad successionem* bonorum paternorum non videntur aliquatenus admittendi) [156]. Damit die Wirkungen der Putativehe eintreten, verlangt aber die Kirche mit Recht, daß die Ehe öffentlich und nicht heimlich eingegangen sey; in der Heimlichkeit liegt nämlich der Verdacht, daß die Unwissenheit des Hindernisses nur erheuchelt sey (cum illi taliter contrahentibus non expertes scientiae, vel saltem affectatores ignorantiae videantur) [157].

Was die Wirkungen der väterlichen Gewalt betrifft, so fand das Canonische Recht die Strenge und Härte der

---

155) C. 8. X. qui filii sint leg.
156) C. 10. X. eodem.
157) C. 3. §. 1. X. de cland. desp.

patria potestas schon so gemildert oder doch erschlafft vor,
daß es sich ganz an das Römische Recht in dieser Beziehung anschloß.   Die Hauptstelle des neuen Testaments in
Beziehung auf die väterliche Gewalt, ist wohl 2. Cor. 12,
14. „denn es sollen nicht die Kinder den Eltern Schätze
„sammeln, sondern die Eltern den Kindern [158]).“ Obgleich
in dieser Stelle, die nur ganz beiläufig ist, das Princip der
Römischen Gewalt, das heißt derjenigen Stufe, wo die
Kinder als eine Sache, als ein Eigenthum betrachtet werden
getadelt, und dagegen die Liebe und der Schutz, welchen
die Eltern den Kindern gewähren, als das Princip des elterlichen Verhältnisses betrachtet wird, obgleich an die Stelle
des Vaters beide Eltern (οἱ γονεῖς) gesetzt werden, so hat
das Canonische Recht diese Lehre dennoch nicht ausgebildet. Wenn Gregor der IX. einen Vater, der sein Kind
aussetzte, blos damit bestraft, daß er die Rechte der väterlichen Gewalt verliert, weil ja in diesem Falle selbst der
libertus ein ingenuus und der Sklave ein Freier würde [159]), und sich hierbei, in Beziehung auf das Kind, der
Ausdrücke bedient, hoc ipso a potestate fuit patria libe-
ratus, so sieht daraus ganz der Standpunkt des späteren
Römischen Rechts heraus. Bei der Ehe schreibt das ältere Canonische Recht die Einwilligung der Eltern als nothwendige Form vor, aber hauptsächlich um die Heimlichkeit
der Ehe zu vermeiden. In Ermangelung der Eltern werden auch andere Verwandte genannt (Aliter legitimum
non fit conjugium, nisi ab his, qui super ipsam feminam *dominationem habere videntur, et a quibus custoditur,*

---

158) S. auch *Gal.* 4. v. 7.

159) Tit. X. de inf. et languidis exp.

ditur uxor petatur, et a parentibus, *et propinquioribus sponsetur*) [160]. Es iſt alſo dies gar kein Recht, welches zum elterlichen Verhältniß gerechnet werden kann, ſondern vielmehr ein ſolches, das durchaus mit als eine der Ehe inwohnende Form zu betrachten iſt. Am deutlichſten iſt dies in folgender Stelle ausgeſprochen.

C. 2. §. 1. C. XXXV. qu. 6. (Celestinus Papa.)

Quod autem parentes fratres et cognati utriusque sexus in testificationem suorum ad matrimonium conjugendum vel dirimendum admittantur, tam antiqua consuetudine, quam legibus approbatur. Ideo enim maxime parentes, et si defuerint parentes proximiores admittuntur, quoniam unusquisque suam Genealogiam cum testibus et chartis, tum etiam ex recitatione Majorum scire laborat. Qui enim melius recipi debent, quam illi, qui melius sciunt, et quorum est interesse, ita ut si non interfuerint, et consensum non adhibuerint, secundum leges nullum fiat matrimonium [161].

Die elterliche Einwilligung iſt im Grunde, wie die der Verwandten, nur eine Form, welche vor der Heimlichkeit ſchützt. Wie aber die heimliche Ehe in letzter Inſtanz ſelbſt eine gültige iſt, ſo iſt die Einwilligung der Eltern, obgleich wünſchenswerth, doch nicht hinreichend, eine geſchloſſene Ehe zu trennen [162].

Die Lehre von der Verwandtſchaft iſt zum Theil ſchon oben, als von den Ehehinderniſſen geſprochen wurde, berührt worden. In der That iſt die Mühe, welche ſich das

---

160) C. 1. c. 30. qu. 5. (Pseudoisid.)

161) C. 12. 13. c. 32. qu. 2.

162) Conc. Trid. Sessio XXIV. cap. 1. de ref. matr.

J

Canonische Recht mit dieser Lehre gegeben hat, nur zum
Behufe der Ehehinderniffe verwandt, und alle Bereicherung
läuft zuletzt auf eine Veränderung der äußerlichen Berech:
nung hinaus. Nachdem das spätere Römische Recht den
Unterschied zwischen Agnation und Cognation ausgeglichen,
konnte nur wieder durch die veränderten geschlechtlichen
und weltlichen Verhältniffe, ein neues inneres Leben in die
Lehre von der Verwandtschaft kommen. Der Kirche mußte
die Verwandtschaft nicht sowohl in ihrer Bedeutung für
das Erhalten der Geschlechter und Familien, als vielmehr
deswegen, weil sie die Consequenz, und somit ein Theil des
Eherechts ist, wichtig erscheinen. Die Lehre von der Verwandtschaft selbst hat somit für das Canonische Recht keinen Werth: die geistliche Verwandtschaft allein ist es, die
durch sich selbst in ihrer eigenen Heiligkeit besteht. Aber
die Berechnung der Verwandtschaft ist selbst nur die starre
Consequenz des ehelichen Sacraments, und daher ist es zu
erklären, daß die Päbste so viele Wichtigkeit auf ihre Computation legten. Sie sagen grademu, bei ihnen habe die
Berechnung der Verwandtschaft einen ganz anderen Zweck,
als im Römischen Recht: hier sey es hauptsächlich das
Erbrecht, dem dieselbe diene, im kirchlichen Recht
aber beziehe sich die Verwandtschaft auf die Ehehinderniffe (Denique diu ventilatis legibus, et sacris canonibus, distincte invenimus *ob aliam atque aliam cau-*
sam, alteram legum fieri, alteram Canonum computationem. In legibus siquidem *ob nihil aliud* ipsorum
graduum mentio facta est, nisi ut hereditas, vel successio ab una ad alteram personam inter consangui-
neos deferatur. In Canonibus vero *ob hoc progenies*
computatur, ut aperte monstretur, usque ad quotam
generationem, a consanguineorum sit nuptiis abstinen-

dam [163]). Darum mußten im Römiſchen Rechte, weil
die Erbſchaft von einer Perſon zur anderen ginge, die Perſonen zählen, dagegen im Canoniſchen Rechte in jedem
Grade zwei Perſonen wären, weil eine Ehe ohne zwei Perſonen nicht gedenkbar iſt (Hac igitur de causa, quia hereditates nequeunt deferri, nisi de una ad alteram personam; idcirco curavit secularis Imperator, in singulis
personis singulos praefigere gradus. Quia vero nuptiae
sine duabus non valent fieri personis, ideo sacri Canones duas in uno gradu constituere personas [164]).

Das Verwandtſchaftsrecht iſt ſomit identiſch mit dem
Eherecht. Es iſt die Einheit des Stammes, welche als
Grundlage der Berechnung dient, wie die Einheit des Flei-
ſches in der Ehe, die Urſache dieſer Grundlagen abgiebt.
Die Verſchiedenheit der Verwandtſchaft iſt in dieſer Stamm-
einheit erſtarrt, und wenn auch das Bild eines Baumes
mit Wurzel, Stamm und Aeſten [165], ſpäterhin vom Canoniſchen Recht adoptirt [166] worden iſt, ſo iſt vom Bilde
gar nicht auf die organiſche Lebendigkeit der Canoniſchen
Verwandtſchaft zu ſchließen; vielmehr iſt nur der Stamm
der Punkt, auf den alles zurückgebracht wird. Nicht die
Exiſtenz der beſtimmten verwandten Perſon, ſondern die leb-
loſe Entfernung vom Stammvater iſt es, welche das Princip der Berechnung ausmacht, die, wie es ſcheint, ſchon

163) C. 2. c. 35. qu. 5.

164) C. 2. c. 35. qu. 5.

165) C. 1. c. 35. qu. 5. Dieſe Stelle ſcheint nicht von Iſidor
zu ſeyn. Cf. Berardi l.l. P. IV. c. 27. p. 412. et sq. Walter
Kirchenrecht S. 586. 587. Note v.

166) C. 2. §. 7. c. 35. qu. 5. wo Pabſt Alexander von der
pictura arboris ſpricht.

J 2

von Gregor dem Großen angewandt wurde [167]; obgleich
noch viel später das Canonische Recht sich der Römischen
Computation bediente. Wenn im Ganzen die Römische
Zählart darauf beruht, daß jede Person, das heißt jede
Generation gilt, und einen Grad ausmacht (Quot sunt
generationes, tot sunt gradus inter personas, de quarum cognatione quaeritur) [168], so muß das Canonische
Recht in der graden Linie diesem Satze beistimmen, denn
hier sind so viel Entfernungen vom Stammvater, als Personen vorhanden; in der graden Linie weicht daher das
Canonische Recht auf keine Weise in seiner Berechnung
vom Römischen ab. Aber da die Seitenlinien ihre Bezei-
hung zu einander nur durch den gemeinschaftlichen Stammvater haben, so ist es eben wieder nur die grade Linie,
welche das Canonische Recht in der Seitenlinie festgehalten
hat. Geschwisterkinder sind unter einander grade in demselben Grade verwandt, als jedes von ihnen in der graden
Linie dem Stammvater verwandt ist, das heißt im zweiten
Grade. Die Geschwisterkinder werden also nicht selbst als
zählend eingeführt, sondern wie sich das Canonische Recht
etwas äußerlich ausdrückt, zwei Grade des Römischen Rechts
machen in der Seitenlinie einen Canonischen Grad aus [169].

167) C. 2. §. 5. c. 35. qu. 5. Hanc computationem intel-
ligens prudentissimus Papa Gregorius, dum quaereretur, in quota
generatione conjungi fideles debeant: ipsas seculares leges in
testimonium adducens, Augustino Anglorum Episcopo sic re-
scripsit. Cf. c. 20. c. 35. qu. 2. *Mansi* X. 407. Es wird freilich bestritten, daß der Canon von Gregor herrühre. S. Berardus
l. l. p. 96.

168) l. 10. §. 9. D. de grad. et aff.

169) Can. 2. §. 4. c. 35. qu. 5. Namque duo gradus legales unum gradum canonicum constituunt.

Dies führt nun von selbst auf die Betrachtung der gleichen und ungleichen Seitenlinie, die dem Römischen Recht, das jede Person zählt, unbekannt seyn muß. Denn, wenn jemand dem gemeinschaftlichen Stammvater im zweiten, ein andrer im dritten Grade verwandt ist, so muß, da ihre Verwandtschaft unter einander von demselben Grade als zwischen jedem und dem Stammvater ist, nothwendig zwischen der größeren oder geringeren Entfernung entschieden werden. Die größere Entfernung ist es hier nun, welche den Ausschlag giebt [170]). Der Neffe ist mit seiner Tante nicht im ersten, sondern im zweiten Grade verwandt. Von dem Principe der geistlichen Verwandtschaft und der Affinität ist schon oben gesprochen worden. Nach dem Römischen Rechte hat die Affinität die Natur der Verwandtschaft in dem Sinne, daß sie nur als ausgehend von der Ehe betrachtet wird. Es ist gleichsam die Verbindung zweier Verwandtschaften durch die Ehe, die sich sonst fremd waren, oder die Erweiterung von Mann und Frau auf ihre gegenseitigen Verwandten ausgedehnt. (Adfines sunt viri et uxoris cognati dicti ab eo, quod duae cognationes, quae diversae inter se sunt, per nuptias copulantur, et altera ad alterius cognationis finem accedit, namque conjungendae adfinitatis causa fit ex nuptiis) [171]). So wenig eine Affinität aus der Nichtehe entsteht.[172]), eben so wenig ist die wirkliche Consummation

---

170) C. ult. X. de cons. et affin.

171) l. 4. §. 3. D. de grad. et aff.

172) Sciendum est neque cognationem neque adfinitatem esse posse, nisi nuptiae non interdictae sint, ex quibus adfinitas conjungitur. l. 4. §. 8. D. de grad. et aff.

der Ehe nöthig, um die Affinität zu bewirken [173]). Mit geendigter Ehe wird daher dieselbe erlöschen [174]). Wie aber die natürliche Verwandtschaft Ehehindernisse begründet, wie z. B. kein Vater seine natürliche Tochter heirathen darf [175]), so wird auch nach wirklich aufgehobener Ehe, die nun nicht mehr bestehende Affinität ein Ehehinderniß bilden, und zwar aus natürlichen Rücksichten, quoniam in contrahendis matrimoniis naturale jus et pudor inspiciendus est. Aus eben demselben Grund ist auch die Ausdehnung auf Sponsalien angenommen, ohne daß dadurch eine wahre Affinität entsteht [176]). Das Canonische Recht läßt die Affinität auch durch den unehlichen Beischlaf entstehen, und zwar auf eben dieselbe Weise, wie durch die Ehe. Da ihm die Affinität, wie die Verwandtschaft, nichts absolutes ist, sondern nur in Beziehung auf die Ehehinderniffe betrachtet wird, so giebt die Natürlichkeit, die das Römische Recht ebenfalls berücksichtigt, den Ausschlag. Uebrigens ist es die exegetische Auslegung des alten Testaments, welche diesen vom Römischen Recht verschiedenen Begriff der Affinität giebt. Während also eine Ehe ohne Concubitus eine wahre Affinität nach Römischem Recht begründet, läßt das Canonische Recht hier keine solche entstehen. Von der zweiten und dritten Schwägerschaft ist schon oben gehandelt worden.

Indem wir nun zur Lehre vom Erbrecht gelangen, braucht nicht erst gesagt zu werden, daß hier die Gesetzge-

---

173) l. 30. D. de reg. juris.

174) Cicero pro Cluentio c. 67. l. 4. §. 11. D. de grad. et aff. l. 8. D. de cond. c. d. c, n. s. l. 38. §. 1. D. de usuris.

175) l. 14. §. 2. D. de R. N.

176) l. 6. D. de testibus l. 6. §. 1. D. de grad. et aff.

bung des Canonischen Rechts noch weit dürftiger ausfällt, als in den vorangegangenen Lehren der Familie. Denn diese bezogen sich zunächst auf die Ehe, und hatten, in so fern sie auf sie einwirkten, ihre Bedeutung. Indem von der Canonischen Verwandtschaft ausdrücklich gesagt wurde, daß sie sich darin selbst von der Römischen unterschieden wissen will, nicht für das Erbrecht, sondern für die Ehe ihre Stufen abgezählt zu haben [177]), ist hierin zugleich die Gleichgültigkeit gegen das Erbrecht überhaupt angegeben. Eigene Principien, wie in der Lehre von der Verwandtschaft, treten hier im Ganzen nicht hervor, sondern das Canonische Recht schließt sich an das Römische Recht an, und sanctionirt dasselbige.

Wie geerbt werden solle, interessirt als etwas rein Weltliches das Canonische Recht nicht. Aber in so fern der Kirche die Erbfolge theils wirklich zukommen kann, oder es sich um das Vermögen der Mitglieder derselben handelt, in so fern die Kirche also überhaupt ein Interesse daran hat, kann von einer Lehre des Canonischen Erbrechts die Rede seyn. Nun kann die Kirche möglicherweise ein Interesse an jeder Erbschaft haben: sie wird daher ohne inconsequent zu seyn, wohl daran thun, wenn auch nicht in das Erbrecht, doch in die Gerichtsbarkeit über Erbschaften sich zu mischen, und die Formen nicht allzusehr zu erschweren, wodurch ihr etwas zugewandt werden dürfte.

Das Canonische Erbrecht hat also von der Kirche als Erbnehmerinn, von der Gerichtsbarkeit der Kirche in Erbschaftssachen und von der Beerbung der Geistlichen zu handeln.

Schon früh würde im Römischen Reiche den Kirchen

---

177) S. oben S. 130.

gestattet als Erben, Legatare, oder unter irgend einem anderen Titel, aus Testamenten oder Codicillen ganz oder
oder theilweise etwas zu erhalten [178]). Den Kirchen wurden die Martyria gleichgesetzt [179]), und eine Art von Will-
führ bei Auslegung des Testaments angenommen, wie sie
sonst im Justinianeischen Rechte nicht statt fand.   Der
Sinn ist eigentlich der, es solle niemals ein Testament, das
einer geistlichen Anstalt (Archangelis vel venerandis Mar-
tyribus) vermacht worden ist, bestitut werden. Denn wenn
auch des bestimmten Martyrii im Testamente keine Erwähnung geschah, so wurde angenommen, der Testator habe
das in der Stadt des Aufenthalts, oder in der Nachbarschaft liegende gemeint: war hier aber keines vorhanden, so
konnte man glauben, es seyen die in der Hauptstadt der
Diöces (metropolis) befindliche, von dem Testator ins
Auge gefaßt worden.   Waren endlich solche Martyria nirgends vorhanden, so bekamen die Kirchen des Orts die
Erbschaft oder das Legat, denn den Kirchen müssen am Ende alle anderen heiligen Orte weichen (Sane sanctissimis
ecclesiis omnes aliae domus cedunt) [180]).   Wären aber
viele geistliche Häuser desselben Titels und Namens in dem
Orte oder in der Nachbarschaft, so solle entweder das Haus
als gemeint betrachtet werden, das der Testator am häu-
figsten besucht, oder das, welches als das dürftigste befunden wird, (Si quidem in aliquo eorum defunctus frequenter versabatur, et majorem erga illud habebat affectionem, illi templo videri legatum relictum: si vero
nihil tale invenietur, maxime ei templo ex multis qui-

---

178) l. 1. l. 13. C. de sacros. eccl.

179) l. 26. eodem.

180) l. 26. cit. Cf. l. 24. 28. 46. 49. C. de ep. et cl.

dem nominis videatur relictum legatum, vel hereditas, quod est ceteris indigentius, et magis opis et eleemosynae egens). An diese höchst willkührliche Interpretation, welcher der Gedanke zu Grunde liegt, daß es zwar einen Zweifel unterliegen könne, welche bestimmte Kirche, oder welche bestimmte geistliche Anstalt gemeint sey, niemals aber, ob die Kirche überhaupt, das ihr einmal Zugedachte verlieren könne, schließt sich dann die Beaufsichtigung der Vermächtnisse zu frommen Zwecken durch die Bischöfe an; diese haben das Einforderungsrecht, und brauchen nur den rector provinciae von der Verwendung in Kenntniß zu setzen [181]), ohne daß jedoch der Episcopus sich selbst oder seiner Kirche [182]) etwas zuwenden dürfe. Der Abzug der Quarta Falcidia ist für diese frommen Vermächtnisse nicht gestattet [183]). Selbst in dem Falle, daß jemand die Bischöfe von der Vollstreckung ausschließen würde, soll ihnen dieselbe dennoch übertragen seyn [184]). Diese Begünstigungen der Vermächtnisse an Kirchen und fromme Stiftungen schließen jedoch nicht aus, daß die bei Testamenten und Schenkungen üblichen Formen beobachtet werden müssen. Justinian erklärt sich ausdrücklich darüber, daß hier die Insinuation nicht erlassen werden könne [185]). Erst

---

181) l. 28. C. de ep. et cl.

182) l. 49. eodem.

183) Quomodo ferendum est, hoc, quod in sacrum venerit per Falcidiam vel aliam occasionem minui. l. 49. *C. de episc. et cler.*

184) Licet praecipue a testatoribus aut donatoribus interdictum sit eis habere ad hoc aliquod participium. *Nov.* 131. *c.* 11.

185) l. 19. de S. S. Eccl. l. 34. pr. §. 1. l. 36. pr. C. de dos.

das Canonische Recht hat es unternommen, auch die Formen hier zu erleichtern, und dafür zu sorgen, daß der Inhalt der Schenkung oder des Vermächtnisses nicht an zu
schwerfällige und deshalb oft hinderliche Proceduren gebunden sey. Worauf es bei frommen Vermächtnissen an-
kam, das war die Gewißheit des Willens. Daß man diesem nun über die zur Feststellung nöthigen Beweise hinaus noch die Aeußerlichkeit der Form entgegensetzen wollte,
wäre eine Tyrannei gegen die fromme Absicht selbst gewesen. Es bildete sich daher, der, wie es scheint in der früheren Canonischen Praxis selbst zweifelhaft, aber von Alexander dem dritten durchweg festgestellte Satz, daß ein Vermächtniß zu frommen Zwecken nur höchstens dreier oder
zweier Zeugen bedürfe.

C. 11. X. de testamentis et ult. voluntatibus.

Relatum est, quod cum ad vestrum examen super
relictis Ecclesiae causae deducitur, vos nisi septem,
vel quinque idonei testes intervenerint, inde postponi-
tis judicare. Mandamus quatenus eum aliqua causa
talis ad vestrum fuerit examen deducta, eam non secundum leges, sed secundum decretorum statuta tracte-
tis, tribus aut duobus legitimis testibus requisitis: quoniam scriptum est. In ore duorum vel trium testium
stat omne verbum.

War indessen der Wille auch nur mündlich ausge-
drückt worden, so sollte derselbe, ohne daß weiter Zeugen
nöthig waren, seine Ausführung erhalten [186]). Obgleich
dies eine frühere den Briefen Gregors des Großen ent-
nommene Bestimmung ist, und die Festsetzung, daß zwei

---

186). C. 4. X. de test.

ober brei Zeugen nöthig sind, erst aus dem zwölften Jahrhundert herrührt, so scheint boch Beides neben einander
bestehen zu können, da die Zeugen nicht formell nothwendig sind, sondern blos des Beweises wegen erheischt werben. Eine weitere Abweichung von der Römischen Vorstellung über Testamente war, daß man gestattete, den Inhalt der Verfügung von einem fremden Willen (arbitrium
alterius) abhängig zu machen [187]). Da das Testament
auf Reinheit und Eigenheit des Willens beruhte, so mußte
ben Römern ein Wille, der sich badurch aufgab, daß er
einen anderen substituirte für die Gültigkeit des Testaments
unzulänglich erscheinen [188]). Der Kirche aber kam er nur
barauf an, baß das ihr einmal Zugedachte auf jede Weise
erhalten werde: es war ihr auf keine Art zuwider, es mit
lebenden Testatoren zu thun zu haben, und so erklärte sie
für sich die Verfügungen gültig, die dem Römischen Begriffe der Testamente vollkommen entgegen waren.

Der Begriff des Testaments, der seine Ausbildung
ganz eigentlich, wie im zweiten Abschnitte dieser Abhandlung gezeigt worden ist, den die Geschichte des Römischen
Volks ausmachenden Momenten zu danken hat, wurde von
der Kirche begierig aufgegriffen, und weit entfernt, ihn in
seiner weiten Ausdehnung und in seinem Gegensatze gegen
die Familie als unsittlich zu verwerfen, hob die Kirche die
Pietät, welche darin liege, den letzten Willen anzuerkennen,
wo möglich noch stärker hervor, als dies im Römischen Rechte
der Fall war. Aber dieses Anschließen an das Römische

---

187) C. 13. X. eodem. In secunda quaestione dicimus,
quod qui extremam voluntatem in alterius dispositionem com-
mittet, non videtur decedere intestatus.

188) S. mein Erbrecht II. S. 158.

Recht war auch völlig consequent. Das weltliche Bestehen der Familie war der Kirche ganz gleichgültig. Was sie über das Familienrecht anordnete, war nichts anderes, als eine weitere Ausführung und Berücksichtigung des starren Sacraments, zu dem es die Ehe gebracht hatte. Daß die Familienglieder als solche bedacht würden, daß ihnen das Ihrige nicht entzogen würde, war eine Sache des weltlichen Gesetzes. Die Lehre von der Intestaterbfolge an sich konnte die Kirche auf keine Weise interessiren. Dagegen war in den Testamenten der Gläubigen, der Kirche ein Weg zu großen Reichthümern eröffnet: die mögliche Pietät des Inhalts solcher Testamente mußte sich auch der Form des Instituts mittheilen, und so die Römische Vorstellung noch lebendiger erhalten, daß es eine Art von religiöser Nichtachtung sey, die Willkühr des Testaments nicht auf das Allerhöchste anzuerkennen.

Wie die Ehe, zog daher die Kirche die Testamente vorzugsweise gern vor ihre Gerichtsbarkeit, und sie hielt sich in dieser Beziehung an die schon im Römischen Rechte ausgesprochene Bestimmung, daß der Widerspruch des Testators hier nichts vermögen solle [189] (licet etiam a testatoribus id contingeret interdici) [190]. In England hat sich dies länger, wie die katholische Kirche erhalten, und noch heute gehören Testamente vor den geistlichen Gerichtshof. Aber war die Kirche das competente Gericht, so mußte auch für die Testamente eine kirchliche Form gefunden werden, und die Civilform nicht mehr die allein gültige seyn. Der Schrift folgend, welche die Zahl zwei oder drei beim Zeugniß gebraucht, sollten nicht blos Vermächtnisse ad

---

189) S. oben S. 137.

190) C. 17. 19. X. h. t.

pias causas, sondern jedes Testament, das vor dem competenten Pfarrer, und zwei oder drei Zeugen errichtet ist,
gültig seyn [191]). Die Formen des Civilrechts, wonach
sieben Zeugen beim Testament, und fünf beim Codicill nöthig sind, werden zwar nicht aufgehoben, aber dennoch für,
der heiligen Schrift durchaus widersprechend, erklärt.
(*Quia vero a divina lege et sanctorum Patrum insti-
tutis, et a generali Ecclesiae consuetudine id nosci-
tur esse alienum*, cum scriptum sit, quod in ore duorum vel trium testium stet omne verbum). Aber nicht
blos die Form der Testamente wurde von der Kirche ver-
einfacht, sondern es wurden auch Bestimmungen über die
testamentifactio selbst getroffen. Die Ausschließung der
Ketzer, sowohl von der activen als passiven Testamentifac-
tion, welche schon das Römische Recht eingeführt hatte [192]),
wurde natürlicherweise vom Canonischen Recht bestätigt [193]).
Aber den Ketzern wurden diejenigen gleichgestellt, die sich
auf thätliche Weise gegen die Cardinäle vergangen,
oder zu einem solchen Unternehmen geholfen, oder dasselbe
gebilligt hatten. Dies Verbrechen wurde für ein crimen
laesae Majestatis erklärt: der Urheber sollte in den Bann
gethan, und seine Wohnung niedergerissen werden, er sollte
intestabilis [194]) seyn, und keinem der Seinigen in grader
männlicher Linie irgend eine Würde ertheilt werden, ja, die
Seinigen sollten sogar alle Rechte, selbst wenn sie die höchsten

---

191) C. 10. X. cit.

192) L. 4. §. 2. 3. C. de haer.

193) C. 13. §. 7. X. de haer. „Sit enim intestabilis, ut
„nec testandi liberatis habeat facultatem, nec ad haereditatis
„successionem accedat.“

194) C. 5. in VI. de poenis.

kirchlichen Stufen erstiegen hätten, verlieren (etiamsi Pontificalem adeptus vel adepti fuerint dignitatem). Nicht erst einer besonderen Vorschrift bedurfte es [195], sondern es folgte von selbst aus dem Begriff der Klöster, daß die Mönche oder Nonnen, wie sie nicht mehr das Recht hatten, in selbstständiger Tracht zu gehen [196], auch nicht über ihr Vermögen, das dem Kloster gehörte, verfügen konnten [197]. Eben so machte der Haß, den das Canonische Recht durch buchstäbliche Auslegung des alten Testaments gegen den Wucher hat, daß auch dem offenbaren Wucherer Beschränkungen in Beziehung auf die testamentifactio activa gemacht werden. Nicht allein sind alle Geistlichen, die den Wucherer, bis das erwucherte Geld herausgegeben worden, zum kirchlichen Begräbniß, oder zur Beichte, oder zur Errichtung eines Testaments zulassen, der Strafe des Lateranensischen Conciliums gegen den Wucher selbst unterworfen, sondern auch die etwa auf civile Weise errichteten Testamente werden für irrita erklärt [199].

Hatte die Kirche aber wesentlich, wenn sie als Erbneh-

---

195) C. 7. c. 19. qu. 3.

196) C. 2. X. de test.

197) C. 2. X. cit.

198) Omnes autem religiosos, et alios qui *manifestos usurarios*, contra praesentis sanctionis formam ad Ecclesiasticam ausi fuerint admittere sepulturam, poenae Lateranensis Concilii contra usurarios promulgatae statuimus subjacere. Nullus manifestorum usurariorum testamentis intersit, aut eos ad confessionem admittat, sive ipsos absolvat nisi de usuris satisfecerint, vel de satisfaciendo pro suarum viribus facultatum praestant ut praemittitur idoneam cautionem *c. 2. pr. in VI. de usuris.*

199) C. 2. §. 1. in VI. cit.

merinn erschien, ein Interesse sowohl die Form der Vermächtnisse zu erleichtern, als sich selbst die Gerichtsbarkeit
in Testamentssachen zuzuweisen, so mußte um so mehr das
erbrechtliche Verhältniß, in welches sie zu ihren Gliedern
selbst trat, einer genauen Erörterung unterworfen werden.
Hier ist eigentlich das Canonische Erbrecht, in so fern die
Kirche als der Staat, die Geistlichen aber, als die Individuen desselben zu betrachten sind.

Die Kirche verhält sich aber nicht zu den Geistlichen,
wie der Staat sich zu seinen Bürgern verhält. Dieser letztere tritt in erbrechtlicher Hinsicht nothwendig erst dann
auf, wenn keine Ansprüche von Seiten der Familie zu erwarten sind. Das Erbrecht des Staates ist das des weiteren Kreises, zu dem am Ende jeder gehören muß, der
keinem engeren anheim fällt [200]). Es sind nur bona vacantia, welche der Staat nehmen darf. Aber die Kirche
ist nicht blos der weitere Kreis, der Staat, dem die Geistlichen zugehören, sondern sie hat auch die Bedeutung, ihnen die Familie, die Anhänglichkeit an das Weltliche, und
den Zusammenhang mit ihrer natürlichen Verwandtschaft
zu ersetzen. Ohnehin ist die eigentlich wirksame und das
Geschlecht fortführende Verwandtschaft, die Descendenz den
Geistlichen versagt, und die Verbindung, die ihnen mit ihren Ascendenten und Collateralen bleibt, kann als ein Ver-
gangenes oder Entferntes die gegenwärtige Beziehung nicht
ersetzen, welche die Kirche ihnen gewährt. Aber wenn auch
in der Kirche die Familienbande erstarren, so ist es die Individualität darum nicht, welche sich an die Kirche gefan-
gen giebt. Wenn der Geistliche auch in Allem, was die
Kirche betrifft, dieser angehört, so hat er in Allem was au-

---

200) S. mein Erbrecht II. S. 406.

ßer derselben liegt, eine Sphäre der Freiheit: er kann Eigenthum erwerben, wie ein Laie, und wird, was schon von
selbst folgt, auch über dieses Eigenthum verfügen dürfen.
Aber den Geistlichen ist überhaupt ein doppelter Erwerb
möglich. Als Individuen sind sie weltlichen Bereicherun-
gen zugänglich, die ihnen, da sie kein Recht verlieren, so
gut wie anderen zukommen können: als Geistliche erwerben
sie, vermöge ihres Amtes und durch ihr Amt, und wenn
auch, so lange sie dasselbe verwalten, ihr Vermögen unge-
schieden ist, so wird eine nothwendige Scheidung eintreten,
sobald es sich um eine Verlassenschaft handelt, die ursprünglich aus beiden Quellen zusammengesetzt ist.

Dies ist ungefähr der Gedankengang, welcher den Bestimmungen über das Erbrecht der Geistlichen zu Grunde
liegt.

Wenn auch allerdings der Grundsatz vorzukommen
scheint, daß Geistliche über das, was sie nicht im Amte erworben hatten, zwar durch Testament verfügen dürften,
aber daß ihre einzige Intestaterbinn die Kirche sey, so ist
doch wohl damit immer nur der Fall gemeint, daß keine
Cognaten vorhanden sind.

C. 2. C. XII. qu. 3. (ex Concilio Toletano IX. a. 655.)

Quicumque de sacerdotibus, vel ministris pro sui
utilitate, atque amicitia, vel praestatione aut quocumque
modo, aut per scripturae seriem aliquid meruerint a
quolibet percipere: in rebus ecclesiae non poterit nu-
merare: sed quod exinde voluerit facere ipsorum voluntatis arbitrio subjacebit. *Quod si hoc post eorum
mortem inordinatum fortasse remanserit ecclesia cui
praefuit, vel Minister extitit, hoc sibi in perpetuum
vendicabit.*

c. 1.

C. 1. X. de succ. ab intestato.

Sed hoc ibidem inventum est de episcopis presby-
teris et clericis, ut si haereditatem vel alio modo in-
tuitu personae aliquid adquiesierint, donare eis liceat
cui voluerint, dum vivant. Si autem ante obierint,
quam hoc fecerint, *altari cui serviunt omnia perpetuo
sanctificetur, et in jus ejus tradantur.*

Daß dieſes Princip des ausſchließlichen Inteſtaterb,
rechts der Kirche jemals practiſch geworden wäre, iſt nicht
anzunehmen; vielmehr finden ſich auch poſitive Zeugniſſe,
daß die Kirche als Inteſtaterbinn erſt hinter den Verwand-,
ten einen Platz erhält.

c. 7. c. XII. qu. 5.

Quicūmque ex gradu Ecclesiastico sine testamento
et sine cognatione decesserit, hereditas ejus ad ecclesiam ubi deservivit devolvatur.

Das Geiſtliche über das, was ihnen zugehörte frei
verfügen konnten, iſt ſchon im älteſten Canoniſchen Recht
anzutreffen. Es wäre eben ſo unbillig, heißt es, daß die
Kirche durch den Biſchof Schaden litte, als daß der Bi,
ſchof, der vielleicht eine Frau, Kinder, Verwandte und
Sclaven hat, dieſen ſein Eigenthum nicht ſolle vermachen
können [201]). Darüber aber war kein Zweifel, daß nur

---

201) Nec sub occasione Ecclesiasticarum rerum ea, quae
Episcopi esse probantur intercidunt. *Fortassis enim uxorem
habet, aut filios aut propinquos aut servos.* Et justum est hoc
apud Deum et homines, ut nec Ecclesia detrimentum patiatur
ignoratione rerum pontificis, nec Episcopus, vel ejus propinqui sub obtentu Ecclesiae proscribantur. c. 21. c. 12. qu. 1.
Hieraus geht auch das Princip der Inteſtaterbfolge für die Verwandten hervor.

K

solche Sachen als des Bischofs oder des Geistlichen Eigenthum konnten angesehen werden, die er etwa schon ins Amt gebracht, oder im Amte ererbt und durch persönliche Schenkung erhalten hatte. Hatte er im Amte etwas gekauft, wenn auch unter seinem Namen, ohne daß nachgewiesen war, daß dies ihm auf die eben genannte Weise zugekommen sey, so galt es für eine Erwerbung im Amte[202]). Es kam häufig vor, daß Geistliche ohne Vermögen zu besitzen, ordinirt wurden (qui nihil habentes ordinantur) im Amte aber so viel erwarben, daß sie für diesen Erwerb Grundstücke oder andere Sachen kauften. Diese mußten sie der Kirche zurücklassen, wenn sie nicht ein crimen invasionis rerum dominicarum begehen wollten[203]). Es macht hier übrigens gar keinen Unterschied, ob sie etwas in ihrem Namen oder in dem der Kirche anschafften. Auch das in ihrem Namen unter jeder Bedingung Erstandene mußte der Kirche zurückbleiben[204]). Nach einer Justinianeischen Constitution scheint sogar nicht Alles, was die Bischöfe von ihren Verwandten und anderen Personen erbten, als ihr Eigenthum betrachtet worden zu seyn. Es wird ausdrücklich gesagt, daß nur das, was die Bischöfe vor der Ordination aus jeglicher Ursache, nach der Ordination aber von ihren Eltern, Onkeln und Brüdern ererben, ihnen gehören, und daher von ihnen weiter vererbt wer-

---

202) C. 1. c. 12. qu. 3.

203) C. 1. c. 12. qu. 3.

204) Postquam autem Episcopus factus est; quascunque res de facultatibus Ecclesiae aut suo aut alterius nomine qualibet conditione comparaverit, decrevimus ut non in propinquorum suorum, sed in Ecclesiae cui praeest jura deveniant. c. 4. c. 12. qu. 5.

ben könne, alles andere aber nicht: (exceptis duntaxat
his, quas ante Episcopatum habuerunt ex quacunque
causa, vel quas post Episcopatum a *parentibus et
theiis*, hoc est *patruis* vel *avunculis* et a *fratribus* ad
ipsos pervenerunt, perventuraeque sunt: quaecunque
enim post ordinationem ex quacunque causa extra
praefatas personas ad ipsos pervenerunt ea jubemus ad sanctissimam Ecclesiam cujus Episcopatum
tenuerint, pertinere et ab ea vindicari et evinci) [205].
Was die Bischöfe von ihren entfernteren Verwandten erhalten (extra praefatas personas) sollen sie der Kirche
zurücklassen müssen, denn bei diesen entfernteren Verwandten kann leicht ein Zweifel, oder wenn man sie für fromm
hält, kaum ein Zweifel entstehen, ob sie nicht vielmehr dem
Amte als der Person des Bischofs Schenkungen oder Vermächtnisse zugewandt haben, ein Zweifel, der bei nahen
Verwandten, wie die angegebenen, wenigstens die Präsumtion gegen sich hat (Quis enim dubitaverit eos, qui ipsis
proprias res reliquunt, aut reliquerint etsi in aliam
personam transferunt, aut transtulerunt, *non potius ipsum sacerdotium contemplantes, quam ejus personam*) [206]. Hätte der Bischof oder Cleriker aber etwas
von seinen entfernteren Verwandten ab intestato geerbt,
so würde, wenigstens nach dem Geist dieser Constitution
solches dem Bischof gehören; denn hier fiele die Präsumtion, daß der Erblasser die Kirche gemeint habe, vollkommen weg. Ein späteres Justinianeisches Gesetz [207] erweitert den Kreis der Verwandten, von denen anzunehmen ist,

---

205) l. 42. C. de ep. et el.

206) l. 42. cit.

207) Nov. 131. cap. 13.

daß ſie den Biſchof und nicht die Kirche meinen, auf den
vierten Grad der Inteſtaterbfolge (quae ex genere sibi
conjuncto ad eos devolutae sunt, quibus ab intestato
usque ad quartum gradum succedere potueruht) [208].
Aber auch hierdurch ſoll wohl auf keine Weiſe geſagt ſeyn,
daß, was der Biſchof von ſeinen noch entfernteren Verwandten, als der vierte Grad iſt, ab intestato erbt, nicht ihm
gehöre [209]. Daß dieſe in der Griechiſchen Kirche feſtſte-
hende Beſchränkung auf vier Grade in der Abendländiſchen
jemals ſtatt gefunden habe, iſt ſehr zu bezweifeln, denn die
ſchon oben angeführte Stelle [210] läßt den Biſchof alles
vererben, was er von ſeinen Verwandten, ohne Berückſich-
tigung des Grades erhalten hat, ja ſie gewährt ihm ſogar
das Vererbungsrecht in Beziehung auf das, was er von
Fremden erhalten (Si autem ipsis *proprie* aliquid libe-
ralitate alicujus vel *successione cognationis* obvenerint,
faciant inde quod eorum proposito congruit). Es ver-
ſteht ſich hier von ſelbſt, daß bei Fremden die Präſumtion
dafür iſt, daß etwas der Kirche zugewandt ſey, und daß
daher von den Erben des Geiſtlichen der Beweis zu führen iſt, daß der beſtimmte Gegenſtand dem Biſchof
zum Eigenthum (proprie) übergeben worden. Das Frank-
furtiſche Capitulare vom Jahre 794 [211] ſpricht gar
nicht von Ererbtem, das der Kirche zufallen könne, ſondern nur von dem, was der Biſchof gekauft oder durch

---

208) ὃς ἐξ ἀδιαθέτε δύνανται μέχρι τετάρτε Βαθμῦ διαδί-
χεσθαι.

209) Cf. capit. anni 744. c. 11, *Georgisch.* p. 392.

210) C. 1. c. 12, qu. 3.

211) Cf. Georgisch. p. 595.

Tradition erworben hat, als der Kirche zugehörig (Et propinqui vel heredes Episcopi res, quae ab Episcopo sunt
adquisitae, aut per comparationes, aut per traditiones,
postquam Episcopus fuerit ordinatus nequaquam post
ejus obitum hereditare debeant). Oft konnte es aber
höchst ungerecht erscheinen, daß der Cleriker, der eigenes
Vermögen mit in das Amt gebracht, und während desselben Sachen gekauft hatte, diese, welche eben so gut vom
eigenen Vermögen als vom Amtserwerb herrühren konnten, ganz der Kirche hinterlassen solle. Hier kam es nun
darauf an, ob das eigene Vermögen und der Amtserwerb
ungefähr gleich war, und es trat eine Art von partieller
Gemeinschaft ein, in Folge welcher die Kirche und die Erben zur Hälfte gingen[212]). Daß übrigens die Kirche, in
Ermangelung von Intestaterben dem Staate vorging, ist
schon in Römischen Constitutionen bestimmt[213]). Eine
Vertheilung von Almosen an dürftige Verwandte und an
Armen fand, im Falle die Kirche succedirte, nach alten Gewohnheiten statt, ohne daß jedoch der sterbende Geistliche
darüber zu verfügen hatte (consuetudinis tamen est non
improbandae ut de his pauperibus et religiosis locis,
et illis, qui viventi servierant, sive sint consanguinei
sive alii, aliqua juxta servitii meritum conferantur)[214]).
Wenn ein Dienstmann zum Behuf des Presbyterii ent-
lassen worden ist, so soll der Herr keinen weiteren Anspruch
auf das peculium haben. Nach dem Tode des Geistlichen wird es in vier Theile getheilt, wovon einer dem Bischof, ein anderer der Kirche, ein dritter den Armen, ein

---

212) C. 1. c. 12. qu. 4.

213) l. 20. C. de ep. et cl. Nov. 131. c. 13.

214) c. 12. X. de test. c. 8. X. eodem.

vierter endlich den Verwandten des Verstorbenen zufällt.
Sind keine erbfähige Verwandte (idonei parentes) vorhanden, so bekommt diesen letzten Theil ebenfalls die Kirche²¹⁵).

Schwerlich gehören zur eigentlichen Geschichte des
Canonischen Erbrechts die Misbräuche, welche während
des Mittelalters die wahre Erfüllung dieser erbrechtlichen Grundsätze verhinderten. Aber daß der factische
Zustand nicht der gesetzmäßige war, daß diese Misbräuche
statt finden konnten, fällt selbst wieder in die Geschichte
unseres Gegenstandes. Die Könige und Fürsten, die
Schirmvögte und Patrone, ja häufig auch das Volk bemächtigten sich des beweglichen Nachlasses eines Geistlichen,
wie einer res nullius, so daß die Kirche sowohl, als auch
die Verwandten leer ausgingen. Umsonst sprach die Kirche
hier ihre Excommunication aus. Das Concilium von Cler-
mont in Auvergne erließ unter Pabst Urban (ipso Papa hújusmodi sententiam promulgante) im Jahre 1095
ein Anathem, gegen Alle, die Sachen der Geistlichen an
sich reißen und dadurch die Kirchen und die Armen berauben würden²¹⁶). Das zweite Lateranensische Concilium
unter Innocenz II. im Jahr 1139, will, daß der Nachlaß
ungestört in den Händen des Oeconomus und der Geistlichen bleibe²¹⁷). Cesset igitur de cetero illa detesta-
bilis et saeva rapacitas ruft es ganz zornig aus. In
den Capitulationen der Könige verzichteten dieselbe förmlich
auf diese Anmaßung, wie auf ein wahres Recht (jus spo-
lii, exuviarum), aber die niederen Schirmvögte hielten sich
nicht dadurch gebunden, von ihrer gewohnten Weise abzu-

---

215) C. 2. X. de succ. ab int.
216) C. 46. c. 12. qu. 2.
217) C. 47. c. 12. qu. 2.

laffen. Die Cleriker glaubten nun, wenn einmal die Unge-
fetzlichkeit herrfche, zu derfelben berechtigter zu feyn, als der
weltliche Arm. Die Capitel und Stifter (capitula con-
ventus, collegia), fo wie die einzelnen Mitglieder derfelben, bemächtigten fich des Nachlaffes der Prälaten, und
verwendeten denfelben zu ihrem eigenen Nutzen (occupant,
inter fe dividunt, suscipiunt, dilapidant, dissipant et con-
sumunt)²¹⁸). Ein Gleiches thaten die Bifchöfe und Aebte,
welche bei Vocationen das Vermögen der Cleriker an fich
riffen²¹⁹), fo wie das der Canonici, welche durch eine Erklärung Innocenz des dritten, in diefer Beziehung zu den
Clerikern waren gerechnet worden²²⁰). Obgleich nun die
Geiftlichen, die folches fich zu Schulden kommen ließen,
von den Päbften vielfach mit Suspenfion bedroht wur-
den²²¹), fo thaten die Päbfte, wo fie nur konnten, daffelbe,
in Beziehung auf den Nachlaß der Bifchöfe. So accep-
tirte die Kirche die Unregelmäßigkeit, die der weltliche Arm
gegen fie beging, und rechtfertigte einen Misbrauch, indem
die Mitglieder derfelben eifrig bemüht waren, wenigftens
für fich einen Nutzen daraus zu ziehen.

Die Ungunft, in die überhaupt namentlich in den
Germanifchen Ländern, die Veräußerung an die todte Hand
kam, erklärt fehr leicht das Entftehen, und die weitere Ausbildung des genannten Misbrauchs. Der Krieg, den der
weltliche Arm gegen die Kirche führte, fpielt auch auf dem
Gebiete des Erbrechts. Da die Kirche durch Gefetze für
fich geforgt hatte, fo tritt die Spoliation als das Recht

---

218) C. 40. in. VI. de electione.
119) C. 9. in VI. de officio ordinarii.
220) C. 18. X. de verb. sign.
221) C. 40. in VI. de elect. c. 9. in. VI. de off. ord.

der Weltlichkeit gegen diese Gesetze auf. Die Beweglichkeit
auf welche das Erbrecht einen Anspruch hat, findet sich
durch den in der todten Hand aufgehäuften Besitz nicht
befriedigt, und so wird in Form eines anscheinend eigen-
mächtigen Verfahrens gegen diese Anhäufung protestirt.
Die Mitglieder der Kirche, die aber der todten Hand noch
näher stehen, machen sich selbst, da sie die Spoliation nicht
verhindern können, zu Organen derselben, und so wird das
Erbrecht der Kirche durch ein Beraubungsrecht substituirt,
welches factisch das Erstere ganz aufhebt.

Auf diese Weise schwindet das Erbrecht der Kirche
allmählig ganz. Die Geistlichen werden in Beziehung auf
ihr Vermögen, sowohl auf das Eingebrachte, als auf das
im Amt Erworbene, den Laien gleichgesetzt, und die Verpflichtung der Erben besonders gut mit der Erbschaft eines Geistlichen zu schalten, kann kaum noch als Ersatz für
das verlorene Erbrecht der Kirche betrachtet werden.
Wenn sonst, was der Geistliche im Amte erwarb, der Kirche zufiel, so bekommen jetzt die Erben die Früchte, welche
noch gar nicht percipirt sind, aber vom letzten Jahre herrühren (Desservitenjahr und sogar häufig noch die
Einkünfte eines Vierteljahrs oder Jahres (Sterbequartal,
annus gratiae) obenein.

Man kann kaum aus einer Darstellung des Canonischen Rechts jene eben so berüchtigte, als den Geist des
Römischen Rechts verkennende Entscheidung Pabst Innocenz des dritten auslassen, wonach die Notherben zu gleicher Zeit von ihrem Pflichttheil und von dem Abzug der
Trebellianischen Quart Gebrauch machen können[222]).
Doch berührt diese Entscheidung den Inhalt und den Be-

---

222) C. 16. 18. X. de test.

griff des Canonischen Erbrechts gar nicht. Sie ist ein
einzelnes Beispiel von Misverständniß des Römischen
Rechts, das sie offenbar anwenden und nicht verbessern will.

Fassen wir jetzt schließlich nach dieser Darstellung des
Canonischen Familien- und Erbrechts den Geist, wie er
sich in demselben kund giebt, noch einmal zusammen, so gelangen wir zu folgenden Resultaten.

Das Christenthum hat das Familienrecht, in der Lehre
von der Ehe, auf sein wahres und alleiniges Princip zurückgebracht. Die Ehe ist nicht mehr blos geschlechtliche
Gemeinschaft mit dienstbarer Unterordnung der Frau unter
den Mann: sie ist aber eben so wenig mehr blos abstrac-
tes Nebeneinanderseyn (consuetudo) und parallele unver-
schmolzene Gleichheit: sie ist wesentlich Ineinanderseyn,
Einheit des Leibes und der Seele, Gemeinschaft der Liebe
und des Gutes, ein Ganzes, worin Mann und Weib jedes nur die Hälfte bilden. Diese Gemeinschaft des Lebens nimmt aber nothwendig das ganze Leben in Anspruch:
wäre sie willkührlich aufzugeben und so durch Umstände,
welche nicht selbst die Bedeutung des ganzen Lebens haben,
trennbar, so würde sie eben nur ein Theilweises und Zu-
fälliges bilden, das wieder mehr auf äußeres Zusammenseyn, als auf ein Ineinanderseyn zurückkäme. Die Ehe,
wie sie das ganze Leben einnimmt, wird daher auf das
ganze Leben eingegangen, sie kann nicht unter der Vorstellung der Trennung geschlossen werden: vielmehr ist diese
Vorstellung der Ehe zuwider. Aber noch mehr als diese
Vorstellung ist ihr das Verbrechen zuwider, welches die
Ehe vernichtet. Ist sie so gebrochen worden, so ist weit
über diese Vorstellung hinausgegangen, und an derselben
alsdann noch festhalten wollen, heißt zwar an die Unauflöslichkeit, aber nicht mehr an deren Inhalt denken.

Die katholische Kirche, wie sie überhaupt die Erstar-

rung der Christlichen Innerlichkeit darstellt, hat von der
Christlichen Ehe nichts als das Moment ihrer Festigkeit
unter dem Namen des Sacraments aufgenommen. Zwar
widerstrebt sie dem nicht, was die Christliche Ehe eigentlich ihrem Begriffe nach seyn müßte: die sittliche Einbildung dieses Begriffes kann, ohne daß sie es verwehrt, geschehen: die Kirche hat nichts dagegen: aber sie ihr gleichgültig. Ohnehin hängt diese weitere Ausbildung der Ehe,
von dem besonderen Character der Christlichen Völker ab.
Was der Kirche nicht gleichgültig ist, das ist die Festigkeit
und Unauflöslichkeit der Ehe. Diese kommt dazu, die Ehe
selber zu seyn, und die Canonische Definition derselben ist
eigentlich: es sey die Unauflöslichkeit der Gemeinschaft
zwischen Mann und Weib. Weil die Unauflöslichkeit aber
die Ehe ist, so ist diese als solche, und ihrem Inhalte nach
nicht heilig, sondern vielmehr die Nichtehe. Die Ehelosigkeit ist der Ehe vorzuziehen: die Ehe aber selber ist fest.

Aus dieser Erstarrung zum Sacrament kommt die
Ehe im Canonischen Rechte nicht heraus. Alle weiteren
Bestimmungen sind nur die Auslegungen und dienenden
Folgen dieser Festigkeit. Damit die Ehe unauflöslich sey,
muß sie gekannt seyn. Die heimlichen Ehen sind der Kirche zuwider. Aber diese Oeffentlichkeit wird am besten dadurch erreicht, daß Dotalbestimmungen nothwendig zur Errichtung der Ehe gehören sollen, und daß die Kirche die Gesetzgebung und Gerichtsbarkeit über die Ehe übernimmt.
Daß die Kirche auch ihren Segen gebe ist wünschenswerth,
aber nicht wesentlich. Daß sie darum wisse, das allein ist
nöthig. Wenn so die Ehe, wie im Alterthum im bloßen
Consense ihren Anfangspunkt, und man kann auch sagen,
ihre Vollendung hat, so sind es die Ehehindernisse, welche
theils in dem wirklichen oder angenommenen Mangel des

Consenses, oder in der Verwandtschaft und Affinität liegen, welche die hauptsächliche Breite der kirchlichen Gesetzgebung über die Ehe ausmachen. Von den eigentlichen
Wirkungen der Christlichen Ehe schweigt das Canonische
Recht, und seine Aeußerungen über die Weiber sind oft
nicht geeignet, an ein lebendiges Vorhandenseyn des Christlichen Ehebegriffs in demselben denken zu lassen.

Ist die Ehe selbst nicht in die übrigen Familienverhältnisse eingebildet, so folgt, daß diese Verhältnisse als
verlassen von ihrem lebendigen Anfange keine eigene Selbstständigkeit besitzen. Statt daß die elterliche Gewalt und
die Verwandtschaft aus dem Inneren der Ehe hervorgehen sollen, sind sie für sich gar nicht berücksichtigt, sondern
selbst nur auf die Ehe zurückbezogen. Die weitere Ausdehnung, welche die Legitimation, die Rechte, welche die
Putativkinder erhalten, sind nur gleichsam ein vollerer
Schatten, den die Ehe um sich herwirft; das Interesse des
elterlichen und kindlichen Verhältnisses ist für nichts darin.
Das Römische Recht darf hier in Masse in die Lücken des
Canonischen einziehen, und findet mit allen seinen Bestimmungen eine gute Aufnahme. Dagegen ist die Verwandtschaft allerdings eigenthümlich ausgebildet. Zu der leiblichen tritt nun noch die geistliche. Aber nicht etwa so, daß
nun dieser geistlichen Verwandtschaft, als der höher geach-
teten höhere Pflichten und Beziehungen gegeben werden,
sondern sie bildet nur ein Hinderniß mehr. Sie ist wie
die leibliche mit ihrer sorgfältig ausgearbeiteten Computation
nicht für sich selber da, und nur durch sich ein Hinderniß,
sondern sie ist als Hinderniß geboren, ausgerechnet, und ihr
ganzer Inhalt ist ein Hinderniß zu seyn. Wie man etwa
die Indische Verwandtschaft die der Todtenopfer nennen
kann, weil sie nur dazu da ist, damit die Sapindas

oder Samanobacas [223]) ihre Opfer darbringen, so kann
man die Canonische Verwandtschaft mit keinem bezeichnende-
ren Ausdrucke benennen, als damit, daß sie die Verwandtschaft des Hindernisses sey. Weil sie sich aber nur auf
die Ehe zurückbezieht, und dies ihre einzige Wirksamkeit
ist, so kommt es nun, daß selbst die Computation, von der
Berechnung der einzelnen Persönlichkeit absehend, an den
Stammvater nicht blos den Ausgangs- sondern auch den
Rückgangspunkt knüpft. Daß es endlich ein Canonisches
Erbrecht gebe, kann man nur in so fern sagen, als die
Kirche sich wie eine beständige Erbnehmerinn betrachtet,
sey es nun, daß sie sich begünstigt, wenn sie fromme Menschen einsetzen, oder sey es, daß sie zürnt, wenn andere erhalten, was sie für sich bestimmt glaubt. Doch könnte
es scheinen, als wenn in das Canonische Erbrecht ein wichtiger Unterschied hineingekommen wäre, der die Lehre von
der Erbschaft betrifft, und den das Alterthum nicht kannte.
Die Verschiedenheit des Gutes der Geistlichen, in Beziehung auf die Erbfolge, der Erwerb des Eingebrachten
durch die Verwandten, des im Amte Erworbenen durch
die Kirche, also die doppelte Erbfolge nach Maßgabe des
Gegenstandes derselben wäre als von der Seite des Germanischen Rechts in das Canonische Recht übertragen zu
betrachten, wenn nicht bei der s. g. Erbfolge der Kirche
mehr der Gedanke des Römischen peculii, und die Vorstellung herrschend wäre, daß das im Amte Erworbene von
Hause aus der Kirche gehört.

Indem das Christliche Familienrecht auf diese Weise
zum Canonischen erstarrt ist, entspricht es vollkommen dem
Verhältniß, in welchem überhaupt das Christenthum zur

223) S. mein Erbrecht I. Kap. 1.

katholischen Kirche steht. Diejenigen Völker, welche wir
in der Einleitung als die kirchlichen bezeichnet haben, sind
wie auf den Katholicismus, so auch auf dieses Familienrecht, als auf die Grundlage ihres Lebens angewiesen und
beschränkt. Doch haben sie ursprünglich ihren Anfang im
Germanischen Boden. Sind sie auch von demselben wie
Kinder, die in der Jugend bereits die Heimath verlassen
müssen, losgerissen, bleiben sie auch Rom und der Kirche
als leibeigene Knechte verschrieben; kann daher die Germanische Innerlichkeit auf keine Art in ihnen fortwirken, und
das Princip ihres Christlichen Familienrechts entwickeln, so
sind doch wiederum die Züge des Germanischen Ursprungs
unverkennbar und unveräußerlich. Wenn diese Völker durch
Erziehung, Gewohnheit und Altersschwäche Rom und der
Kirche angehören, so giebt es mannigfache Narben und
Muttermaale, woran sich die Germanische Geburt bekundet,
und die Geschichte des Familienrechts der Romanischen
Völker hat grade am sorgfältigsten die verborgenen Flecken
zu suchen, die einer blos allgemeinen Betrachtung entgehen
könnten.

Zweites Kapitel.

Romanisches Recht.

I. Italien.

Rom in seiner doppelten Gestalt als Alterthum und Kirche läßt seinen Character und Einfluß am stärksten in dem Lande erscheinen, dem es selbst angehört. Von der Eroberung Italiens an beginnt erst der Fall des westlichen Reiches, dessen Provinzen längst nicht mehr Römisch sind. Eben so fängt erst die wahre Herrschaft der Kirche von ihrer Befestigung innerhalb Italiens an. Wie die alterthümliche Substanz hier am schwersten zu verdrängen ist, so bildet sich die kirchliche am leichtesten ein. Jene Harmonie des Kirchlichen und Alterthümlichen, der wir im vorigen Kapitel so oft zu erwähnen Gelegenheit hatten, findet sich nirgends natürlicher, als auf dem Grund und Boden beider. Die Italiener des Mittelalters dürfen mit gleichem Stolz an die unmittelbare Gegenwart der Kirche, so wie an die vorkirchliche Vergangenheit denken, und beide mit einander in Verbindung bringen. In den weiteren Romanischen Ländern kommt das Alterthum mehr unbewußt,

und in naiver Anwendung vor: in Italien hat es die Anmaßung und den Stolz als Alterthum zu erscheinen.

In Italien ereignet es sich daher auch, daß nicht sogleich das erste barbarische Reich ein Festes und mit dem
Schicksal des Landes verwachsenes ist, sondern daß sich
mehrere folgen und verdrängen, ohne sich doch der Italienischen Grundlage ganz bemächtigen zu können. Während
in Spanien die Westgothen nur augenblicklich von den Sa-
razenen unterbrochen, von Anfang an den Character der
ganzen Geschichte bestimmen, bilden Odovacar und nach ihm
die Ostgothen nur ein vorübergehendes Reich. Die Kraft
des Römerthums ist mächtig genug, die Barbaren noch
einmal zurückzuweisen. Es bedarf eines zweiten Reiches,
des Lombardischen, um die Principien des Germanischen
Geistes ein andermal über Italien zu verbreiten. Aber auch
diese sind nicht im Stande das Alterthum zu besiegen, das
in Kirche und Staat neben ihnen fortdauert. Das Exarchat von Ravenna erhält in Italien nicht blos dem Namen nach das alte Rom. Die über Italien kommende
Feudalität nimmt selbst im Longobardischen Lehnrecht so
sehr den Character Römischer Bestimmtheit und civilrechtlicher Ausbildung an, daß es sich an das Römische und Canonische Recht anschließt, und den Deutschen nicht sowohl
als etwas Germanisches, sondern als ein Gefährte der
fremden Rechte überkommen ist. Wie das Christenthum
in der Römischen Kirche zu heidnischer Pontificalität erstarrt, so erstarrt die lebendige Feudalität im Longobardischen Lehnrecht, zu Römischer Ordnung und Eleganz. Die
spätere Herrschaft der Fränkischen und Deutschen Könige
hat dagegen schon das Germanische mehr als einen Gegensatz, zum Italienischen Grundcharacter wie als einen Bestandtheil der Italienischen Bildung eingeführt. Von da
an war das Bestreben sichtbar, an dem eigenen Wesen ge-

gen die Einflüsse der Fremden festzuhalten, die übrigens, wie die ursprünglichen Barbaren, mehr den welschen Geist in sich aufnahmen, als den ihrigen zurückließen.

Schon der Ostgothische König Theoderich muß den Gedanken fassen, ein Rechtsbuch für Gothen und Römer zugleich ausarbeiten zu lassen, während in allen anderen barbarischen Reichen, Römer und Germanen durchaus geschieden sind. Der Boden von Italien erlaubt diese Trennung nicht. Es ist durchaus characteristisch, daß schon im ersten Jahr des sechsten Jahrhunderts an eine Verschmelzung der Gothen und Römer gedacht werden kann, und daß die Gothische Eigenthümlichkeit sich der Römischen vollkommen unterordnet. Et quamvis nullus injuste factum, possit sub legum auctoritate defendere, *nos tamen cogitantes generalitatis quietem*, et ante oculos habentes illa, quae possunt saepe contingere pro hujusmodi casibus determinandis, praesentia jussimus edicta pendere, ut salva juris publici reverentia et legibus omnibus cunctorum devotione servandis, quae Barbari Romanique sequi debeant super expressis articulis edictis praesentibus evidenter cognoscant [1]). Daß das von Theodorich abgefaßte Edict auf die Gothischen Gewohnheiten gar keine Rücksicht nimmt, und blos auf Römisches Recht sich bezieht, ist schon vielfach bemerkt worden [2]). Die Gothen waren das kriegerische, die Römer das bürgerliche Element des neuen Italischen Staates. Delectamur jure Romano (leg. Romanorum) vivere, quos armis cupimus vin-

---

1) Edictum Theoderici. Prologus.

2) v. Savigny, Geschichte des Römischen Rechts im Mittelalter. II. 165.

vindicare sagt Cassiodor [3]). Daß Alles was nach
Italien kommt und mit demselben in Verbindung tritt, sogleich in die Dienstbarkeit des Römischen Rechts sich begiebt
und sich diesem nicht entziehen kann, behauptet derselbe [4]).
Um so auffallender muß es erscheinen, wenn man die Dürftigkeit des Edicts von Theoderich betrachtet. Es hat mehr
das Ansehn aus Ueberschriften und Rubriken zu einem Gesetzbuche, wie aus wirklichen Gesetzen zu bestehen. Deshalb
kann man kaum annehmen, daß es die Anmaßung hatte,
die reicheren Quellen des Römischen Rechts, namentlich
den Theodosischen Codex verdrängen zu wollen. Auch bezieht es sich fortwährend auf die leges, und scheint mehr
ein kurzes Manifest gewesen zu seyn, auf welche Weise man
das Recht betrachten wolle, wohin auch der Name Edictum weis't. Savigny hat mit Recht bemerkt, daß hauptsächlich die Absicht des Edicts gewesen sey, dasjenige zu
bestimmen, wobei der Staat ein unmittelbares Interesse
hatte [5]). War der Gedanke der Verschmelzung einmal vom
Staate festgehalten, so konnte man die Ausführung derselben der ruhigen Entwickelung selbst überlassen. Daß aber
nicht blos das Römische Recht, sondern auch die alten Gothischen Gewohnheiten durch das Edict auf keine Weise
aufgehoben wurden, scheint aus dem Character dieses Rechtsbuches hervorzugehen [6]).

Wir könnten uns um so mehr ersparen, von dem Fa-
milien- und Erbrecht des Edicts zu sprechen, als Eigen-

---

3) Var. III. 43.

4) Var. I. 27. Si juri Romano *servit* quidquid sociatur
Italiae.

5) Geschichte des Römischen Rechts im Mittelalter. II. 168.

6) Savigny a. a. O. S. 167.

L

thümliches in demselben nicht zum Vorschein kommt, und das Ostgothische Reich, für das spätere Italien des Mittelalters auch nicht den geringsten Eindruck zurückgelassen hat. Der Theodosische Codex und Paulus receptae sententiae liegen dem Edicte hauptsächlich zu Grunde[7], und das Ganze bietet nur die Gestalt eines dürftigen Excepts dar. Dem ungeachtet ist selbst diese Dürftigkeit ein Grund sie nicht zu übersehen. Je weniger hier Neues und Eigenthümliches sich findet, desto mehr scheint es erwiesen zu seyn, wie sehr Italien den ersten barbarischen Andrang, der sich auf dasselbe wälzte, zu verschlingen wußte, welche paralysirende Macht für das Germanische Leben in der unmittelbaren Berührung mit dem Boden und dem Geiste des Alterthums lag.

In der Lehre von der Ehe wird die rechtmäßige Ehe (justum matrimonium) von den nuptiis non legitimis unterschieden, und es wird darauf aufmerksam gemacht, daß aus der letzteren keine rechtmäßigen Kinder hervorgehen[8]. Innerhalb des Trauerjahres darf die Wittwe weder heirathen, noch sich fleischlich mit dem vermischen, den sie nach einem Jahre heirathet. (Intra annum mortis mariti, nulla ad secundas nuptias migret, sed nec furtim se misceat illi cujus post annum erit uxor futura)[9]. Den Kindern und Verwandten steht die Klage gegen die Frau zu, um das zu erlangen, was die Gesetze gestatten

7) Savigny a. a. O. S. 171.

8) Edictum Theod. XXXVI. Si quis ad nuptias non legitimas adspiraverit *legum censuram penitus non evadat*, qui nec justum matrimonium nec filios sciat se habere legitimos. Cf. *Rhon. Comm. ad Ed. Theod.* Halae 1816. p. 16.

9) Edict. Theod. XXXVII.

(quam quaerelam damus tantum filiis et propinquis, ut quod in talibus caussis legibus competit exsequantur) [10]. Der Gegenstand der Klage wird hier nicht berührt: es wird derselbe als bekannt vorausgesetzt, und blos auf das in dieser Hinsicht bestehende Recht hingewiesen [11]. Was die Ehescheidungsgründe betrifft, so wird ebenfalls auf das Römische Recht verwiesen (nisi probatis caussis, quas leges comprehendunt) [12]. Von der Römischen dos wird in Beziehung auf die Ehescheidung geredet, von der Germanischen kommt dagegen nichts vor [13], man müßte denn die sponsalitia largitas dahin deuten, von welcher bisweilen gesprochen wird [14]. Die Frau und der Mann leben nach Dotalrecht, das heißt, in getrennten Vermögensverhältnissen, doch sollen für die Schuld des Mannes die Brautgeschenke haften (Uxor pro marito non debet conveniri: res ejus aut sponsalis munificentia pro mariti obnoxietate poscatur, legum prudentia et moderatione servata) [15]. Was die Strafen der Entführung angeht, so ist buchstäblich auf das Römische Recht und auf die Constantinischen Vorschriften Rücksicht genommen [16].

Die Lehre von der väterlichen Gewalt ist noch dürftiger, als die von der Ehe behandelt. Der Vater soll nicht gezwungen werden können, seine Kinder zu verheirathen

---

10) Ed. Theod. l. l.

11) l. 1. C. Theod. de sec. nupt.

12) Ed. Theod. LIV. l. 1. 2. C. Theod. de repudiis.

13) Ed. Theod. l.l.

14) Ed. Theod. l. l. LIX.

15) Ed. Theod. CLIII.

16) Ed. Theod. XVII—XIX. l. 1. 2. C. Theod. de rap. virg. v. vid.

(Invitus pater familiam suam in matrimonium nulli dare compellatur)[17]). Der aus Noth seinen Sohn verkaufende Vater thut dem status desselben keinen Eintrag[18]), eben so wenig darf der Sohn von seinem Vater verpfändet werden: der Pfandgläubiger, welcher das Pfand wissentlich annahm, wird in das Exil geschickt[19]). Von der Verwandtschaft und Tutel handelt das Edict gar nicht, dagegen finden sich viele Bestimmungen über Sklaven, die aber meist Criminalrechtliches oder den Umstand betreffen, daß die Geburt der Mutter folgt.

Die Intestaterbfolge ist in folgendem kurzen Satze enthalten: Si quis intestatus mortuus fuerit is ad ejus successionem veniat, qui inter agnatos, atque cognatos gradu vel titulo proximus invenitur, salvo jure filiorum et nepotum[20]). Es scheint hier die Römische Intestaterbfolge, wie sie vor den dieselbe verwirrenden Edicten der Römischen Kaiser feststand, gemeint zu seyn. Erst kommen die drei Klassen unde liberi, unde legitimi, unde cognati, dann kommen Mann und Frau, endlich der Fiscus, wozu aber der Fürst nicht gehört, der wie die Römischen Kaiser nicht bevorrechtet seyn will, und auch hierin einen Beweis giebt, wie gern sich die Ostgothen als Fortsetzer des Römischen Kaiserthums betrachteten. Fiscus tunc agat, quando nec parentum, nec filiorum, nec nepotum, nec agnatorum, nec cognatorum, nec uxoris et mariti, quae succedat, extare comperitur persona, *secundum veterum constituta*: ita ut fiscus, quotiens locum successionis

---

17) Ed. Theod. XCIII.
18) Ed. Theod. XCIV. Pauli S. R. V. 1. §. 1.
19) Ed. Theod. XCV. Pauli S. R. L. l.
20) Ed. Theod. XXIII.

invenerit, vel aliqua sibi competentia repetit, actionem
remota titulorum vel officii praesumptione, proponat,
quia tunc fiscus unamquamque rem merito potest et
sine oppressionis alienae injuria vindicare, cum inter-
cedente sententia pro ipso fuerit judicatum. *Nobis
enim sicut et Principes voluerunt jus cum privatis volumus esse commune* [21]). Es ist zu bemerken, wie gebildet hier der barbarische Fiscus schon spricht, und wie
sehr er es auf Gerechtigkeit abgesehen wissen will (sine oppressionis alienae injuria). Daß der Fiscus der Curia
durchaus weichen muß, versteht sich dann von selbst (Cu-
rialis si sine successore, quem leges vocant intestatus,
defecerit, excluso fisco, curiae suae locum faciat) [22]),
eben so geht die Kirche dem Fiscus vor [23]).

Die Freiheit, ein Testament zu errichten, wird in der
ganzen Breite, welche das Römische Recht gestattet, zugestanden, und zwar wird die Römische Form durchaus angenommen (Faciendorum testamentorum omnibus, quos
testari leges permittunt, damus late licentiam, ita ut
septem aut quinque testes ingenui ac puberes in conspectu testatoris, uno tempore, eodem rogante, subscri-
bant) [24]). Kann der Testator nicht schreiben, so wird ein
octavus subscriptor zugezogen [25]). Das Falsum, welches
in Beziehung auf Testamente begangen wird, soll mit dem
Tode bestraft werden [26]), und der Erbe und Legatar, der

---

21) Ed. Theod. XXIV.

22) Ed. Theod. XXVII.

23) Ed. Theod. XXVI.

24) Ed. Theod. XXVIII.

25) Ed. Theod. XXIX.

26) Ed. Theod. l. l. XII.

ſich deſſen ſchuldig macht, ſoll die ihm ausgeſetzten Emolu-
mente verlieren [27]). Eben ſo wird der Inteſtaterbe, der
den Teſtator verhindert, ein Teſtament zu machen, als in-
dignus von der Erbſchaft entfernt [28]). Die Soldaten
dürfen ohne alle Formen, und ohne weitere Berückſichti-
gung des ſonſt Nöthigen ein Teſtament machen, ſie mögen
im Felde oder zu Hauſe ſeyn. Alle Gothen ſind hierunter
begriffen, denn ſie bilden ja eben den Soldatenſtand des
Reiches. *Barbaris quos certum est,* Reipublicae mili-
tare, quomodo voluerunt et potuerint, faciendi damus
licentiam testamenti, sive domi, sive in castris fuerint
constituti [29]).

Daß die eben mitgetheilten Beſtimmungen über Fami-
lien- und Erbrecht, wie ſie das Edictum Theodorici enthält, weder etwas Neues, noch etwas Vollſtändiges darbieten, geht aus denſelben hervor. Betrachtet man aber
das Edict von der Seite, daß es ein bloßes Manifeſt ſey,
wie künftig Recht geſprochen werden ſolle, ſo kann man
nicht läugnen, daß die Richtung vollſtändig angegeben iſt,
und der Vorwurf der Dürftigkeit verliert ſich. Daß es
rechtmäßige und unrechtmäßige Ehen gebe, daß die Eheſcheidung nur aus gewiſſen Gründen erlaubt ſeyn ſolle, daß
Mann und Frau nach Dotalrecht leben, iſt von dem Edict
angegeben, und damit ſind allerdings die Principien des
Eherechts überhaupt bezeichnet. Eben ſo kann man ſagen,
liegt die ganze väterliche Gewalt in der Beſtimmung, daß
der Vater ſeine Kinder nicht verkaufen dürfe, daß aber bei
der Verheirathung der Kinder alles von ſeinem Conſens ab-

---

27) Ed. Theod. XXX.
28) Ed. Theod. XXXIII.
29) Ed. Theod. XXXII.

hängig ist. Im Erbrecht ist die vollkommene Freiheit der
testamentifactio angenommen, so wie die Klassen des Intestaterbrechts mitgetheilt sind.

Daß diese Gesetzgebung, wenn man sie so nennen will,
weder im Ostgothischen Reiche selbst Wurzel schlagen, noch
auch auf Dauer Anspruch machen konnte, nachdem Justinian dieses Reich zerstört, und seine vollere Compilation
auch in Italien einführte [30]), ist schon mit Recht bemerkt
worden [31]). Selbst die übrig gebliebenen Gothen durften
sich von jetzt an schwerlich mehr auf das Edict bezogen
haben [32]) Wie sehr indessen die Ostgothische Herrschaft
selbst von den Römern anerkannt war, beweist die Pragmatica Justinians, worin er alles aufrecht erhalten wissen
will, was von den rechtmäßigen Gothischen Herrschern ausgegangen ist, und nur das nicht anerkennt, was vom To-
tilas, den er einen Tyrannen schilt, angeordnet worden
(In primis itaque jubemus, ut omnia, quae Atalaricus
vel Amalasiunta, *regia mater* ejus vel etiam Theoda-
tus Romanis vel Senatu poscente concessa sunt invio-
labiliter conserventur. — Si quid a Totilane tyranno
factum vel donatum esse invenitur cuicunque Romano
seu cuique alio servare, vel in sua firmutate manere
nullo modo concedimus — quod enim per illum ty-
rannidis ejus tempore factum esse invenitur, *hoc legitima nostra notare tempora non concedimus* [33]). Diese

---

30) Sanctio Pragm. c. 11.

31) v. Savigny a. a. O. S. 174.

32) Es ist nicht nöthig mit Savigny, S. 175., das Wort
aedicta in der Urkunde bei Marini auf das Edict des Theoderich
zu beziehen, da es auch eine ganz allgemeine Bedeutung hat.

33) Sanctio Pragmatica cap. 1. 8. 24.

Verordnung, je entgegengeſetzter ſie den Grundſätzen des
alten Völkerrechts iſt, zeigt um deſto mehr von der Ach-
tung, die man in Conſtantinopel für das Oſtgothiſche Reich
hatte, und wie daſſelbe keineswegs mit den übrigen barbariſchen Reichen in eine und dieſelbe Categorie geſtellt wurde.
Auch haben Boethius und Caſſiodor daran gewöhnt, die
Erſcheinung des Oſtgothiſchen Reiches, überhaupt nicht zu
den barbariſchen zu zählen.

Von der bald zurückgedrängten Griechiſchen Herr-
ſchaft in Italien, läßt ſich im Allgemeinen nur anführen,
daß ſie mit der vollſtändigen Römiſchen Geſetzgebung, die
nun Italien mit dem öſtlichen Rom gemein hatte, eine
neue Grundlage legte, die auch die ſpäter eingewanderten
Germaniſchen Stämme nicht mehr zerſtören konnten. Italien, das ſchon die Oſtgothen gleichſam zu Römern umgewandelt hatte, erhielt durch die Eroberung Juſtinians eine neue
Römiſche Verſtärkung, ſo daß ſelbſt die Longobarden, obgleich
ſie vielleicht urſprünglich das kräftigſte Germaniſche Volk waren, dem Einfluſſe des Alterthums nicht widerſtehen konnten.

Erſt im ſieben und ſiebzigſten Jahre, nachdem die Longobarden nach Italien gekommen waren, wurden die alten
Gewohnheiten durch König Rotharis aufgezeichnet [34]), ſpäterhin aber durch neue Geſetze der Könige Grimoald, Liutprand, Rachis und Aiſtulf vermehrt. Die Fränkiſchen Könige, die den Namen der Longobardiſchen beibehielten, thaten ihre Vorſchriften hinzu; eben ſo die Deutſchen Kaiſer
bis Lothar den zweiten. Dieſe Longobardiſchen Geſetze bilden nun neben dem Römiſchen Recht die Grundlage der
Italieniſchen Rechtsbildung. Die ſpäteren Statuten der
Städte enthalten eine geringere oder größere Verſchmelzung

---

34) Paulus Diaconus IV. c. 44,

des Longobardischen und Römischen Elements, freilich bei
vorwiegender Macht des letzteren. In so fern wird eine
genaue Darstellung des Familien- und Erbrechts, wie es
sich in den Longobardischen Gesetzen darstellt, durchaus nothwendig, ehe an ein Verständniß des späteren Italienischen
Rechtszustandes in dieser Beziehung gedacht werden kann.
Von den Longobardischen Gesetzen sind bekanntlich zwei
Sammlungen auf uns gekommen, eine historische nach der
Ordnung der Könige, und eine systematische, die sogenannte
Lombarda. Da die letztere ungleich mehr Autorität als
die historische im Mittelalter hatte, und auch für unseren
systematischen Zweck tauglicher erscheint, so wollen wir dieselbe dem Folgenden zu Grunde legen, und die Anführun-
gen aus derselben hernehmen.

Der Ehe geht ein Verlöbniß voran, bei welchem der
Bräutigam der Braut das dotalitium (meta) festsetzt [35],
und die Verpflichtung auf sich nimmt, die Ehe innerhalb
zweier Jahre zu vollziehen. Wenn der Bräutigam dies
aus vermeidlicher Ursache unterläßt, darf der Vater, oder
wer sonst das mundium über das Mädchen hat, die meta
einfordern, welche dem Mädchen alsdann gehört: es steht
dem Vater, oder den Verwandten frei, das Mädchen an
einen anderen Freier zu verheirathen [36]. Behauptet der
Bräutigam, daß sich die Braut eine Untreue habe zu
Schulden kommen lassen, so können die Verwandten sie
durch zwölf Eidhelfer reinigen lassen, und der Bräutigam
ist alsdann genöthigt, entweder die Braut zu heirathen,
oder ihr das Doppelte der versprochenen meta zu geben [37].

---

35) Veteres ven. Longob. Leges. Lugduni 1600. II, 1. 1.
36) Leg. Long. I. 1.
37) Leg. Long. II, 1. 2.

Können die Verwandten das Mädchen von der Anschuldi-
gung nicht befreien, so empfängt der Bräutigam zurück,
was er etwa schon gegeben hat, und die Braut duldet die
Strafe des adulterii ³⁸). Leidet die Braut an einer offenbaren Krankheit (ut leprosa aut doemoniaca, aut de
ambobus oculis caecata fuerit) ³⁹), so kann der Bräutigam nicht gezwungen werden, sie zu heirathen, und man
kann ihm dieser Weigerung wegen nichts anhaben (nec
pro ea causa calumnietur) ⁴⁰). Es versteht sich aber
von selbst, daß die Krankheit nach der Verlobung eingetreten seyn muß ⁴¹). Hat ein verlobtes Weib einen anderen als ihren Bräutigam geheirathet, so ist der Mann
verpflichtet, denen, welche das mundium haben, 40 Solidi,
dem früheren Bräutigam das Doppelte des Witthums,
das dieser versprochen hatte zu erlegen (Si quis puellam
aut viduam alteri sponsatam, illa tamen consentiente, tule-
lerit uxorem, componat parentibus mulieris, id est patri vel fratri ejus vel ad quem mundium pertinuerit
per anagrip solid. 20 et propter faidam alios 20 et
mundium ejus, qualiter steterit faciat: sponso autem
cui sponsata fuerit, omnia, quae in meta sunt dicta
quando eam sponsaverit in duplum ei componat ab illo, qui ei de sponsa sua turpe fecit, et postea sponsus
post acceptam duplam compositionem sit sibi conten-
tus et amplius ex hac causa adversus fidejussorem calumnia non requiratur) ⁴²).

---

38) Leg. Long. l. l.
39) Leg. Long. II. 1. 3.
40) Leg. Long. l. l.
41) Leg. Long. l. l.
42) Leg. Long. II. 2. 2.

Was die Ehehinderniſſe betrifft, ſo ſoll niemand ein
Mädchen vor dem vollendeten zwölften Jahre heirathen,
im Uebertretungsfalle ſoll der Mann 900 solidi, die Hälfte
dem König, die andere Hälfte aber dem Kinde (infantu-
lae) bezahlen, das in das väterliche Haus (casa) zurück-
kehre und bis zur gehörigen Zeit ruhig warten muß (et
sit quieta usque ad justum tempus) [43]). Iſt die gehörige Zeit gekommen, ſo heirathet das Mädchen, wen ſie
will [44]). Hat der Mundualdus des Mädchens zu dieſer
frühen Heirath ſeine Einwilligung gegeben, ſo ſoll er dem
sacrum palatium dreihundert solidi bezahlen, und ſein
mundium verlieren: das Mädchen geht alsdann in das
mundium des Pallaſtes über [45]). Der Vater und der
Bruder dagegen haben keine Strafe zu erlegen, weil es
nicht glaublich iſt, daß dieſe üblen Willen gegen ihre Tochter und Schweſter hegen (quia non est credibile ut pater filiam suam, aut frater sororem suam doloso ani-
mo, aut contra rationem cuiquam homini dare debeat) [46]). Was die Ehehinderniſſe, wegen naher Verwandtſchaft betrifft, ſo iſt das ältere Canoniſche Recht vollkommen in
das Longobardiſche aufgenommen. Verwandte bis zum ſechſten Grade dürfen ſich daher nicht heirathen, bei Strafe des
ganzen Vermögens [47]). König Liutprand ſagt ausdrücklich,
daß ihn der Pabſt ermahnt habe, ſolche Ehen auf keine Weiſe
mehr zu dulden, und daß dieſes der Grund der Verord-

---

43) Leg. Long. II. 1. 10. II. 8. 1.

44) Leg. Long. l. l.

45) Leg. Long. l. l.

46) Leg. Long. l. l.

47) Leg. Long. II. 8. 4. Ein ganz allgemeines Verbot der
Ehe unter Verwandten iſt Leg. Long. II. 8. 13.

ung sey[48]). Wenn jemand seine Stiefmutter oder Stief=
tochter, oder Brudersfrau heirathet, soll er nach einem Ge=
setze des König Rotharis, dem König hundert solidi bezah=
len, der König aber soll beide von einander trennen[49]),
die Frau verliert, wenn sie einwilligte, die Hälfte ihres Gu=
tes an den König[50]). Eben so findet sich das Verbot
der Heirath wegen geistlicher Verwandtschaft, in die Lon=
gobardischen Gesetze durch König Liutprand aufgenommen.
Wer eine solche Ehe mit der Mitpathinn, oder dem ein=
geht, welchen er aus der Taufe hob, verliert ebenfalls das
ganze Vermögen, und die aus einer solchen Verbindung
hervorgehenden Kinder sind erbloß[51]). Liutprand, Kaiser
Karl der Große schärften außer diesen Verboten noch ein:
daß die Eheleute nicht in zu verschiedenem Alter seyn soll=
ten, weil dadurch vielerlei Unfug entstehe[52]), endlich wird
vom Kaiser Lothar auch die Affinität in demselben Grade
ein Ehehinderniß wie die nahe Verwandtschaft (et. uxoris
parentela ita sit viro, sicut propria parentela)[53]). Wenn
ein Weib sich mit einem Sklaven verbunden hat, so haben
die Eltern ein Recht es zu tödten, oder zu verkaufen, und
mit seinem Vermögen zu machen, was ihnen beliebt. Un=
terlassen dies die Eltern, so hat der König das Recht, sie
als Sklavinn in Anspruch zu nehmen (Et si parentes ejus
hoc facere distulerint tunc liceat gastaldio Regis aut
actori, aut sculdasio ipsam in curte Regis ducere, et

---

48) Leg. Longob. L. 1,
49) Leg. Long. II. 8. 1.
50) Leg. Long. l. l.
51) Leg. Long. II. 8. 5.
52) Leg. Long. II. 8. 9. 11.
53) Leg. Long.

intra pensiles ancillas constituere)⁵⁴). Während eines
Jahres haben die Eltern das Recht, ihr Kind diesem Schicksal zu entziehen⁵⁵). Kaiser Lothar hat die Rechte des
Fiscus hierin jedoch beschränkt, indem er gestattete, daß
das Weib, das sich mit dem Sklaven verband, dem Herrn
des Sklaven zufalle⁵⁶).

Keiner Frau, welche nach Longobardischem Gesetze
lebt, ist es gestattet, sich selbst anzugehören, und frei vom
Mundium zu seyn. Sie ist wenigstens unter der Gewalt
der curtis regia, und kann ohne Genehmigung desjenigen,
der das Mundium über sie ausübt, weder bewegliches noch
unbewegliches Gut veräußern und verschenken⁵⁷). Wenn
eine Frau mit Einwilligung ihres Mannes ihr Gut verkaufen will, so muß davon eine Anzeige an die zwei oder
drei nächsten Verwandten gemacht werden. In deren Gegenwart erklärt die Frau, daß sie diesen Verkauf freiwillig,
und ohne daß ihr Gewalt angethan werde eingehe. Das
darüber aufzunehmende Instrument darf, bei Strafe der
Fälschung, nicht ohne Vorwissen der Verwandten oder der
Richter abgefaßt werden⁵⁸). Mit Genehmigung ihres
Mannes kann die Frau aber nicht blos verkaufen oder vertauschen, sondern auch verschenken⁵⁹), und ihre Sklaven
für frei erklären.

Was die Vermögensverhältnisse der Ehe betrifft, so

---

54) Leg. Long. II. 9. 1.
55) Leg. Long. II. 9. 3.
56) Leg. Long. II. 9. 4.
57) Leg. Long. II. 10. 1.
58) Leg. Long. II. 10. 2.
59) Leg. Longob. II. 10. 4.

kommt eine dos, ein Kaufpreis (meta)[60] vor, welchen der Mann der Frau giebt[61]. Diese kann bei einem Richter 400 solidi, bei anderen Edlen dreihundert betragen: ein Geringer kann unter dieser Summe geben was er will[62]. Außerdem finden wir eine Morgengabe, die am Tage nach Vollziehung der Ehe der Frau schriftlich und vor Zeugen gegeben wird, und welche den vierten Theil des Vermögens nicht übersteigen darf, wohl aber darunter betragen kann[63]. Außer der meta und der Morgengabe darf kein Longobarde seiner Frau unter irgend einem anderen Titel etwas schenken, und was darüber, und außer diesen beiden erlaubten Weisen gegeben worden, ist nicht rechtsbeständig (Nulli sit licentia conjugi suae de rebus suis dare amplius per qualecunque ingenium, *nisi quod ei in votorum in methio et morgengab dederit* secundum anterius edictum, et quod super dederit non sit stabile[64]. Wenn eine Frau nach dem Tode ihres ersten Mannes zur zweiten Ehe schreitet, so muß der zweite Mann die Hälfte der meta den Erben des ersten Ehegatten herausgeben[65]: dasselbe findet statt, wenn sie in die Gewalt ihrer Verwandten, oder der curtis regis zurückkehrt[66]. Hat der Bräutigam die meta den Eltern übergeben, und

---

60) Munus, merces. Cf. Grimm Deutsche Rechtsalterthümer. S. 423.

61) Leg. Long. II. 4. 2. „Si quis conjugi suae metam dare voluerit."

62) Lex Long. l. l.

63) Leg. Long. II. 4. 1.

64) Leg. Long. II. 4. 3.

65) Leg. Long. II. 1. 4.

66) Leg. Long. II. 1. 5.

stirbt die Braut ehe die Ehe vollzogen ist, so bekommt der Bräutigam die meta zurück[67]). Die Pflicht der Frau eine dos zu geben, scheint in allen Fällen vorhanden gewesen zu seyn, und hatte sie der Mann nicht bestellt, so mußten sie die Erben geben, denn nur, wenn die Frau ohne den Willen ihrer Verwandten, einen Mann geheirathet hat, der ihr keine meta gab, soll sie nicht berechtigt seyn, von den Erben eine solche zu fordern, und zwar aus Strafe, weil sie gegen den Willen ihrer Verwandten gehandelt hat (pro eo quod negligenter sine voluntate parentium suorum ad maritum ambulaverit)[68]).

Außer der meta und Morgengabe kommt auch hin und wieder eine Mitgift vor, welche die Frau ins Haus des Mannes bringt (faderfium)[69]). Der Vater oder der Bruder geben ihr dieselbe am Tage der Verheirathung[70]). Die Frau soll sich mit dem begnügen, was ihr diese Verwandten schenken und nichts Weiteres verlangen[71]). Bei der Erbtheilung mit Schwestern findet sich eine Collation der dos, während die Morgengabe und meta nicht eingeworfen zu werden braucht (habeat sibi morgengab et methium, de faderfio autem id est de alio dono, quantum pater aut frater dederit ei quando ad maritum ambulaverit *mittat in confusum cum aliis sororibus*)[72]). Diese dos der

---

67) Leg. Long. II. 1. 7.

68) Leg. Long. II. 2. 2.

69) *Vatergeld.* S. Grimm a. a. O. S. 430.

70) Leg. Long. II. 1. 4.

71) Leg. Long. II. 14. 15.

72) Leg. Long. II. 14. 16.

Frau geht nach ihrem Tode an ihre Kinder über, oder die Verwandten erhalten dieselbe zurück [73].

Es ist nicht erforderlich, daß die Frau in der Gewalt das heißt in dem Mundium ihres Mannes sey. In der Regel wird angenommen werden müssen, daß durch die ordentliche Eingehung der Ehe das Mundium des Mannes von selbst erworben werde, und daß es einer besonderen Erwerbung des Mundium nicht erst bedürfe, wie neulich behauptet worden ist [74], denn die Frau lebt nach dem Recht des Mannes, selbst die Römische Frau nach dem des Longobardischen, und erst nach dem Tode desselben kehrt sie zu ihrem früheren Recht zurück (Ut mulieres Romanae qui viros habuerunt Longobardos eis defunctis a lege viri sui sint absolutae, et ad suam revertantur legem, et hoc statuimus ut simili modo servetur in caeterarum natione mulierum) [75]. Aber ist die Ehe auf unregelmäßige Weise eingegangen (violento nomine), so muß der Mann ausdrücklich erst das Mundium erwerben, und wenn die Frau vor dieser Erwerbung gestorben ist, so soll er denen, welche das Mundium über die Frau hatten, grade so viel bezahlen, als wenn er einen ebenbürtigen Mann erschlagen hätte [76]. In diesem Falle, wenn jemand eine Frau ohne Einwilligung der Verwandten heirathete, scheint für das Mundium noch außerdem etwas bezahlt worden zu seyn, obgleich das dafür Gegebene wohl nun die Stelle der meta vertritt (de mundio autem qualiter convenerint et

lex

---

73) Leg. Long. I. 9. 12.
74) Grimm a. a. O. 448.
75) Leg. Long. II. 7. 2.
76) Leg. Long. I. 30. 2.

lex habeat faciant) [77]). Nirgends wo von der Bezahlung für das Mundium die Rede ist, wir auch noch zugleich von einer meta gesprochen, wohl aber von der Morgengabe [78]). Die meta wird vor geschlossener Ehe, die
Bezahlung für das Mundium nach vollzogener Ehe gegeben [79]). Daß in der Regel das Mundium über die Frau
dem Manne zusteht, zeigen die Ausdrücke, deren sich das
Longobardische Gesetz selbst in dem Falle bedient, wo eine
Ehe nicht auf rechte Weise eingegangen ist. Es wird als
eine Nachläßigkeit des Mannes ausgegeben, nicht nachträglich das Mundium erworben zu haben (eo quod
mundium ejus de ea facere neglexerit) [80]). Hieraus
scheint hervorzugehen, daß die Eltern dem Manne das
Mundium gegen ein angemessenes Pretium gar nicht ver-
weigern konnten. Waren Tractate (tabulae) [81]) der Ehe
vorangegangen, so war eine besondere Bestimmung über
das Mundium sicherlich nicht nöthig. Grimm [82]) hat
mit Recht gegen Eichhorn [83]) bemerkt, daß die Zusammenstellung von Mundium und meta in so fern unpassend
sey, als das Geld, welches man für das Mundium giebt,
nur ein einziges Mal selbst Mundium genannt wird [84]), man

---

77) Leg. Long. II. 2. 3. Cf. II. 2. 1.

78) Leg. Long. II. 12. 1.

79) Leg. Long. II. 5. 1. wird meta und mundium als gleich
bedeutend aufgeführt.

80) Leg. Long. II. 2. 1.

81) Leg. Long. I. 9, 9. I. 23, 2. I. 30, 3. II. 1, 1.

82) a. a. O. 449. Note.

83) Deutsche Reichs- und Rechtsgeschichte §. 54.

84) Leg. Long. II. 1. 5.

M

könnte hinzusetzen, da das Mundium nur in Ermangelung einer wahren meta erkauft wird.

Eine freie Frau, die einen Sklaven heirathet, fällt dem Herrn des Mannes zu: hat der Herr aber verabsäumt, sie als Sklavinn in Anspruch zu nehmen, so kann sie nach dem Tode des Mannes frei mit ihren Kindern und ihrer Habe sich hinbegeben, wo sie will [85]). Hat ein Freigelassener oder statu liber (aldius) eine Freie oder eine Freigelassene (aldia) geheirathet [86]), so folgen die Kinder dem Vater, und sind aldii dessen, der über den Vater das Patronatrecht ausübt; hat aber ein aldius eine Magd genommen, so folgen die Kinder der Mutter [87]). Hier wird nur der Unterschied wichtig, ob der Mann das Mundium über die Frau habe oder nicht. Hat nämlich ein aldius eine aldia geheirathet, so sind die Kinder, die vor der Erwerbung des Mundium abseiten des Mannes erzeugt sind, aldiones des Patrons der Frau, alle aber, die nach Erwerbung des Mundium durch den Mann geboren sind, kommen dem Herrn des Mannes zu. Die Kinder eines aldius und eines Freien können nach dem Tode des aldius mit ihrer Mutter gegen Erstattung dessen, was für die Frau gegeben worden, an den Patron ihres Vaters und Mannes in das mütterliche Haus zurückkehren, vorausgesetzt, daß die Verwandten darin einwilligen [88]). Die Ehe zwischen einem Freien und der eigenen Sklavinn, oder aldia, ist durchaus nicht untersagt, nur muß der Herr die Sklavinn ausdrücklich frei machen (debeat eam liberam thingare et sic facere li-

---

85) Leg. Long. II. 12. 2.

86) Leg. Long. II. 12. 4.

87) Leg. Long. II. 12, 3.

88) Leg. Long. II. 12. 1.

beram quod est quiderboram) 89). Eben so werden die
Ehen der Sklaven unter einander als kirchliche und rechtmäßige Ehen betrachtet 90). Die verschiedenen Herren sollen nicht das Recht haben, die Ehe zu hindern, sondern in
einer Ehe lebend, sagt Kaiser Karl, soll jedes der Ehegatten seinem Herrn dienen 91).

Die Strafen der Entführung sind im Logobardischen
Rechte nicht so hart, als in anderen Germanischen Gesetzen.
Der Räuber bezahlt 900 solidi, halb an die Verwandten,
halb an die curtis regia und die Frau hat das Recht zu
wählen, wer das Mundium über sie und ihr Gut haben
solle 92). Bleibt die Frau bei dem Manne, so muß er
noch außerdem, wie schon oben gesagt worden ist, das
Mundium erwerben 93), und dem etwaigen früheren Bräutigam das Doppelte der von diesem verschriebenen meta
bezahlen 94). Haben die Eltern der Braut in den Raub
eingewilligt, so sind sie selbst verpflichtet, das Doppelte der
meta dem Bräutigam zu geben 95). Nach einem Gesetze
des Königs Liutprand, soll der Räuber einer weltlichen
Frau nur 500 solidi bezahlen, und zwar bekommen die Verwandten nach wie vor 450, doch so, daß einem gewöhnlichen
mundualdus nur 150 zufallen sollen, während die geraubte
Frau selbst 300 erhält: die Eltern und Brüder aber kön-

---

89) Leg. Long. II. 1. 8.

90) Leg. Long. II. 12. 1.

91) Leg. Long. I. 1. sed in uno conjugio servi permanen-
tes dominis suis serviant.

92) Leg. Long. I. 30. 1.

93) Leg. Long. I. 30. 2. 4.

94) Leg. Long. I. 30. 4.

95) Leg. Long. I. 30. 5.

nen mit der ganzen Composition machen was sie wollen⁹⁶).
Erst durch Karl den Großen wird die Heirath des Entführ-
rers und der Entführten untersagt (nam ipsis a quibus
raptae sunt legitimae demum uxores nullatenus esse
possunt)⁹⁷). Obgleich aber das Anathem, das die Kirche
ausspricht, ebenfalls angenommen ist, so soll ihnen doch in
ihren letzten Augenblicken das Abendmahl ministrirt werden (quanquam anathemizandos antiqui canones prae-
cipiant, in ultimo tamen constituti si devote postula-
verint sacram communionem in viatico pro misericor-
dia non denegamus)⁹⁸). Die Strafe des Ehebruches
ist der Tod für beide Ehebrecher⁹⁹). Wer seine Frau im
Ehebruche ertappt, kann ohne bestraft zu werden, beide
tödten¹⁰⁰).

Das strengere Recht der Ehescheidung, so daß der
Ehebruch für den einzigen Grund derselben gehalten wird,
scheint erst durch die Kaiser Karl und Lothar vollständig
eingeführt zu seyn¹⁰¹), die auch die Bestimmungen des
Canonischen Rechts, rücksichtlich des religiösen Lebens, das
die Ehegatten etwa erwählen möchten, bestätigten¹⁰²). Früher kommen Geldstrafen vor. König Grimoald verordnet,
daß wenn ein verheiratheter Mann eine andere Frau nimmt,
er 500 solidi, halb dem König, halb den Verwandten der
ersten Frau bezahlen, und das Mundium über dieselbe ver-

---

96) Leg. Long. I. 30. 12.
97) Leg. Long. I. 30. 16. Cf. I. 30. 15.
98) Leg. Long. I. I.
99) Leg. Long. I. 31. 1.
100) Leg. Long. I. 31. 2.
101) Leg. Long. II. 13. 46.
102) Leg. Long. II. 13. 6.

lieren soll. Die Frau braucht nicht zum Manne zurückzukehren [103], aber diese Rückkehr steht ihr frei [104]. Die
Frau oder das Mädchen, die wissentlich in das Haus eines verheiratheten Mannes sich aufnehmen ließ, verliert
ihre Habe zur Hälfte an die curtis regia, zur Hälfte an
die Verwandten der ersten Frau [105]. Niemand der ein
Mundium über eine Wittwe hat, soll dieselbe vor Ablauf
eines Jahres nach dem Tode des Mannes bewegen, den
Schleier zu nehmen. Ist es die Absicht der Wittwe selbst
dieses zu thun, so muß sie nach dem Pallaste des Königs gehen,
und sich die Erlaubniß dazu erbitten. Wer von den Verwandten die Frau innerhalb des ersten Jahres in ein Kloster
schickt, und sich, während der Schmerz noch frisch ist, ihres
lenksamen Willens zu bemeistern weiß, soll angesehen werden, als wenn er es aus Geldgier thäte: er soll dem König ein Wehrgeld bezahlen und das Mundium geht an den
König über [106]. Nach dem Tode ihres Mannes soll eine
Wittwe dreißig Tage warten müssen, ehe sie sich wieder
verheirathet. Nach dem dreißigsten Tage soll sie vom Bischof, oder in dessen Abwesenheit von den Verwandten sich
Rath erholen, was zu thun sey [107]. Wer eine Wittwe,
innerhalb der ersten dreißig Tage der Wittwenschaft heirathet, bezahlt 120 solidi [108].

Von einer eigentlichen Lehre der väterlichen Gewalt
kann man nach Longobardischem Rechte nicht sprechen.

---

103) Leg. Long. II. 13. 1.
104) Leg. Long. II. 13. 2.
105) Leg. Long. I. I.
106) Leg. Long. II. 6. 1.
107) Leg. Long. II. 6. 4.
108) Leg. Long. II. 6. 3.

Diese fällt mit der Lehre vom Mundium im Allgemeinen zusammen[109]). Der Schutz ist das Princip der Germanischen väterlichen Gewalt. Dieser Schutz kommt in Ermangelung des Vaters den übrigen Verwandten zu; das Verhältniß also, worin diese Verwandten und der Vater zum Beschützten stehen, ist nicht qualitativ verschieden, und väterliche Gewalt und Vormundschaft bilden ein und dasselbe Ganze. Die Rechte des Vaters als Gewalthabers, sind nur etwas stärker als die der übrigen, welchen das Mundium zusteht. Die Kinder leben nach dem Rechte des Vaters, selbst dann, wenn der Vater in den geistlichen Stand übergeht[110]). Der Vater wird unter denen, die das Mundium haben, immer zuerst genannt, dann folgt der Bruder, und endlich die übrigen Verwandten[111]). Als ein Hauptrecht des Mundium erscheint die Befugniß, die Tochter oder Verwandtinn nach Willkühr zu verheirathen (postea liceat eis ipsam dare marito alii libero tantum)[112]). Bei der zweiten Ehe, wenn die Frau in das Mundium ihrer Verwandten zurückgekehrt ist, scheint dagegen die Einwilligung der Frau ebenfalls erforderlich gewesen zu seyn[113]). Dieses Recht, die Frau zu verheirathen, legt aber auch die Pflicht auf, sie gegen Anschuldigungen abseiten ihres Bräutigams zu schützen[114]). Hat der Vater, Bruder oder Verwandte ein Weib einmal verlobt, so sind nur gewal-

---

109) Es wird ausdrücklich von Andreas de Barulo Comm. Tit I. VII. gesagt: „Sed jure Longobardorum filii non sunt in „potestate patris."

110) Leg. Long. II. 5. 1.

111) Leg. Long. II. 1. 1.

112) Leg. Long. II. 1. 1.

113) Leg. Long. II. 1. 4.

114) Leg. Long. II. 1. 5.

tige Feindschaften, die einen Mord im Gefolge haben, hinreichende Gründe, um die Verwandten zu einer anderweitigen Verlobung zu berechtigen [115]). Wie schon oben öfters hat bemerkt werden müssen, ziehen diejenigen, welche das Mundium über die Frau haben, ganz oder zum Theil die Strafen, welche in Beziehung auf dieselbe gegeben werden, zu eigenem Besten ein. Der Vater und Bruder erhalten indessen in mehreren Fällen eine größere Summe als der gewöhnliche Mundualdus [116]). Was das Vermögen betrifft, so ist keine Spur vorhanden, daß das Gut der Beschützten dem Vater zugefallen sey. Selbst die meta, die doch noch einigermaßen als Preis betrachtet werden kann, gehört nach ausdrücklicher Bestimmung der Tochter [117]). Sonderbar ist das Gesetz König Luitprands, und mit politischen Bestimmungen zusammenhängend, daß ein Vater, der drei Jahre abwesend von seinem Wohnort ist, nur durch Krankheit entschuldigt wird, deren Anzeige er dem Richter zu machen hat. Im Unterlassungsfall werden die Kinder in den Besitz des väterlichen Vermögens gesetzt: kehrt der Vater zurück, so dürfen ihn die Kinder nicht wieder aufnehmen, und ihm ohne Befehl des Königs das Vermögen nicht wieder zustellen, bei Strafe, nicht allein das väterliche, sondern auch das eigene Vermögen an die curtis regia zu verlieren (Et si ipse postea reversus fuerit, jubemus ut nec a filiis suis recipiatur, nec res suas in potestate habeat. Quod si filii ipsius sine notitia aut jussione regis eum recolligere praesumpserint, omnes res ipsorum, et patris substantia ad curtem regis

---

115) Leg. Long. II. 1. 11.
116) Leg. Long. 30. 12.
117) Leg. Long. II. 1. 1.

revolvantur) [118]). Was übrigens hier von den Kindern gesagt ist, gilt auch von allen anderen Verwandten. Ist jemand drei Jahre abwesend gewesen, so treten in Ermangelung der Kinder die Brüder, dann die übrigen Verwandten, endlich die curtis regis ein, und selbst die Frau kann vom König die Erlaubniß zur Wiederververheirathung erlangen [119]). Bisweilen wird mit dem Vater, als der nächste Gewalthaber, der Großvater avus genannt [120]), aber nur bei Söhnen nicht bei Töchtern, hier ist niemals vom avus die Rede. Daß das vom Manne erworbene Mundium nicht von selbst wieder an die Verwandten der Frau zurückgeht, sondern erst von den Erben des Mannes wieder eingelöst werden muß, scheint aus deutlichem Zeugniß hervorzugehen (et ille maritus moriatur et pater aut frater mundium ejus liberaverit) [121]). Ueber die Adoption findet sich nur eine einzige Stelle von Karl dem Großen in den Longobardischen Gesetzen. Wer keinen Sohn aus rechtmäßiger Ehe habe, und sich in Ermangelung desselben einen Erben erschaffen wolle, solle dies vor dem Grafen, vor dem Könige, vor den Schöffen oder missus dominicus erklären [122]). Daß die Adoption höchst selten statt fand, zeigt diese dürftige Bestimmung. Ob das Bartabschneiden bei Erwachsenen und das Haarabschneiden bei Kindern als Zeichen der Annahme an Kindesstatt, welches bei den Franken und Longobarden Sitte war, und von dem

---

118) Leg. Long. II. 3. 1.

119) Leg. Long. I. 1.

120) Leg. Long. II. 8. 9.

121) Leg. Long. II. 14. 15.

122) Leg. Long. II. 16.

uns namentlich Paulus Diaconus [123]) erzählt etwa
bei der abzugebenden Erklärung nöthig waren, und ob unter den Worten traditionem faciat [124]), auch diese Sitte
zu verstehen sey, ist nicht zu bestimmen. Wenn eine väterliche Gewalt im Sinne, wie sie etwa in Römischen
Rechte erscheint, im Longobardischen sich nicht vorfindet,
und wenn sie in der allgemeinen Vorstellung des Schutzes
verschwindet, so wird auch namentlich die Lehre von der
Emancipation kaum vorhanden seyn. Wenn man nun in
den Longobardischen Gesetzen dieser Lehre keine Erwähnung
gethan sieht, so hat man neulich in einem im Longobardischen Reiche verfaßten Römischen Rechtsbuche Bestimmungen über die Longobardische Emancipation finden wollen [125]). Hier wird gesagt, die Auflösung der väterlichen
Gewalt ereigne sich erstlich durch die Ehe des Sohnes,
zweitens durch Commendation an den König oder einen
anderen Patron. Savigny meint, die Auflösung durch
Ehe wisse er an keinen sonst bekannten Rechtssatz anzuknüpfen; aber die eigene Wirthschaft ist ja bei allen Germanischen Völkern ein Grund des Aufhörens der väterlichen
Gewalt. Die Commendation an den König, oder Patron
ist nichts als ein Uebergehen aus dem bestimmten Mundium des Vaters, in das allgemeine Mundium der curtis
regia, welches uns auf jeder Seite in den Longobardischen
Gesetzen begegnet. In Ermangelung von bestimmten zum
Mundium berechtigten Verwandten kommt immer die curtis regia vor.

Im Erbrecht kommt in der Lombarda mehr als ir-

<hr />

123) Paulus Diaconus IV. 40. VI. 58.

124) Leg. Long. II. 16.

125) v. Savigny Geschichte des Röm. Rechts im Mittelalter
I. 368. 369. II. 229.

gendwo anders die Bedeutung des gesammten Familienrechts zur nochmaligen Erscheinung. Die ersten und nächsten Erben sind die Söhne, und zwar, nach der früheren
Gesetzgebung von Rotharis, die späterhin aufgegeben worden ist, die ehelichen neben den natürlichen, wenn auch
nicht zu gleichen Antheilen. Hat jemand einen ehelichen
Sohn (Fulboran) und einen oder mehrere natürliche
Söhne, so nimmt der eheliche Sohn zwei Portionen und
die natürlichen Söhne erhalten eine Portion: sind zwei
eheliche Söhne vorhanden, so bekommen die natürlichen
nur den fünften Theil, sind drei eheliche da, den siebenten
Theil. Bei vier ehelichen Söhnen erhalten die natürlichen
den neunten, bei fünf den zwölften, bei sechs den dreizehnten, bei sieben oder mehreren den fünfzehnten Theil [124].
Niemanden steht es zu, den natürlichen Söhnen mehr als
hier angeordnet ist, zukommen zu lassen, wenn nicht die
ehelichen Söhne nach zurückgelegtem zwölften Jahre (legitima aetas) darin willigen [127]. Der Sohn, den jemand
mit einer fremden Sklavinn erzeugte, wird nur dann erb-
fähig, wenn ihn der Vater kaufte [128]. Ist neben einer
ehelichen Tochter ein natürlicher Sohn da, so zerfällt die
Erbschaft in drei Theile. Den einen erhält die Tochter,
den anderen der natürliche Sohn, den dritten die nächsten
Verwandten, oder in deren Ermangelung die curtis regia [129]. Sind mehrere eheliche Töchter, und ein oder
mehrere natürliche Söhne da, so nehmen die Töchter sechs

---

126) Leg. Long. II. 14, 2.

127) Leg. Long. II. 14. 3.

128) Leg. Long. II. 14. 4.

129) Leg. Long. II. 14. 6.

Unzen, d. h. die Hälfte, die natürlichen Söhne vier Unzen, d. h. ein Drittel, und die Verwandten oder die curtis regia zwei Unzen, d. h. ein Sechstel der Erbschaft [130]). Die natürlichen Söhne erhalten diese Portion, wie ausdrücklich gesagt wird, für das Mundium; eben so wie die Verwandten, die den natürlichen Söhnen gegenüber heredes legitimi genannt werden und die curtis regia (pro mundio autem tollant naturales filii tertiam partem et heredes legitimi aut curtis regia partes duas) [131]).

Keinem steht es frei, seinen Sohn ohne dessen Schuld zu enterben, oder was er demselben schuldig ist, einem anderen zu schenken (nec quod ei debetur per legem alii thingare). Als Enterbungsgründe werden solche angegeben, die auch das Römische Recht schon kennt, Nachstellungen nach dem Leben des Vaters; Thätlichkeiten, oder fleischliche Vermischung mit der Stiefmutter [132]). Dieses Enterbungsverbot schließt jedoch nicht aus, daß man nicht bestimmte Söhne besser bedenken könne (meliorare), die auf eine Gott gefällige Weise dem Vater dienten und gehorsam waren (qui bene et secundum Deum ei obediens fuerit et servierit [133]). Bei zweien Söhnen kann man einem ein Drittel, bei dreien ein Viertel, bei vieren ein Fünftel, bei fünfen ein Sechstel, bei sechsen und mehreren ein Siebentel im Voraus zu geben [134]). Es scheint indessen nicht gradezu der bloßen Willkühr des Vaters überlassen worden zu seyn, die Vorzüge des einen Sohnes vor

---

130) Leg. Long. II. 14. 7. 8.
131) Leg. Long. II. 14. 8.
132) Leg. Long. II. 14. 12.
133) Leg. Long. II. 20. 2.
134) Leg. Long. I. I.

den anderen geltend zu machen. Wahrscheinlich mußten die bestimmteren Gründe des Vorzuges angegeben werden, denn es heißt ausdrücklich, daß, wenn alle Söhne gleich gut wären und gehorsam, sie alle zu gleichen Theilen gehen müßten (Et si toti ei bene servierint, habeant aequaliter substantiam patris) [135]). Eine richtige Bestimmung ist, daß, wenn jemand zur anderen Ehe geschritten ist, er die Kinder, deren Mutter noch lebt, nicht vorzugsweise bedenken darf, damit man nicht diese Handlung der Ueberredung des Weibes zuschreibe (ne dicat aliquis quod per illam mulierem talis suasio facta est) [136]). Ein Vater, der aus Alterschwäche oder sonstiger Krankheit in dem Glauben ist, seine Kinder mehr erhalten zu können, und aus diesem Grunde sein Vermögen verschenkt, soll diese Schenkung anfechten dürfen; wenn ihm hinterher eheliche oder natürliche Söhne, oder Töchter geboren werden. Die ehelichen Söhne entreißen dem Beschenkten das gesammte Vermögen, die natürlichen Söhne und die Töchter aber nur zum Theil. Dem Beschenkten bleibt in diesem Falle, was den Verwandten oder der curtis regia in Concurrenz mit den Töchtern und natürlichen Söhnen zugekommen wäre [137]).

In Gemeinschaft mit ehelichen Söhnen können Töchter nichts von der Erbschaft ihres Vaters erhalten: die Töchter sollen vielmehr mit dem zufrieden seyn, was ihnen der Vater oder der Bruder am Tage der Verheirathung gegeben hat, und ein mehreres nicht fordern (in hoc sibi sit contenta de patris aut fratris substantia quantum ei pater aut frater in die nuptiarum dederit et amplius

---

135) Leg. Long. II. 20. 3.
136) Leg. Long. II. 20. 3.
137) Leg. Long. II. 14. 15.

non requirat) [138]). In Ermangelung von Söhnen aber
sind die Töchter die nächsten Erben [139]) (ipsae in omnem
hereditatem patris vel matris suae tanquam filii legitimi masculi heredes succedant). Es macht alsdann keinen Unterschied, ob die Töchter verheirathet oder noch unverheirathet (filiae in capillo), oder als Wittwen in das
väterliche Haus zurückgekehrt sind, vorausgesetzt, daß sie
nur zuvor die dos (faderfium) einwerfen [140]). So groß
ist aber die Aehnlichkeit zwischen dem brüderlichen und väterlichen Verhältniß im Longobardischen Recht, daß Töchter und unverheirathete Schwestern (sorores in capillo)
zu gleichen Theilen gehen, wenn sie beide im Hause des
Vaters und Bruders sich befinden (Si quis Longobardus
filias et sorores in capillo in casa reliquerit, pariter
atque aequaliter quantaecunque fuerint in hereditatem
ejus ei succedant tanquam si filios dereliquisset legitimos) [141]). Der Tochter muß jedenfalls ein Drittel des
Vermögens erhalten bleiben; nur über zwei Drittel steht
es dem Erblasser frei zu verfügen [142]). Hat jemand sein
Vermögen durch Schenkung (thinx) weggegeben, und wird
ihm eine Tochter geboren, so ist ein Drittel der Schenkung
von selbst widerrufen (ipsum thinx rumpitur) [143]), sind
zwei oder mehrere Töchter vorhanden, so gilt die Schen-

---

138) Leg. Long. II. 14. 15.

139) Leg. Long. II. 14. 20. Dadurch scheint die Bestimmung
wegen der natürlichen Söhne als Miterben aufgehoben zu seyn.

140) Leg. Long. II. 14. 16.

141) Leg. Long. II. 14. 23.

142) Leg. Long. II. 20. 1.

143) Leg. Long. l. l.

lung nur zur Hälfte [144]). Hat der Erblasser einen Sohn
und eine oder mehrere noch nicht verheirathete Töchter, so
darf er den Töchtern den vierten Theil seines Vermögens
(per chartam donationis) verschreiben [145]): sind mehrere
Söhne und eine oder mehrere Töchter vorhanden, so können diese letzteren nur den siebenten Theil erhalten [146]).
Verheiratheten Töchtern kann er auch, wenn mehrere Söhne da sind, den vierten Theil gewähren [147]). Die bei
Söhnen gegebene Erlaubniß, den einen dem anderen vorzuziehen, findet auch bei Töchtern statt, und zwar durch ein
Gesetz des König Aistulph (A nostris decessoribus jam
antea institutum est, ut Longobardus potestatem habeat filium suum sibi bene servientem meliorare de rebus suis, de filiabus autem non continebatur) [148]).
Wer keinen Sohn aber zwei Töchter hinterläßt, soll der
einen Tochter ein Drittel des Vermögens, wenn drei oder
mehr Töchter aber vorhanden sind, ein Viertel des Vermögens zum Voraus geben dürfen [149]).

... Dieses Erbrecht der Söhne und Töchter bezieht sich
nicht blos auf den Vater, sondern auch auf die Mutter
(succedant patri suo et matri suae in omnem substantiam eorum, sicut antea statuimus) [150]). Früher scheint
indessen der nähere Descendent den entfernteren stets ausgeschlossen zu haben; aber nach Analogie des Römischen

144) Leg. Long. l. l.
145) Leg. Long. II. 20. 2.
146) Leg. Long. II. 20. 2.
147) Leg. Long. l. l.
148) Leg. Long. II. 20. 4.
149) Leg. Long. l. l.
150) Leg. Long. II. 14. 25.

Rechts wurde successio in stirpes, d. h. Repräsentationsrecht eingeführt, so daß der Enkel vom verstorbenen Sohne,
mit dem überlebenden Sohne in die Erbschaft des Groß-
vaters folgt[151]).

Wenn keine Söhne und Töchter vorhanden sind, oder
keine Descendenten überhaupt, so scheint der Vater nach
Longobardischem Recht gefolgt zu seyn, denn es wird gradezu den Söhnen eben so verboten, ihren Vater zu enterben, als umgekehrt den Vätern ihre Söhne (Item sicut
nec patribus licitum est sine justa causa aut culpa filios
suos exheradare, ita nec filiis liceat vivo patre cuicunque
res suas thingare aut per quodlibet ingenium alienare)[152]). Daß dieses auch auf die übrigen Ascendenten
des Mannsstammes anwendbar sey, folgt von selbst[153]),
obgleich in der Classe der Ascendenten immer der Nähere
den Entfernteren ausschließt. Die Mutter konnte so wenig wie irgend ein Cognat am Vermögen ihrer Kinder einen Erbtheil erhalten[154]).

In der Seitenlinie steht der Grundsatz fest, daß nur
Agnaten, aber niemals Cognaten zur Succession gelangen[155]). Unter den Agnaten folgt immer der Nächste
mit Ausschluß aller Entfernteren: hier findet nicht wie in
der graden absteigenden Linie Repräsentationsrecht statt[156]).
Schon oben ist gesagt worden, daß sogar in einem Falle
die Seitenlinie zugleich mit der absteigenden graden Linie

---

151) Leg. Long. Lib. II. 14. 19.
152) Leg. Long. II. 14. 13.
153) Cf. Glossa sed Leg. Long. II. 14. 1.
154) Andreae de Barulo Comm. Tit. VIII.
155) de Barulo Comm. l. l.
156) de Barulo Comm. l. l.

erbe: die Schwester, die noch unverheirathet ist (in capillo), erbt zu gleicher Zeit mit der Tochter. Nicht so der Bruder: dieser wird von der Tochter, seiner Nichte, durchweg ausgeschlossen, so daß in diesem einen Falle die Weiber vor den Männern bevorzugt sind [157]). Der Mundualdus, wenn er auch kein Agnat, sondern ein extraneus ist, schließt dennoch alle Agnaten bis auf die Söhne, den Vater und die Schwestern aus [158]); ja der Bruder wird selbst die Schwester in der Erbschaft der verstorbenen Schwester ausschließen, wenn er zugleich Mundualdus der Verstorbenen war [159]). Dem Bruder folgen Brüder und Schwestern auf gleiche Weise, weil hier nicht vom Mundium die Rede seyn kann [160]). Wenn nach den Gesetzen des Königs Rotharis den natürlichen Söhnen vergönnt war, gleichzeitig mit den ehelichen, wenn auch in einen geringeren Theil der Erbschaft zu folgen, so können Bastarde durchaus nicht in der Seitenlinie succediren, wohl aber selbst von ihren Verwandten beerbt werden [161]). Was aber den Grad betrifft, bis zu welchem die Verwandtschaft zur Erbschaft berufen wird, so ist dies der siebente, wie bei den Ehehindernissen, so daß dem namentlich gegen die curtis regia klagenden Verwandten obliegt, die Vorfahren, durch die er verwandt seyn will, zu nennen, und seine Behauptung mit zwölf Eidhelfern zu beweisen.

Leg.

---

157) Andrea de Barulo Comm. l. l.
158) Leg. Long. II. 38. 4.
159) Andreae de Barulo. Comm. l. l.
160) Andreae de Barulo. Comm. l. l.
161) Andreae de Barulo. Comm. l. l.

Leg. Long. II. 14. 1. (Rotharis.)

Omnis parentela usque in septimum geniculum numeretur, ut parens parenti per gradum et parentelam
heres succedat sic tamen ut ille qui succedere vult,
nominatim uniuscujusque nomina parentum suorum an-
tecessorum dicat: Die Erbfolgeordnung war eine Parentelenordnung; in der Parentel schloß der Nähere den
Entfernteren aus.

Was das Erbrecht zwischen Mann und Frau betrifft,
so giebt es ein solches im Longobardischen Recht eigentlich
nicht. Die Frau beerbt den Mann niemals, der Mann
die Frau nur, wenn er das Mundium über dieselbe hat,
und auch hier nur in Ermangelung gemeinschaftlicher Kinder (Quicunque ex quacunque natione legitimam uxorem accepit, vel acceperit, si eam mori contigerit *sine
filiis amborum* vir uxori suae succedat et omnia bona
sua percipiat) [162]). Die Kinder aus einer früheren Ehe
der Frau schließt er unbedingt aus, was schon aus dem
argumentum a contrario der Worte *sine filiis amborum* hervorgeht. Ob die Kinder zweiter Ehe als Erben
des Mundium ihres Vaters, die Kinder aus der ersten
Ehe ihrer Mutter ausschließen, ist lange unter den Longobardischen Juristen zweifelhaft gewesen [163]), muß aber
durchaus verneint werden, weil sich nirgends in den Gesetzen ein Unterschied zwischen den Kindern findet. Der
Mann kann seiner Frau jedoch einen Ususfructus hinterlassen, der aber außer der meta und Morgengabe die

---

162) Leg. Long. II. 14. 30.

163) Glossa ad l. l.

N

Hälfte des Vermögens bei gemeinschaftlichen Kindern, und ein Drittel bei Kindern aus einer früheren Ehe nicht über-steigen darf [164]. Schreitet die Frau zu einer anderen Ehe, oder stirbt sie, so geht der Ususfructus an die Erben des Mannes zurück [165].

Sind gar keine Intestaterben vorhanden, so folgt die curtis regia in die bona vacantia (et si parentes non fuerint, curtis regia ipsas duas uncias suscipiat) [166]. In dem Falle aber, wo die curtis regia das Mundium hat, muß angenommen werden, daß ihr das Recht über-haupt zusteht, das jeder Mundualdus besitzt. In das Vermögen eines Freigelassenen (libertus homo, qui fulfrael factus est) [167] folgen zunächst die Söhne und Töchter. In Ermangelung dieser hat der Freigelassene das Recht über sein Vermögen zu testiren; so jedoch, daß Alles, was er vom Patron ohne das Recht vollkommen freier Schal-tung erhalten hat, an denselben zurückgeht (nam quantum de rebus benefactoris si eas non obligaverit in liberta-tem, ad ipsum patronum aut haeredes revertantur) [168], eben so Alles, was er im Gefolge des Herzogs oder eines anderen geschenkt erhalten, an den Schenker [169]. Hinter-läßt der Freigelassene keine Kinder und keinen letzten Wil-len, so beerbt ihn der Patron, welcher auch hier an die Stelle des Agnaten tritt [170].

---

164) Leg. Long. II. 6. 4.
165) Leg. Long. II. 6. 4.
166) Leg. Long. II. 14. 7.
167) Leg. Long. II. 14. 18.
168) Leg. Long. l. l.
169) Leg. Long. l. l.
170) Leg. Long. l. l.

Die Longobardischen Gesetze kennen neben der Intestaterbfolge aber allerdings auch die testamentarische,
wenn gleich sehr unvollkommen. Sie unterscheiden eine
Schenkung einzelner Sachen (thinx), und die Schenkung des gesammten Vermögens (garathinx) [171]. Eine
solche soll nicht heimlich, sondern in Gegenwart freier
Zeugen (gisiles) vorgenommen werden (Si quis res suas
alii thingare voluerit, non absconse, sed ante liberos
homines ipsam garathinx faciat, quaterus qui thingat,
et qui gisiles fuerint liberi sint, ut nulla in posterum
oriatur contentio) [172]. Zwischen der Schenkung inter
vivos und mortis causa ist übrigens kein specifischer Unterschied, denn es steht keinem Schenker frei, seine donatio
zu widerrufen, es müßte denn der Beschenkte sich derselben
Undankbarkeit schuldig machen, die auch bei Kindern einen
Grund der Enterbung darbietet (tatitum est, ut ille qui
garathinx susceperit, tales culpas non faciat donatori
suo, quales solent ingrati filii parentibus suis facere
per quas exheredantur) [173]. Eben so wenig kann sich
der donatarius, wenn die Schenkung des gesammten Vermögens auch inter vivos vor sich gegangen ist, den An-
sprüchen der Creditoren des Schenkers entziehen [174]. Hat
sich der Schenker den Ususfructus vorbehalten (lidolaip),
so ist er gehalten, mäßig seine eigene aber nunmehr ver-
schenkte Sache zu benutzen (nec ipsis postea doloso ani-
mo fruatur, nisi cum ratione) [175]. Ist dringende
Nothwendigkeit vorhanden, Grundstücke mit oder ohne In-

---

171) Leg. Long. II. 15. 1.
172) Leg. Long. l. l.
173) Leg. Long. II. 15. 3.
174) Leg. Long. l. l.
175) Leg. Long. II. 15. 2.

ventar zu verkaufen, oder zu verpfänden, so hat der Schenker dem Beschenkten davon Anzeige zu machen, und ihn
aufzufordern, einen anderen Ausweg zu finden, wodurch
ihm die Sache erhalten werden könne. Will der Beschenkte dem Schenker nicht zu Hülfe kommen, dann erst
ist die Veräußerung des Schenkers gültig [176].

Ein Aussätziger, der aus der Stadt Krankheits halber
verwiesen worden, und allein zu wohnen genöthigt ist, soll
keine Schenkung seiner Habe vornehmen können, weil er
von dem Tage seiner Verweisung an für todt gehalten
wird [177]. Anders verhält es sich mit dem Kranken.
Dieser kann bis zum letzten Lebensaugenblicke über sein
Vermögen verfügen (quamquam in lectulo jaceat, potestatem habeat dum vivit et recte loqui possit pro anima sua judicandi vel disponendi de rebus suis) [178].
Seit Kaiser Karl dem Großen muß das Testament vor
zweien Zeugen verrichtet werden [179]. Die Fremden, die
sich im Longobardischen Reiche niederließen, mußten noch
außerdem die Erlaubniß vom Könige erhalten, eine letztwillige Verfügung machen zu dürfen (et si filios non habuerit non sit illis potestas absque jussione regis res
suas cuicunque thingare aut per quodlibet ingenium,
aut per quemlibet titulum alienare) [180]. Bei einer
Schenkung, oder bei dem Vermächtniß einer einzelnen Sa-

---

176) Leg. Long. l. l. „Si tibi videtur subveni mihi et res
istas conservo in tria proprietate."

177) Leg. Long. II. 18. 1.

178) Leg. Long. II. 18. 2.

179) Leg. Long. II. 18. 5.

180) Leg. Long. III. 15. 1.

che [184]), wird abseiten des Beschenkten die Erstattung eines Aequivalents (launechild) erfordert; soll diese Remuneration als erlassen angesehen werden, so muß es ausdrücklich vom Schenker erklärt worden seyn [182]).

Leg. Long. II. 15. 4.

Si quis res suas cuicunque donaverit, et postea
qui donaverit launechild requisierit, tunc ille qui acceperit aut heredes ejus jurent quod launechild reddi-
tum sit, et si ausus non fuerit jurare, quod composi-
tum sit, reddat ei ferquidum, id est simile, quale in illa
die fuit, quando donatum est: et si juraverit sit abso-
lutus.

Jede Schenkung, bei welcher der Launechild nicht bezahlt worden ist, kann von dem Schenker revocirt werden,
ausgenommen, wenn einer fremden Stiftung etwas vermacht wurde, hier soll weder die verabsäumte Form, noch
die unterlassene Entrichtung des Aequivalents, einen Grund
zum Widerruf der Schenkung abgeben [183]).

Daß die Freiheit, zu testiren, oder sein Vermögen zu
verschenken, in vollem Maße vorhanden gewesen sey, wenn
keine Kinder, oder erbfähige Ascendenten da waren, ist
schon oben bemerkt worden. Nach einer Bestimmung Liut-
prands soll es Niemanden gestattet seyn, das Vermögen
den aus einer unerlaubten Ehe geboren Kindern zu hinterlassen, da die natürlichen nach der früheren Gesetzgebung
sogar neben den rechtmäßigen als Miterben auftreten durften (nam pater non possit illos illicitos neque per thinx

---

181) Andreae de Barulo. Comm.
182) Andreae de Barulo. Comm. Tit. 32.
183) Leg. Long. II. 15. 5.

neque per qualecunque colladium heredes instituere:
hoc autem ideo constituimus, ut omnis homo, qui vult,
accipiat legitimam uxorem nam non illicitas contrahit
nuptias) [184].

Unterziehen wir dieses so eben dem Einzelnen nach
vorgetragene Familien- und Erbrecht der Lombarda einer
mehr auf den Character desselben gehenden Zusammenstellung, so wird sich vorläufig ergeben, daß der Inhalt der
Longobardischen Gesetze durchweg vom Germanischen Geiste
zeugt, und daß die Spuren eines Römischen Einflusses innerhalb derselben ungemein gering sind. Was in unserer
Lehre, von Savigny [185], als Römischer Bestandtheil der
Lombarda hat angegeben werden können, beschränkt sich auf
dürftige Einzelheiten, ohne daß noch dazu überall die Römische Ableitung durchaus erwiesen genannt werden könne.
Wenn z. B. gesagt wird, daß Brüder, die nach des Vaters Tode noch zusammen bleiben, nicht das mit einander
theilen sollen, was jeder im Königlichen Dienste oder im
Heere erworben hat, sondern daß dieses vielmehr der Er-
werbende im Voraus haben müsse (et si unus ex ipsis in
obsequio regis aut cum judice aliquas res adquisierit
serviendo, habeat sibi in antea absque portione fratrum,
nec quod foris in exercitu adquisiverit commune sit
cum fratribus, quos in communi casa dimiserit) [186], so
kann hier freilich an das Römische peculium castrense
und quasi castrense gedacht werden [187]. Aber einerseits
ist dieser Rechtssatz auf so allgemeiner Billigkeit beruhend,

---

184) Leg. Long. II. 8. 6.

185) Geschichte des R. R. im Mittelalter II, 105 u. f.

186) Leg. Long. II. 14. 11.

187) v. Savigny a. a. O. S. 205.

daß er auch ganz abgesehen vom Römischen Recht erklärt werden kann, andererseits ist nicht gut zu begreifen, wie die scharfe Hervorhebung des peculium castrense und quasi castrense in einem Rechte grade auftreten sollte, das von einem Erwerb des Familienvaters durch das Kind überhaupt nichts weiß. Ja selbst in dem Falle, daß diese Sätze Anklänge des Römischen Rechts wären, so würden sie in der Umgebung, in welcher sie sich befinden, aufgehört haben, als solche gelten zu können, denn jede Schenkung, die dem einen Bruder gemacht ist, heißt es, sey ebenfalls nicht zum gemeinschaftlichen Vermögen zu rechnen (Et si quis alicui de suprascriptis fratribus garathinx fecerit, habeat in antea ille cui factum fuerit) [188]). Es wird also überhaupt nur angedeutet, daß, was jemand für sich selbst erworben hat, nicht zur gemeinschaftlichen Masse gezogen werden solle [189]). Wenn die Lehre von den letztwilligen Verfügungen auch allerdings durch Berührung mit ursprünglich Römischem Boden in die Lombarda hineingekommen ist [190]), so ist doch, sowohl Form als möglicher Inhalt des Testaments, so sehr von der Willkühr des Römischen Rechts unterschieden, daß diese Lehre kaum mehr die Spur der Römischen Verwandtschaft trägt. Die Enterbungsgründe selbst, welche ohne allen Zweifel der 115ten Novelle entnommen sind, sehen in den Longobardischen Gesetzen so fremdartig aus, sie sind so sehr von ihrem Zu-

---

188) Leg. Long. l. l.

189) v. Savigny a. a. O. macht auch die richtige Bemerkung, daß sich keine einzelne Stelle des Römischen Rechts als Quelle nachweisen läßt.

190) v. Savigny a. a. O. S. 207. 208.

sammenhange getrennt, daß man das Römische Recht nur
ganz äußerlich wiedererkennt.

Anders wie mit den materiellen Bestimmungen und
dem Inhalt des Römischen Rechts in den Longobardischen
Gesetzen, verhält es sich offenbar mit der Gestalt, welche die
Germanischen Rechtssätze, in Beziehung auf ihre Behandlung und weitere Einbildung angenommen haben. Der
Germanische Inhalt ist zwar vorhanden, aber ihm ist alle
weitere Vertiefung abgeschnitten. Man möchte ihn, wenn
man sich sonst des Bildes bedienen darf, für castrirt erklären, denn bei aller Hinweisung auf seinen kräftigen Ursprung ist er nicht fähig, eine Fortsetzung oder eine Reihe
fruchtbarer Folgen, zu entwickeln. Das Longobardische
Recht hat ein weit längeres Leben geführt, als fast alle
anderen barbarischen Gesetze, aber diese haben in den weiteren Gestalten sich fortbewegt, in die sie übergingen, das
Longobardische Gesetz hat sein langes Leben nur dem Mangel an Zeugungskraft zuzuschreiben. Es erscheint daher
auch gar nicht mehr in ursprünglichen Germanischem Ge-
wande, sondern eingefügt in Römische Bestimmtheit, ja bisweilen in Casuistik, die von der Dürftigkeit des Inhalts seltsam absticht. Nicht wie andere Germanische
Rechte erst später von der Kraft und dem langsamen Einflusse des Römischen Rechts besiegt, sondern gleich neben
dasselbige hingestellt, hat es diese Concurrenz nur dadurch
ertragen können, daß es sich ebenfalls aus seiner roheren
historischen Gestalt, wenn auch nur ganz äußerlich, zu einem Systeme umwandelte, und so viel es sich mit dem
Inhalte vertragen wollte, die Formen des Nebenbuhlers
sich zu eigen machte. Wenn die barbarischen Gesetze in
die objective Gestalt eines Systems übergehen, so ist
dies ein hinreichendes Zeichen, daß sie von ihrem eigentlichen Ursprung abgekommen sind, und daß eine wei-

tere Einbildung, von ihrem Principe aus, nicht zu erwarten ist.

In der Lehre von der Ehe findet sich zwar der Germanische Rechtssatz in durchgreifender Anwendung, daß
ein Weib sich nicht selbst verehlichen und zum Manne gehen soll, sondern daß sie dazu eines Verheirathenden bedürfe, aber das Mundium hat hier nicht mehr den Character der aus der Sitte, und aus der Unselbstständigkeit
des weiblichen Geschlechts hervorgehenden Nothwendigkeit
eines Schutzes, sondern den einer wahren Geschlechtstutel,
die als Recht erscheint, und als solches auch einen Preis
hat, der dafür erstattet wird. Es liegt gar nicht fern, und
die Italienischen Juristen haben es häufig versucht, das
Mundium mit der Römischen Lehre von der Tutel zusam-
menzustellen und beide mit einander zu vergleichen. Der
Mundualdus, obgleich von einem tutor durchweg verschieden, kann, wenn die ursprüngliche Germanische Vorstellung
schwächer wird, sich leicht in einen solchen umsetzen lassen,
und das Mundium, das der curtis regia zusteht, wird zu
einer wahren tutela dativa. Da ohnehin der Canonische
Lehrbegriff von der Ehe die Grundlage ausmacht, gegen den
sich alle anderen Bestimmungen als gleichgültige verhalten,
so wird durch diese verbindende Mitte der scharfe Gegensatz
des Germanischen Rechts abgestumpft, und fähig gemacht,
sich auch mit ganz verschiedenen Vorstellungen in Einklang
zu setzen. Wenn so grade die entscheidenden Unterschiede des
Germanischen Rechtsprincips, statt sich tiefer einzubilden, eine
Vermittelung zulassen, so werden die barbarischen Bestandtheile
der Gesetzgebung, die vielen Strafbestimmungen bei ungleichen Ehen, bei Ungehorsam gegen den Willen des Mundualdus, bei der Entführung u. s. w., kurz alles dasjenige,
was nicht sowohl dem Germanischen, als der anfänglichen
Rohheit des Germanischen Rechts angehört von Hause

aus, als keiner weiteren Fortsetzung fähig betrachtet wer=
den müssen.

Was die Vermögensverhältnisse der Ehe betrifft, so
läßt sich hier das durchgängig Germanische auf keine Weise
verkennen. Die dos, welche der Mann für die Frau giebt
(meta), so wie die Morgengabe, die ihr am Tage nach der
Vermählung geschenkt wird, sind so das Entgegengesetzte
des Römischen Dotalrechts, daß das eine das andere voll=
kommen ausschließt. Wenn in den Orientalischen Rechten
wie schon oben einmal gesagt worden, die Morgengabe ein
Zeichen der Dienstbarkeit des Weibes und seiner bloßen
Geltung als Sache ist, wenn gegen sie gehalten die dos
des Griechischen und Römischen Rechts, welche die Frau
mitbringt, ein Zeichen ihrer Freiheit und ihres Bürger=
thums, das worin sie sich von der Concubine unterschei=
det, ausmacht, so kann im Christlich Germanischen Recht
wiederum zur dos, die der Mann giebt, und zur Morgen=
gabe zurückgekehrt werden. Denn die Frau braucht, um
ihre Freiheit und ihre Geltung als Person darzuthun, nicht
mehr mit einem Eigenthum zu erscheinen. Vielmehr soll
es nicht dieses Eigenthum seyn, um deffentwillen mit ihr
die Ehe eingegangen wird. Wo die Frau blos die Gleiche
ist, wie in Rom, muß sie auch diese ihre Gleichheit in ei=
nem entsprechenden Vermögen aufweisen; wo aber die Liebe
das Princip der Ehe ist, hat die Frau ohnehin, was der
Mann besitzt, und ihr relativer Reichthum, oder ihre Armuth
sind, da sie nicht einzeln zu betrachten ist, höchstens etwas
Gleichgültiges. In der Einheit von Mann und Weib,
welche die Ehe ist, bleibt der Mann aber die stärkere Hälfte,
und wie er die Frau beschützen und sie erhalten muß, soll
er auch für sie Sorge tragen, für den Fall, daß die Ehe
als solche nicht mehr besteht. Von diesem höheren Stand=
punkt aus, hat also der Mann der Frau eine dos, eine

Morgengabe, zu bestellen. Dieses Witthum ist dann eine
für die Zeit, wo die Ehe nicht mehr seyn wird, verlän=
gerte Fürsorge, eine Erklärung bei Eingehung der Ehe, daß
der Mann derselben eine immerwährende Dauer zu geben
gedenkt. Während die dos der Frau ein Ausdruck für
ihre Freiheit ist, ist die dos, welche der Mann bestellt, ein
Ausdruck seiner Liebe für die Frau. Das Geschenk, oder
das Eigenthum, welches das Weib dem Manne giebt, ist
keine Aeußerung der Liebe, weil der Mann, als der Herr,
als der Erwerber nicht ohne Unangemessenheit empfangen
kann, weil das Geschenk somit die natürliche Ordnung und
Bestimmung des Geschlechtes verrückt. Eine Frau kann
daher dem Manne nur eine dos mitbringen, um die Lasten
der Ehe auch für ihren Theil zu tragen und zu bezahlen:
sie kann dem Manne kein Witthum verschreiben, weil sie
dadurch als das Haupt und der Ausgangspunkt des Hau=
ses, als die stärkere Hälfte würde betrachtet werden müssen.
So ist denn auf eine bemerkenswerthe Weise die Orientali=
sche Morgengabe zu etwas ganz Anderem, man kann sagen
zu dem Umgekehrten, im Germanischen Rechte verkehrt wor=
den. Im Orient ist sie das Zeugniß dafür, daß die Frau
eine Sache ist, im Germanischen Recht ist sie das Zeugniß
der Liebe für die Frau als eine freie: im Orientalischen
Rechte ist sie die Bezahlung für den Anfang der Ehe.
Im Germanischen Rechte ist sie die Fürsorge für den Fall,
daß der Tod die Ehe lösen möchte. In dem Orientalischen
Rechte ist die Morgengabe, wie jedes pretium, in die Will=
kühr der Partheien gestellt, und kann daher auch ganz weg=
fallen; im Germanischen Rechte ist sie als Ausdruck der
Liebe des Mannes nothwendig.

Es ist in der neuesten Zeit die Frage aufgeworfen
worden, ob überhaupt in den Germanischen Rechten der
Preis, welchen der Bräutigam für die Braut bezahlt, mit

der dos, welche er ihr bestellt, zusammenfalle, oder ob beide
als verschieden zu betrachten seyen[191]).   Daß beides eins
und dasselbe ist, wird schon durch die angenommenen Summen der dos in den verschiedenen barbarischen Gesetzen au-
genscheinlich.   Nirgends wird von einem pretium neben
der dos gesprochen, wohl aber wird das, was der Bräuti-
tigam zu geben hat, bald dos bald pretium genannt. Der
Unterschied liegt nur in der veredelten und sittlicher gewordenen Bedeutung.   Was der Mann für die Frau giebt,
hat im Anfange den rohen Sinn, daß die Frau dafür gekauft sey: das Germanische Recht stimmt hier mit dem
Orientalischen zusammen.   Bald aber wird der Kaufpreis
der Gekauften selbst angehörig; er dient zur Sicherheit und
Gewißheit der Ehe, und ist als Witthum der Ausdruck für
die Liebe des Mannes. Die von der dos getrennte Morgengabe ist eigentlich dem Begriffe nach gar nicht von der dos unterschieden; die Frau behält in den Longobardischen Gesetzen
die meta, wie die Morgengabe für sich: die Morgengabe
hat nur noch die symbolische Bedeutung mehr, unmittelbar
am Tage nach der Ehe, und zwar für die Vollziehung derselben gegeben zu seyn.   Man kann kaum bestimmen, ob,
bei den Longobarden die Morgengabe oder die meta bedeutender gewesen sey; das Maximum der meta wird in einer bestimmten Summe von 400, oder 300 solidi ausge-
drückt, während die höchste Morgengabe durch eine Quote
des Vermögens bezeichnet wird.

Diese Beschränkung der Willkühr, seine Frau zu be-
schenken oder zu dotiren, obgleich sie sich auch noch in anderen barbarischen Gesetzen, wie z. B. bei den Westgothen
und Franken findet, ist dennoch ein fremder Zug, der

---

191) Grimm, Deutsche Rechtsalterthümer S. 423.

in das Germanische hineinspielt. Im Westgothischen Gesetzbuch ist die Schenkung unter Ehegatten wenigstens nach
dem ersten Jahre der Ehe erlaubt. Im Longobardischen
Rechte ist jede Schenkung verpönt, die der Mann der Frau
außerhalb der meta, und Morgengabe macht. Daß hier
der Römische Gedanke der verbotenen Schenkungen wenigstens mittelbar Einfluß gehabt habe, ist nicht zu verkennen. Die Nordischen Rechte wissen nichts von einem Maximum, und von verbotener Schenkung. Schon das Römische Recht kennt eine Art der dos des Mannes, denn etwas Anderes ist die donatio propter nuptias nicht. Nur
daß im Römischen Recht die donatio propter nuptias als
Aequivalent der dos betrachtet wird, und so nur ein Ne-
beninstitut bildet, das ohne die Beziehung auf die dos von
selbst zu bestehen aufhört. Die abstracte Gleichheit, welche
in der Römischen Ehe herrschend ist, macht, daß das, was
der Mann zu gewähren hat, nicht mehr seyn darf, als
was die Frau ihm ihrerseits eingebracht, dann aber hat
auch die donatio propter nuptias nur den Character der
Sicherung der dos, nicht den eines selbstständigen Geschenks.
Daß aber auch in dieser Lehre alle Elemente gegeben sind,
um bei stehenbleibender Germanischer Ausbildung die Grundsätze des Römischen Rechts an die Stelle der Germanischen zu setzen, ist nicht schwer einzusehen. Die meta kann
sich in die donatio propter nuptias ohne große Mühe verwandeln, und die Lehre von den verbotenen Schenkungen
hat schon innerhalb des Longobardischen Gesetzbuchs ihren
Anfang. Während in den ächt Germanischen Ländern das
Dotalrecht sich in die Gütergemeinschaft fortbewegt, verbinden sich in den Romanischen Ländern die Bestimmungen
des Römischen Rechts damit, und gewähren endlich ein
Product, worin der Germanische Ursprung kaum mehr erkennbar ist.

Die dos, welche die Frau dem Manne mitbringt, ist in den Germanischen Rechten zwar nicht absolut zum Begriffe der Ehe nothwendig, aber sie kann, namentlich bei der entwickelteren Ansicht von der Freiheit der Frau, factisch statt finden. Im Longobardischen Rechte hat sie die Bedeutung, daß die Frau mit demjenigen, was ihr der Vater oder der Bruder am Tage der Hochzeit giebt, gleichsam abgefunden ist. Sind blos Schwestern da, so wird die dos freilich nicht vom Erbrecht abhalten, aber alsdann tritt die Collation ein, was die Longobardischen Gesetze unstreitig dem Römischen Rechte entlehnt haben. Es bedarf hier nicht einmal, wie bei der Lehre von der meta, einer Vermischung der ursprünglichen Grundsätze, um die Römische dos an die Stelle des Longobardischen faderfium zu setzen.

Die väterliche Gewalt erscheint in den Longobardischen Gesetzen, wie schon oben auseinandergesetzt worden, in sehr unstrenger Haltung und ganz in die allgemeinere Lehre des Mundium aufgegangen. Der Vater ist nur in sehr wenigen Punkten vor dem Bruder ausgezeichnet, der ihn ersetzt. Daher denn auch der characteristische Zug des Erbrechts, daß die unverheiratheten Schwestern in gewissen Fällen mit den Töchtern gleich gehen. Der Sohn erwirbt für sich, sowohl das Eigenthum als den Nießbrauch. Aber diese Allgemeinheit der väterlichen Gewalt, als eines bloßen Schutzes, indem sie nothwendig weiterer Bestimmungen entbehrt, fällt mit dem letzten Standpunkte der Römischen väterlichen Gewalt zusammen, auf welchem auch die frühere Strenge zu einer fast ganz negativen Bedeutung gekommen ist, und die sich immer mehr hervorhebende Selbstständigkeit der Kinder den Character der väterlichen Gewalt vernichtet hat. Es ist gar keine Schwierigkeit vorhanden, die Römische väterliche Gewalt, wie sie in ihren

letzten Gestaltungen sich zeigt, an das Longobardische Familienrecht in dieser Beziehung anzuknüpfen, so wie oben
schon bemerkt worden ist, daß das Mundium geeignet ist,
den Begriff der Römischen Tutel in sich aufzunehmen.

Der unbedingte Vorzug, welcher der Agnation vor
der Cognation sowohl im Erbrecht, als in allen andern
Rechten der Verwandtschaft in den Longobardischen Gesetzen beigelegt ist, ist durchaus Germanisch, er steht dem
Römischen Rechte gradezu gegenüber, welches in seinem
späteren Verlaufe eben das Princip der Cognation über
das der Agnation hat siegreich werden lassen. Aber dieser
Unterschied, indem er selbst ein ursprünglich Römischer, und
nur durch die spätere Geschichte vermischter ist, kann ohne
großes Widerstreben mit dem Römischen Rechte in Verbindung gesetzt werden. Ohnehin äußert sich der Vorzug
des Mannsstammes vor den Weibern im Longobardischen
Rechte gar nicht in Beziehung auf einen Unterschied der
verschiedenen Sachen, die zum Vermögen gehören; ein solcher Unterschied, wie er sich in nördlicheren Rechten findet,
kommt vielmehr gar nicht vor. Die Germanische Verschiedenheit der Verwandtschaft bezieht sich im Erbrecht aber lediglich auf die abweichende Natur der Sachen. An sich
und ohne Rücksicht auf diese Sachen, hat der Unterschied
seine Germanische Wurzel verloren. Nur durch diese Wurzel aber kann das Römische Recht, dem die Verschiedenheit der Sachen ebenfalls gleichgültig ist, verhindert werden, seinen Einfluß auf die Begriffe von Agnation und
Cognation geltend zu machen. Daß die Mutter niemals
in die Rechte des Vaters tritt, daß sie den Sohn nicht
beerbt, ist für die Annäherung des Römischen Rechts keine
unversöhnliche Entfernung.

Diejenigen Züge, welche im Longobardischen Erbrecht als
originell Germanisch, und dem kräftigen Urcharacter des Volks

gemäß erscheinen, sind durch spätere Verordnungen derselben Sammlung bereits aufgehoben. Dahin gehört das
Erbrecht der natürlichen Kinder in Gemeinschaft mit den
ehelichen. Ehe der Canonische und Römische Grundbegriff
von der Ehe in die Sitte der Longobarden sich eingeführt
hatte, war die Concurrenz der natürlichen Kinder mit den ehelichen nur durch die quantitative Verschiedenheit beschränkt.
Aber die kirchliche Ehe läßt die Gesetze des Königs Rotharis schon innerhalb des Longobardischen Rechts selbst
untergehen. Das Erbrecht der natürlichen Kinder schwindet ganz und mit ihm einer der hervorstechendsten Punkte
dieser Gesetzgebung. Eben so leidet der ausschließliche Vorzug
des näheren Grades vor dem entfernteren, welcher den meisten älteren Germanischen Rechten selbst in der absteigenden Linie eigenthümlich ist, schon im Longobardischen Rechte
selbst den Einfluß der Römischen Vorstellung, daß die entferntesten Descendenten in Ermangelung der Mittelsperso-
nen den nächsten gleich zu setzen seyen. Mit diesem Repräsentationsrecht der Enkel ist die ganze Richtung der
Descendentenerbfolge auf die Bahn des Römischen Rechts
geleitet.

So sehr auch die Unwiderruflichkeit der Schenkungen
und Testamente einen dem Römischen Recht durchaus fremden Character hat, und gleichsam den Römischen Begriff
des Testaments zu vernichten scheint, das nur in seiner
Widerruflichkeit wurzelt, so ist doch mit dem Testamente,
gleichviel in welcher Gestalt, die Grundlage gegeben, die
ganze Breite der Römischen Gesetzgebung daran anzurei-
hen. Nur in der entschiedenen Abweisung des Testaments,
wie Tacitus dies von den alten Germanen aussagt, nicht
etwa in dem veränderten Begriff ist eine Rettung vor dem
Umsichgreifen desselben zu finden. Das Longobardische
Recht ist daher weit davon entfernt, die Römische testa-

men-

mentifactio aufgenommen zu haben, aber auch wenig in seinen Bestimmungen dazu geeignet, den Römischen Grundsätzen in dieser Beziehung einen Damm entgegen zu stellen.

Auf gleiche Weise verhält es sich mit dem Notherbenrecht. Man kann kaum behaupten, daß ein solches in den Longobardischen Gesetzen gefunden werde, denn dazu bedarf es eines der Intestaterbfolge gegenüberstehenden testamentarischen Systems. Aber indem Römische Enterbungsgründe entlehnt werden, und wörtlich aufgenommen sind, ist auch hier der Grund und Boden gelegt, der Römischen Vermittelung zwischen Familie und Willkühr, welche sich in dem Pflichttheil kund giebt, den Zugang zu verschaffen.

Die Befugnisse, welche der curtis regis beigelegt sind, sowohl in Beziehung auf das Mundium, als auf das damit verbundene Erbrecht, das nicht blos in Ermangelung von Verwandten, sondern auch bisweilen in Concurrenz mit denselben eintritt, obwohl sie allerdings einen ganz anderen Grund, wie die Rechte des Römischen Fiscus haben, lassen eine gegenseitige Uebertragung und Verwechselung beider zu, so daß der ursprünglich feudalistische Character des Longobardischen Staates, namentlich in Beziehung auf das Privatrecht, späterhin von der Vorstellung des Staates, wie ihn das Alterthum kannte, verdrängt wird.

Der Zweck der gegenwärtigen Auseinanderlegung war nun zu zeigen, wie zwar die Longobardischen Gesetze ihrem Inhalte nach, so weit er unseren Gegenstand betrifft, durch und durch Germanisch sind, wie in ihnen aber statt der ferneren Bildungsfähigkeit die Anlage liegt, sich mit dem, dem Italienischen Boden angemesseneren Römischen Recht, zu verbinden, und wie nur eine geringe Wendung dazu gehört, die Germanische Eigenthümlichkeit abzustumpfen, um sie den Einflüssen des Römischen Geistes zugänglich zu

machen. Die Italienische Rechtsgeschichte des späteren
Mittelalters ist nichts als die Verwirklichung dieses Gedankens.

Weit mehr noch als auf das Landrecht ist dies aber
auf das Longobardische Lehnrecht anzuwenden. Schon die
spätere Zeit, in welche die Sammlung desselben fällt, läßt
die unmittelbare Einwirkung des Römischen Rechts spürba-
rer werden, und je weniger der Inhalt des Rechtsbuches
der Römischen Gesetzgebung entspricht, desto mehr wird es
einleuchtend, wie selbst echt Germanische Gedanken in Italien der Römischen Form, oder wenigstens der oft gezwun-
genen Anwendung derselben nicht entgehen können. Der
Einfluß des Römischen Rechts auf das Longobardische
Feudalrecht wird in ihm selbst eingestanden. Causarum
quarum cognitio, heißt es [192], frequenter nobis com-
mittitur *aliae dirimuntur jure Romano*, aliae vero legibus Longobardorum, aliae autem secundum regni
consuetudinem. — *Legum autem Romanorum* non est
vilis auctoritas, *sed non adeo vim suam extendunt*, ut
usum vincant aut mores. Strenuus autem jurisperitus,
sicubi casus emerserit, qui consuetudine feudi non sit
comprehensus, *absque calumnia uti poterit lege scripta*.
Hierin liegt, ohne daß es einer weiteren Ausführung bedürfe, wie das Römische Recht subsidiarischerweise als Erläuterung des Feudalrechts dient, und wie der Widerspruch,
der zwischen dem Römischen Recht als solchem und dem
Feudalrecht überhaupt statt findet, so wenig in Italien gefaßt wird, daß man von Hause aus eine Ergänzung des
einen durch das andere für statthaft und tadellos (absque
calumnia) erklärt. Daß die Ausarbeitung des Longobar-

---

192) II. F. 1.

bischen Lehnrechts, in Styl und Form, das Römische Recht sich zum oft karrikirten Muster erwählt, kann kaum beim ersten Anblick unbemerkt bleiben.

Wenn dies der allgemeine Character des Longobardischen Lehnrechts ist, der Ausführung und Bestimmtheit nach, dem Römischen Rechte erschlossen zu seyn, so läßt sich dasselbe eben so wenig vom Inhalte sagen, als es bei dem Longobardischen Landrechte behauptet werden konnte. Namentlich beruht das Princip der Lehnsfolge, die uns näher angeht, so sehr man sich auch bemüht hat sie zu romanisiren, auf einer dem Römischen Erbrecht durchaus fremden Wurzel.

Da das Lehn nicht ein unmittelbares und unabhängiges, sondern ein unter Bedingungen und mit vorbehaltenen Rechten verliehenes Eigenthum ist, so folgt die Nothwendigkeit erbrechtlicher Beziehungen für dasselbe gar nicht. Das Erbrecht muß vielmehr mit dem Lehne verliehen und in dasselbe eingeführt werden. Von selbst versteht es sich nicht. Denn weil das Recht des Vasallen nicht darin liegt, daß er das Lehn hat, sondern daß es ihm verliehen worden, so kann auch die Wurzel der Lehnsfolge nicht in dem Rechte des Vasallen, sondern lediglich in der Investitur liegen. Die rein persönliche Beziehung des Vasallen zum Lehnsherrn schließt das Erbrecht aus, und das Recht des Erben wird nur als ein ihm in seiner eigenen Person zuerkanntes Recht, nicht als Nachfolge in das Recht des Erblassers erscheinen. Im Anfang ist also das Erbrecht gar nicht mit dem Gedanken des Lehns verbunden, es folgt vielmehr als ein äußerer, und man könnte sagen, zerstötender Zusatz des Lehnrechts, indem dadurch die Kraft des Verhältnisses, von der persönlichen Beziehung zum Lehnsherrn, in das Eigenthum des Vasallen gelegt wird.

I. F. 1. §. 1.

Antiquissimo enim tempore *sic erat in dominorum potestate connexum*, ut quando vellent, possent auferre rem in feudum a se datam; postea vero eo ventum est, ut per annum tantum firmitatem haberent; deinde statutum est ut usque ad vitam fidelis produceretur, *sed cum hoc jure successionis ad filios non pertineret.* Sic progressum est ut ad filios deveniret, *in quem scilicet dominus hoc vellet beneficium confirmare:* quod hodie ita stabilitum est, ut ad omnes, aequaliter veniat.

Daß der Uebergang des Lehns auf die Söhne gar nicht erbrechtlicher Natur, sondern lediglich eine neue Verleihung abseiten des Lehnsherrn ist, wird ganz klar in den Worten des obigen Textes, in quem scilicet dominus hoc vellet beneficium confirmare, ausgesprochen. Bezieht sich aber die Lehnfolge nur auf die vorausgesetzte Bestätigung und Verleihung des Lehnsherrn, so wird sie auch darin vom Erbrechte sich unterscheiden, daß nicht die Stellung des zufällig letzten Besitzers zu seiner Verwandtschaft, sondern der Standpunkt des ersten Erwerbers es ist, welcher die Lehnsfolge bestimmt. Im Erbrecht ist der Erbe der Nachfolger des Erblassers in allen Beziehungen des Vermögens. Indem im Erben der Erblasser sich erneut, hat er auch zugleich aufgehört zu seyn. Der Erbe ist nun Herr des Vermögens in seinem Rechte, und der erbrechtliche Titel kommt, rücksichtlich des weiteren Schicksals des Vermögens, nicht wieder zum Vorschein. Dagegen ist in der Lehnsfolge der jedesmalige Besitzer nur der Repräsentant der in ihm stets fortwirkenden Verleihung; er kann sich dieser ersten Verleihung nie entäußern, denn damit würde sein Recht unbedingt aufgehört haben. Jeder Besitzer hat sich zum ersten Erwerber also zurückzubringen, und nicht aus dem Standpunkte des letzten Besitzers, sondern aus dem des ersten Erwerbers bestimmt sich die Lehnsfolge, die in so fern nur die beständige Erinnerung an die Investitur ist [193]).

Aus dieser Verschiedenheit des Princips der Lehnsfolge und des Erbrechts folgt der Unterschied, welcher im Lehnrecht zwischen Successionsrecht und Successionsordnung angenommen werden kann. Im Erbrechte fällt dieser Unterschied durchaus zusammen, denn da jeder nur in seinem Rechte erbt, so ist der, welcher an der Successionsordnung ist, auch der zur Succession berechtigte, und umgekehrt ist niemand zur Succession berechtigt, der nicht an der Successionsordnung wäre. In der Lehnsfolge ist dagegen der erste Erwerber der immer fortwirkende Grund der Succession. Alles was von ihm herstammt, ist, in so fern er in Allem das Wirksame ist, auf gleiche Weise berechtigt. Aber diese gleiche Berechtigung entscheidet die Frage noch nicht, wer in den Besitz des Lehns kommen solle: zur Entscheidung dieser Frage muß eine Ordnung unter den Berechtigten statt finden, und neben dem Successionsrecht auch eine Successionsordnung auftreten, welche durch die nähere Gemeinschaft bestimmt ist. Man könnte freilich bei jeder Intestaterbfolge dasselbe zu behaupten geneigt seyn: man könnte auch hier Successionsrecht von Successionsordnung unterscheiden wollen, indem man der Familie überhaupt das Successionsrecht zuerkennt, danach aber erst zu entscheiden hat, welche Individuen aus der Familie nunmehr wirklich folgen. Aber diese Anwendung des der Lehnsfolge Eigenthümlichen auf jede Erbfolge würde durchaus falsch seyn, da die Familie nur

---

193) l. F. 8. pr. l. F. 14. §. 1. l. F. 19; §. 1.

der Grund des Erbrechts, nicht es selbst ist, und daher so-
der erst als zur Succession berechtigt zu betrachten ist, der
an der Ordnung der Succession sich befindet. In der
Lehnsfolge aber schreibt sich die Berechtigung zur Succession nicht vom Besitzer her, sie ist vielmehr während des
Besitzes des Vasallen schon vorhanden, so daß der im Erbrecht geltende Grundsatz, hereditas non sit viventis, hier
keine Anwendung findet: es ist der Todte vielmehr, welcher den Lebendigen erbt. Vor aller Erbfolgeordnung ist
also ein Erbfolgerecht vorhanden, so wie der Todte vor
dem Lebendigen da ist. Erbfolgeordnung und Erbfolgerecht
fallen also im Lehnrecht auseinander, während sie im Ehe-
vilrecht zusammenfallen [194]. Das erbrechtliche Moment,
welches in der Lehnsfolge liegt, ist daher eigentlich die Successionsordnung. Das Successionsrecht ist außer allem
Erbrecht. In der Deutschen Lehnsfolge, wo statt des Suc-
cessionsrechts der Gedanke der Sammtbelehnung sich wie-
findet, ist also dieser Unterschied zwischen Successionsrecht
und Successionsordnung nicht zu machen. Im Longobardischen Lehnrecht dagegen ist die ursprüngliche Vorstellung,
daß Alles auf den ersten Erwerber zurückzubeziehen sey,
mit der ganz entgegengesetzten Vorstellung eines vollkom-

---

194) Auffallend ist es, wenn Phillips Grundsätze des gemeinen
deutschen Privatrechts II. S. 205. in einem Athem sagt: „Von vielen
„wird diese Unterscheidung als ungegründet verworfen: der Beweis
„davon hat indessen nicht gelingen wollen, und somit kann man
„sie wohl als in dem Wesen der Lehnsfolge gegründet
„ansehen, wie sie sich denn auch überall, wo es sich um
„eine Erbfolge handelt, geltend machen muß." Wäre
dies der Fall, so wäre sie ja wiederum nicht in dem Wesen der
Lehnsfolge gegründet.

menen Erbrechts, das nothwendig den letzten Besitzer ins
Auge faßt, in Verbindung gebracht.

In dieser Verbindung von Successionsrecht und von
Successionsordnung, oder von Lehnrecht und Erbrecht liegt
bereits die Anknüpfung des ursprünglich Germanischen und
feudistischen Princips an das Civilrechtliche und Römische.
Es ist nun natürlich, daß die Macht der Successionsordnung die Oberhand behält, und daß die Fortsetzung des
Besitzes, welche in der Verleihung an den ersten Erwerber
wurzelt, und worin sich der erste Erwerber immer wiederholt, zu einem wahren Erbrechte wird, das zum Ausgangspunkt den letzten Besitzer hat, und worin auch nebenbei,
und als secundaire Betrachtung, zugleich auf die Abstammung vom ersten Erwerber Rücksicht genommen wird.

Was nun die Successionsordnung betrifft, so wird in
der graden Linie das Princip des Erbrechts und das des
Lehnrechts zusammenfallen. Die Descendenz des letzten
Besitzers ist von selbst die des ersten Erwerbers des Lehns.
In Beziehung auf diese Descendenz finden sich nun dieselben Grundsätze, die schon ins Longobardische Landrecht aus
dem Römischen Recht übergegangen sind, nämlich das
durchgehende Repräsentationsrecht ebenfalls vor. Männliche Descendenten früher verstorbener Söhne succediren daher mit Söhnen selbst. Die weibliche Descendenz, die im
Longobardischen Landrecht wenigstens in Ermangelung der
männlichen vorkommt, ist durch die Natur des Lehns ausgeschlossen [195]). Wenn aber auch in das Lehn keine weib-

---

195) I. F. 8. pr. Si quis igitur decesserit, filiis et filiabus
superstitibus, succedunt tantum filii aequaliter, vel nepotes ex
filio, loco sui patris, nulla ordinatione in feudo manente vel
valente II. F. 11. pr. Mortuo enim eo, qui beneficium tenebat

liche Succeſſion ſtatt findet, ſobald die Verleihung an einen Mann geſchah, ſo kann ein Lehn von Hauſe aus ein
Weiberlehn ſeyn, oder ausdrücklich dazu erklärt werden [196].
In dieſen beiden Fällen wird, in Ermangelung männlicher
Deſcendenz, die weibliche gerufen werden. Es ſcheint allerdings eine verſchiedene Meinung darüber geherrſcht zu
haben, ob nicht immer, ſelbſt wenn das Lehn von Hauſe
aus einem Weibe verliehen worden, erſt ausdrücklich die
weibliche Succeſſion feſtgeſtellt werden müſſe, weil ſonſt
conſequent geſagt werden könnte, daß bei einem Weiberlehne die weibliche Deſcendenz ſelbſt den Vorzug vor der
männlichen haben dürfte (Alii vero dicunt, nisi per pactum speciale ad eas non pertinere: sicut si datum esset filio masculo: quia si ideo quod est foemineum sine pacto transit in foeminas, eadem ratione, quia est
foemineum transit in foemineam prolem, etiam masculis extantibus, quod falsum est) [197]. Aber dies zeigt
nur um ſo ſtärkr, wie es lediglich die Verleihung und der
Vertrag iſt, welcher die Natur des Lehns beſtimmt, und

---

primo causa liberorum est. Filiis enim existentibus masculis,
vel ex filio nepotibus, vel deinceps per masculinum sexum descendentibus, caeteri removentur agnati. — II. F. 11. pr. Ad
filiam vero seu neptes vel proneptes vel ex filia nepotes seu
pronepotes successio feudi non pertinet. Proles enim foemi-
nini sexus vel ex foemineo sexu descendens, ad hujusmodi successionem aspirare non potest, nisi ejus conditionis sit feudum, vel ex pacto acquisitum.

196) *II. F.* 50. pr. et non filia nisi ex pacto, vel nisi sit
foemineum. *II. F.* 30. pr. Si foemina habens feudum deces-
rit, quia foemineum est feudum, et sine pacto speciali deficientibus filiis masculis ad filias pertinebit.

197) II. F. 30. pr.

wie das erbrechliche Moment nur erst von Außen in das
Lehnrecht hineingetragen worden ist. Das Männern ver-
liehene Lehn kann seine ursprüngliche Bedeutung durch die
Zufälligkeit der Succeſſion nicht verlieren, dagegen das
Weiberlehn eben so wenig geeignet iſt, Weiber auszuſchlie-
ßen, die ſich an den Character der erſten Verleihung halten würden. Wenn Männer Weiber ausſchließen, so iſt
es aber nicht umgekehrt mit Weibern der Fall. Was dieſe
erlangen können, darf lediglich darin beſtehen, ſelbſt nicht
ausgeſchloſſen zu ſeyn. Das Weiberlehn iſt nämlich eine
Ausnahme, welche die Weiber zuläßt, nicht eine Eigenſchaft
welche ſie nothwendig berechtigt.

Daher werden Weiber ſelbſt im Weiberlehne durch die
männliche Descendenz ausgeſchloſſen: daher können einmal
ausgeſchloſſene, nie wieder zur Succeſſion gelangen, denn da
ſie von der Folge entfernt ſind, würde keine Möglichkeit
vorhanden ſeyn, dazu zurückzukehren.

II. F. 17. pr.

Qui sibi vel haeredibus suis masculis, vel his deficientibus, foeminis per beneficiorum investituram feudi
accepit: una tantum filia superstite, nullo alio descendente relicto decessit. Haec marito paternum feudum
in dotem dedit, et decessit, duobus filiis ex eo pro-
creatis, quorum unus duas filias reliquit: alter vero
uno filio masculo relicto, decessit. De praedicto itaque
feudo urgentem vidimus quaestionem: masculo quidem
hoc feudum totum sibi, quia solus ejus qui primo investituram accepit haeres masculus sit, vindicante: foeminis vero totam sui patris partem sibi defendentibus,
quia ex eo nullus extitit masculus. Cumque inter sapientes saepe super hac quaestione sit disputatum; tan-
dem pro masculo pronuntiatum est. Non enim patet

locus foeminae in feudi successione, donec masculus superest ex eo qui primus de hoc feudo fuerit investitus.

I. F. 6. 1.

Quin etiam, si quis eo tenore feudum acceperit ut ejus descendentes masculi et foeminae illud habere possint: *relicto masculo ulterius foeminae non admittuntur* [198]).

Weil es nicht das verwandtschaftliche und erbrechtliche Princip ist, welches die Lehnsfolge beherrscht, sondern vielmehr das Princip der Verleihung, so folgt, daß eine Succession der Ascendenten nicht möglich ist. Der Gedanke, welcher der Verleihung zu Grunde liegt, ist die Persönlichkeit des Lehnsdienstes an ein untergeordnetes und abhängiges Eigenthum des Vasallen zu knüpfen. Die Folge, welche in dieses Eigenthum zugestanden wird, hat zur Voraussetzung die Fortsetzung des Dienstes. Nun setzt sich jemand aber nur in seiner Descendenz fort: also ist auch eigentlich die Lehnsfolge nur in der Descendenz vorhanden, wie das Deutsche Lehnrecht dies auf consequente Weise anerkannt hat. Eine Vererbung auf einen Ascendenten würde die Lehnsfolge, welche nur die in den Descendenten liegende Fortsetzung des ersten Erwerbers ist, zu einem wahren Erbrecht umgestalten, was sie nicht ist, und nicht seyn kann.

---

198) Es ist nicht wohl einzusehen, wie ein Widerspruch zwischen diesen beiden Texten hat behauptet werden können. S. Schnaubert, Commentar über die Böhmerschen princ. jur. feud. S. 397, 474. und Reithelm, Versuch einer Auslegung dunkler Gesetze S. 157. Der eine Text spricht davon, daß Weiber von Männern auch in einem Weiberlehn ausgeschlossen werden, der andere, daß einmal ausgeschlossene nicht wieder zur Succession kommen. S. I. F. 6. §. 1.

es würde ein Rückgang des Lehns an jemanden seyn, dem das Lehn nicht verliehen worden; der einzig mögliche Rückgang des Lehns ist aber an den Lehnsherrn selbst.

Daß Ascendenten nicht in das Lehn folgen können, ist übrigens durch einen unzweifelhaften Text des Feudisten bestimmt.

II. F. 50.

Successionis feudi *talis est natura* quod ascendentes non succedunt, verbi gratia pater filio.

Es ist dies nichts Positives, sondern geht aus der Natur der Lehnsfolge nothwendig hervor (talis est natura). Um so auffallender ist es, daß vielfach, namentlich in Weiserlehne, eine Erbfolge der Ascendenten behauptet worden ist [199]. Wird von dem allgemeinen Grundsatze der Lehnsfolge ausgegangen, daß überhaupt nur die Descendenz des ersten Erwerbers in das Lehn folgen könne, so ist schon eine Ascendentenfolge deswegen unmöglich, weil ein Descendent, der nicht der erste Erwerber ist, ohne daß sein Ascendent todt ist, gar nicht im Besitz des Lehns sich befinden, also dasselbe nicht vererben kann, ein Descendent aber, der der erste Erwerber wäre, nicht das Lehn auf seinen Ascendenten bringen kann, weil dieser nicht vom ersten Erwerber abstammte. Nur wenn ein Ascendent zu Gunsten seines Descendenten auf die Lehnsfolge Verzicht leistet, aber sich den Eintritt in das Lehn, wenn letzterer vor ihm sterben sollte, vorbehält, kann von einer Folge der Ascendenten die Rede seyn.

---

[199] S. Danz, Historische Entwickelung der gemeinrechtlichen Erbfolgerecht in Lehn S. 192. 220. und Klüpfel, Ueber die Ascendentenfolge nach Longobardischem Lehnrechte S. 15.

II. F. 84.

Quoddam usui traditum recordationis causa in scripturis ponere procuravi. Si quis igitur habens filium, ipsum per dominum investire fecerit *nisi nominatim cum domino pactus fuerit: ut si filius decesserit ante patrem, quod feudum ad patrem revertatur, dicitur defuncto ante patrem filio, patrem carere beneficio et domino adquiri beneficium.*

Der Ascendent folgt seinem Sohne hier nicht kraft der Lehnsfolge, sondern kraft des Vorbehalts, den er sich ausbedungen; bestände ein solcher Vorbehalt nicht, so würde kein Rückfall an den Ascendenten, sondern nur an den Lehnsherrn statt finden können.

Daß das Lehn nur auf die Fortsetzer des ersten Erwerbers kommen könne, schließt nicht blos Ascendenten, sondern auch alle solche Descendenten aus, die durch die Willkühr des Besitzers in die Descendenz hineinkommen, und welche der Sinn der Verleihung nicht begreift. Denn wie niemand in Beziehung auf das feudum testiren kann (nulla ordinatione in feudo manente vel valente)[200], so kann auch niemand durch Adoption[201]) oder Legitimation[202]) willkührliche Descendenten in die Lehnsfolge bringen. Es müssen ferner nicht blos männliche Descendenten

---

200) I. F. 8. pr.

201) Adoptivus filius in feudum non succedit II. F. 20. §. 8.

202) Naturales filii licet postea fiant legitimi ad successionem feudi nec soli nec cum aliis admittuntur. II. F. 26. §. 10. So folgen Kinder aus einer morganatischen Ehe nicht in das Lehn. Isti in proprietatem non succedunt, aliis extantibus, sed nec in feudo etiam aliis non existentibus, qui licet legitimi sint, tamen in beneficio minime succedunt.

seyn, sondern sie sollen auch, als wahrhafte Nachkommen, in ihrer Person die Fähigkeit haben, den ersten Erwerber vorzustellen, sie dürfen daher nicht wie z. B. Geistliche[203]), oder körperlich und geistig Gebrechliche[204]), durch Stand oder sonstige Mängel zu dem untauglich seyn, was der Lehnsdienst von ihnen fordert, obgleich sie bisweilen aus dem Lehn Mittel zu ihrem Unterhalt ziehen können[205]).

Die Succession der Seitenverwandten im Lehne ist im Grunde gar nicht von der Descendentenfolge verschieden: denn da der Ausgangspunkt in der Lehnsfolge nicht der letzte Besitzer und seine Verwandtschaft, sondern der erste Erwerber und dessen Descendenz ist, so wird, indem die Collateralen des letzten Besitzers zur Succession gelangen, dies immer Descendentenfolge, nämlich des ersten Erwerbers seyn. Collateralen des letzten Besitzers, die nicht zugleich Descendenten des ersten Erwerbers sind, werden also niemals in das Lehn folgen können. Aber wenn die Abstammung vom ersten Erwerber auch Bedingung der Succession der Seitenverwandten ist, so kann gefragt werden, ob nun die Sache so anzusehen sey, als ob der letzte Besitzer gar nicht vorhanden gewesen wäre, so daß nun die eintreten, die ohne seine Existenz das Lehn gehabt haben würden, oder ob zugleich mit der Bedingung des Abstammens vom ersten Erwerber, die Existenz des letzten Besitzers ins Auge gefaßt werden müsse, so daß solche Descendenten des ersten Erwerbers eintreten, die zugleich die nächsten Verwandten des letzten Besitzers sind. Beide

---

203) II. F. 30. §. 2. Idem in omnibus qui habitum religionis assumunt, ut conversi.

204) I. F. 6. §. 2. Mutus feudum retinere non potest.

205) I. F. 6. §. 2.

Systeme haben unter dem Namen der reinen Lineal-
und der Linealgradualfolge Vertheidiger gefunden [206]).

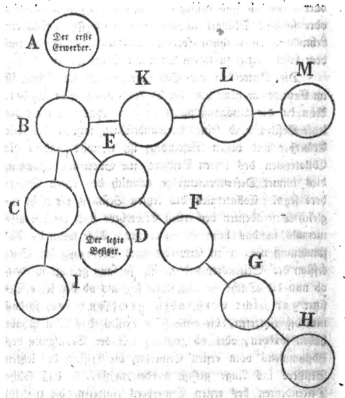

A ist der erste Erwerber, D der letzte Besitzer nach der
reinen Linealfolge wird, wenn dem D succedirt werden soll,
das Ganze so betrachtet, als ob D gar nicht vorhanden
gewesen wäre. Wäre aber D nicht vorhanden gewesen, so

206) v. Pfizer, die Lehnfolge nach Longobardischem und Deut-
schem Recht.

würden I H und M das Lehn gehabt haben, denn dieß
sind die Descendenten des vorletzten Besitzers B: also folgen I H und M zugleich, in das Lehn. Nach der Linealgradualfolge dagegen würden I H und M als Descendenten des erften Erwerbers A, und des vorletzten Besitzers
B zwar in das Lehn succediren können, aber da auch die
Nähe des Grades mit dem letzten Besitzer ins Auge gefaßt wird, so würde I als der nächste Verwandte des D
auch unter diesen dreien den Vorzug behaupten.

Die Texte des Feudißen, welche hier zu Grunde gelegt werden müssen, sind folgende:

II. F. 50.

Paternum autem voco, quicunque ex superioribus
id acquisivit dummodo scias, quod si quis habens beneficium, quatuor superstitibus filiis decedat, et feudum
ad unum solum ex divisione deveniat, et iste superstitibus filiis duobus vel tribus decedat, et ad unum eorum beneficium feudi ex divisione perveniat: et similiter iste superstitibus filiis decedat, qui patrueles dicuntur: ad quorum unum feudum similiter pervenit, sicut etiam ex aliis superioribus vel primis fratribus su-
persunt masculi, si ille qui feudum habet, decesserit,
nullo filio relicto, an ad omnes vel ad quos perveniat
quaeritur. *Respondeo ad solos et ad omnes qui ex
illa linea sunt ex qua iste fuit. Et hoc est, quod dicitur ad proximiores pertinere. Isti vero proximiores
esse dicuntur respectu aliarum linearum, sed omnibus
ex hac linea deficientibus omnes aliae lineae aequaliter vocantur.*

II. F. 37.

Si quis interfecerit fratrem domini sui non ideo
beneficium amittit sed si fratrem suum interfecerit ad

hoc ut totam hereditatem habeat, vel aliam feloniam
commiserit, verbi gratia hominem tradendo, ut in curia
amplius stare non possit, privabitur beneficio, quia tamen ergo dominum non fuerit facta, *ad agnatum pro-
ximiorem feudum pertinebit, si paternum fuit: eodem
prorsus observando, quantum ad ordinem gradus qui
continetur in legibus.*

Vergleicht man diese Texte mit dem, was das Princip der Lehnsfolge ist, so würde man geneigt seyn müssen,
der reinen Linealfolge den Vorzug einzuräumen; denn in
den Worten *ad solos et ad omnes,* scheint gesagt zu seyn,
daß alle einer und derselben Linie zu gleicher Zeit gerufen
werden sollen. In dem zweiten Text würden dagegen die
Worte *eodem prorsus observando quantum ad ordinem
gradus, qui continetur in legibus* in Verbindung gebracht
werden können mit den Worten des ersten Textes, et hoc
est quod dicitur ad proximiores pertinere, ohne daß man
dabei an eine successio gradus, wie sie im Römischen Recht
statt findet, zu denken braucht. Eben so scheint es der
Natur des Lehnrechts angemessener, den zu beerbenden letzten Besitzer gleichsam als weggefallen zu betrachten, und
da er überhaupt nicht die Folge bestimmt, auch nicht den
Erbenden von dem Grade der Verwandtschaft mit dem letzten Besitzer abhängig seyn zu lassen. Es scheint ein Widerspruch, das Princip der Lehnsfolge ohne Rücksicht auf
den letzten Besitzer und seine Verwandtschaft festzustellen,
und bei der Bestimmung derselben dennoch diese Verwandtschaft in der Linealfolge wiederum zu beachten. Aber dieser Widerspruch ist überhaupt innerhalb der Lehnsfolge in
aller Weise vorhanden, es ist der Dualismus von Successionsrecht und Successionsordnung der schon oben betrachtet worden. Nachdem die Lehnsfolge eigentlich von Hause
aus gar nicht den Character des Erbrechts hat, kommt sie
dazu

dazu sich erbrechtlich zu gestalten. Alles Erbrecht muß aber, sey es testamentarisch, sey es Intestatrecht, von dem Erblasser seinen Ausgangspunkt nehmen. Es kommt daher dazu, daß die Verwandtschaft des letzten Besitzers, in Beziehung auf das erbrechtliche Moment der Lehnsfolge, in Frage kommt, während das Princip, daß jeder Successor vom ersten Erwerber abstammen muß, der größere Kreis bleibt, welchen die Betrachtung, wer zur Verwandtschaft des letzten Besitzers gehört, nicht überschreiten darf.

Ist so grade die Consequenz der reinen Linealfolge der Grund, warum sie verworfen werden muß, so kommen noch andere Betrachtungen hinzu. Wenn sich der Feudist auf die leges [207]) beruft, so ist unstreitig hierunter das Longobardische Landrecht verstanden. Das Intestatsystem, welches hier zu Grunde liegt, ist aber die Parentelenordnung, so daß der nähere Grad den entfernteren ausschließt (omnis parentela usque in septimum genuculum numeretur, ut parens parenti per gradum et parentelam heres succedat) [208]). Wenn hier nun im Lehnrecht eine bloße Parentelenordnung, ohne weitere Berücksichtigung des Grades, statt gefunden haben soll, würde wenigstens keine Berufung auf das gemeine Recht zulässig gewesen seyn. Endlich lassen sich die Worte ad solos et ad omnes, welche als Beweise für die reine Linealfolge genommen werden können, auch eben so gut auf das Successionsrecht, wie auf die Successionsordnung beziehen, etwa so, daß alle aus der nächsten Linie aber mit Rücksicht auf den Graden die entferntere Linie ausschließen.

Diejenigen, welche den Einfluß des Römischen Rechts

---

207) II. F. 37.
208) Leg. Long. II. 14. 1.

P

auf das Longobardische Lehnrecht nicht blos in Rücksicht
auf Form und Gestaltung, sondern was nicht zugegeben
werden kann, auf den Inhalt selbst erkennen, sind nun mit
einem System hervorgetreten, das von allem Germanischen,
das heißt von den Parentelen absehend, das System der
Blutsverwandtschaft als das der Lehnsfolge betrachtet, und
weil es somit sich vollkommen an das Römische Recht anschließt, mit dem Namen des reinen Gradualsystems be-
nannt worden ist. Diese Theorie bezieht das Wort legibus in der obigen Stelle ²⁰⁹) auf das Römische Recht,
dessen Erbrecht so mit der Lehnsfolge des Longobardischen
Rechts völlig identisch wird. Diese Meinung ist jedoch
so sehr von allen Gründen entblößt, daß kaum auf dieselbe
eingegangen zu werden braucht. Daß es auf die Verwandtschaft mit dem letzten Besitzer allein ankomme, und
nicht auf die Abstammung vom ersten Erwerber, ist sowohl
der Natur der Lehnsfolge, als den offenbaren gesetzlichen
Bestimmungen zuwider: es wird ausdrücklich anerkannt,
daß Brüder als solche in das Lehn nicht folgen, und daß
es dazu nöthig sey, daß der Vater der Brüder bereits der
Besitzer des Lehns gewesen sey.

I. F. 14. 2.

Si duo fratres simul investiti fuerint de beneficio
novo, et non de paterno, si unus eorum sine descendentibus masculini sexus mortuus fuerit, *dominus succedit, non frater*, nisi pactum fuerit in investitura, quod
frater fratri succedat. Per pactum enim frater succedit, non dominus. Et quod diximus de fratribus ut
unus alii succedat per pactum, idem dicendum est de

---

209) II. F. 37.

filiabus si hoc pactum conciliet, et sic per pactum filiae succedunt.

Daß weder die strenge Linealfolge, noch die einseitige und durchaus unbegründete Gradualfolge anzunehmen sey, beweist außer dem schon Angeführten, daß im Anfange die Lehnfolge über die fratres patrueles nicht hinausging, und daß erst allmählig eine Gradualausdehnung in die erweiterte Parentelenordnung zuletzt, bis ins Unendliche, hineinkam.

I. F. 1. §. 3.

Hoc quoque sciendum est, quod beneficium ad venientes ex latere ultra fratres patrueles non progreditur successione, secundum usum ab antiquis sapientibus constitutum, licet moderno tempore usque ad septimum geniculum sit usurpatum, quod in masculis descendentibus novo jure usque in infinitum extenditur.

Daß übrigens Mann und Frau einander nicht in das Lehn folgen können, ist hier um so weniger auffallend, als die Rücksicht auf Affinität nicht vorwalten kann, wo sogar die auf Blutsverwandtschaft zurückgewiesen ist [210]).

Die Verbindung der Lehnsfolge mit dem Erbrecht, wie sie im Longobardischen Rechte zu Stande kommt, äußert sich indessen am stärksten, in der Beziehung, in welche das Lehn zu dem übrigen Allodialvermögen tritt. Der Begriff des Erben bringt es mit sich, daß derselbe nicht blos in das hinterlassene Vermögen trete, sondern den Erblasser auch in dem, was dieser schuldig ist, repräsentire. Der Successor in das Lehn nimmt dasselbe aber gar nicht in Folge erbrechtlicher Befugnisse, sondern kraft einer nachwir-

---

210) I. F. 15. pr. Si foemina habens beneficium et maritum moriatur, nullo modo succedit in beneficium maritus, nisi specialiter investitus fuerit.

kenden Verleihung in Anspruch. Lehn und sonstige Erbschaft müssen daher streng auseinandergehalten werden, auch
wenn das Princip der Succession in dieselben nicht verschieden wäre. Aber diese ursprüngliche Verschiedenheit
verwischt sich durch die Anwendung erbrechtlicher Grundsätze auf das Lehn. Das Lehn ordnet sich der Erbschaft
unter, und wird als Theil derselben nothwendig betrachtet.
Erbschaft und Lehn, die eigentlich auseinanderzuhalten sind,
treten durch diese Verwischung in eine Gemeinschaft, die
das Princip des Erbrechts zum siegreichen macht: Wer
in einer stärkeren Beziehung zum Ganzen der Erbschaft, als
zum Lehn steht, kann nicht das Lehn von der Erbschaft getrennt nehmen, oder die willkührlichen Belastungen des
Lehns abseiten des Erblassers nicht anerkennen wollen. In
einer stärkeren Beziehung zum Ganzen der Erbschaft, wie
zum Lehn, sind aber die Descendenten, dagegen die Agnaten sich loser zur Erbschaft, wie zum Lehn, verhalten. Descendenten können daher nicht in das Lehn folgen und die
Erbschaft zurückweisen, während dieses Recht allerdings
den Agnaten zusteht.

II. F. 45. pr.

Si contigerit vasallum sine omni prole decedere,
agnatus, ad quem universa haereditas pertinet, *repudiata haereditate, feudum si paternum fuerit, retinere
poterit:* nec de debito haereditario aliquid feudi nomine solvere cogitur, sed in fructibus, si quos reliquit
et de eis debitum solvatur, quo tempore decesserit
considerabitur. §. 1. Ubi vero filium reliquit ipse non
potest haereditatem sine beneficio repudiare, sed aut
utrumque retineat aut utrumque repudiet, quo repudiato,
ad agnatos si paternum sit pertinebit, *et licet alterum
sine altero retinere non possit,* agnatis tamen consen-

tientibus, poterit dominus eum si voluerit, quasi de novo beneficio, investire, quo facto, licebit ei, repudiata
haereditate, feudum tenere, nullo onere ei haereditario
imminente.

II. F. 83.

Si alter ex fratribus, qui paternum habeat beneficium, suam portionem dederit domino, vel alicui extra-
neo, dominus vel extraneus tamdiu teneat sine prae-
judicio, quamdiu ille, qui dedit, haeredem masculum
habuerit; si vero sine haerede decesserit, alter frater
si vixerit, vel ejus haeredes sine ullo obstaculo et
temporis praescriptione, beneficium, quod haereditarium
est, vendicet a quocunque possidente. Hoc idem dicimus, etsi fratres fuerint, et alter ab altero ex fratribus
acquisierit, hoc enim verissimum ex usu comprobato
dicimus.

In dieser Vermischung des Lehns und des Allodium
als Theile eines Vermögens, dann aber wieder in der Trennung derselben, je nachdem Descendenten oder Agnaten
succediren, ist am deutlichsten das Verhältniß der Lehnsfolge zum Erbrecht, und was dasselbe ist des Longobardischen Lehnrechts zum Römischen Recht angegeben. Wie im
Longobardischen Landrecht ist das Princip durchaus Germanisch: die Verleihung ist die einzige Entstehungsweise
des Lehns, und die Succession ist nur eine weiter fortgesetzte und fortwirkende Investitur. Aber das Lehnrecht
selbst hat nicht Kraft und Stärke genug, um auf Italienischem Boden die Grundlage der Gesetzgebung zu seyn,
und alle Lehren aus sich, und nach seinem Principe, zu entwickeln. Das Feudalrecht wird vielmehr nur zu einer einzelnen Lehre selbst, die sich an die übrigen Eigenthumsbe-
ziehungen anschließt, und somit verurtheilt ist, den Eindruck

des fremden Geistes, zu dem sie als einzelne tritt, zu empfangen. So von seiner Wurzel abgelöst, wird das Longobardische Lehnrecht durch Bestimmtheit, Eleganz und Verbindung geeignet, als Gefährte des Römischen Rechts zu
erscheinen, und dem unmittelbaren Germanischen Lehnrecht
gegenüber, das Römische Recht fast selbst vorzustellen.{

Das Longobardische Land- und Lehnrecht einerseits,
und das Römische und Canonische Recht, diesem gegenüber,
andererseits, bilden nicht allein die Grundlage, sondern auch
den Stoff, aus welchem alles spätere Italienische Recht
des Mittelalters besteht. Zwar ist Italien nicht ganz frei
von der Einwanderung anderer Germanischen Rechte namentlich des Fränkischen und Allemannischen geblieben, die
durch die Fränkischen und Deutschen Herrscher herüberka-
men. Aber diese Elemente sind theils so einzeln, theils so
unbedeutend, daß sie, nachdem das Princip der persönlichen
Rechte aufgehört, für das Ganze der Italienischen Rechtsbildung nur ein geringes auf sie zurückbringendes Moment
ausmachen. In dem berühmten Codex des Capitels von
Modena, welcher gegen die Mitte des 9ten Jahrhunderts
auf Befehl Eberhards, Herzogs von Friaul, zusammenge-
schrieben wurde, befindet sich Salisches, Ripuarisches, Alle-
mannisches, Baierisches und Longobardisches Recht [211]).

Eben so wenig wie diese Rechte, die nicht in Italien
ihre Heimath haben, sondern nur als Fremdlinge Gast-
recht genießen, in den Kreis unserer Darstellung gehören,
eben so wenig haben wir uns aus dem umgekehrten Gesichtspunkt mit dem Römischen Recht zu befassen, wie es
sich den Resultaten des Studiums nach allmählig gestaltet.

---

211) *Tiraboschi*, Storia della letteratura Italiana. Milano
1823. III. 388.

Das im Brachylogus, oder in dem nach Italien herüber-
gekommenen Brevarium verstümmelte Römische Recht, enthält in dieser Verstümmelung nicht so viel Eigenthümliches,
um einer besonderen Auseinanderlegung zu bedürfen. Dann
aber ist das Justinianeische Recht in Italien so früh bekannt und wirksam gewesen, daß die einheimischen Ausarbeitungen desselben sich keiner großen Ausbreitung zu erfreuen hatten. Wie wichtig nun auch die Glossatorenschule
für das Studium des Römischen Rechts im Mittelalter
geworden ist, so ist doch dadurch der schon mitgetheilte Inhalt des Römischen Rechts nicht verändert worden, und
wir dürfen dasselbe ein für allemal als eine Grundlage der
Italienischen Rechtsbildung anerkennen, ohne uns um die
Controversen, die dasselbe zu Wege brachte, zu bekümmern.
Nur wo die Verschiedenheit der Ansichten auf die weitere
Italienische Rechtsbildung Einfluß hatte, darf dieselbe nicht
unerwähnt bleiben.

Das eigentliche Italienische Recht des Mittelalters,
wie es sich als Product sowohl des Römischen, Canonischen
und Longobardischen darstellt, ist in den Statuten der
Städte enthalten, die sich von der Mitte des zwölften Jahrhunderts ab bilden, aber erst im dreizehnten allgemein werden, und zu festen Sammlungen heranwachsen. Zu den ältesten dieser Stadtrechte gehört unstreitig das Pisanische,
wovon ein Theil wenigstens schon im Jahre 1161 gesam-
melt war [212], das von Ferrara, welches im Jahr 1208,
das von Modena, welches im Jahre 1213, das von
Mailand, welches im Jahre 1216, das von Verona,
welches im Jahre 1228, und das von Pistoja, welches

---

212) v. Raumer, über einen ungedruckten Codex Pisanischer
Stadtgesetze. Berlin 1828. S. 3.

ebenfalls gegen den Anfang des dreizehnten Jahrhunderts publicirt wurde ²¹³). Nicht minder finden sich schon im dreizehnten Jahrhundert Bewegungen und Veränderungen in diesen Stadtrechten, oder sogenannte Reformationen, welche wenigstens schon auf ein älteres Daseyn der Gewohnheiten, die diesen Stadtrechten zu Grunde liegen, schließen lassen. So hat Venedig im Jahre 1242 sein reformirtes Stadtrecht durch den Dogen Jacob Tiepolo, was wenigstens auf ein Vorhandenseyn der ältesten Gesetze lange vor dem dreizehnten Jahrhundert hinweis't ²¹⁴). Es kommt am Ende dahin, daß jede Stadt es für einen Theil der städtischen Ehre hält, ein eigenes Stadtrecht zu besitzen, sollten auch die wesentlichen Bestimmungen von anderen Stadtrechten geborgt, ja sogar wörtlich abgeschrieben seyn. Mitunter ist jedoch auch die Lust originell zu seyn, und eigenthümliche Gesetze zu haben, nicht zu verkennen. Man findet auf ganz kleinen Strecken, z. B. innerhalb des Herzogthums Modena, vollkommen abweichende Stadtrechte, und oft hat die Feindschaft der kleinen Republiken bewirkt, daß man das Recht, welches in der Nähe lag, verschmähte, um entferneres zu borgen.

Diese älteren Stadtrechte, welche fast alle unmittelbar nach dem Costnitzer Frieden, und während des Laufes des dreizehnten Jahrhunderts hervortreten, enthalten meist Römisches und Longobardisches Recht, ohne daß es zu großen und wichtigen Abweichungen kommt. Erst die späteren Reformationen haben bisweilen den Muth, eigene und originelle Bestimmungen an die Stelle zu setzen, und über Erbrecht und Contracte, über Civil- und Criminalrecht von der genann-

---

213) *Muratori* Antiq. Ital. II. 282. IV. 522.

214) *Marco Foscarini* Storia della lett. Veneziana p. 5.

ten Grundlage sich im Einzelnen zu entfernen. In den
Pisanischen Statuten wird diese Grundlage des Römischen
Rechts mit einiger Beimischung des Longobardischen ausdrücklich anerkannt. Es wird im Eingange der zweiten
Hälfte [215]) gesagt: Pisana itaque civitas a multis retro
temporibus vivendo *lege Romana, retentis quibusdam
de lege Longobarda,* sub judicio legis propter conser-
vationem diversarum gentium per diversas mundi partes, suas consuetudines non scriptas habere meruit super quas annuatim judices posuit, quos provisores ap-
pellavit [216]). Die Reformationen, welche in den einzelnen
Städten vorgenommen werden, richten sich aber nach der
Wichtigkeit derselben, und nach der damit zusammenhängenden gesetzgeberischen Bewegung. So ist z. B. oben bemerkt worden, daß Venedig bereits in der ersten Hälfte des
dreizehnten Jahrhunderts eine Reformation hatte, als so
viele andere Italienischen Städte noch der ersten Statuten
entbehrten.

Daß diese Stadtrechte nun für die Städte selbst, für
welche sie gegeben waren, nicht ausreichten, daß das Römische und Canonische Recht immer den Hintergrund eines
wahrhaft subsidiarischen Rechts einnahm, braucht nicht
erst gesagt zu werden. Nirgends sind es im Italienischen
Mittelalter die Stadtrechte, welche den Gegenstand des
Studiums und der wissenschaftlichen Bearbeitung ausmachen: vielmehr sind sie selbst nur Hervorbringungen der
Römischen und Canonischen Grundlage.

Wir wollen jetzt, in Beziehung auf Familien- und
Erbrecht, die uns zugänglich gewesenen Stadtrechte untersu-

---

215) Statuta Pisana Mss. Biblioth. Acad. Berol. fr. 215.
216) v. Raumer a. a. O.

chen. Zu den ältesten gehört, wie schon oben bemerkt worden, das von Verona [217]). Hier ist fast von Familien-
und Erbrecht nichts aufzufinden, und die wenigen dürftigen Bestimmungen, die gegeben sind, beziehen sich auf die
Voraussetzung des Römischen und Canonischen Rechts.
In Beziehung auf das eheliche Verhältniß wird festgesetzt,
daß, wenn jemand aus dem Districte Verona sich mit
zweien Weibern zugleich verlobt, und bei dieser Gelegenheit
von der ersten sich trennt, so soll er, wenn deshalb Klage
angestellt wird, eine Strafe von 25 Pfund bezahlen. Ein
Gleiches wird von den Weibern bestimmt [218]). Eben
diese Strafe von 25 Pfund, oder, im Fall des Unvermö-
gens, die Strafe der Verbannung aus Verona, findet statt,
wenn jemand sich mit der Verwandten oder Verschwägerten derjenigen wissentlich verlobte, mit der er fleischlichen
Umgang hatte [219]), und späterhin sich von ihr trennte.
Eine Strafe von 50 Veronesischen Denaren muß der entrichten, der sich heimlich mit einer Frau, ohne Vorwissen

---

217) Liber juris civilis Urbis Veronae ex Biblioth. Cap.
ej. civ. per Barth. Campagnola Veronae 1728.

218) Liber juris civ. Urb. Veronae c. 115. Et si invene-
ro aliquem de districtu Veronae, qui duas desponsaverit mulieres et postea occasione disponsationis unius illarum, cum
altera venerit ad divortium eum in XXV. libris mulctabo, si
requisitus inde fuero. Idem observabo et de mulieribus.

219) Liber jur. civ. urb. Veronae cap. 116. Et qui scien-
ter desponsaverit propinquam vel affinem alicujus cum qua
concubuerit, et postea cum ea ad divortium venerit ipsum in
XXV. libris mulctabo et eum notabo si inde requisitus ero, et
si non habuerit unde solvat, eum de terra eximam ita quod
non possit in treva mitti, nisi primo solverit communi Veronae XXV. libras. Idem observabo et de mulieribus.

ihrer Eltern, Brüder, oder was sehr auffallend ist, ihrer eigenen Descendenten verband [220]). Die Römische dos und
donatio propter nuptias steht ganz ruhig neben der Longobardischen meta und Morgengabe, welche letztere, weil
sie den vierten Theil des Gutes betragen durfte, quartisio
heißt. Alles was die Frau in Anspruch nehmen kann, soll
sich darauf beschränken und jede andere Cession soll für
null und nichtig erklärt werden [221]). In Beziehung auf
dos und donatio propter nuptias sollen öffentlich die Eide
der puberes vor Verwandten abgelegt, auch ohne Dazwi-
schenkunft der richterlichen Gewalt, Gültigkeit haben (Sa-
cramenta puberum tam super *dotibus* quam super *do-
nationibus propter nuptias* palam facta, nuptiarum tempore in suorum cognatorum conspectu valeant vel
aextimatorum, etiamsi judicialis non intervenerit auctoritas) [222]). Söhne, die in der väterlichen Gewalt sich

---

220) Liber jur. cit. Et qui desponsaverit aliquam mulierem patrem vel matrem *vel aliquem ex descendentibus habentem,*
vel fratres etc.

221) Lib. jur. civ urb. Veronae c. 174. Omnes cessiones
a maritis vel a filiis aut nepotibus factas in uxores matres
vel avias, vel a patre in filios vel nepotes *occasione dotum,
vel donationis propter nuptias* cassabo et in irritum deducam,
si inde requisitus fuero a creditoribus et creditore, et faciam
eas contentas esse pro possessione in tantum de bonis mariti,
quantum fuerit dos, et *donatio propter nuptias, meta,* vel *quartisio.* Idem observabo si cessio facta non fuerit, dum tamen
condemnatio intervenerit, ita tamen quod nullum emolumen-
tum debeat habere mulier de fructibus perceptis, de rebus as-
signati propter *donationem metam* vel *quartisium* vivente marito etc.

222) Lib. juris civ. c. 43.

befinden und minores haften, wenn sie kaufmännische Geschäfte treiben. Der Vater braucht für den Sohn nicht
aufzukommen, wenn er nicht ausdrücklich Bürgschaft geleistet hat [223]).

Das Erbrecht bietet in den Veronesischen Statuten,
so weit man es aus einigen Bruchstücken beurtheilen kann,
nichts Neues dar. Das Longobardische Recht hat hier
das Uebergewicht über das Römische. Weiber können, wie
Männer, zu gleichen Theilen im Testament eingesetzt werden, aber was die Intestatfolge betrifft, so erben die Schwestern nicht zugleich mit ihren Brüdern, sie mögen dotirt
seyn oder nicht, vorausgesetzt, daß die Brüder sie hinreichend dotiren, oder ihnen, wenn sie ins Kloster zu gehen
vorziehen, ihnen so viel geben, als sie bei ihrer Verheirathung erhalten haben würden. Brüder und deren Kinder
brauchen nicht mit den Bruderenkeln oder Schwesterkindern
zu theilen, wobei es übrigens gleichgültig ist, ob vollbürtige Geschwister oder bloße consanguinei vorhanden sind.
Die Descendenten von Weibern, die nicht dotirt wurden,
haben übrigens ein Recht, nachträglich die dos von den

---

223) Lib. jur. civ. urb. Ver. Rationem faciam de filiis
familias et de patribus eorum pro eis, et etiam pro emanci-
patis filiis si modo cum patre steterint in una domo, et de
minoribus, quemadmodum de patribus familias, et de minoribus, qui filii familias et minores palam erunt usevoli mercatores. nominatim de mercantariis et de contractibus negociato-
rum, quos et quas ipsi filii familias seu minores qui erunt
usevoli mercatores palam fient cum aliqua alia persona, nisi
fuerint fidejussores. In quo casu se defendere possint minores
secundum juris ordinem. Et nec pater pro filio tenetur, nisi
fidejusserit pro socio illius negociationis, vel pro illo, cum quo
habet adjunctam illius negotiationis.

Brüdern der Mutter zu verlangen, und zwar soll dieses auch in Beziehung auf diejenigen Weiber gelten, welche außerhalb Veronas geheirathet haben [224]). Laien werden nicht genöthigt, mit ihren Brüdern, welche Cleriker sind, die Erbschaft zu theilen, vorausgesetzt, daß diese Geistliche hinreichend durch ihre Kirche oder Präbende ernährt werden. (Non cogam fratres laicos dividere facultates parentum cum fratribus Clericis habentibus ecclesiam vel ecclesias, vel electis habentibus Praebendam, si ex eis victum, et vestitum sufficientes habuerint [225]). Mit den Schwestern folgen dagegen die Cleriker zu gleichen Theilen in die Erbschaft. [226]).

Ausführlicher als die Veronesischen Statuten sind die alten Pisanischen, doch wird grade eben so das Römische, Canonische und Longobardische Recht vorausgesetzt,

---

224) Liber jur. civ. c. 44. Fratres et filios eorum non cogam dividere facultates parentum cum sororibus vel neptibus ex fratre, vel sorore mortuis, vivente avo, de cujus successione agitur, dotatis a parentibus vel non dotatis. Si modo secundum suam facultatem eas dotare voluerint competentes; eo salvo, si religionem eligerint, et caste vivere, tantum detur eis, quantum si nuberent, daretur, et ut ex testamento possint capere dictae foeminae sicut et mares. Et haec *Posta* intelligitur inter conjunctos ex utroque parente, vel ex patre tantum legitimo. Idem servetur in descendentibus ex eis personis, quae excluduntur a successione parentum; et hoc si dotata fuerit mater; sed si dotata non fuerit mater, descendentes ex ea tantum habere debeant, quantum et sua mater habitura erat a fratribus suis, nomine dotis. Et haec *Posta* intelligatur, et locum habeat etiam in foeminis copulatis extra districtum Veronae et in descendentibus ex eis.

225) Lib. jur. civ. cit. c. 45.

226) Lib. jur. civ. cit.

so daß die Bestimmungen nur immer geringe Aenderungen innerhalb des Kreises dieser Rechte enthalten, oder Festsetzungen, die mehr mit dem kleinen politischen Interesse der bestimmten Stadt, als mit einem anderen Geiste des Familienrechts zusammenhängen. Oft sind die Veränderungen so spaßhaft, und begreifen so lächerliche Vermittelungen des Canonischen und Römischen Rechts, daß man schon allein darin den Character dieser Stadtrechte erkennen kann. So ist z. B. in Pisa folgende scharffinnige Transaction zwischen dem Römischen und Canonischen Recht getroffen worden. Das Römische Recht untersagt die Ehe der Frau während des Trauerjahrs, und bestraft die Uebertreterinn mit der Infamie und dem Verlust der lucra nuptialia. Das Canonische Recht hebt diese Strafen auf, indem es in den Worten des Apostels eine volle Erlaubniß der zweiten Ehe nach dem Tode des ersten Ehegatten sucht. In Pisa wird nun das Trauerjahr auf sechs Monate herabgesetzt, und so das Römische und Canonische Recht in Einklang gebracht. Wenn eine nicht schwangere Frau also innerhalb der ersten sechs Monate nach dem Tode des verstorbenen Ehegatten heirathet, wird sie infam und verliert die lucra nuptialia. Nach diesen sechs Monaten ist es ihr indessen gestattet ein Ehe einzugehen [227]).

---

227) *Statuta Pisana.* Mss. Bibl. Acad. Berolin. p. 129. „Cum liceat mulieri nubere secundum Apostolum, postquam est soluta a lege prioris viri, et inter sapientes aliunde fuerit dubitatum, utrum lucra amictat mulier, quae nubit infra annum a morte viri: Pia constitutione providimus ordinandum, ut mulier quae nubit et ad secunda vota transit, post VI menses post mortem viri, antefactum non perdat, nec alia lucra, quae sequuntur ex bonis viri prioris, et inde ei nulla quaestio referatur, nec penam infamiae patiatur: et predicta serventur, si tempore mortis viri pregnans non fuerit.

Indem diese Zeit anstatt des Trauerjahres angenommen wird, ist der Zweck des Römischen Gesetzes vernichtet, welches eben eine volle Geburtszeit zwischen beiden Ehen verlaufen wissen will; zwar ist der Frau nur erlaubt, im Fall der Nichtschwangerschaft eine Ehe einzugehen, aber das Römische Recht hat eben die Ungewißheit eines solchen Zustandes im Auge: es nimmt an, daß die Nichtexistenz der Schwangerschaft erst durch Abwarten des Trauerjahres zur Gewißheit gelange. Durch die Vermittelungsfrist von 6 Monaten ist also weder dem Römischen noch dem Canonischen Rechte Genüge geleistet; die Zeit von dreißig Tagen, welche die Lombarda annimmt [228]), scheint wenigstens mehr aus eigenthümlichen Gründen der Schicklichkeit, die mit den Absichten des Römischen Rechts nicht zusammenhängen, entstanden zu seyn. Die von sechs Monaten ist rein willkührlich und äußerlich.

Was die Grundlage der Pisanischen Vermögensverhältnisse der Ehe betrifft, so sind diese vollkommen Römisch. Es kommt eine dos der Frau, und eine donatio propter nuptias (*antefactum*) vor [229]). In Beziehung auf beide hat die Frau die Römische privilegirte Hypothek; nur glauben die Pisaner aus Misverständniß des Römischen Rechts, noch mehr wie dasselbe für die Frau zu thun, indem sie erst gegen den Sinn des gemeinen Rechts die privilegirte Hypothek auch auf den Fall auszudehnen vermeinen, wo den anderen Creditoren des Mannes Special-

---

228) S oben S. 151.

229) Dieser sonderbare Name *antefactum* bezieht sich wahrscheinlich darauf, daß die donatio vor der Ehe versprochen oder gegeben wird, also eine wahre donatio ante nuptias ist, und so gleichsam mit der Longobardischen meta zusammenfällt.

pfänder ertheilt sind [230]). Die Randglosse zur Pisanischen
Handschrift hat diesen Irrthum zu bemerken nicht unterlassen. Hat die Frau gegen die minderjährigen Erben ihres Mannes, in Beziehung auf dos und antefactum, eine
missio in possessionem erhalten, so soll sie nach einem
Jahr das wirkliche Eigenthum bis zum Belauf ihrer Forderungen erlangen [231]); doch verbleibt den volljährig gewordenen eine Zurückforderungsklage, wenn die Frau sich
einen dolus hat zu Schulden kommen lassen [232]). Hat
ein Sohn mit Einwilligung seines Vaters geheirathet und
eine dos erhalten, so haftet der Vater der Frau mit seinem eigenen Vermögen dafür, jedoch nur in so weit, als
die legitima seiner übrigen Kinder nicht beeinträchtigt
wird [233]). Nimmt dagegen der Vater allein oder in Gemeinschaft mit seinem Sohn die dos in Empfang, so ist
der Pflichttheil der Kinder nicht von der Hypothek ausge-
nom-

---

230) Statuta Pisana f. 129. 130. Quoniam mulieres circa
exactionem dotis omnibus creditoribus, etiam anterioribus tempore simile jus cum eis habentibus, jura praeferre tacita ypo-
theca voluerint, ideo equitate pensata, ut mulieres in rebus
dotis in dotem exstimatis, licet mariti debitores illius summa
pretii efficiantur, *creditoribus etiam habentibus pignora*, seu ypothecas expressas, etiam anterioribus tempore, in predictis pre-
ferantes salubriter ordinamus. Hier erfolgt nun der spätere Zusatz hoc est expresse contra jus commune, nam per illud
mulier creditoribus expressas ypothecas habentibus non pre-
fertur.

231) Statuta Pisana f. 131. also eine wahre missio ex se-
cundo decreto.

232) Statuta Pisana f. 131.

233) Statuta Pisana f. 137.

nommen [234]). In Beziehung auf die donatio propter nuptias (antefactum) kommen eigene Verschreibungen (cartulae) vor. Der Frau werden specielle Sachen zur Hypothek gegeben, die im Falle der Nichtbezahlung ihr sofort eigenthümlich gehören. Obgleich dieses antefactum auch in eine quantitative Beziehung zur dos steht, so hat es doch mehr den Charakter eines Witthums, als einer donatio propter nuptias [235]). Das antefactum beträgt in der Regel die Hälfte der dos (de duobus tres), es müßte denn eine größere Summe verabredet seyn, doch kann sie den vierten Theil des Vermögens des Mannes in diesem Falle nicht übersteigen [236]). Das antefactum hat den Character einer wahren Vermehrung der dos [237]). Die

---

234) Statuta Pisana l. l.

235) Statuta Pisana f. 238. De antefactis secundum quod consuevimus, teneatur. In his autem pignoribus, vel ypothecis, quae per antefactum fiunt, statuimus, ut completo tenoris tempore, quod est in cartula, res pro antefacto obligata sit mulieris. Si voluerit usque ad summam antefacti, de duobus, tres et non ultra, si in denariis non fuerit antefactum solutum ante terminum in alia re contra voluntatem mulieris antefacti solutionem fieri prohibentes. Si quis uxori, quae medietatem pro antefacto fecerit, non habeat, nisi quartam partem totius substantiae, quo duo Capitula locum teneant in futuris matrimoniis, id est ab annis domini MCLVI. IV. Kalendas Februarii indicatione quarta, quod dictum est, si voluerit usque ad summam antefacti de duobus tres et non ultra, locum habeat in matrimoniis nondum solutis et in futuris.

236) Statuta Pisana fol. 139.

237) Statuta Pisana f. 191.

Söhne und Töchter des Mannes können gegen die Frau übrigens das beneficium competentiae geltend machen[238]). Außer der dos und dem antefactum kommen Brautge-schenke (correda) vor. Schickt oder giebt der Bräutigam der Braut Sachen die zum Schmucke dienen, sey es ein Stirnband (frontale), oder ein Ring, oder ein Gürtel (cingulum), oder eine Binde (binda), oder eine Schnalle (fibularium), oder ein Gewand (indumentum)[239]), so wird, welches auch der Werth derselben seyn mag, die Schenkung präsumirt. Eben so wird dieselbe vermuthet, wenn die gegebenen Sachen den Werth von 40 solidi nicht übersteigen. Betragen sie mehr als 40 solidi, so muß ausdrücklich dabei gesagt werden, daß es eine Schenkung seyn solle, sonst wird angenommen, der Bräutigam wolle nur, daß die Braut geschmückter zu ihm komme, oder beabsich-tige etwas Anderes damit (Si vero aliud corredum, quod sit majoris valentiae, solidorum XL sponsus miserit, vel dederit, non donationis causa, sed ut sponsa ma-gis ornata ad eum veniat, vel alia causa ad donatio-nem non pertinere, eum misisse vel dedisse judicetur, nisi in aliquo predictorum casuum, aliter ab eo, qui miserit, vel dederit, per se vel per alium, quod mitte-tur vel datur, exprimatur)[240]). Nach Trennung der Ehe kann die Frau, wenn etwa ihre correda, oder die Geräthe, deren sie sich sonst im Hause des Mannes be-diente (guarnimenta) untergegangen oder abgenützt seyn sollten, zwei Drittel des Werthes derselben in anderen weiblichen Geräthschaften fordern (etiam in dissimilibus

238) Statuta Pisana f. 140.
239) Raumer a. a. O. S. 7.
240) Statuta Pisana f. 133.

muliebribus guarnimentis) [241]). Doch soll die Frau, im
Fall sie nicht etwa den Gebrauch von Mehrerem im Hause
des Mannes gehabt hat, nur Anspruch machen dürfen
auf zwei silberne scagialia, auf Bettdeck, Kissen und Ma-
tratze, und auf vier Ringe (dum tamen mulier ultra duo
scagialia argenti, et copertorium et culcitram unam et
matrassam unam, et quatuor annulos sive supersint
sponsalitii, sive non, et alios etiam, si pluribus usa fuerit, habere non possit) [242]). Die Creditoren des Mannes haben kein Recht an den corredis der Frau [243]).

Mann und Frau leben übrigens in Pisa in vollkommen getrenntem Gute. Die Frau hat das Recht, Alimente
vom Manne zu verlangen, wenn er diese nicht gewährt,
so steht es derselben zu, mit Hülfe der richterlichen Gewalt,
die Sachen des abwesenden oder auch anwesenden Mannes
zu veräußern oder zu verpfänden, und zwar nicht bloß
wegen der künftigen, sondern auch wegen der rückständigen
Alimente [244]). Ist der Mann anwesend, so muß ihm zuvörderst eine Anzeige davon gemacht werden: in Abwesenheit desselben sind Verwandte und Affinen zu benachrichti-
gen [245]). Hat der Mann nichts, was veräußerbar wäre,
so soll die Frau ihre eigenen Sachen verkaufen dürfen, und
eine Entschädigungsklage gegen den Mann erlangen [246]).

---

241) Statuta Pisana f. 132.

242) Statuta Pisana l. l.

243) Statuta Pisana f. 130. Eine Frau kann überhaupt nicht
wegen Schulden verhaftet, wohl aber aus der Stadt verbannt werden. Stat. Pisana f. 71.

244) Statuta Pisana f. 187. 188.

245) Statuta Pisana f. 188.

246) Statuta Pisana l. l.

Dem Manne ist nicht gestattet, durch letzten Willen oder auf sonst eine Weise der Frau etwas Anderes als einen Ususfructus zuzuwenden. Bei ein oder zwei Kindern darf die Frau den Nießbrauch eines Drittels des Vermögens, bei dreien ein Viertel, bei vieren ein Fünftel u. s. w. erhalten [247]). Verheirathete Töchter zählen, wenn männliche Erben vorhanden sind, nicht mit: eben so Enkel und weitere Descendenten nur in stirpes [248]). Auf keine Weise darf der Ususfructus der Frau, wie auch die Berechnung rücksichtlich der Kinder sich stellen mag, die Summe von funfzehn Pfund jährlich übersteigen. Selbst die etwa außerdem der Frau hinterlassenen Alimente werden mit in diese Summe eingerechnet [249]). Wenn nach Römischem Recht wenigstens die Schenkungen, die nicht widerrufen werden, bestehen bleiben, so soll nach Pisanischem keine Schenkung unter Lebenden, die die obengenannte Summe übersteigt, im Testamente bestätigt werden dürfen. Die Frau hat den Ususfructus so lange, als sie nicht zur zweiten Ehe schreitet. Was übrigens vom Manne gesagt ist, gilt auch von der Frau [250]). Ehegatten dürfen eben so wenig den Descendenten, Ascendenten, Agnaten oder Cognaten des anderen Ehegatten oder irgend jemanden, durch den etwas indirect an den anderen Ehegatten kommen könnte, über die oben genannte Summe hinaus bedenken [251]). Von der dos und donatio propter nuptias

---

247) Statuta Pisana f. 189.

248) Statuta Pisana l. l.

249) Statuta Pisana l. l. Die Frau muß einen Manifestationseid schwören. Statuta Pisana f. 133.

250) Statuta Pisana f. 190. Idem et e converso.

251) Statuta Pisana l. l.

kann die Frau dem Manne $\frac{1}{18}$tel hinterlaffen, wenn fie kinderlos ift, $\frac{1}{24}$tel, wenn fie Kinder hat [252]). Ab inteſtato dagegen erbt der Mann die Hälfte der dos, wenn er pubes, und die ebenfalls mannbare Frau in der Ehe geftorben ift [253]). Die andere Hälfte kommt an die Perſonen, welche die dos gegeben haben, oder an deren Erben [254]), dafern die Frau ohne Kinder oder Teftament geſtorben ift. Stirbt der Bräutigam vor Eingehung der Ehe, so kann die Frau das antefactum nicht lucriren [255]). Die Begräbnißkoften muß der Mann zur Hälfte aus dem ihm zufallenden Theile der dos beftreiten, dafern diefe die Summe von fechs Pfund nicht überfteigen; alle übrigen Ausgaben werden aus dem Vermögen der Frau bezahlt [256]), oder aus dem anderen Theile der dos. Hat der Mann das Leichenbegängniß zu pomphaft eingerichtet, so muß er das, was überflüffig war (quas si maritus immoderatas fecerit, sibi debeat superfluum imputare) [257]), aus eigenem Vermögen tragen.

Niemand darf feine Frau, ausgenommen im Falle des Ehebruchs, verlaffen, und bei ihrem Leben eine andere heirathen (Nulli liceat excepta causa fornicationis uxorem suam relinquere, neque ea vivente aliam sibi copulare) [258]). Fürchtet die Frau die graufame Behandlung des Mannes, so soll diefer ihr eine Caution zu ftellen ge-

---

252) Statuta Pisana l. l.

253) Statuta Pisana f. 141.

254) Statuta Pisana l. l.

255) Statuta Pisana l. l.

256) Statuta Pisana f. 142.

257) Statuta Pisana f. 142.

258) Statuta Pisana f. 194.

zwingen seyn, und ihr auch außerhalb des Hauses Alimente geben müssen, vorausgesetzt, daß sie sich an einem ehrbaren Orte aufhält (sed si maritus adeo crudelis est, contra uxorem a se expulsam, sive non expulsam, quod ipse cum eo timeat habitare; maritus de non offendendo eam in personam sufficientem mulieri praestet, ad judicis arbitrium, cautionem, aut ad ejusdem judicis arbitrium alimenta praestet, uxori etiam extra domum viri in loco honesto moranti) [259].

Wie in den Veronesischen [260] Statuten ist auf die doppelte Verlobung eine Strafe von 25 Pfund, oder die zweijährige Verbannung aus Pisa gesetzt [261]. Eine gleiche Strafe trifft den, welcher sich neben seiner Ehefrau, in oder außer dem Hause, eine Beischläferinn (formicaria) hält. Die Strafe wächst auf funfzig Pfund, wenn die formicaria selbst verheirathet ist [262]. Schreitet eine Frau, gegen den Willen ihrer Agnaten, zur zweiten Ehe, so soll ihre minderjährige Tochter von ihr getrennt werden (Dubitationis scrupulum tollentes pro communi utilitate statuimus, ut nulla mulier minor XX annis, apud matrem, quae ad secundas convolaverit nuptias, invitis agnatis usque ad tertium gradum secundum canones, vulgariter intellectum eidem mulieri attinentibus, educetur: sed apud eum vel eos alatur, apud quem vel quos, omni suspicione remota, et pro moribus et ho-

---

259) Statuta Pisana f. 195.

260) S. oben S. 234.

261) Statuta Pisana f. 195.

262) Statuta Pisana f. 196.

nestate mulieri, judices curiae novae magis cognove-
verint expedire) [263]).

Was die väterliche Gewalt betrifft, so hat der filius
familias nicht allein was von der Mutter und ihrer Linie kommt als Eigenthum, sondern er kann auch klagend
gegen den Vater in dieser Beziehung auftreten. Der Vater erhält den ihm gesetzlich eingeräumten Ususfructus (a
lege concessum), so lange er den Sohn mit väterlicher
Zuneigung behandelt (quamdiu paternam erga filium ex-
hibeat affectionem) [264]). Arrogationen und Adoptionen
finden vor den Richtern der curia nova statt, welche auf
Geschlecht, Gesundheit und andere Verhältnisse dabei Rücksicht nimmt. Ungültig sind diese Verhandlungen, wenn sie
etwa vor Anderen vorgenommen werden [265]). Eine sich
mit Einwilligung des Vaters verheirathende Tochter, tritt
dadurch aus der väterlichen Gewalt, doch ist die ausdrückliche Zustimmung des Vaters gar nicht erforderlich: hat
derselbe nur nicht widersprochen, so wird diese präsumirt [266]). Wer ein minderjähriges Weib, die sich in der
väterlichen Gewalt, oder außer derselben befindet, oder einen Bruder und väterlichen Ascendenten hat, ohne Einwilligung dieser heirathet, muß dem Mädchen, wenn sie nicht
eingewilligt hat, 100 Pfund bezahlen, und andere 100 dem
Pisanischen Staatsschatz [267]). Haben sich die genannten

---

263) **Statuta Pisana** f. 151.

264) **Statuta Pisana** f. 36. Vater und Sohn können eine
Handelsgesellschaft mit einander eingehen. Darüber ist eine weit-
läuftige Vorschrift f. 259. et sq.

265) **Statuta Pisana** f. 196.

266) **Statuta Pisana** f. 191.

267) **Statuta Pisana** f. 193.

Verwandten ohne gehörigen Grund das Mädchen zu verheirathen geweigert, so fällt die Strafe weg [268]).

Was die Minderjährigkeit betrifft, so dauert sie bis zum zwanzigsten Jahre [269]): die Pubertät tritt mit dem vierzehnten, oder
zwölften Jahre ein. Daß jemand Creditor oder Debitor des
Pupillen oder minor ist, soll kein Grund seyn, ihn von der
Tutel oder Cura zu removiren, doch steht es dem Richter
frei, sobald ein bedeutender Nutzen für den Pupillen daraus entsteht [270]). Mit der Entfernung von der Tutel ist
keine infamia verknüpft, eben so wenig wie mit der Nothwendigkeit satisdatio zu geben [271]). Eine Frau kann
nicht zur Tutel zugelassen werden, ohne daß ihr wenigstens
männliche Hülfe an die Seite gestellt wird (Nulla mulier
admittatur ad tutelam, vel curam, nec bona administret
sine aliquo, vel aliquibus masculis de patrimonio mi-
noris, qui sint de civitate, vel districtu, et in tertio
gradu secundum Canones intellectum, vel proximiori
minori actineant a judicibus curiae novae adjuncto,
vel adjuncta). Mutter und Großmutter, denen das Römische Recht die Tutel gestattet, sind hiervon ausgenommen [272]). Um den Tutoren die Rechnung abzunehmen,
werden Verwandte bis zum dritten Grad der damals in
Italien üblichen Canonischen Computation gewählt, und in
Ermangelung dieser die Verwandten weiterer Grade:
doch müssen dieselben in der Stadt, oder dem Gebiete von

268) Statuta Pisana l. 1.

269) Statuta Pisana l. 20. 21.

270) Statuta Pisana f. 113.

271) Statuta Pisana l. 1.

272) Statuta Pisana f. 115.

Pisa wohnen, sonst werden andere nicht verwandte aber rechtschaffene Männer zu diesem Geschäfte genommen (alios convenientes honestos viros et propinquitate non junctos) [273]). Den Tutoren und Curatoren ist eingeschärft, das Geld der Pupillen und Minderjährigen nicht unfruchtbar liegen zu lassen, sondern zu benutzen. Sind 20 Pfund in baarem Gelde beisammen, so müssen die Vormünder eine Anzeige bei der Curie als obervormundschaftlicher Behörde machen [274], damit die Gelder entweder ausgethan, oder in Ankauf von Grundstücken angelegt werden [275]).

Was das Erbrecht betrifft, so richtet sich das testamentarische ganz nach Römischen Gesetzen, bis auf einige Ausnahmen (De ultimis voluntatibus per legem Romanam judicetur. [276]). Der postumus rumpirt das Testament nicht [277]). Schon durch den bloßen Anfall der Erbschaft kann man auf die Erben transmittiren, und zwar soll diese Bestimmung sogar rückwirkend seyn (Eo etiam excepto, ut hereditatem ad aliquem a quocunque ex testamento vel aliter devolutam, possit quis etiam non aditam, ad instar legati ad heredes suos, vel extraneos transmittere, et hoc non solum in futuris et pendentibus, sed etiam in preteriis et nondum finitis obtineat) [278]). Der filius familias kann nicht blos über das peculium castrense, sondern über seinen ganzen Erwerb (de acqui-

---

273) Statuta Pisana f. 116.

274) Statuta Pisana f. 120.

275) Statuta Pisana l. l.

276) Statuta Pisana f. 144.

277) Statuta Pisana l. l.

278) Statuta Pisana f. 145.

sten) verfügen[279]. Fünf Zeugen genügen bei jedem mündlichen letzten Willen, doch wird der Notarius, der ein Testament aufgenommen hat, nicht zu den Zeugen gezählt[280]. Es kommen eigene Testamentsexecutoren, und Vertheiler der Erbmasse (fideicommissarii) vor, welche die Geschäfte übernehmen. Ein Ehegatte kann nicht der fideicommissarius des anderen Ehegatten seyn, ohne daß nicht wenigstens demselben vom Erzbischof ein Adjunct zugetheilt werde[281]. Schreitet die Frau zur zweiten Ehe, so hört sie sofort auf fideicommissaria zu seyn, und der Adjunct übernimmt allein das Amt[282]. Das Inventarium soll in einem Jahre gemacht seyn, doch leiden Descendenten und Ascendenten keinen Nachtheil, wenn sie dasselbige anzufertigen unterlassen. Mit der Anfertigung des Inventars soll sich übrigens der Hauptfideicommissar befassen[283]. Im Notherbenrecht hat die Lombarda den Vorzug vor dem Römischen Recht erstritten. Einen bestimmten Sohn kann man nur vor den anderen besser bedenken, wenn er dem Vater gehorsamer war und auf eine Gott gefälligere Weise diente (nisi in melius secundum Deum eiservierit et habediens fuerit)[284]. Dieser Gedanke ist wörtlich dem Longobardischen Recht entlehnt (S. S. 187). Eben so das quantitative Verhältniß der Melioration[285]. Dieses Recht, aus den eben angegebenen Gründen bestimmte Kinder vor-

---

279) Statuta Pisana l. l.

280) Statuta Pisaua f. 146.

281) Statuta Pisana f. 154.

282) Statuta Pisaua l. l.

283) Statuta Pisana f. 157. 158.

284) Statuta Pisana f. 158.

285) Statuta Pisana l. l.

zugsweise zu bedenken, ist übrigens im Pisanischen Gesetz
auf alle Descendenten von Männern ausgedehnt [286].
Nur soll man weder als gehorsamer, noch als besser die-
nend, angesehen werden, wenn die entgegenstehenden, vor
denen man den Vorzug erhält, Pupillen oder Minderjährige sind [287]. Es steht übrigens den benachtheiligten
Kindern frei zu beweisen, daß die bevorzugten in der That
nicht besser waren als sie selbst, in welchem Falle die Melioration nicht erfolgt (non ablata filiis vel nepotibus
vel aliis descendentibus facultate probandi in contrarium) [288]. Weibliche Descendenten müssen, wenn männliche vorhanden sind, mit ihrer dos zufrieden seyn. Die
Größe derselben steht im Belieben des Vaters, doch darf
die legitima der Söhne nicht beeinträchtigt werden. Die
Mutter braucht die Tochter nur in dem Falle zu dotiren, wenn
sie reich ist, und die Tochter auf keine andere Weise aus-
gestattet werden kann (et excepto eo, quod filiam dotare
non teneatur nisi quando ipsa locuplex est, et aliunde
filia dotem habere non potest) [289].

Mit der Pisanischen Intestaterbfolge verhält es sich
also. Aus dem Longobardischen Recht ist der Vorzug der
männlichen Descendenten vor den weiblichen zum Theil
aufgenommen. Söhne schließen daher die Töchter aus:
die weiblichen Descendenten der Söhne stellen den Sohn
vor. So erbt also die Enkelinn vom Sohne zugleich mit
ihrem Vaterbruder [290]. Sind keine männlichen Descen-

---

286) Statuta Pisana l. l.
287) Statuta Pisana l. l.
288) Statuta Pisana l. l.
289) Statuta Pisana f. 159.
290) Statuta Pisana f. 160.

denten vorhanden, so kommen allerdings die weiblichen zur
Succession. Wenn aber Töchter mit Enkeln vom Sohn
concurriren, so tritt das Eigene ein, daß die Enkel die
Töchter nicht ganz ausschließen, sondern daß alle in capita folgen, so aber, daß die Enkel unter sich eine Berechnung in stirpes anstellen, und nur den Töchtern gegenüber als in capita folgend betrachtet werden (Si tamen
ex diversis filiis nepotes, cum filia vel filiabus, relinquuntur, filia, vel filiae, quantum ex successione in
capita eis contingit, facta filiorum et nepotum omnium
connumeratione, percipiant: in reliquum autem nepotes ex diversis filiis in stirpes succedant) [291].

Der Vorzug der männlichen Descendenz vor der weiblichen findet übrigens ebenfalls in der mütterlichen Erbschaft statt: auch hier kommen erst die Töchter, wenn keine
Söhne vorhanden sind, an die Reihe. Obgleich nun eine
gleiche Vertheilung unter die Gleichberechtigten statt findet,
so wird die Hälfte der dos doch vorweg den Kindern der
Ehe gegeben, für welche die dos gedient hat [292]. Die
andere Hälfte wird wiederum unter alle Kinder, von welcher Ehe sie auch seyn mögen, zu gleichen Portionen vertheilt [293]. Doch gelten diese Bestimmungen nur, wenn
die Ehe durch den Tod der Frau, nicht wenn sie durch
den des Mannes getrennt wird [294], denn überlebt die
Frau den Mann, so erhält sie die dos zurück, die von nun
an ihren Dotalcharacter verliert. Zu denen, welche die erste

---

291) Statuta Pisana f. 161.

292) Statuta Pisana l. l.

293) Statuta Pisana l. l.

294) Statuta Pisana l. l.

Hälfte der das erhalten, gehören auch die Töchter und ihre Descendenz: in der zweiten Hälfte schließt die männliche Descendenz, wie bei jedem anderen Erbtheil, die weibliche aus [295]. Die donatio nuptialis lucriren die Kinder der Ehe, in welcher sie gegeben ist; es müßte denn seyn, daß dieselbe in einer späteren Ehe als dos gedient habe: dann bekommen die Kinder aus der Ehe die Hälfte, in welcher die Sachen als Brautgeschenke galten, und die andere Hälfte wird den Kindern der Ehe zu Theil, für welche sie als dos diente [296].

Sind keine Descendenten vorhanden, so kommen die Ascendenten, welche zugleich Agnaten sind, zur Succession, so daß der dem Grade nach nähere immer den entfernteren ausschließt [297]. Mit den Ascendenten folgen consanguinei und die männliche Descendenz verstorbener consanguinei in stirpes [298]. Sind Brüder des Verstorbenen und deren Descendenten nicht vorhanden, so folgen die consanguineae, und zwar succedirt schon die schwangere Schwester des Erblassers zugleich mit den Töchtern des verstorbenen Bruders in stirpes [299]. Der proavus wird von den consanguineis und deren männlichen Descendenten ausgeschlossen, nicht so von den Schwestern und ihrer Descendenz [300].

Während hier in Concurrenz mit Ascendenten die Con-

---

295) Statuta Pisana f. 162.
296) Statuta Pisana l. l.
297) Statuta Pisana f. 163.
298) Statuta Pisana l. l.
299) Statuta Pisana l. l.
300) Statuta Pisana l. l.

sanguineische das Moment zur Berechtigung ist, tritt die Vollbürtigkeit in ihre Rechte, wenn von der Succession der Geschwister allein gehandelt wird; doch nur in so fern als vollbürtige Geschwister, in Concurrenz mit blossen consanguineis, den absoluten Vorzug, in Beziehung auf das mütterliche Gut, und das von der mütterlichen Seite herkommende Vermögen, haben[301]; dagegen uterini zu gleichen Theilen mit consanguineis, auch in Beziehung auf das von der Mutter ererbte Gut gehen[302]. Sind gar keine Ascendenten vorhanden, so werden überhaupt zuerst die Agnaten zur Erbschaft gerufen[303], und zwar zunächst die männlichen Geschlechts. Fehlt es an solchen, so kommt die Schwester zugleich mit den Töchtern des verstorbenen Bruders heran[304]. Fehlen auch diese, so kommt der Vaterbruder und der frater patruelis (einen fratre patrueli qui in nostro vulgari dicitur primus cusinus defunctae pertinuae)[305], oder die Kinder verstorbener fratres patrueles. Erst in Ermangelung dieser werden zu gleicher Zeit die Töchter der Schwester, die Töchter des Vaterbruders, die Vaterschwester, die Töchter des fraterpatruelis, und der Sohn, oder wenn dieser fehlt, die Tochter der Vaterschwester ein[306]. Fehlen diese bestimmten Verwandten, so kommen die Agnaten bis zum vierten Grade heran, so daß in jedem Grade der männliche Agnat dem weiblichen vorgeht[307]. Erst

301) Statuta Pisana l. l.
302) Statuta Pisana f. 164.
303) Statuta Pisana l. l.
304) Statuta Pisana l. l.
305) Statuta Pisana l. l.
306) Statuta Pisana f. 165.
307) Statuta Pisana l. l.

wenn die Agnaten bis zum vierten Grade nicht vorhanden sind, wird nach Römischem Recht succedirt (agnatis vero usque ad jamdictum gradum, aliisque personis suprascriptis non extantibus, jure Romano, successio deferatur).[308]) nur daß über diesen vierten Grad hinaus, jedesmal der gleich nahe Agnat dem Cognaten vorgezogen wird.[309])

Die Mutter soll, wenn sie nicht zur zweiten Ehe schreitet, soviel an Usufructus am Vermögen des Sohnes oder der Tochter erhalten, als sie nach Römischem Recht wirklich geerbt haben würde. (Die mater ... sine liberis habeat, pro ea parte, quam secundum legem romanam filio vel filiae in proprietate succederet ab intestato)[310]). Allen Agnaten aber, den vierten Grad Römischer Computation hinaus, so wie allen Cognaten, geht aber auch die Mutter im Vermögen [...] vor. Mit der uterina und ihren Kindern wird sie zu gleichen Theilen zugelassen[311]). Macht der Sohn ein Testament, so braucht er der Mutter als Pflichttheil nur den dritten Theil des ihr ab intestato zukommenden Antheils an Usufructus oder Vermögen zu hinterlassen: doch muß der der Pflichttheil niemals 200 Denare übersteigen.[312]).

Eigene Bestimmungen finden über die Erbfolge ins

308) Statuta Pisana l. l.
309) Statuta Pisana l. l.
310) Statuta Pisana f. 169.
311) Statuta Pisana f. 169.
312) Statuta Pisana f. 170.

Vermögen derer statt, welche ins Kloster treten [313]). Hat
der Eintretende Kinder, so bekommt das Kloster nichts als
was ausdrücklich und unbeschadet des Pflichttheils beim
Eintritte gegeben worden [314]). Fehlen Descendenten, so
erhält das Kloster, wenn es etwa mit Ascendenten, Brüder
und Brudersfinbern concurrirt, ½ des Vermögens. Das
ganze Vermögen fällt dem Kloster zu, wenn entferntere
Erben, als die ebengenannten, vorhanden sind, nur hat die
Mutter auf den ihr zustehenden gesetzlichen Pflichttheil Anspruch [315]). Ein Vater, der ohne andere Kinder stirbt,
muß seinem Mönch gewordenen Sohn den Pflichttheil hinterlassen: eben so erbt derselbe ab intestato. Sind neben dem Mönch noch andere weltliche Kinder vorhanden
(in seculo), so hat derselbe auf den Pflichttheil nach
der Berechnung des Römischen Rechts Anspruch [316]).
Niemals kann das Kloster jedoch mehr als 150 Pfund
subiciren [317]). Als erbunfähig werden Juden und Sa-
racenen in Beziehung auf Christen erklärt (Si quis Christianae religionis ab intestato, vel condito testamento
decesserit nullus judeus vel Saracenus *occasione pro-
pinquitatis* ejus bona valeat vendicare, sed eo ab intestato decedente, ad propinquos Christianos, et si al-
teriari gradu fuerint, salva gradus praerogativa. Illis
vero et uxore Christiana defuncti non exstantibus ad
                                                    com-

---

313) v. Raumer a. a. O. S. 8.

314) Statuta Pisana f. 170.

315) Statuta Pisana l. l.

316) Statuta Pisana f. 172.

317) Statuta Pisana l. l.

commune nostrae civitatis, successio revolvatur) [318]).
Das Erbrecht der libertini findet ganz nach Römischem
Recht statt [319]), nicht minder das des Fiscus (Civitas
jure fisci secundum legem Romanam succedat) [320]).
Die Bestimmungen über die Lehnsfolge sind vollkommen
mit den Principien des Longobardischen Lehnrechts übereinstimmend [321]).

Neben dem Veronesischen und Pisanischen Stadtrecht
muß als eines der älteren des Mailändischen Erwähnung
geschehen. Wenn auch die vollendete Sammlung desselben
erst im Jahre 1216 beendigt war, so ist doch durch Ga-
briel Verri gezeigt worden, daß der ursprüngliche Inhalt
der Statuten weit älter als der Costnitzer Frieden ist [322]).
Aber das Mailändische Municipalrecht ist, namentlich in
unserer Lehre, weit ärmer als das Pisanische. Wie im
Veronesischen Rechte sind die Bestimmungen über Familie
und Erbrecht mehr als Ergänzung des bestehenden Rechts
gegeben, denn als ein eigener, weitläuftiger und sich nur
dem Inhalte nach auf das Römische und Longobardische
Recht beziehender Codex. Mehr als in irgend einem anderen Stadtrecht scheint hier Salisches Recht Einfluß gehabt zu haben. Was das Familienrecht in diesen alten
Mailändischen Statuten betrifft, so kommen folgende Bestimmungen vor. Hat der Vater eine donatio propter
nuptias (sponsalitium) für den Sohn gegeben, so braucht

---

318) Statuta Pisana f. 173.

319) Statuta Pisana l. l.

320) Statuta Pisana l. l.

321) Statuta Pisana f. 383 et sq.

322) Comitis Gabrielis Verri de ortu et Progressu Iuris
Mediolanensis Prodromus. Mediolani 1747 p. V. et sq.

R

diese nicht conferirt zu werden, und die anderen Söhne
haben nicht auf Entschädigung Anspruch [323]). Die Frau
konnte nach dem Tode des Mannes die Quarta seines
Vermögens fordern, es mochte dieselbe der Frau ausdrücklich eingeräumt seyn, oder nicht [324]). Diese Quarta ist
unstreitig das, was in den Veronesischen Statuten quartisio genannt wird, die zu einer bestimmten Erbportion
gewordene Longobardische Morgengabe. Der Tutor muß,
wenn es dem Pupillen nützlich scheint, auch noch während
der Tutel Rechnung ablegen [325]). Für die Volljährigkeit
ist das Alter von zwanzig Jahren angenommen, und zwar
als Vereinigung des Longobardischen und Römischen
Rechts [326]). Die Lehre von Testamenten zeigt den Einfluß des Canonischen Rechts. Zwei Zeugen sind hinreichend, und es bedarf weder einer Schrift, noch der Unterschrift oder Untersiegelung der Zeugen [327]). Alle Weiber
werden in der Erbschaft von den männlichen Agnaten ausgeschlossen, bis auf die unverheirathete Schwester und Vaterschwester (soror et amita in capillo) [328]). Mann und
Frau succediren sich gar nicht, so wenig, wie die Mutter
ihren Kindern [329]). Erst in den späteren Mailändischen
Statuten findet sich die Bestimmung der älteren Pisanischen, daß die Mutter und die übrigen weiblichen Ascendenten den Nießbrauch des Theils haben sollen, den sie nach

---

393) Verri l. l. p. 51.
394) Verri l. l. p. 50.
395) Verri l. l. p. 55.
396) Verri l. l. p. 53.
397) Verri l. l. p. 51.
398) Verri l. l.
399) Verri l. l.

gemeinem Rechte als Eigenthum erhalten würden (ut mulier ascendens habeat usumfructum illius partis, quam habitura fuisset de jure communi) [330]). Die Schwester, obgleich sie als Agnatinn, wie schon oben bemerkt worden ist, erbt, wird doch vom Bruder ausgeschlossen [331]). Dem Vater ist nicht gestattet, einen seiner Söhne besser als den anderen zu bedenken (sed nec unum ab altero poterit jure nostro pater meliorare) [332]). Es findet hier also das Longobardische Recht, welches im Fall des größeren Gehorsams diesen Vorzug gestattet, und welches auch in die Pisanischen Statuten übergegangen ist, keine Anwendung. Einige Ausnahmen von diesem Satze müssen jedoch bemerkt werden. Derselbe hat auf die Grundstücke keine Anwendung, welche nicht auf Mailändischem Grund und Boden liegen [333]), er geht ferner nicht auf Weiber und auf Enkel (nepotes in potestate constitutos sive non, tamen ex uno meliorare patri permissum est) [334]). Eben so wenig wird die Mutter durch diesen Satz beschränkt [334]). Am allerwenigsten sind wohl in den Mailändischen Statuten Abweichungen in Beziehung auf Feudalrecht zu erwarten. Auch stimmt die Lehnsfolge ganz mit dem gemeinen Longobardischen Lehnrecht überein. Was als besondere Bestimmung in den Statuten bemerkenswerth erscheint, ist, daß, wenn ein Vasall vor dem Anfang des März, und zwar ohne männliche Descendenz stirbt, die

330) Stat. Mediol. 303. Vol. I.
331) Verri l. l.
332) Verri p. 49.
333) Verri l. l.
334) Verri p. 50.
335) Verri l. l.

sämmtlichen Früchte des laufenden Jahres an den Lehnsherrn fallen; stirbt derselbe aber nach dieser Zeit, so kommen die percipirten Früchte an die Erben, die noch nicht
percipirten aber, fallen dem Herrn [336] zu.

Wir haben uns etwas weitläuftiger, als es sonst
wohl der Raum gestattet, mit den uns zugänglich gewesenen älteren Italienischen Stadtrechten, namentlich mit dem
Pisanischen, beschäftigt, weil sie uns in dieser Vollständigkeit allein einen Beweis für das über den Character der
Italienischen Stadtrechte oben Aufgestellte liefern können.
Römisches und Longobardisches Recht finden sich nun in
demselben neben einander, und zwar in der gleichgültigsten
Stellung. Wenn in den Veronesischen Statuten, dos und
donatio, propter nuptias, meta und quartisio zusammen,
und als wären sie Theile eines und desselben Rechtssy-
stems genannt werden, so zeigt dieses, wie die hervorsprin-
genden Unterschiede bereits verwischt, und die Germanische
Eigenthümlichkeit sich schon in die Römische verloren hatte.
Denn wenn auch dem Inhalte nach Longobardisches Recht
beibehalten ist, so kann dennoch kaum verkannt werden,
daß es von der Kraft und dem Einflusse des Römischen
Rechts besiegt ist. Deswegen haben Italienische Alter-
thumsforscher bisweilen, Longobardische Rechtssätze, wie
z. B. den Vorzug der Agnation über die Cognation, wenn
sie sich in Italienischen Statuten finden, dem Römischen
Rechte zuzuschreiben sich geneigt gefunden: sie habe angenommen, die Statuten wären mit Zurückweisung des Justinianeischen Rechts auf die ursprünglichen Satzungen des
Zwölftafelgesetzes zurückgegangen [337]. So falsch diese

---

336) Verri p. 57.

337) *Verri* l. l. p. 52. „Quae omnia manifeste demon-

Behauptungen nun auch sind, so liegt ihnen doch ein nai-
ves und richtiges Bewußtseyn zu Grunde, daß die Germanische Eigenthümlichkeit in Italien, selbst in dem was
sie dem Inhalte nach noch übrig behalten, als romanisirt
erscheint, und daß es, wenn auch nicht der geschichtlichen
Wahrheit, doch dem Character des Ganzen zufolge näher
liegt, solchen Inhalt mit älteren Römischen Bestimmungen
in Verbindung zu setzen.

Am schärfsten zeigt sich das Aufgehen des Germanischen in das Römische Princip, in den Vermögensrechten
der Ehe. In den eigentlich Germanischen Ländern bildet
sich Wittthum und Morgengabe zu wahrer und vollendeter
Gütergemeinschaft aus: das Römische Dotalrecht, wo es
Eingang findet, steht dem Germanischen Güterrecht alsdann
gegenüber, und man muß sich bequemen, nach dem einen
oder anderen zu leben. In Italien dagegen kommt es
nicht zu einer Gemeinschaft der Güter unter Ehegatten.
Meta und Morgengabe, indem ihnen ihre weitere Bildungsfähigkeit abgeschnitten ist, verlieren sich in das Römische
Princip des Dotalrechts, und schließen sich der Römischen
Lehre von der dos und donatio propter nuptias an. Das
antefactum, wie es in den Pisanischen und anderen Italienischen Stadtrechten vorkommt, hat von der meta noch
das behalten vor der Ehe bestellt zu werden: aber indem
es in einem wahren Verhältniß zur dos steht, ist es dem
Inhalte nach nichts anderes als eine donatio propter

strant, majores nostros maximum, atque perpetuum studium
contulisse ad agnationem conservandam pro veteri XII tabularum jure, a Justinianeo postea immutato, quo certe nihil ad
servandum, augendumque Familiarum splendorem, nihil ad cas-
tandas, nihil ad cives in pacis, bellique studia impellendos,
utilius, commodius aptius commendabilius potuit afferri.

nuptias. Die dos bildet den Gesichtspunkt, aus dem das
antefactum beurtheilt wird. Während in dem Longobardischen Rechte die dos der Frau (faderfium) blos eine Ne-
bensache ist, die wohl auch vorkommen kann, ist sie schon
in den Statuten des zwölften und dreizehnten Jahrhunderts die Hauptsache geworden; und das, was der Mann
zu leisten hat, bezieht sich auf das, was er durch die Frau
erhält. Was die sonstige Getrenntheit des Gutes betrifft,
so stimmen hier sowohl die Römische als die Longobardische Grundlage zusammen. Gütergemeinschaft findet sich
in den ursprünglichen barbarischen Gesetzen überhaupt nicht.
Das Uebergewicht des Mannes über die Frau läßt diesen
Gedanken, trotz der Reinheit der Germanischen Ehe, nicht
zu: damit er aufkomme, muß die gleiche Berechtigung des
Weibes anerkannt seyn. Aber indem die christliche Ehe ihr
Princip in den Germanischen Völkern entwickelt, muß die
Ehe sich auch in die Vermögensverhältnisse einbilden. Wit-
thum und Morgengabe können äußerlich als Gaben der
Sorgfalt und Liebe bestehn bleiben, aber den Kern des
ehelichen Güterverhältnisses können sie nicht mehr bilden.
Ist das Gut der Ehegatten getrennt, so ist es auch die
Persönlichkeit, welche im Eigenthum ihren Ausdruck hat.
Die Frage über Mein und Dein soll in der Ehe nicht bestehen, weil die Verschiedenheit des Mein und Dein eben
in der Identität der Personen aufgehoben ist. Während
also die Vertiefung des Germanischen Begriffes von der
Ehe, zur Gütergemeinschaft nothwendig führt, wird das Princip der Nichttheilnahme des Weibes am Vermögen, wie
es sich in den barbarischen Gesetzgebungen aus der geringeren kriegerischen Bedeutung des Weibes erklärt, mit dem
Römischen und Canonischen Recht zusammentreffend, in
dieser seiner Richtung nicht blos beharren, sondern auch
die besonderen Gründe, welche ihm eigen waren, gegen die

anderen vertauschen, welche, ganz verschieden davon, im
Römischen Recht für denselben Rechtssatz sich finden. Der
Grund, weswegen im Römischen Eherechte keine Gemeinschaft der Güter herrscht, ist die getrennte Selbstständigkeit
der Ehegatten: im älteren Germanischen ist es der Schutz
über die Frau, welcher dem Manne das Gut zuwendet.
Aber indem das Römische und Canonische Recht zum Germanischen tritt, ehe sich dasselbe selbstständig ausgebildet
hat, wird der Grund des Schutzes, der sich eben allmählich zur Gütergemeinschaft entwickelt hätte, von dem der
vollkommenen Getrenntheit der Ehegatten absorbirt werden. Als Resultat bleibt nun die Absonderung des Gutes:
als neuer politischer Grund tritt aber in den kleinen Republiken Italiens die Eifersucht der Städte, die Erhaltung
der patricischen Geschlechter, und eine gewisse Nachahmungssucht, in Beziehung auf das Alterthum ein, von der schon
in der Einleitung gesprochen worden. Nur aus dem
Standpunkte der Furcht, es möchte Pisanisches oder Mai-
ländisches Gut in andere Republiken wandern, läßt es
sich erklären, daß dem Manne nicht gestattet ist, der Frau
im letzten Willen etwas anderes, wie einen Ususfructus
zuzuwenden. Zwar gilt dies auch umgekehrt von der Frau
gegen den Mann, aber offenbar, um keine Ungleichheit der
Geschlechter bemerken zu lassen. Man will eigentlich
nicht durch zu großen Reichthum der Frauen das Vermögen des Staates zu einem beweglichen machen. Daß der
Canonische Begriff von der Ehe nichts als die sacramentalische Fessel ist, daß sein Inhalt heidnisch und lieblos bleibt,
und daß das Canonische Recht vollkommen gleichgültig gegen diese Lieblosigkeit ist, zeigen am stärksten diese Caute-
len, Schwierigkeiten und Hemmungen, in Beziehung auf
das Vermögensverhältniß der Ehegatten, wie sie in den
älteren Italienischen Statuten hervortreten. Daß der

Mann bloß zur Hälfte der Begräbnißkosten der Frau verpflichtet ist, daß sie nicht sechs Pfund übersteigen dürfen,
daß endlich diese Verpflichtung auch nur in dem Falle eintritt, wenn der Mann die dos lucrirt, gehört sicherlich zu
den lieblosesten und selbstsüchtigsten Bestimmungen, die irgend ein Eherecht aufzuweisen hat. Wenn aber die Furcht
vor den Schenkungen der Ehegatten so weit geht, daß kein
Ehegatte einen Fremden bedenken soll, von dem er vermu-
then könnte, daß er dies Geschenk an den ausgeschlossenen
Ehegatten auf irgend eine Weise bringen dürfte, so möchte
man zu glauben geneigt seyn, die Ehe werde nach Pisanischem Recht, als ein feindliches Verhältniß betrachtet, das
man als solches erhalten, und dem man jede Versöhnung
abschneiden müsse.

Die Eingehung der Ehe, welche in dem eigentlich Germanischen Rechte, durch ein Erhalten der Frau von dem
sie beschützenden Verwandten vor sich geht, und die in dieser Weise eigentlich schon im Canonischen Rechte angegeben ist, ermangelt jener Form vollkommen in den älteren
Italienischen Stadtrechten. Es bedarf nicht der ausdrück-
lichen Einwilligung des Vaters im Pisanischen Rechte, sondern nur, daß derselbe nicht widersprochen habe. Die Ehe
ist, wie im Römischen Rechte, auf den bloßen Consens gestellt, und der tiefere Sinn der Bestimmung, daß die Frau
sich nicht allein verheirathen solle, ist in Italien verloren
gegangen.

Väterliche Gewalt und Tutel, so wie die Lehre von
der Verwandtschaft, haben durchaus keine eigenthümliche
sie unterscheidende Physiognomie. Nachdem der Begriff
des Longobardischen Mundium sich vollkommen verloren
hat, ist es die bloße Gestalt der späteren väterlichen Gewalt des Römischen Rechts, welche sich geltend macht.
Die Söhne können eigenes Vermögen haben, und selbst

klagend gegen ihren Vater auftreten. Der Unterschied der
verschiedenen Peculien findet sich nirgends. Durch die Verheirathung der Tochter wird die väterliche Gewalt beendigt. Der kleine Umfang der Italienischen Republiken läßt
nicht zu, daß die Unabhängigkeit im Staate mit der Fa-
milienunterwerfung verbunden sey. Die väterliche Gewalt
kommt also dazu, lediglich ein väterlicher Schutz zu seyn,
und das Recht des Vaters am Ususfructus wird durch
die Liebe bedingt, die derselbe gegen die Kinder an den Tag
legt.

In der Intestaterbfolge ist überall aus dem Longobardischen Rechte, der darin anerkannte Vorzug des Mannsstammes, und der Männer vor den Weibern aufgenommen. Doch ist dieses wiederum nicht scharf durchgeführt,
und überall sieht das Römische Recht durch die Oeffnun-
gen, welche das Longobardische darbietet. Die Concurrenz
der Enkel vom Sohn mit den Töchtern, so daß die Tochter wenigstens eine Enkelinn vorstellt, ist als eine solche
Inconsequenz namhaft zu machen. Auch hier ist es die
Furcht, das Gut möchte einem benachbarten Staat zu Theil
werden, welche die Bestimmungen des Longobardischen
Rechts über den Vorzug der Agnation und des Mannsstammes festhalten läßt, und unnatürliche Gesetze über die
Succession der Weiber begünstigt. Eben dahin ist die Beschränkung des Erbrechts der Mutter, welche bloß einen
Ususfructus erhält, zu rechnen. Daß die Mutter mit der
Frau in eine Linie gestellt wird, beweis't wohl am aller-
stärksten das schon oben Angeführte, daß man das Ueber-
handnehmen des beweglichen Vermögens, durch die Weiber, scheut. Erst den Agnaten vierten Grades geht die
Mutter in den Pisanischen Gesetzen vor; sie noch weiter
zurückzusetzen, erlaubte selbst die Aengstlichkeit für das
Staatswohl nicht. Deutlicher noch sprechen für die von

mir angeführten Gründe, die bestimmten Summen von 15
Pfund und 200 Denare, welche als Maximum bei der
Frau und Mutter beliebt werden, und die man trotz der
sonst angenommenen Quoten nicht übersteigen soll. Wozu
dieses Maximum, wenn nicht Gründe des öffentlichen Wohls
hier in Frage kommen?

Wo diese Gründe aufhören, und die kleinlichen Rücksichten in Beziehung auf die Erhaltung der Geschlechter
schweigen, kommen naiverweise die Vorschriften des Römischen Rechts zur Anwendung. Bald wird ganz ehrlich
bekannt, hier werde nach Römischem Recht verfahren, bald
kommen Bestimmungen vor, die ihren Römischen Ursprung
nicht verkennen lassen, obgleich derselbe nicht ausdrücklich
angeführt ist. Wenn auch die Consanguinität, wegen des
Vorzugs der Agnation, immer als das Wirksame genannt
wird, so macht doch bisweilen die Vollbürtigkeit ihre Rechte
geltend, und die Concurrenz der Brüder und Bruderskin-
der mit Ascendenten zeigt, daß die Grundsätze der Novelle
118. nicht ganz in Vergessenheit gerathen sind.

In der Lehre von den Testamenten bekennt sich das
Pisanische Recht ganz offen zum Römischen (S. 249.).
Doch sind grade hier Abweichungen, sowohl was den
Inhalt, als was die Form der Testamente betrifft,
am meisten sichtbar. Daß fünf Zeugen genügen, daß eigene Testamentsexecutoren ernannt werden, und daß auch
hierin für die Ehegatten Schwierigkeiten entstehen, könnte
als ein unwichtiger formeller Unterschied übersehen werden,
aber daß das Nötherbenrecht auf keine Weise im Römischen Geiste aufgefaßt ist, läßt auch die Lehre von den Testamenten überhaupt anders erscheinen. Das Römische
Testament ist außer seinem Begriffe, sobald ihm die schroffe
Willkühr, der Familie gegenüber, genommen ist, und es
bleiben nur noch äußerliche Aehnlichkeiten stehen, welche

nicht mehr zu dieser Hinleitung berechtigen. Der Longobardische Satz, nur die besseren Kinder könne man besser bedenken,
findet sich in dem Pisanischen Statuten, wie schon oben bemerkt
worden, wörtlich wieder, wogegen selbst dieser Grund in den
Mailändischen die Gleichheit nicht beeinträchtigt. Eigentlich ist die Berechtigung einige Kinder, wegen ihrer Vortrefflichkeit vorzuziehen, nichts als ein versteckter Enter-
bungsgrund in Beziehung auf die Anderen: nur daß die
Melioration von selbst den Pflichttheil nicht übersteigen
darf. Die Gegenbeweise, welche die benachtheiligten Kinder führen können, so wie die Ausnahmen, die bei Pupillen und Minderjährigen statt finden, zeigen übrigens, wie
dieser Satz nur beibehalten ist, ohne mit den anderen gesetzlichen Bestimmungen in Einklang zu stehen.

Wenn die älteren Italienischen Stadtrechte somit eine
Zusammensetzung aus Römischem, Canonischem und Longobardischem Rechte bilden, in welcher die formelle Behandlung selbst der Institutionen dem Alterthum angehört,
welche ihrem Inhalte nach Germanischen Ursprungs sind;
so unterscheiden sich die neueren Reformationen des vierzehnten, funfzehnten und sechszehnten Jahrhunderts hauptsächlich durch einzelne originelle Bestimmungen, durch Neuerungen, welche mehr in dem politischen Character und in
der öffentlichen Bewegung, als in einer inneren und veränderten Geschichte der privatrechtlichen Entwickelung ihren Grund haben [338]. Indem wir uns mit diesen Re-

---

[338] Zu den älteren Statuten können noch die von Ravenna
gerechnet werden, welche Fantuzzi, Monumenti Ravennati Tomo IV., mittheilt. Aber am allerwenigsten scheint das Exarchat,
wo das Constantinopolitanische Recht immer herrschend blieb, geeignet, originelle Bestimmungen über Privatrecht darzubieten. Im Fa-

formationen, in Beziehung auf Familien- und Erbrecht beschäftigen, sollen nicht, wie dies oben geschah, die Städte
einzeln betrachtet, sondern vielmehr in den verschiedenen
Materien die Abweichungen oder Uebereinstimmungen der
Stadtrechte angegeben werden.

---

milien- und Erbrecht beschränkt sich alles auf folgende Sätze. Der
Frau braucht keine Rechenschaft von den während der Ehe percipirten Früchten ihres Vermögens gegeben zu werden (Statuto di Ravenna 116.). Die Mutter wird zwar zur Tutel ihrer Kinder zugelassen (ut mater admittatur ad tutelam filiorum secundum quod
ratio postulat. *Statuto di Ravenna* 138.) aber rücksichtlich ihres
Erbrechts ist keine große Abweichung von dem, was in anderen Italienischen Stadtrechten vorkommt, zu verspüren: sie erhält, selbst
wenn keine Descendenten vorhanden sind, ab intestato nur die legitima: der übrige Theil des Vermögens geht an die Verwandten
bis zum vierten Grad, erst in Ermangelung dieser ist die Mutter
völlige Intestaterbinn. Nach dem im Jahre 1228 verfaßten Gesetze
kann diesen Bestimmungen aber durch Testament derogirt werden
(Statuto di Ravenna 138.). Der Vorzug der Agnation vor der
Cognation scheint in Ravenna, wo das Römische Recht mächtiger
war, nicht durchgedrungen zu seyn: es ist immer nur von den pro-
pinquiores die Rede. Das Gut, das von Vaterseite kam, geht an
die Verwandten der väterlichen Seite, mögen diese Agnaten oder
Cognaten seyn, eben so, daß Muttergut, an die Verwandte mütterlicher Seite. (Possessiones, quae sunt ex parte patris cujuslibet
decedentis, ab intestato, deficientibus ascendentibus et descendentibus deveniant in propinquioribus, qui sunt ex parte patris.
Statuto di Ravenna 137.). Selbst in der Seitenverwandtschaft
findet hier Repräsentationsrecht statt (Statuto di Ravenna l. l.).
Trotz dem schließt der Sohn die Tochter von der Erbschaft des Vaters aus (Et teneatur potestas non facere rationem filiis, exci-
stante fratre masculo, quorum pater et mater decesserit ab
intestato, salva et legitima.). Das Longobardische Princip des
Erbrechts ist in Ravenna zwar nicht ganz ausgeschlossen, aber doch
nur in sehr bedingter Anwendung.

Da der Canonische Begriff von der Ehe allen diesen
Gesetzgebungen zu Grunde liegt, so bleiben nur die Vermögensrechte der Ehe, so wie das Verhältniß der Weiber zu
den Männern, als Gegenstand der Betrachtung übrig, weil
sich in ihnen die Verwirklichung der Ehe wahrhaft vorfindet. Was in den früher erwähnten Statuten häufig nicht
bedeutend hervorgehoben erschien, der Consens der Ascendenten und Agnaten, rücksichtlich der Verheirathung einer
Frau, findet sich in anderen, wie z. B. in denen von Mantua, dem Canonischen Rechte gemäßer, streng angegeben.
Wer eine Frau unter zwanzig Jahren ohne Einwilligung
des Vaters, väterlichen Groß- und Urgroßvaters, oder in
deren Ermangelung, der Agnaten bis zum vierten Grade
heirathet, soll keine dos verlangen können, sondern vielmehr
selbst genöthigt seyn, die Frau, nach Verhältniß seines Vermögens, und ihres Standes zu dotiren [339]). Diese Strafe
der heimlichen Ehe, statt der zu empfangenden dos, eine solche
der Frau bestellen zu müssen, ist höchst originell, und zeigt, wie
ganz und gar die Vorstellung der Nothwendigkeit eines
Wittthums verschwunden ist. Wenn die Frau das Alter
von zwanzig Jahren erreicht hatte, so scheint ihre Verheira-

---

339) *Statuta Mantuae. Codex Mss. Bibliothecae Regiae Parisiensis No.* 4620. *f.* 39." Statuimus et ordinamus, quod nemo contrahat matrimonium cum aliqua muliere infra viginti
annos existente, absque consensu patris, avi seu proavi pa-
terni, et illis deficientibus, agnatorum suorum usque ad quartum gradum, gradu secundum Jus Canonicum computando; aliter qui contrafecerit, illam habeat indotatam; nec pater, nec
aliqui ejus affines, consanguinei compellantur illam dotare sed
talis contrafaciens, et illam accipiens, dotare condecenter teneatur, secundum Patrimonii sui facultatem et ipsius mulieris
conditionem.

thung an gar keinen Consens gebunden gewesen zu seyn. Nach den Statuten von Urbino [340]), ist die Einwilligung des Vaters oder der consanguinei bei jeder Ehe nöthig. Fehlt der väterliche Consens, so müssen 100 Pfund an die Gemeindecasse entrichtet werden; fehlt der der consanguinei, so soll man 25 bezahlen. Der Podesta kann übrigens die ohne Grund ihren Consens verweigernden consanguinei zwingen, ihn zu ertheilen [341]). In Orvieto (urbs vetus) ist zur Gültigkeit der Ehe erforderlich, daß die zwei nächsten Verwandten von Vater- und Mutterseite ihre Einwilligung ertheilen, wenn die sich Verheirathenden Pupillen sind [342]). Was die Hochzeiten betrifft, so kommen bisweilen, namentlich in den Unteritalischen Städten, Sumptuargesetze vor. In Gaeta sollen bei Gelegenheit der Verheirathungen nur Agnaten, Cognaten und Affinen bis zum zweiten Grade, außerdem aber nur sechs Fremde bewirthet werden dürfen [343]). In manchen Städten, wie z. B. in Pesaro und Sinigaglia sollen fremde Männer, die Bürgerinnen heirathen, versprechen müssen, in diesen Städten ansässig zu bleiben: sonst sollen sie kein Recht über die dos der Frau erhalten [344]). Aber selbst im Falle sie sich anzusiedeln geneigt sind, muß erst die Einwilligung des Podesta oder Rectors eingeholt werden [345]). Diese

---

340) Statuta civ. Urbini. Pisauri 1559. II. 49.

341) Statuta Civ. Urbini l. l.

342) Statuta Urbis veteris. Romae 1581. II. 68.

343) Statuta Privilegia et consuetudines civitatis Cajetae p. 102.

344) Statuta civ. Pisauri noviter impressa 1531. II. 92. 93, Statuta Senogalliae II. 116. 117.

345) Statuta civ. Pisauri l. l. Statuta Senogalliae l. l.

Bestimmungen bestätigen das schon oben Gesagte, daß es namentlich diesen kleineren Städten darum zu thun war, das Vermögen ihrer Weiber nicht an fremde Republiken kommen zu lassen.

Manche Verordnungen finden sich in den Italienischen Statuten, welche das Verhältniß der Weiber zur bürgerlichen Gesellschaft bezeichnen. In Pesaro darf keine Frau außer dem Hause und in die Kirche einem Todten folgen, eben so wenig aber, ins Palatium gehen [346]). Fast nirgends kann sich dieselbe ohne Beistand obligiren; in Mantua nicht ohne den Mann und zwei Verwandte [347]); in Ferrara nicht ohne den Vater oder den Sohn, oder zwei Brüder, oder zwei andere nächste Verwandte [348]); in Sinigaglia nicht ohne den Mann oder zwei Agnaten [349]); eben so in Gubbio [350]) und Cagli [351]). Nach den Statuten von Forli, ist der selbst durch einen Eid bestätigte mit einer verheiratheten Frau geschlossene Vertrag ungultig, wenn nicht der Mann, oder derjenige, in dessen Gewalt sich derselbe befindet, eingewilligt haben [352]). Der Notar, der ein solches Document ohne Consens des Mannes aufnimmt, muß in Pesaro 25 Pfund

---

346) Statuta Pisauri III. 87. II. 88. sie braucht nicht im Gericht zu erscheinen. Statuta Eugubii II. 43.

347) Stat. *Mantuae* Cod. Mss. Bibl. Reg. Paris. f. 149.

348) Statuta Urbis *Ferrarae* 1567. II. 90.

349) *Statutorum et Reformationum magnificae civitatis Senogalliae* 1584. *Pisauri* II. 42.

350) *Statuta civit. Eugubii. Maceratae.* 1678. *II.* 45.

351) Statutorum et Reformationum Magnificae *Terrae Sancti Angeli* in Vado. Pisauri 1577. II. 28.

352) Statuta civitatis Forolivii. V. 23.

Strafe bezahlen[353]). Wer neben einer Frau eine Concubine hält, muß fast in den meisten Städten Italiens dieselbe Summe von 25 Pfund entrichten, die wir bereits in den älteren Statuten von Verona und Pisa gefunden haben. So in Rom[354]), wenn jemand mit der Concubine Tag und Nacht lebt. Dieselbe muß ebenfalls 25 Pfund geben, wenn sie nicht hinreichende Bürgschaft stellt, daß sie nie wieder mit dem Manne zusammen kommen wolle: in Piperno[355]) werden 25 Ducaten bezahlt, und die Concubine wird auf Wunsch der Frau und ihrer Angehörigen aus der Stadt verbannt. Eigenthümliche Bestimmungen über Ehebruch, Entführung und Nothzucht finden sich in den Römischen Statuten, und in denen von Velletri. Eine Frau kann wegen Nothzucht nur zwei Monate in Rom klagen[356]), in Velletri steht die Todesstrafe darauf, wenn der Thäter nicht binnen zehn Tagen den Frieden der betheiligten Person erhalten hat[357]). Ist dies geschehen, so wird eine Strafe von zweihundert Denare bezahlt. Für einen erzwungenen Kuß werden hundert, und für bloßes Nachgehen fünf und zwanzig Denare entrichtet[358]). Die Klage über Ehebruch kann in Rom nur vom Vater, Mann, Sohn oder Ganzbruder angestellt werden[359]); in Vel-

---

353) Statuta Pisauri II. 106.

354) Statuta et novae Reformationes Urbis Romae ejusdemque varia Privilegia a diversis Romanis Pontificibus emanata in sex libros divisa. II. 60.

355) Statuta civ. Priverni p. 50.

356) Statuta Romae II. 55.

357) Statuta Velitrarum III. 45.

358) Statuta Velitr. I. l.

359) Statuta Romae II. 55.

Velletri hat dieses Recht auch der Tutor und Curator; doch verjährt sie hier in 8 Tagen [360]). In Rom muß wegen Ehebruchs mit einer ehrbaren Frau ein pedes 300 Pfund, ein cavalleratus oder miles 500 Pfund, ein Baro oder Bastardus 1000 Pfund bezahlen: geringer ist die Strafe, wenn die Frau niedrigen Standes war [361]). Hat der Ehebrecher indessen vom Manne der Frau Frieden erlangt, so beträgt die Strafe immer nur die Hälfte [362]). Todesstrafe ist auf das Adulterium nur gesetzt, wenn zugleich ein Incest damit verbunden ist [363]). In Velletri verliert die Ehebrecherinn die dos; der Ehebrecher bezahlt jedesmal 200 Denare [364]); in Orvieto steht auf den Ehebruch immer der Tod, wenn er mit einer mulier honesta begangen wurde [365]). Der Verkauf einer Frau wird in Rom mit der Amputation des Fußes [366]), oder nach den neueren Statuten von 1580 mit der der Hand [367]) bestraft. Raub wird, ist er an einer ehrbaren Frau vollbracht worden, mit dem Tode, sonst mit 200 bis 1000 Pfund, je nach dem Stande des Thäters bestraft [368]).

Die Frauen erhalten vom Vater oder von den Ver-

---

360) Stat. Velitr. III. 45.

361) Statuta Romae II. 56.

362) Statuta Romae I. L

363) Statuta Romae I. L

364) Statuta Velitr. III. 45.

365) Statuta Urbis veteris III. 26. eben so wird in Vicenza jeder Ehebruch mit dem Tode bestraft. Ius municipale Vicentinum. Venetiis 1567. p. 135.

366) Statuta Romae II. 59.

367) Statuta Romae anni 1580. I. 52.

368) Statuta Romae II. 54. 57.

wandten eine dos. Ueberall findet sich nicht blos Dotalrecht, sondern durch alle Städte Italiens geht der Longobardische Grundsatz, daß die Weiber sich mit dieser dos
begnügen sollen. So in allen Reformationen der Römischen Statuten [369], so in Tivoli [370], Fano, Orvieto [371], Velletri [372], Mantua [373], Pesaro [374],
Ravenna [375], Gubbio [376], Pavia [377]. Derselbe
Grundsatz kommt vor in Asti [378], Vercelli [379], Sa-
lanche (Salancia Sabaudorum) [380], Piacenza [381],
Padua [382], Arezzo [383], Massa [384], Carrara [385],
Bergamo [386], Conegliano [387], Cherso, Feltre,

---

369) Statuta Romae I. 82. Statuta anni 1580. I. 141.

370) Stat. Tyburtina II. 29.

371) Stat. urb. vet. II. 56.

372) Stat. Vel. II. 23.

373) Cod. Mss. cit. f. 102—64.

374) Statuta Pisauri II. 110.

375) Statutorum seu juris civilis civ. Ravenna, libri V.
1580. III. 12.

376) Statuta Eugubii II. 62.

377) Statuta Papiae 1590. p. 95.

378) Statuta Astensia p. 159.

379) Statuta communis et almae civ. Vercellarum.

380) Statuta Salanciarum. Taurini 1583. p. 65.

381) Statuta et decreta antiqua Civitatis Placentiae ante
an. 1500. f. 31.

382) Statuta Patavicina. Parmae 1582. I. 43.

383) Liber Statutorum Aretii.

384) Statuta Massae 1592.

385) Statuta Carrariae 1574.

386) Statuta communitatis Bergami 1491. VI. 7. 8.

387) Statuti Conegliani 1670.

Friaul und Venedig ³⁸⁸). Dieser Satz hat nicht überall dieselbe Bedeutung, indem das Erbrecht der Weiber
verschieden bestimmt ist, aber darin, daß die dos eigentlich
die legitima der Frau ausmacht, kommen fast alle überein. In Rom soll die Frau mit jeder dos zufrieden seyn,
die ihr vom Vater oder Großvater im Testament, oder unter Lebenden ausgesetzt worden, und weder durch die Ful-
cibia, noch durch die actio ad supplementum legitimae,
sich für berechtigt halten, eine Vermehrung derselben zu
verlangen (non obstante jure canonico et civili). In
Orvieto muß die Frau, wenn sie sich mit der dos begnügen soll, von ihrem Großvater oder Vaterbruder bis zum
funfzehnten Jahre dotirt seyn ³⁸⁹). In Ravenna darf
die dos nicht weniger als die legitima betragen, und ist
so mit dem Pflichttheil vollkommen identisch. Die Frau
muß hier auch eine dos erhalten, selbst wenn sie ins Kloster geht ³⁹⁰).

Die dos hat in den Italienischen Stadtrechten vollkommen die Römische Bestimmung, für die Lasten der Ehe
zu dienen. Der Mann muß nach dem Statute Roms eines von den dreien thun; entweder die Frau bei sich aufnehmen und nicht beleidigen (aut recolligat uxorem, pre-
stita cautione et diligat et non offendat), oder sie ali-
mentiren, oder ihr die dos zurückgeben ³⁹¹). Während
der Ehe bleibt dieselbe zwar in den Händen des Mannes,

---

388) Statuto di Cherso Ven. 1640. Statuta civ. et crim.
Feltriae 1551. Const. Patr. Fori Iulii Ven. 1523. Volumen
Statutorum legum ac jurium Venetorum. Ven. 1709. IV. 25.

389) Statuta Urbis Veteris II. 70.

390) Stat. Rav. III. 12.

391) Statuta Romae I. 78. Statuta ann. 1580. I. 138. 139.

aber nach dem Tode desselben fällt sie der Frau zu. In
Orvieto darf eine fremde Frau, die einen Stadtbürger geheirathet hat, nach dem Tode des Mannes ihre dos mit
hinweg nehmen, und sie hinterlassen, wem sie will, vorausgesetzt, daß sie keine Kinder hat [392]). Wegen des Schicksals der dos nach geendigter Ehe, finden sich überhaupt
verschiedenartige Bestimmungen. Nach den Römischen
Statuten lucrirt der die Frau überlebende Mann die dos,
wenn er Kinder hat, denen dieselbe alsdann reservirt
wird [393]). Sind keine Kinder vorhanden, so gewinnt der
Mann nur ein Viertel derselben, so wie im entgegengesetzten Falle die Frau nur ein Viertel der donatio propter
nuptias lucriren würde [394]). Die Erben des Mannes dürfen den Dotalinstrumenten keine andere Einrede, als die
exceptio falsitatis und solutionis entgegensetzen, und zwar
innerhalb 10 Tagen. Sonst erhält die Frau eine missio
in bona, in Folge welcher ihr das Gut zugesprochen wird,
das jedoch die Erben binnen sechs Monaten, gegen Bezahlung zurückfordern können [395]). Die Wittwen kehren mit
ihrer dos ins väterliche, oder ins brüderliche Haus zurück.
Für die Alimente, die der Bruder der verwittweten Schwester schuldig ist, erhält er die dos [396]). Nach anderen
Statuten, wie z. B. dem von Foro d'Arco [397]), lucrirt

---

392) Statuta Urbis veteris. II. 72.

393) Statuta anni 1580. I. 131.

394) Statuta ann. 1580. l. l.

395) Statuta Romae I. 79. Abweichend sind hier die Statuten von 1580. I. 85. 134. übereinstimmend die Stat. Fan. Mont.
II. 27. und die von Osimo Statuta Auximi III. 39.

396) Statuta Romae I. 85.

397) Statuto concesso al Foro d'Arco. In Salo 1646. Libro civile c. 79.

der überlebende Mann die Hälfte der dos und Paraphernen: in Gemeinschaft mit Kindern nur einen Viriltheil. Die Frau erbt dagegen die donatio propter nuptias (contradote) nicht. Nach dem Stadtrecht von Tivoli müssen die Erben des Mannes die dos binnen drei Monaten restituiren[398]). In Gaeta lucrirte der Mann sonst ein Viertel der dos; späterhin wurde dieses auf ein Sechstel reducirt[399]). Hier findet sich auch eine Bestimmung über die Größe derselben, sie darf 70 Unzen nicht übersteigen[400]). Nur den Doctoren und Soldaten können größere dotes gegeben werden[401]). Nach Mantuanischem Recht erhält der Mann in Ermangelung von Kindern die ganze dos. (non extantibus liberis ex eo vel alio matrimonio, maritus in *recompensationem expensarum* per ipsum factarum, tempore nuptiarum, lucretur totam dotem, etiam promissam)[402]). Sind aber Kinder da so bekommt derselbe gar nichts (Si vero decesserit mulier extantibus filiis communibus, ex matrimonio predicto in quo decesserit, maritus nihil lucretur, sed sit et esse debeat filiorum, seu filiarum utriusque sexus). Die Frau kann nach den Mantuanischen Statuten übrigens über ihre dos testiren, doch nicht zum Nachtheil ihrer Kinder, und nicht so, daß die Kinder verschiedener Ehen auch verschieden bedacht werden[403]). Im Fall der Mann die dos lucriren würde,

---

398) Stat. et ref. civ. Tyburtinae II. 21.

399) Statuta Privilegia et Consuetudines civit. Cajetae f. 102.

400) Statuta Cajetae l. l.

401) Statuta Cajetae l. l.

402) Codex Mss. cit. f. 156.

403) Codex Mss. f. 156.

darf dennoch die Frau, die sonst nichts hat, über ein Viertel derselben testamentarisch disponiren: wenn aber die
Kinder die dos bekommen, ist ihre Dispositionsfähigkeit
auf ein Achtel beschränkt (Eo salvo quod mulier sine liberis inm atrimonio decedens, eo casu, quo vir ipse totam dotem lucretur, ex forma praesentis Statuti potest
de quarte parte dotis disponere si non habeat alia, de
octava parte extantibus liberis) [404]. Undankbare Kinder kann die Frau nach Vorschriften des gemeinen Rechts
von der dos ausschließen (Filios ingratos secundum prae-
cepta juris communis praeterire potest). Nach den
Statuten von Pesaro erbt der Mann die Hälfte der dos,
wenn die Ehe fleischlich vollzogen ist, aber ein Viertel, wenn
dies nicht der Fall gewesen. Beides jedoch nur dann,
wenn keine Kinder vorhanden sind [405]. Nach dem Stadtrecht von Sinigaglia erbt der Mann immer die Hälfte
der dos [406], in Ravenna bekommt er entweder einen
Sohnestheil, oder den Usufructus eines solchen: die Frau
braucht aber dem Mann wie den Kindern blos den Pflichttheil zu hinterlassen [407].

Schenkungen zwischen Mann und Frau sind überall
absolut ungültig. Zu Rom soll die selbst durch einen Eid
bestätigte Schenkung nicht rechtsbeständig seyn; ausgenommen ist nur der Brautring; doch darf auch dieser keinen
Edelstein enthalten (qui debeat esse sine lapide) [408].

---

404) Codex Mss. l. l.

405) Statuta Pisauri II. 95.

406) St. Senogalliae II. 60. Eben so in Vicenza Ius mun.
Vicentinum. f. 153.

407) Statuta Ravennae III. 15.

408) Statuta Romae anni 1686, I. 140. Statuta Eugubii
II. 44.

Die Mantuaner Statuten lassen die Schenkung nur dann convalesciren, wenn sie von dem sterbenden Ehegatten ausdrücklich bestätigt worden: eine stillschweigende Bestätigung dadurch, daß nicht widerrufen ist, findet nicht statt (Quoniam viri et uxores de facili et per importunitatem petentes, ad donandum sibi invicem inducuntur, et homines plerumque mortis cogitatione turbati, obliviscuntur eorum, quae agerent, si sanitate vigerent, statuimus et ordinamus, quod donationes factae inter virum et uxorem morte donantium praemorientium non confirmentur nec juris effectum assumant) [409]). Nach dem älteren Gewohnheitsrecht von Gaeta kann die Frau vom Manne für den ersten Kuß (pro basiatico) nur sieben Dukaten verlangen: das spätere Recht setzt diese Summe als Minimum fest, und zwar, wie ausdrücklich gesagt ist, weil es in anderen Städten auch so gehalten werde. Als Maximum gelten jetzt drei tureni [410]). Sonstige Brautgeschenke (correda) dürfen hier die Summe von 20 Unzen nicht übersteigen: und auch diese ist nur gestattet, wenn die Braut das einzige Kind ist [411]); in Pesaro darf niemand, bei Strafe des Doppelten, mehr für Hochzeit und Schmuck der Frau ausgeben, als der vierte Theil der dos [412]) beträgt [413]). Nach den Statuten von Velletri dürfen nicht einmal Fremde Brautleuten etwas schenken [414]), und

---

409) Cod. Mss. cit. l. l.

410) Statuta Cajetae p. 103.

411) Statuta Cajetae l. l.

412) Nach dem Vicentinischen Rechte durften diese nicht die Hälfte der dos oder 200 Ducaten übersteigen. Ius mun. Vic. f. 154.

413) Statuta Pisauri II. 96.

414) Stat. Velitr. V. 70.

zwar bei zehn Pfund Strafe.   In dem Stadtrecht von
Osimo dagegen scheint die Schenkung zwische Ehegatten
gestattet zu seyn [415]).

Trotz dem ist nicht überall die Trennung des ehelichen
Vermögens scharf durchgeführt.   In den Statuten von
Vicenza heißt es ausdrücklich, daß, wenn eine Frau ihrem Manne keine dos gebracht habe, sonst aber anderwei-
tiges Vermögen besitze, diese Paraphernen dem Manne
grade so, wie die wirkliche dos dienen solle (Item quod si
qua mulier, viro per matrimonium totaliter consummatum copulabitur, nulla dote constituta, et dicta mulier
habeat, seu possideat aliqua bona, res vel jura, quod
illa omnia intelligantur et sint dotalia) [416]). Eben so
sollen immer die Früchte der Paraphernalgüter im Hause
des Mannes, oder des Vaters des Mannes verzehrt werden, und der Mann soll nicht gehalten seyn, darüber Rechenschaft nach geendigter Ehe zu geben [417]), in Pesaro
und Ravenna ist der Mann nur dann zur Restitution
verbunden, wenn die Frau ausdrücklich der Benutzung von
Seiten desselben widersprochen hat [418]). In den Statuten von Vicenza ist aber die Veräußerung der dos oder
Paraphernen, selbst der Frau, in dem Falle untersagt, wenn
auch der Mann eingewilligt hätte.   Nur Hungersnoth,
Befreiung des Mannes von der Gefangenschaft, Dotirung
der Töchter und ähnliche triftige Gründe können unter Autorität des Podesta und zweier Verwandten zum Verkauf
berechtigen [419]).

---

415) Statuta Auximi III. 37.
416) Ius municip. Vicent. f. 154.
417) Ius munic. Vicent. l. l.
418) Statuta Pisauri II. 90. Statuta Ravennae III. 16.
419) Ius civ. Vicent. f. 154. Eben so in den alten Statuten

Nur sehr selten wird in den Statuten von einer donatio propter nuptias gesprochen, wie sie sich in den älteren Stadtrechten findet. Dieselbe ist in einen anderen
Begriff, und somit auch in einen anderen Ausdruck, nämlich in das augmentum dotis übergegangen. Wenige
Statuten, wie z. B. die Florentinischen, sprechen von
einem *augmentum* dotis, und von der donatio propter
nuptias zugleich, ohne beide jedoch scharf von einander zu
sondern [420]. Die meisten schon angeführten Stadtrechte,
und andere, wie die von Lucca [421] und Bologna [422]
handeln neben der dos nur noch von einem augmentum.
In dieser Vermehrung, die wir schon im Pisanischen
antefactum kennen gelernt haben, liegt eigentlich eine Vereinigung der Longobardischen *meta* oder der Morgengabe,
mit der *donatio propter nuptias*. Einerseits ist diese
Vermehrung ein Geschenk, das der Mann der Frau macht,
andrerseits bezieht sich dieselbe immer auf die dos, und ist
unabhängig vor derselben nicht denkbar. Die donatio
propter nuptias ist blos als Gegendos zu betrachten (contradote). Die Vermehrung läßt die donatio selbst zur dos
werden, und die Sache so ansehen, als wenn die Frau eine
größere dos eingebracht hätte. Auf gleiche Weise ist im

---

von Cumae. *Statuta antiqua et nova Civitatis Cumanae Collecta*
anno 1458 *Codex Mss. Bibliothecae Regiae Paris*. No. 4622.
f. 141.

420) Statuta Populi et Communis Florentiae, Publica auctoritate collecta castigata et praeposita anno salutis 1415.
Friburgi Tom. I. Rubr. 61. p. 157.

421) Lucensis civitatis Statuta f. 93.

422) Statutorum inclytae civitatis Studiorumque matris
Bononiae Bon. 1561. II. 231.

Talmudischen Rechte die Schenkung, welche der Mann der
Frau macht (Ketuba) mit der donatio propter nuptias
zusammenfallend [423]). Die Vermehrung ist nun nicht mehr
eine bloße Sicherheit für die dos, so daß sie nur für den
Fall dient, wo dieselbe nicht restituirt wird, sondern sie ist
das, was die dos selbst ist. Wo die Frau diese, oder einen Theil derselben, zurückbekommt, gilt es auf gleiche
Weise vom augmentum. Nach den Statuten von Florenz
findet in dem Falle, wo eine geringe, oder gar keine dos
gegeben worden ist, eine donatio propter nuptias die fünf-
zig Pfund, oder den achten Theil des Vermögens des Mannes nicht übersteigen darf, dennoch statt: hier ist das Geschenk des Mannes als selbstständig gedacht, ohne sich auf
die dos beziehen zu müssen [424]). Für diese sowohl, wie
für die Vermehrung ist in fast sämmtlichen Italienischen
Statuten die privilegirte Hypothek am Vermögen des Mannes, und zwar vor allen anderen Creditoren eingeführt [425]).
Außer auf die dos und auf ihre Vermehrung, hat die Frau
in manchen Statuten, wie z. B. in denen von Velletri [426]) Anspruch auf ein Wittwenkleid, und auf einen
Gulden für jeden Monat, welchen die Erben zu entrichten
haben.

Die väterliche Gewalt ist in den reformirten Statuten bedeutend von der der älteren verschieden. Doch sind
hier die abweichendsten Bestimmungen in den einzelnen
Stadtrechten, da bald die größte Unterwerfung der Kinder,
bald die größte Unabhängigkeit ausgesprochen ist. Nach

---

423) S. mein Erbrecht I. 143.
424) Statuta Florentiae I. 157.
425) Statuta Veneta, I. 34.
426) Stat. Velitr. V. 66.

den Römischen Statuten bedarf kein Sohn, um in Criminalsachen vor Gericht zu stehen, der Erlaubniß des Vaters [427]): eben so wenig soll der Vater eine Vermögensstrafe wegen des Verbrechens des Sohnes zu leiden haben [428]). Troß dem ist dem Vater und sogar der Mutter gestattet, das Kind willkührlich zu bestrafen, das sich gegen dieselben vergeht [429]): ein Senator, der auf Requisition des Vaters, oder der Mutter, die Ausführung dieses Statuts unterläßt, soll zweihundert Pfund bezahlen müssen [430]). Die eheliche Geburt ist indessen in Rom nicht allein in Hinsicht auf die Familienverhältnisse, sondern nicht minder für das öffentliche Leben von Werth. Kein Bastard kann zu irgend einem Amte, oder zu irgend einer Würde des Römischen Volkes gewählt werden [431]). Strenger als in Rom ist die unitas personae zwischen Vater und Sohn in anderen Statuten, wie in denen von Urbino [432]) und Cagli [433]) bewahrt. Es kommt hier darauf an, ob sie zusammen wohnen. Alsdann findet ein wahres Noxalsystem statt, der Vater wird für den Sohn, der Herr für den Diener bestraft. Nach den Statuten von Pesaro darf der filius familias über alle adventitischen Peculien testiren, nur mit Hinterlassung des schuldigen Ususfructus an den Vater [434]); alle Emancipationen müssen daselbst

---

427) Statuta Romae II. 9.

428) Statuta Romae II. 111.

429) Statuta Romae II. 110.

430) Statuta Romae I. 1.

431) Statuta Romae III. 17.

432) Statuta Urbini VI. 30.

433) St. Sancti Angeli in Vado V. 33.

434) Statuta Pisauri II. 84.

innerhalb eines Monats dem concilium generale angezeigt
werden [435]). Kinder, die ohne Autorisation ihrer Eltern
heirathen, dürfen nach denselben Statuten enterbert werden [436]). Nach dem Stadtrecht von Florenz haftet der
Vater oder Großvater, wenn der Sohn sich dem Handel,
oder einer Kunst ergeben hat, unbedingt, als wenn er ihm
das Geschäft aufgetragen hätte (Si filius familias, vel
nepos, vel alius masculus descendens, steterit in mercantia, arte, vel tabula, seu cambium nummorum te-
nuerit, sicuti magister, vel socius, *sciente patre* avo
vel proavo paterno, vel alio ascendente, et non con-
tradicente, talis pater, vel alius ascendens paternus et
ejus successores teneatur et obligatus sit pro praedictis, filio vel alio descendente suprascripto, de gestis in
arte, vel mercantia, tabula, vel cambio, vel occasione
ipsius artis vel alicujus suprascriptorum, quemadmodum si esset institutus a praedictis ascendentibus) [437]).
Mit der Heirath hört in Florenz die väterliche Gewalt
durchaus auf, eine verheirathete Frau soll niemals für ihren Vater haften müssen, sey es aus Contracten, oder Delicten, sey derselbe flüchtig geworden, oder stelle er seine
Zahlungen ein [438]). Nach den Statuten von Vicenza
soll niemand einem filius familias Geld borgen. Nicht
allein das Geschäft ist ungültig, sondern es verfällt der
Darleiher noch dazu in eine Strafe von 25 Pfund an die
Gemeindecasse [439]). Ausnahmen finden statt, wenn der

435) Statuta Pisauri II. 79.
436) Statuta Pisauri II. 106.
437) Statuta Florentiae I. 201.
438) Statuta Florentiae I. 205.
439) Ius munic. Vicent. f. 157.

Sohn im Hause des etwa alten, oder kranken Vaters die
Verwaltung führt, oder Richter, Künstler, Notarius und
Kaufmann ist, oder ein peculium castrense, quasi castrense, profectitium oder adventitium hat [440]). Nach den
Statuten von Lucca [441]) hingegen darf der Sohn, wenn
er 18 Jahr alt ist, sich, außer durch ein Darlehn ver-
pflichten, selbst wenn der Vater nicht einwilligte. Hat der
Sohn aber das Alter von 25 Jahren erreicht, so gelten
selbst die Darlehne, die er contrahirte [442]). In Lucca steht
es übrigens dem Vater frei, seinen in der Gewalt befindlichen, oder auch emancipirten Sohn, sobald dieser sein
Vermögen verschwendet, ins Gefängniß zu schicken, und
der Podesta hat auch der unbescheinigten Angabe des Vaters hier Glauben beizumessen (Statuimus et ordinamus,
quod quilibet pater possit, et ei liceat filium suum, sub
patria potestate constitutum, et etiam emancipatum,
male utentem substantia sua, vel luxuriose viventem, mitti
facere, *et teneri in carceribus lucensis civitatis*, vel in
domo sua in compedibus, vel ligatum *ad beneplacitum
ipsius patris, et quod* officialis, prout ad suam jurisdictio-
nem pertinebit, videlicet D. Potestas in civitate Lucen-
si et in districtu sex milliarorum, et quilibet Vicarius in
sua vicaria, teneatur ad requisitionem patris talem filium
capi facere, et in carcere mittere, et datineri etiam *quamdiu,
patri placuerit, etiam nullis probationibus vel investi-
gationibus factis, quod male gerat, quia volumus quod
nuda patris assertio plenam probationem faciat.* Der
Sohn bleibt so lange im Gefängnisse, als der Vater will,

---

440) Ius municipale l. l.
441) Statuta Lucensia II. 66.
442) Statuta Lucensia l. l.

doch muß ihn dieser almer.(en[443]). Uebrigens bezieht
sich diese Verordnung nicht blos auf den Sohn, sondern
auch auf alle Descendenten[444]). Nach den Statuten von
Bologna, soll sich kein minderjähriger filius familias
obligiren können[445]), wovon jedoch für den Adel dieser
Stadt und für die Studenten Ausnahmen gemacht sind.
Faßt man diese Bestimmungen über väterliche Gewalt, wie
sie in den verschiedenen Statuten vorkommen, zusammen,
so werden bald die Rechte des Sohnes ausgedehnter als
im Römischen Rechte, und sich mehr der Longobardischen
Verfassung anschließend erscheinen, bald wird sich aber auch
eine größere selbst an das ältere Römische Recht erinnern-
de Strenge darbieten. Dieser Unterschied hängt mit kleinen politischen Interessen, nicht mit einem verschiedenen privatrechtlichen Geiste zusammen. Im Grunde sind es doch,
troß aller Abweichungen, die Grundsätze des späteren Römischen Rechts, welche in der Lehre von der väterlichen
Gewalt siegreich geblieben sind.

Was die Verwandtschaft betrifft, so ist die Berechnung derselben zuvörderst Römisch, geht dann aber allmählich in die Canonische Computation über. Vielfach ist als
Gesetz ausgesprochen, daß Streitigkeiten unter Verwandten
vermieden, oder zu einer gütlichen Ausgleichung geführt
werden müssen. Nach den Statuten von Piperno kann
der Richter Verwandte, bis zum dritten Grad Canonischer
Computation, zum Compromiß zwingen, wenn ein Theil es
wünscht[446]). In Bologna sollen Agnaten und Cogna-

---

443) Statuta Lucensia l. l.
444) Statuta Lucensia l. l.
445) Statut. Bon. f. 68.
446) Statuta Priverni II. 40.

ten bis zum sechsten Grade, wenn sie aus irgend einem
Grunde eine gemeinschaftliche Sache besitzen, ein Näher-
recht gegen einander haben. Niemanden steht es frei, seinen Theil an einer gemeinschaftlichen Sache zu veräußern,
ohne zuvörderst bei den Verwandten innerhalb der genannten Grade angefragt, und eine Frist von vierzehn Tagen
abgewartet zu haben [447]). Der Preis soll von dreien Verwandten des Veräußernden und von dreien des Kaufenden
bestimmt werden [448]). Sind mehrere Verwandte, die eine
Gemeinschaft an der Sache haben, vorhanden, so entscheidet die Nähe des Grades [449]). Bisweilen werden die
Verwandten, die mit einander leben, angehalten, auch hier
für einander aufzukommen. In den Statuten der Kauf-
mannschaft von Bologna wird ausdrücklich bemerkt, daß
die leiblichen Brüder (fratelli carnali) des Gemeinschuld-
ners, die einen Monat vor dem Bankerutt mit ihm in
derselben Familie, und in demselben Hause wohnten, und
von demselben Brod und Wein aßen, auch für ihn aufkommen sollen, selbst wenn die Trennung vor dem Aus-
bruch des Bankerutts statt fand [450]). Die Brüdersöhne
haften dagegen, wenn sie gleich in einem Hause mit dem
Gemeinschuldner wohnten, nicht [451]). In der Mark An-
cona können Verwandte und Verschwägerte (consanguinei et affines) angehalten werden, das Gut der zum To-

---

447) Stat. Bonon. II. 91.

448) Stat. Bon. l. l.

449) Stat. Bon. l. l.

450) Statuti della Honoranda Università de' Mercatanti
della inclita Città di Bologna. 1550. f. 110.

451) Stat. della Univ. di Mercat. l. l.

de Verurtheilten zurückzukaufen [452]). Den Verwandten ist nach den Statuten von Lucca ein mäßiges Strafrecht, wie Vätern und Müttern nicht versagt (cum moderamine tamen inculpatae correctionis), selbst wenn Blut flöße (etiam si sanguis exierit), doch darf dieses Recht nicht gemißbraucht werden [453]).

Die Tutel ist in den meisten Italienischen Statuten ganz Römisch. Wenn auch der Ausdruck Mundualdus sich noch hin und wieder findet, wie z. B. in Florenz [454]) und in Pistoja [455]), so ist er doch vollkommen gleichbedeutend mit dem eines Geschlechtsvormundes. Jede Frau muß nach Florentinischem Recht einen Beistand haben, den sie sich aber frei wählen kann; sie hat das Recht, selbst in dem Falle, wo sie schon einen solchen hätte, sich einen anderen vom competenten Richter zu erbitten (quilibet mundualdus electus a muliere, etiam pater et vir ejus, non obstante, quod alium habeat, ei detur) [456]). Daraus geht aber klar hervor, daß das Mundium, welches ursprünglich ein Recht und Eigenthum des Mundualdus war, zu einem Recht der Frau geworden ist, und daß die Geschlechtstutel in Italien ungefähr denselben Weg, wie im alten Rom genommen hat. Die Tutel ist wie im Römischen Recht testamentaria, legitima und dativa, der Unterschied von Tutel und cura findet sich, in den meisten Stadt-

452) Aegidianae Constit. Marchiae Anconiticae. Venetiis 1605. V. 19.

453) Statuta Lucensia f. 125.

454) Statuta Florentiae I. 204.

455) Leg. munic. Pistoriensium Florentiae 1579. II. 22.

456) Statuta Florentiae.

Stadtrechten vor, und in allen Einzelnheiten des vormund-
schaftlichen Rechts wird auf die Römische Bestimmungen
Rücksicht genommen [457]). Ueberall kommt schon für dasselbige der Ausdruck jus commune in den Statuten vor.
Mit wenigen Ausnahmen ist das achtzehnte Jahr das Alter der Volljährigkeit überhaupt.

Auch in den späteren Statuten hat sich für die Intes-
staterbfolge der Vorzug der Agnation vor der Cognation,
und der Männer vor den Weibern erhalten. Wie sehr verschieden sich auch die quantitativen Bestimmungen stellen,
so bleibt dieses doch durchweg der verherrschende Grundzug.
In den Statuten von Mantua wird für die Ausschließung der Weiber, durch die Agnaten bis zum vierten Grad
die Familienwürde vorgeschützt (Ut familiarum dignitas
servetur, statuimus, quod existentibus ascendentibus
masculis, seu etiam collateralibus et agnatis masculis,
ascendentibus et descendentibus usque ad quartum gradum juris canonici, feminae non succedant, sed habere
debeant in bonis praedictam suorum descendentium, tertiam portionis, quae eisdem ab intestato obveniret: illis vero non extantibus, succedant matres et aliae feminae, secundum gradum proximitatis, et secundum
jura communia [458]). Nur in sehr wenigen Städten ist
dieser Vorzug der Männer vor den Weibern und der Agnaten vor den Cognaten nicht zu finden, wie z. B. in Osimo, wo die Novelle 118. ihrem ganzen Inhalte nach
adoptirt ist, und wo die Mutter neben dem Vater ein Successionsrecht hat [459]). Es wird aber in den reformirten

---

457) Statuta Lucensia f. 102.
458) Codex Mss. cit. f. 162.
459) Statuta Auximi II. 15.

T

Statuten dieser Stadt ausdrücklich gesagt, daß die älteren,
wie alle übrigen Italischen, den Vorzug der Männer vor
den Weibern enthalten hätten.

Nach den Statuten von Lucca[460]) kommen in erster Reihe zur Intestaterbfolge die Descendenten des Mannsstammes, und zwar die ehelichen und leiblichen mit Repräsentationsrecht. Sind keine eheliche Descendenten des Mannsstammes vorhanden, so werden die Töchter, und die Enkel
von verstorbenen Töchtern gerufen, welche in capita und
nicht in stirpes folgen. Enkel von Töchtern allein erben
in stirpes[461]). Auch hier schließen die Enkel von Töchtern, die Enkelinnen von denselben aus[462]). Mit diesen
Descendenten der Töchter zugleich, erben die dem Grade nach
nächsten männlichen Ascendenten der männlichen Linie, und in
deren Ermangelung, die vollbürtigen Geschwister, oder auch
die consanguinei, mit den Kindern der verstorbenen vollbürtigen Geschwister oder consanguinei. Der nächste Ascendent aber, so wie sämmtliche Geschwister und deren Kinder erhalten, in Concurrenz mit den Enkeln von der Tochter nur einen Viriltheil, das heißt, sie bilden eine stirps[463]).
Fehlt es an Descendenten, so kommt der nächste Ascendent
der väterlichen Linie zur Erbfolge. Nur in die dos der
Mutter und in das mütterliche Gut folgen alsdann die
Brüder und deren Söhne, oder wenn solche nicht vorhanden sind, die Schwester mit den Töchtern der verstorbenen

---

460) Statuta Lucensia f. 88.

461) Statuta Lucensia l. l.

462) Statuta Lucensia l. l.

463) Statuta Lucensia l. l.

Brüder [464]). Auf die Ascendenten folgen die consanguinei, oder die Söhne verstorbener consanguinei, und in
deren Ermangelung die vollbürtigen Schwestern mit den
Söhnen der verstorbenen vollbürtigen Brüder [465]). Sind
auch diese nicht da, so folgen der Vaterbruder und die
Söhne des verstorbenen Vaterbruders und zwar in stirpes,
dann kommen aber die nächsten Agnaten bis zum dritten
Grade, so daß der Nähere immer den Entfernteren ausschließt; erst in Ermangelung dieser gelangt die Mutter zur
Erbschaft, und auch hier nur unter der Bedingung, daß
sie nicht zur zweiten Ehe geschritten ist, und die Wittwenschaft bewahrt hat. Nach der Mutter kommen die übrigen weiblichen Ascendenten väterlicher Linie, die Vaterschwester, die Töchter der Vaterbrüder und die Kinder der verstorbenen Schwestern, hier werden auch die Männer immer
den Weibern vorgezogen [466]). Dann erst kommt die Mutter die zur zweiten Ehe geschritten, und endlich der nächste
Verwandte ohne Unterschied der Agnation und Cognation
nach der Nähe des Grades [467]).

Wir haben diese Statuten der Stadt Lucca in Beziehung auf Intestatfolge deswegen ausführlicher durchge-
nommen, weil das Princip des Vorzugs der Agnation vor
der Cognation, und wieder der Agnaten vor den Agnatinnen nirgends strenger und consequenter durchgeführt ist.
Zugleich enthält das Recht von Lucca eine höchst originelle
Bestimmung, die nicht übersehen werden darf. Die Concurrenz von Ascendenten oder Geschwister und deren Kinder

---

464) Statuta Lucensia l. l.
465) Statuta Lucensia l. l.
466) Statuta Lucensia l. l.
467) Statuta Lucensia f. 89.

mit weiblichen Descendenten oder Descendenten von Weibern zu einem Viriltheil, zeigt, wie sehr das Princip des Vorzugs des Mannsstammes, sogar alle Forderungen des natürlichen Rechts beseitigt hat. Eben so ist die untere Stellung, welche die Mutter einnimmt, zu bemerken, und zwar der bedeutende Unterschied, der in dieser Stellung durch den Umstand hervorgebracht wird, ob die Mutter zur zweiten Heirath geschritten ist, oder nicht.

Weniger streng, obgleich im selbigen Principe, sind oft die Statuten anderer Italienischer Städte. Wenn auch in Vicenza, die Mutter, die Agnatinnen, die Cognaten zurückgesetzt sind, so ist doch in so fern auch auf die Cognation gesehen, daß der Mutter, der näheren Agnatinn oder Cognatinn, ein Pflichttheil zukommt, der den dritten Theil dessen beträgt, was diese Verwandten nach Römischem Recht gehabt haben würden (sed detur ei vel eis tertia pars ejus, quod de jure communi ab intestato forent habiturae de bonis ejus de cujus haereditate agitur)[468]. Manche Gesetze, wie das Mautuanische, lassen ebenfalls, indem sie alle Weiber, und alle von Weibern abstammende Männer ausschließen, die legitima zu, indem sie die dos zu gleicher Zeit für eine legitima erklären[469]. In Pesaro erhält die Mutter den Pflichttheil nur, wenn sie nicht zur zweiten Ehe schreitet, und auch dann nur einen Nießbrauch[470]. Töchter folgen ausnahmsweise mit Söhnen, wenn beide im Kloster sind[471]; eben so wird bisweilen eine Mutter, die Söhne aus der einen, Töchter aus der

---

468) *Ius municipale. Vicent. f.* 115.
469) Codex Paris. cit. f. 164.
470) Statuta Pisauri II. 109.
471) Statuta Terrae Centi.

anderen Ehe hat, von ihren Töchtern zu einem Viertel beerbt. In den Statuten von Forli wird das Princip des Vorzugs der Männer vor den Weibern auf rein talmudische Weise dargestellt. Zuerst kommen die ehelichen und leiblichen männlichen Descendenten, dann die Töchter und ihre Descendenz, so jedoch, daß die Enkel von der Tochter die Enkelinnen von derselben, nicht aber die von einer anderen Tochter ausschließen. Enkelinnen vom Sohn erben hier zugleich mit Enkeln von der Tochter und Enkelinnen von einer anderen Tochter, und zwar in stirpes, nicht in capita [472]). Das Princip, welches hier vorherrscht, ist, daß ein Weib nur in derselben Linie, dem Manne nachzustehen hat, daß aber durch Repräsentationsrecht dasselbe gleichsam zu einem Manne sich heraufheben, und so mit Männern concurriren könne. In manchen Statuten sind, wo von Söhnen die Rede ist, ausdrücklich leibliche verstanden, so daß Adoptivsöhne von selbst ausgeschlossen bleiben. Ohnehin scheint das Institut der Adoption in Italien selten vorgekommen zu seyn, denn die Statuten schweigen meistens davon. Aber auch legitimirte Söhne sind gegen eheliche bisweilen im Nachtheil. In Ferrara erbt kein legitimirter Sohn, wenn nicht der Vater oder der Agnat, um dessen Erbschaft es sich handelt, ausdrücklich eingewilligt haben (nisi legitimatus fuerit de voluntate aut consensu expresso patris vel agnati, de cujus hereditate agitur) [473]). In Gubbio darf selbst testamentarisch keinem legitimirten Sohn mehr hinterlassen werden, als dem am mindesten bedachten ehelichen [474]).

---

472) Statuta civ. Forolivii.
473) Statuta Ferrarae II. 142.
474) Statuta Eugubii II. 64.

Auch natürliche Kinder, die in manchen Stadtrechten fast die alten Begünstigungen des Longobardischen Rechts haben, sind in anderen zurückgesetzt. In den erwähnten Statuten von Gubbio wird bemerkt, daß filii naturales nur in Ermangelung ehelicher Kinder, die Hälfte des Vermögens erhalten können, in Concurrenz mit denselben nur eine Uncie [475]). In Rom folgen legitimirte Kinder mit ehelichen in den vierten Theil der Intestatportion [476]).

Wechselnder ist in den Italienischen Statuten übrigens nichts, als das schon oben erwähnte Erbrecht der Mutter; obgleich ihre Zurücksetzung sich überall vorfindet, so ist man doch nicht ganz so einig über die bestimmte untergeordnete Stellung, die man ihr einräumen soll, und über die näheren Bedingungen derselben. Wir haben bereits bemerkt, daß viel darauf ankommt, ob sie zur zweiten Ehe geschritten sey, oder nicht. Andere Statuten, wie die von Orvieto [477]) und Camerino [478]) gewähren ihr den Pflichttheil von einem Drittel nur dann, wenn sie sich jederzeit keusch benommen hat. In Ravenna [479]) wird dieselbige Bedingung der Keuschheit gemacht, aber, wenn Ganzbrüder da sind, erhält die Mutter keinen Pflichttheil. Indessen ist hier alsdann die Nothwendigkeit einer anständigen Alimentation begründet. Weniger schroff stellt sich freilich dieses Erbrecht in den Statuten, wo die Novelle 118. wie in denen von Osimo angenommen ist. In Bigevano erhält die Mutter, in Concurrenz mit Agnaten,

---

475) Statuta Eugubii II. 65.

476) Statuta Romae I. 84.

477) Statuta Urbis veteris II. 55.

478) Statuta Camerini II. 111. 119.

479) Statuta Ravennae III. 13.

den Ususfructus einer Hälfte[480]). In Pavia[481]) und
Lodi[482]) kommt, wie in den meisten Städten, für die
Mutter der Meßbrauch des Theils vor, dessen Eigenthum
sie nach gemeinem Recht gehabt haben würde. Nach den Florentinischen Statuten kann die Mutter nicht succediren,
wenn leibliche und eheliche Descendenten, der Vater, väterliche Großvater, Vaterbruder, Bruder oder Schwester vorhanden sind[483]). Die so von der Erbschaft ausgeschlossene
wird indessen alimentirt. Mit anderen Agnaten innerhalb
des achten Grades concurrirt die Mutter bis zum Belaufe
eines Viertels der Erbschaft, doch darf ihr Antheil nicht
in Grundstücken bestehen (praeterquam in domibus et
casamentis)[484]), auch funfzig Pfund Florentinischen Geldes nicht übersteigen. Fast wörtlich finden sich diese Bestimmungen ebenfalls in den späteren Statuten von Pistoja[485]).

Was die Testamente betrifft, so haben sie zwar, der
Form nach, den Character der Römischen Willkühr beibehalten, aber ihr Inhalt ist ungleich beschränkter. In
Rom[486]) soll ein Senator für die Ausführung Sorge
tragen, hauptsächlich aber für das, was den Kirchen und
frommen Stiftungen hinterlassen worden. Einreden gegen
das Testament müssen binnen acht Tagen beigebracht wer-

---

480) Stat. civ. et crim. Viglevani. Mel. 1608.

481) St. Papiae f. 93.

482) Laudensium Statuta 1586.

483) Statuta Florentiae I. 223.

484) Statuta Florentiae l. l.

485) Leg. mun. Pistoriensium p. 81.

486) Statuta Romae I. 81.

ben. In Orvieto bedarf es nicht der durch das Römische Recht bei Testamenten vorgeschriebenen Zeugenzahl. Fünf Zeugen sind vollkommen hinreichend [487]). Dagegen in Osimo alle Erfordernisse des Römischen Rechts sogar feierliche Worte verlangt werden [488]). In Lucca sind drei Zeugen, die nicht einmal rogirt seyn müssen hinreichend, doch wird der Notar nicht dazu gerechnet [489]), sonst müssen alle Feierlichkeiten statt finden, und aus dem Mangel derselben kann das Testament allerdings angefochten werden [490]). Hat ein Bürger der Stadt Lucca außerhalb Italiens ein Testament gemacht, so sollen zwei Italienische, und drei fremde Zeugen hinreichen, selbst wenn nach den Ortsgesetzen eine größere Anzahl erforderlich wäre [491]). Ist eine noch geringere Feierlichkeit in dem fremden Orte hinreichend, so soll das nach den Ortsstatuten errichtete Testament gültig seyn. Fünf Zeugen werden aber auch in Lucca erfordert, wenn das Testament kein instrumentum publicum, oder nicht vom Testator selbst unterschrieben ist [492]). Die Codicillarclausel wird durchaus präsumirt [493]). Nach den Statuten von Vicenza, soll das spätere Testament das frühere selbst dann aufheben, wenn dieses in die Contractsform übergegangen [494]), oder durch einen Eid bestätigt wäre, eben so sollen die Testamente der

---

487) Statuta Urb. vet. II. 58.
488) Stat. Auximi III. 13.
489) Stat. Lucensia f. 84.
490) Statuta Lucensia l. l.
491) Statuta Lucensia l. l.
492) Statuta Lucensia l. l.
493) Statuta Lucensia l. l.
494) Ius mun. Vicent. f. 113.

zum Tode Verurtheilten gelten, wenn nur ihr Vermögen nicht zu gleicher Zeit confiscirt worden [495]).

Was den Inhalt der Testamente und das Notherbenrecht betrifft, so sind die verschiedenen Statuten sehr abweichend. Nach denen von Lucca braucht den Descendenten der Pflichttheil nicht in Form des Erbrechts hinterlassen zu werden, sondern dies kann vielmehr in jeder Gestalt geschehen. Ist weniger als die legitima hinterlassen worden, so findet ein actio ad supplementum statt [496]). Dem Testator steht es übrigens frey, seine Kinder ungleich zu bedenken, und es bedarf hier nicht des Beweises, daß die einen vorzüglicher wie die anderen waren. Die dos, welche der Tochter zu hinterlassen ist, wird, wie schon bemerkt worden, als legitima betrachtet, und der Testator muß sich in Beziehung auf dieselbe jeder Beschwerung enthalten [497]). Die Enterbungsgründe sind die des gemeinen Rechts [498]). Der Pflichttheil indessen ist ganz anders bestimmt (in favorem liberorum a juris communis dispositione recedentes) [499]). Bei einem Kinde beträgt derselbe ein Drittel, bei zweien die Hälfte, bei dreien und mehreren zwei Drittel. Kommen in Ermangelung von männlichen Descendenten weibliche zur Succession, so stellt sich der Pflichttheil anders, bei einer Tochter macht er ein Viertel, bei zweien Töchtern ein Drittel, bei dreien und mehreren die Hälfte der Intestatportion aus [500]). Nach den Statuten von

---

495) Ius munic. Vic. f. 114.

496) Stat. Luc. f. 85.

497) Statuta Lucensia l. l.

498) Statuta Lucensia l. l.

499) Statuta Lucensia l. l.

500) Statuta Lucensia l. l.

Vicenza darf eine Frau, die Söhne oder Töchter hat,
ihr Vermögen dem Manne oder frommen Stiftungen vermachen, vorausgesetzt, daß jedes der Kinder nicht weniger
erhält als diese [501]). Außerdem ist auf den Pflichttheil,
der hier auch den Ascendenten, dem gemeinen Rechte gemäß, zu hinterlassen ist, zu sehen. In Orvieto kann keine Frau, außer zum Vortheil der Söhne und Töchter, testiren; und zwar wird hier gefordert, daß sie zu gleichen
Theilen bedacht werden. Nur wenn sie keine Kinder hat,
und die dos von einem Fremden herrührt, hat die Frau
Dispositionsfähigkeit [502]). Nach den Statuten von Bologna sollen Töchter, wenn sie im Testamente nicht die
volle legitima erhalten haben, dennoch nicht berechtigt
seyn, auf Ergänzung derselben, oder auf Beseitigung der
auf den Pflichttheil gelegten Lasten zu klagen, wohl aber
steht ihnen dieses frey, wenn Töchter allein im Testamente
eingesetzt sind. Söhne, oder weitere männliche Descendenten, die einen Theil des Pflichttheils erhalten, haben nicht
das Recht, das Testament für null zu erklären, sondern es
steht ihnen vielmehr nur eine actio ad supplementum legitimae [503]) zu.

Wenn in so fern in der fast überall angenommenen
geringeren Zahl der Zeugen, so wie darin, daß auch durch
Verletzung des Pflichttheils das Testament nicht umgesto-
ßen wird, eine größere testamentarische Willkühr als selbst
im Römischen Rechte zu liegen scheint, so wird doch schon
durch die Beschränkung der weiblichen und der Cognaten-
erbfolge, innerhalb des Intestaterbrechts selbst, die Will-

---

501) Ius munic. Vicent. f. 114.

502) Statuta Urbis veteris II. 58.

503) Stat. Bonon. II. 143.

führ der Testamente weniger schroff und weniger fühlbar.
Indem das geschlechtliche Princip das natürliche der Familie in der Intestaterbfolge überwunden hat, ist die Willkühr der Testamente nichts Auffallendes oder Bedeutendes;
denn erstens wird diese Willkühr gegen die Macht des Geschlechtlichen ungleich schwächer, als gegen die der Familie
sich verhalten, dann aber ist die Intestaterbfolge der kleinen Italienischen Republiken so widernatürlich, daß die
Willkühr des Testaments eher als versöhnend, oder als
mögliche Rettung aus dieser künstlichen Versetzung der natürlichen Ordnung, denn selbst als Willkühr erscheint.
Zwar findet sich auch in Rom eine willkührliche Erbfolge
neben einem unnatürlichen Intestatrecht, aber es ist in dem
letzteren das freiere Princip in dem Kampfe gegen diese
Unnatürlichkeit selbst befindlich, während in Italien die an-
fängliche Germanische Vorstellung von einem Vorzuge der
Männer vor den Weibern, der sich in den echt Germanischen Ländern, zu dem Geschlechte gemäßen Unterschieden
herausarbeitet, zu kleiner Eifersucht, und zu einem
durch politische Gründe verschrobenem System erstarrt.
Die Lehren vom Testament und vom Notherbenrecht haben
nicht an sich, sondern in ihrer Stellung zum Ganzen ihre
Bedeutung verloren.

Was die sonstigen mit diesen Hauptpunkten des Erbrechts nicht grade zusammenhängenden Bestimmungen betrifft, so wollen wir folgende besonders herausheben. In
allen Staaten Italiens fallen die bona vacantia an den
Fiscus, obgleich dies nur in einigen Statuten ausdrücklich
gesagt ist [504]). In Florenz werden die Ehefrau und die
unehelichen Kinder, selbst, wenn sie nicht in einem Concu-

---

504) Statuta Ravennae III. 21.

binate geboren sind, dem Fiscus vorgezogen (Uxor mariti
defuncti, praeferatur Fisco in successione haereditatis
quondam ejus mariti. Naturales nati ex soluto et soluta vel descendentes ex eis, *licet non intervenerit*
legitimus concubinatus et nati ex legitimo concubinatu,
praeferantur communi Florentiae in successione haereditatis illius, ex quo, vel ex qua taliter nati dicuntur) [505]. Eben so werden Bastarde von ihren Verwandten, als wären sie ehelicher Geburt, mit Ausschluß des
Fiscus beerbt [506]. Die Stadt Florenz folgt übrigens
ab intestato, wenn keine Verwandten bis zum achten
Grade vorhanden sind, oder innerhalb dieses Grades keiner die Erbschaft antreten will [507]. Nach den Statuten
von Urbino darf kein Fremder einen Bürger dieser Stadt
ab intestato beerben, wenn er nicht zuvörderst in der Stadt
oder dem Gebiete beständig bleiben zu wollen gelobt hat
(nisi promiserit de continue habitando in dicta civitate
vel comitatu Urbini) [508]. In dem Stadtrecht von Lucca werden die Grundsätze über die Collation der Descendenten, wie sie im Römischen Rechte sind, angenommen [509].
Es findet rücksichtlich der Antretung ein Unterschied zwischen unbeweglichem und beweglichem Gut statt. Dem
Erben gehört nämlich das unbewegliche Gut ohne weiteren Act der Antretung, vom Augenblicke des Todes an
(ac si tempore mortis ipsius defunctae personae bonorum immobilium corporalem possessionem accepis-

---

505) Statuta Florentiae I. 217. 218.

506) Statuta Florentiae l. l.

507) Statuta Florentiae l. l.

508) Statuta Urbini II. 54.

509) Statuta Lucensia f. 89. 90.

set) 510). Dieser Unterschied zwischen unbeweglichem Gut
und fahrender Habe ist aber nicht etwa ein Germanischer
Charakterzug, der ins Italienische Eigenthum gekommen
wäre, sondern es ist derselbe nicht höher anzuschlagen, als
wenn er im Römischen Rechte bei der Verjährung oder bei
der dos sich befände. Nirgends ist sonst im Erbrecht der
Italienischen Städte ein großer Werth auf diesen Unterschied gelegt: hier will derselbe nicht mehr bedeuten, als
daß der körperliche Besitz bei Grundstücken, nicht wie bei
beweglichen Sachen nothwendig erforderlich ist. Nach den
Statuten von Urbino soll weder an fremden Testaments-
noch fremden Intestaterben ein immobile hinterlassen werden 511), in Ferrara muß der Fremde geloben, wenigstens fünf Jahre in der Stadt oder im Gebiet wohnen zu
wollen, wenn er eine unbewegliche Erbschaft im Besitz
nehmen will 512). Aber hier hängt die Unterscheidung mit
der politischen Eifersucht der Staaten, nicht mit einer durch
das Privatrecht bedingten Verschiedenheit, zusammen.

Nach Florentinischem Recht ist Folgendes rücksichtlich
der Antretung der Erbschaft bestimmt. Sowohl der Inte-
stat als der testamentarische Erbe gilt dafür, die Erbschaft
angetreten zu haben, wenn er nach dem Tode des Erblassers 15 Tage lang etwas aus der Erbschaft besessen hat 513).
Er muß aber, um von den Creditoren der Erbschaft, von
den Legatarien und Fideicommissarien belangt werden zu
können, volljährig seyn, das heißt, das Alter von achtzehn

510) Statuta Lucensia l. l. S. Statuta Florentiae II. 131.
511) Statuta Urbini II. 53.
512) Statuta Ferrarae II. 98.
513) Statuta Florentiae I. 131.

Jahren erreicht haben[514]). Ist der Erbe über sechzehn Jahr alt, so hat er, von dem Erbschaftsgläubiger belangt, die Wahl, innerhalb eines Monats zu bezahlen, oder die Erbschaft zu verlassen[515]). Hierzu ist sogar ein Weib über sechzehn Jahren verbunden, wenn sie auch gegen den Willen ihres Mundualdus die Erbschaft angetreten hat: es wird derselben keine restitutio in integrum gewährt, sondern sie muß, wenn sie einen Monat lang im Besitz der Erbschaft war, die Gläubiger befriedigen[516]). Es kann übrigens auch eine hereditas jacens von den Creditoren belangt, und selbst in dem Falle verurtheilt werden, wo sie keinen defensor oder curator hätte[517]). Nach den Statuten von Lucca wird dem minor gestattet, die demselben angefallene aber noch nicht angetretene Erbschaft auf alle seine Intestat- und testamentarische Erben zu transmittiren[518]); dem major wird dasselbe Recht gewährt, wenn er von Ascendenten erbte; erbt er von Anderen, so ist die Transmission nur auf die Descendenten bis zum Urenkel gestattet[519]). Nebenbei soll das Römische Recht bestehen bleiben, da dieses Statut im Sinne hat, die Transmissionen zu erweitern, nicht aber enger zu machen (non derogando per praemissa, transmissioni, quae fit de jure communi, cum intendamus transmissiones ampliare et non restringere)[520]).

---

514) Statuta Florentiae l. l.

515) Statuta Florentiae l. l.

516) Statuta Florentiae l. l.

517) Statuta Florentiae l. l.

518) Statuta Lucensia f. 90.

519) Statuta Lucensia l. l.

520) Statuta Lucensia l. l.

Vergleicht man nun die Reformationen des spåteren Mittelalters mit den ålteren Italienischen Statuten, so ergiebt sich wohl die schon oben gemachte Behauptung als wahr, daß der Fortschritt der Gesetzgebung im Familien- und Erbrecht mehr in politischer, als in eigentlich privatrechtlicher Hinsicht bemerkenswerth ist. Bestimmungen, die z. B. den Aufwand festsetzen, der bei Hochzeiten zu machen sey, oder die Verheirathung mit Fremden zu erschweren suchen, dafern diese nicht ihr Domicil verlegen, beziehen sich weder auf den Character der Ehe, noch auf ihre Vermögensrechte, sondern lediglich auf einen kleinlichen politischen Zustand, und auf eine Eifersüchtelei der Städte, die zwar in dem Italienischen Wesen vollkommen begründet ist, aber für unseren Gegenstand nur ein äußerliches Moment ausmacht. Der Kern der Familienverhältnisse ist in den spåteren, wie in den ålteren Statuten derselbige. Denn selbst einige originelle gesetzgeberische Neuerungen bieten nur den Character untergeordneter Einzelheiten dar, und verändern nichts in dem Totaleindruck.

Das Longobardische Recht, obgleich durchaus Germanisch, und von materiell Römischen Bestimmungen beinahe frei, war, sowohl durch seine Verpflanzung auf Italienischem Boden, als durch die auf demselben gewonnene Form geeignet, oder doch eingerichtet, sich mit dem Römischen Rechte in Verbindung zu setzen, und seine abweichenden Grundsätze der Römischen Bearbeitung zu eröffnen. In den ålteren Statuten findet sich nun noch Römisches und Longobardisches Recht in naivem Beieinanderseyn. Meta und dos, Morgengabe und donatio propter nuptias, der Pflichttheil und die erlaubte Melioration der Kinder, die freie Testamentserrichtung und das Ausschließen der Weiber sind in einem Zuge vorgetragen, und ohne weiteren Anstoß auf der Unterlage und mit der Farbe des gemeinen Rechts

niedergeschrieben. Die späteren Statuten haben die nicht
zu verkennende Absicht diese heterogenen Elemente zu ver-
schmelzen, und aus dem Material, das sie vorfinden, eine
wahre Gesetzgebung zu Stande zu bringen. Aus dem
Römischen Dotalrecht und der allmählich verschwindenden
Longobardischen meta und Morgengabe, geht das Princip
der Vermehrung der dos hervor, so daß das, was die
Frau mitbringt, zugleich das Geschenk von Seiten des
Mannes hervorruft. Diese Mitte des Vermögens, die
gleichsam von beiden Seiten zu Stande gebracht, den Ersatz für die fehlende tiefere Gütergemeinschaft darbringen
soll, ist dann auf der anderen Seite wiederum so nothwendig, daß eine donatio propter nuptias auch ohne eine dos
häufig gefordert werden kann, andererseits aber in Ermangelung einer Mitgift der Mann die Paraphernen der Frau
soll benutzen dürfen. Es liegt sogar ein leiser Anklang
von Gütergemeinschaft selbst in der Bestimmung, daß der
Mann, der die Früchte des Paraphernalvermögens seiner
Frau benutzt, deshalb nicht zum Ersatz, nach aufgelös'ter
Ehe solle angehalten werden können. Aber diese Anklänge
kommen nicht zur Durchbildung, die verbotenen Schenkungen des Römischen Rechts werden, wenigstens nach der
Seite der Weiber, zu einem durch politische Gründe un-
terstütztem System, das auch auf die genaue Bestimmung
der Brautgeschenke seine Ausdehnung hat. Die Festsetzungen des älteren Pisanischen Rechts werden noch von denen in Velletri übertroffen, welche Fremden sogar Geschenke
an Brautleute zu machen verbieten. In der väterlichen
Gewalt herrscht in den späteren Reformationen unstreitig
die größte Verschiedenheit. Bald glaubt man, sey die
Strenge des älteren Römischen Rechts in einem vollkommenen Noxalsystem zurückgekehrt, bald findet sich die Ungebundenheit und Natürlichkeit der späteren Römischen vä-
terli-

terlichen Gewalt, bald scheint endlich Abwesenheit des ganzen Verhältnisses, wie im Longobardischen Rechte, vorhanden zu seyn. Diese Verschiedenheiten verhalten sich ganz ruhig neben einander, denn sie sind selbst nicht Ausflüsse eines anders gestalteten privatrechtlichen Geistes, sondern vielmehr hervorgebracht durch die hier äußerliche Anforderung einer geschlechtlichen Einheit, die in der einen Stadt bald stärker, bald schwächer hervortritt. Diesen verschiedensten Gesetzen über die Strenge oder Milde der väterlichen Gewalt, liegt dennoch das spätere Römische Recht zu Grunde [521]), dessen beibehaltener Geist auch gegen die einzelnen Abänderungen, die man sich erlaubt, tolerant ist. Die väterliche Gewalt ist überhaupt immer das Product des ehelichen Verhältnisses. Wo nicht in dieses die Vertiefung und Einarbeitung des Christlichen Begriffes vor sich ging, wird kein, der Wurzel nach, anderes elterliches Verhältniß entstehen, sondern es wird eben der abwechselnde Gegensatz von Härte und abstracter Selbstständigkeit, mit Uebergewicht bald des einen oder anderen, das Wesen des Familienlebens bilden. Ob aber dann Strenge, ob Milde, ob gänzliche Lossagung die Oberhand behält, ist für die Sache eins und dasselbige, und macht nur die verschiedene Erscheinung und das veränderliche Symptom einer und derselben Krankheit aus.

Wessen sich aber die neueren Statuten am Meisten bemächtigt haben, und was sie mit aller Kraft und Consequenz ausarbeiten und durchführen, das ist der Vorzug der Agnation und des Mannsstammes. Die Longobardische Grundlage wird in vielen Stadtrechten wissenschaftlich behandelt und in ein vollständiges System gebracht. In den

---

521) S. S. 286.

echt Germanischen Ländern wendet sich der Unterschied des
Geschlechts zu dem der verschiedenen Sachen, und das
Weib wird dem Manne nicht sowohl nachgesetzt, als vielmehr mit anderen Gegenständen bedacht. In Italien würde der Longobardische Grundsatz vollkommen verloren gegangen seyn, wenn nicht die Politik der kleinen Städte
denselben mit aller Gewalt aufrecht erhalten hätte. Wie
überhaupt in Italien eine gewisse politische Vermummung
das privatrechtliche Interesse ersetzt, und das falsche öffentliche Bewußtseyn, sich oft an die Stelle der natürlichen
Ordnung bringt, so macht auch hier der gesuchte und oft
überaus künstlich ausgearbeite Vorzug der Agnaten, ganz
ohne Unterschied des erbschaftlichen Gegenstandes, einen um
so unangenehmeren Eindruck, als er weder mit den sonstigen Bestimmungen zusammenkommt, noch aus einem anderen Bedürfniß, als aus dem einer kleinlichen Erhaltung
hervorgeht. Dieser Unterschied kommt nicht in den weiteren Romanischen Ländern auf, wo eine große und concrete
Staatseinheit, der Entwickelung der Familien ihren natur-
gemäßen Gang nicht zu rauben braucht.

Wir haben übrigens in diesen Erörterungen die Statuten der verschiedenen Städte Italiens, als bildeten sie ein
Ganzes, zu Grunde gelegt, ohne uns weiter darum zu bekümmern, welchem Theile Italiens sie angehörten. Die
Lombardei, Venedig, Toscana und der Kirchenstaat, mitunter auch südlichere Städte, mußten als Beweise für eine,
wie es scheint, nicht genug gegliederte Italienische Rechtsgeschichte, dienen. Aber die bloße Ansicht der Statuten
dürfte schon darüber belehren, daß hier eine Gliederung in
nichts als in leere Spielerei ausarten würde, daß es ein
privatrechtlicher Geist ist, welcher durch alle Städte Italiens zieht, und daß die Modificationen zwar angegeben
werden müssen, um dem Bilde auch die kleinere Färbung

nicht zu entziehen, aber zu scharf bezeichnet, oder zu wichtigeren Unterschieden hervorgehoben, leicht auf Kosten der Wahrheit nur ein lügenhaftes Zerrbild aufstellen würden. Was selbst in Beziehung auf staatsrechtliche Entwickelung unfruchtbar seyn möchte [522]), kann um so weniger in der Sphäre des Familienrechts erquicklich scheinen, wo die Veränderungen meistens quantitative Unterschiede betreffen. Im Ganzen kann man allerdings sagen, daß die nördlicheren Städte das was vom Longobardischen Rechte beibehalten worden ist, schärfer und consequenter ausbilden, daß in Toscana und im Kirchenstaate das Longobardische mehr hin und wieder gelassen, als durchgeführt ist, aber daß dafür auch diese Städte reicher an originellen Bestimmungen und an gesetzgeberischen Neuerungen sind. Doch ist diese Bemerkung selbst von so blasser Natur, daß sie kaum auch den leisesten Schatten eines Unterschiedes hervorruft. Nirgends zeigen sich kleine Nüancen in Beziehung auf quantitative Bestimmungen zahlreicher, als in den verschiedenen Städten des Kirchenstaates. Weniger mit dem Suchen nach politischer Selbstständigkeit und mit dem Scheine des öffentlichen Lebens beschäftigt, hatten diese Städte mehr Muße, der Ausbildung der Gemeindeverfassung und des Privatrechts sich zuzuwenden. Nicht gezwungen, sich bald für den einen, bald für den anderen der Oberherren Italiens zu erklären, und durch keine allgemeine Gesetzgebung beschränkt, kam es hier zu zahlreicheren Stadtrechten mit originellerem Inhalte. Die Städte, die

522) v. Raumer in seiner vortrefflichen Abhandlung über die Italienischen Städte, Geschichte der Hohenstaufen V. 82 u. f., hat sich selbst in den staatsrechtlichen Untersuchungen nicht bewogen gefunden, eine Abtheilung unter diesen Städten zu begründen.

in der Nähe und Umgebung Roms liegen, haben so wenig
von Rom ihr Recht geborgt, daß vielleicht die Römischen
Statuten, die am wenigsten merkwürdigen, unter allen anderen des Kirchenstaates sind.

Indem wir aber diese Stadtrechte als identisch mit
dem Italienischen Recht des Mittelalters betrachtet haben,
könnte es scheinen, als wenn ein wichtiges Moment gänzlich übersehen wurde. Es sind nämlich in den verschiedenen Herrschaften und Fürstenthümern Italiens auch allgemeine Gesetze von den Dynasten und Tyrannen erlassen
worden, denen die einzelnen Städte, aber mit Beibehaltung
ihrer Verfassung und ihres Rechts, Gehorsam leisteten. Wie
wenig überhaupt in dem Principe der Italienischen Staaten durch den Umstand geändert ist, daß die Democratie
sich in Tyrannis verwandelt, ist schon in der Einleitung
bemerkt worden. Man braucht aber auch nur einen Blick
in die allgemeinen Gesetze zu werfen, die von den Fürsten
Italiens ausgingen, um sogleich zu bemerken, wie unwe-
sentlich und winzig sie namentlich für den privatrechtlichen
Theil des Rechts sind. Betrachten wir z. B. die Mailändischen Constitutionen [523]), so beruht die ganze Gesetzgebung in den uns hier angehenden Materien auf Folgendem: die ehebrecherische Frau soll nach den Vorschriften
des Municipalrechts bestraft werden, und nur wo
solche nicht vorhanden sind, soll der Fürst oder Senat ein-
schreiten [524]). Heimliche, ohne Willen der Eltern oder Verwandten eingegangene Ehen, werden mit Nachtheilen, welche die Vermögensrechte der Ehe betreffen, bestraft, nach

---

523) Constitutiones Mediolanensis Dominii curante Comite
Gabr. Verro Mediol. 1764.

524) Const. Mediol. p. 255. Stat. crim. Mediol. c. 50.

ben sich auch in den Statuten vorfindenden Grundsätzen,
und mit beständiger Berufung auf das Municipalrecht [525]). Bigamie wird mit 500 Goldstücken, oder
entsprechender körperlicher Züchtigung bestraft [526]). Der
Mann hat ein Züchtigungsrecht in Beziehung auf die
Frau, welches aber auf keine Weise in Härte ausarten
darf [527]). Testamente und Vermächtnisse werden einem
besonders schnellen Prozesse unterworfen: nur gegründete
und gleich zu beweisende Einreden sind zuzulassen [528]).
Hat der Vater eine Erbschaft ausgeschlagen, so kann nur
der emancipirte Sohn bei Lebzeiten des Vaters dieselbe antreten; nur der Fürst darf die Erlaubniß zu dieser Antretung ertheilen (Et aditio alío modo facta non valeat,
nisi obtenta licentia a Principe) [529]). Hat der Sohn
die väterliche Erbschaft innerhalb eines Jahres nicht ausgeschlagen, so gilt er dafür, sie angetreten zu haben [530]).
Es giebt im Allgemeinen keine hereditas jacens [531]); sondern die Erbschaft wird vom Hause aus als angetreten
betrachtet [532]). Legitimirte Kinder folgen nicht in das
Vermögen der Collateralen ihres Vaters, wenn diese nicht
in die Legitimation eingewilligt haben [533]). Aus diesen
Bestimmungen mag hinreichend hervorgehen, wie wenig

---

525) Const. Mediol. l. l.

526) Const. Mediol. p. 262.

527) Const. Mediol. p. 262.

528) Const. Mediol. p. 195.

329) Const. Mediol. l. l.

530) Const. Mediol. l. l.

531) Const. Mediol. p. 198.

532) Const. Mediol. l. l.

533) Const. Mediol. f. 201.

selbstständig die Constitutionen der Mailändischen Fürsten sind, wie sie theils das Stadtrecht bestätigen, theils nur untergeordnete Festsetzungen treffen. Weit unwichtiger aber sind die allgemeinen Gesetze in den anderen Fürstenthümern, so daß sie kaum neben den Stadtrechten angeführt zu werden verdienen.

Es liegt, wie schon gezeigt worden, in der Natur des Italienischen Geistes, sich nicht zu einem großen und starken Staate zusammenziehen zu können. Die unmittelbare Gegenwart der Kirche gewährt nur die Freiheit, kleinere Selbstständigkeiten zu bilden, die dieser nicht eigenmächtig entgegentreten. Aber dennoch entbehrt doch auch Italien den Versuch eines größeren Staates nicht, welcher freilich nur dadurch besteht, daß er als Lehn des heiligen Stuhls gilt. Das Königreich Neapel stellt das unmittelbar vom Geistlichen gesetzte, und daher von ihm abhängige Italienische Königreich dar. Was die Christenheit und der Christliche Staat im Ganzen sind, nämlich ein Lehn der Kirche, das ist Neapel nicht dem Gedanken, sondern der Realität nach: es ist der unmittelbar katholische Staat, welchen Spanien nur in weiterer Entfernung und Vermittelung darstellt. Die Bestandtheile, welche die entgegengesetztesten Bildungsstufen, die Arabische und Normannische, in dieses Land gebracht, gehen dem übrigen Italien ab: es ist nicht mehr jene bloße Mengung Römischer Grundlage und eines übergewachsenen Germanischen Geistes, sondern ein wahres Gähren der verschiedenartigsten Elemente, die zu einer nationellen Ruhe niemals gelangen, und deren Einheit nur im Gegensatz der Oberitalischen Zersplitterung so genannt werden kann.

Das Neapolitanische Recht muß in diesem Sinne abgetrennt von dem übrigen Italienischen betrachtet werden. Nicht als wenn in Neapel die Stadtrechte und die Sta-

tuten der Municipien nicht ebenfalls vorhanden wären,
und eine große Bedeutung hätten, sondern weil hier eine
allgemeine Staatsgesetzgebung das Band ausmacht, zu
dem sich diese besonderen Rechte nur als particulare Abweichungen verhalten. Diese allgemeinen Gesetze beginnen
schon unter den ersten Normannischen Fürsten, und gedei-
hen unter Kaiser Friedrich dem zweiten bereits zu festerer
Sammlung. Vielfach erweitert und neu compilirt unter
den verschiedenen Herrschern bis zu Ferdinand dem Katholischen, sind sie unter den Namen der Constitutionen, Capitula, Ritus, Privilegia, Pragmaticae, Concordata und
Diplomata bekannt [534]). Neben ihnen erheben sich dann
das Neapolitanische Gewohnheitsrecht und die Statuten
der Städte, von denen wir manche, wie z. B. die von
Gaeta und Cumä schon in dem vorangegangenen Theile
dieser Abhandlung bei Gelegenheit benutzt haben. Unter
diesen Gewohnheiten sind die von Barri die bemerkens-
werthesten, woran sich die von Neapel, Capua, Gaeta und
andere anschließen. Vielfach ist auch hier das reine Longobardische Recht, und zwar länger als im übrigen Italien in Anwendung geblieben [535]).

Was die Vermögensrechte der Ehe betrifft, so ist hier
das antefactum, das wir im Pisanischen Rechte kennen
gelernt haben, überall im Gebrauch. Im Neapolitanischen
Recht wird es antefatum genannt, und so erklärt, daß es
die Schenkung sey, welche der Mann vor seinem Tode
(ante fatum) der Frau mache: es sey deshalb zur Erfül-

---

534) Iuris Neapolitani Prael. *a Vincentio Lupoli.* Neapoli
1781. I. 35.

535) *De Iorio* Discorso sopra la Storia de Regni di Na-
poli et di Sicilia. Nap. 1761. II. 13.

lung dieser Schenkung nothwendig, daß die Frau den Mann überlebe [536]). Die Quantität des antefatum wird ganz verschieden angegeben: bald ist es ein Drittel (Tertiaria), bald ein Viertel, in einigen Gewohnheitsrechten, wie zum Beispiel in denen von Capua, die Hälfte der dos. Wird das antefatum an Lehngütern constituirt, so heißt es dotarium [537]). Die Constitutionen von Roger [538]), Friedrich [539]) und Wilhelm [540]), so wie die Gewohnheiten, sind voll von Bestimmungen, und zwar von abweichenden über das antefatum. Die Frau, die keine Kinder hatte, lucrirte nach älterem Recht das antefatum immer, es mochte in einer Hälfte, einem Drittel oder einem Viertel bestehen. Erst im Jahre 1617 wurde hierin eine Aenderung getroffen, indem von nun an niemals das Eigenthum, sondern nur der Nießbrauch des antefati auf die Frau übergehen sollte; es wurde außerdem verordnet, daß die dos nach dem Tode der Frau, auch wenn Erben vorhanden wären, an den Mann fallen solle [541]). Die Größe des antefati wurde jetzt in eine bestimmte und festere Beziehung zur dos gebracht. Betrug diese 4000 Ducaten, so war das antefatum ein Drittel; und dieses Drittel wurde, da die Frau nur den Nießbrauch hatte, mit acht Procent verzinst. Betrug die dos mehr als 4000 Ducaten, aber weniger als 10,000, so war das

---

536) Lupoli l. l. I. 261. Diese Erklärung scheint falsch zu seyn, wie der Ausdruck antefactum in Oberitalien beweist.

537) Lupoli l. l. p. 260.

538) Const. Si quis Baro tit. de dot. const.

539) Const. licentiam tit. de dotibus.

540) Const. mulier tit. de dot. const.

541) Pragm. un. tit. de antefato.

antefatum der vierte Theil der dos, wurde aber nur mit sechs Procent verzinf't. Von 10 — 20,000 machte das antefatum den fünften Theil der dos aus, der Zinsfuß war aber nur von fünf Procent. War endlich die dos über 30,000 Ducaten groß, so betrug das antefatum immer funfzehn Procent der dos, welche aber zu vier vom Hundert verzinf't wurden [542]). Der Ususfructus des antefati heißt übrigens donativum [543]). Außerdem kommen noch Brautgeschenke (Sponsalitiae) und Geschenke, die in den Ehepacten bestimmt werden, vor, und die die Frau während der Ehe jährlich oder monatlich erhält (per lacci, e spille) [544]).

Was die väterliche Gewalt betrifft, so soll sich kein filius familias auf irgend eine Weise ohne Erlaubniß des Vaters obligiren können [545]): es wurde den Notaren bei großer Strafe verboten, solche Instrumente aufzunehmen [546]). Ja nach der Meinung einiger Neapolitanischer Juristen, soll selbst die Ratihabition des Vaters nicht im Stande seyn, einen vom filius familias geschlossenen Contract Gültigkeit zu verleihen [547]). Eigenthümlich ist das Recht der Emancipation. Der Sohn tritt aus der väterlichen Gewalt, wenn der Vater capite deminutus ist, (banditus) [548]),

---

542) Pragmaticae Edicta Decreta Regiasque sanctiones Regni Neap. Neap. 1682. 3 Vol. I. 311.

543) Lupoli l. l. p. 267.

544) Lupoli I. p. 262.

545) Pragm. Per excell. Tit. ad S. C. Mac. et Vell.

546) Scaglionius comm. in cit. Pragm. n. 53.

547) Caravita Comm. in cit. Pragm. Paschalis de vir. patr. pot. P. I. cap. 6. n. 27.

548) Menachius de Praes. V. 45.

oder wenn die Emancipation förmlich vor einem Notar, in Weise eines Contracts ausgesprochen wird, oder wenn der Sohn vom Vater entfernt mit seiner Frau in eigener Wirthschaft lebt (seu habitent et vivant seorsum ab eorum patribus cum eorum uxoribus et familia). Eine Frau kommt durch die Heirath selbst schon aus der väterlichen Gewalt [549]).

Das Alter der Volljährigkeit ist vollkommen Longobardisch, und so mit den übrigen Italienischen Rechten übereinstimmend. Aber ein bedeutender Unterschied herrscht im Neapolitanischen Rechte zwischen den Minderjährigen adelicher Geburt (Balii) und denen bürgerlicher Abkunft. Im Anfang hörte die Tutel über Adeliche (Baliatus) schon mit dem vierzehnten Jahre, wie nach Römischem Rechte, auf, und es wurde in der Regel kein Curator gegeben. Späterhin ertheilte man auch den Baliis eine restitutio in integrum, und setzte sie endlich, in Beziehung auf das Alter der Volljährigkeit, ganz den Burgenses gleich [550]). Dadurch hörte der Unterschied und die Bedeutung des Balii ganz auf [551]).

---

549) Lupoli I. 114.

550) Pragm. 11. Tit. de min.

551) Der Ausdruck Balius, wird meistens vom παιδαγωγος hergeleitet (Cf. Ducange v. Bajulus). Für Tutel wird im Mittelalter häufig das Wort Bajulia gebraucht. In den Constitutionen der Könige von Sicilien heißen Bajuli die kleineren Richter, die zur Zeit der Normannischen Herrscher schon bestanden, und deren Autorität unter den Fürsten vom Hause Anjou bedeutend vermindert worden ist. Späterhin heißen diese Richter Balivi, die Tutoren der Adelichen aber Balii (Fridericus in Const. de min. tit. de jure Balii. minoribus, qui aetatis suae suffragio juvari non possunt Imperiali remedio providentes statuimus, si quando Balium

Der Baliatus war bei den Neapolitanern, wie nach Römischem Recht, testamentarius, legitimus oder dativus: nur daß nicht alle nächste Agnaten zum legitimus Baliatus zu gleicher Zeit gelassen wurden, sondern daß der König den passendsten unter ihnen erwählte [552]), ein tutor dativus kann von der competenten Magistratsperson gegeben werden, ein Balius nur vom König. Besitzt jemand Lehnvermögen, oder adeliches Gut (feudalia) und nebenbei bürgerliche Sachen (burgensatica), so kann dennoch der Balius beides verwalten [553]). Was die Geschlechtstutel betrifft, so scheint das Longobardische Mundium sehr bald in einen bloßen Schutz für die Weiber übergegangen zu seyn. Dies zeigt sich in der Rogerschen Constitution mulieribus, und in der ergänzenden von Friedrich II., welche den Namen obscuritatem führt. Hier wird den Weibern, die durch Nachlässigkeit oder Betrug ihrer mundualdi bedeutend verloren haben, eine restitutio in integrum gewährt [554]).

Die Testamente müssen öffentlich vor Notarien angefertigt (ad contractus), und vor dem Notar oder Zeugen geöffnet werden. Ein eigentliches Privattestament giebt es, wenigstens nach späterem Neapolitanischem Recht, nicht [555]). Ein filius familias darf, nach dem Gewohnheitsrecht, nicht

---

impuberum masculorum, aut feminarum gerendum alieni, Serenitas nostra concesserit, hi qui *Balium* gesserint puppilorum, postquam Balium ipsum, pubertate superveniente dimiserint, de administratione Balii reddere debeant rationem.

552) Cap. Regn. Feudatarius tit. de St. Balio.

553) Lupoli I. 130.

554) Const. mulier tit. de rest. mulier. Cons. obscuritatem t. de in int. rest. mul.

555) Pragm. 2. tit. de contr.

blos über sein peculium castrense, sondern auch über den Theil des adventitischen Peculii, der ihm von der Mutter oder mütterlicher Linie zukam, testiren [556]). In Beziehung auf die Erbeinsetzung und den Pflichttheil, enthalten die Neapolitanischen Gewohnheiten Unterschiede, wie sie sich in den übrigen Italienischen Rechten nicht finden. Das Vermögen wird in erworbenes und ererbtes getheilt. Ueber das erworbene Gut kann jemand frei verfügen, wenn er seinen Kindern den Pflichttheil hinterläßt (si aliquis moriens fecerit testamentum, habens filios seu liberos potest *de bonis suis adquisitis, per eum disponere pro suo arbitrio voluntatis*, debito bonorum subsidio in dictis bonis adquisitis liberis reservato) [557]). Das ererbte Gut muß der Verstorbene aber zur Hälfte seinen Kindern hinterlassen; jedoch so, daß kein Kind vor dem Anderen in dieser Hälfte den Vorzug haben soll. Collation und Enterbung aus gehörigen Gründen findet auch hier statt (De bonis autem paternis et maternis ipsius defuncti, et aliis bonis sibi a consanguineis ex quocunque latere, obvenientibus, usque ad medietatem tenetur liberis relinquere. Ita tamen quod defunctus ipse, uni ex filiis plus quam alii, non potest de ipsa medietate relinquere. De reliqua medietate potest disponere pro suo arbitrio voluntatis; quod si testator in vita sua, expensas aliquas fecerit, pro uno filiorum, potest alios in testamento suo adaequare, si vult. Verum potest mater et pater filios exheredare, et in totum a sua successione excludere) [558]). Hat jemand keine Kinder, so kann

---

556) de Rosa ad Consuet. Neapol. n. 12. 43 et sq.

557) Consuet. Tit. de succ. ex. test.

558) Consuet. Tit. cit.

er über das erworbene Gut ganz frei disponiren: von. dem ererbten muß er die Hälfte den nächsten Intestaterben hinterlassen [559]). Eine Frau kann nur über den zehnten Theil der dos und des ererbten Gutes disponiren, wenn sie Kinder hat: über die Geschenke, die sie vom Manne erhielt, so wie über das antefatum, hier die Quarta genannt, steht ihr das Verfügungsrecht zu [560]).

In der Intestaterbfolge der Descendenten ist eine Verordnung des Kaisers Friedrich wichtig. Da das Feudalistische Princip des gänzlichen Ausschlusses der weiblichen Descendenten in der Erbfolge des Adels durchaus herrschend war, so verordnete Kaiser Friedrich, daß künftig, in Ermangelung männlicher Descendenten, die weiblichen folgen, und allen weiter entfernten Verwandten vorgezogen werden sollten. Die Worte der Constitution lauten also: In aliquibus Regni nostri partibus consuetudinem pravam audivimus hactenus obtinuisse, quod in bonis Comitis, Baronis vel militis, qui decesserit filiis masculis non relictis, filiae non succedunt: sed consanguinei, quantumcunque remoti masculini sexus tam balium puellarum ipsarum, post mortem patris accipiunt, quam successionem usurpant, et ipsas pro ipsorum dispositione maritant. Quod quidem et naturae dignoscitur esse contrarium, quae parentum votis, *absque discretione sexus*, tam masculos quam feminas commendavit et juri tam communi, quam nostro specialiter derogatur. Hac igitur lege nostras per universas partes, et singulas Regni nostri valitura sancimus, patre mortuo tam filios, quam filias puberes, aut majores, minoresve

---

559) Consuet. Tit. de succ. mor. sine fil. ex test.

560) Tit. de muliere hab. filios.

ad parentum successionem, absque sexus discretione
vocari: Si autem filii masculi, una cum filiabus femini-
nis, aut etiam sororibus, patri decedenti, supersint, cujuscunque conditionis pater fuerit, Francus videlicet,
aut etiam Longobardus, Miles vel Burgensis in successione bonorum praeferri volumus, masculos feminis:
dum tamen sorores aut amitas, fratres aut nepotes pro
modo facultatum suarum, et filiorum superstitum numero; secundum paragium debeant maritare. Ceterum
si tantum feminae superstites fuerint, ipsas, si majores
sint, exclusis aliis consanguineis, volumus ad successionem admitti) ⁵⁶¹). Nach dem Gewohnheitsrecht folgen
weibliche Descendenten zugleich mit männlichen, wenn die
männlichen es verabsäumen, sie bis zum sechzehnten Jahre
zu verheirathen. Was die Erbfolge der Ascendenten betrifft, so giebt es eine doppelte: die erste bezieht sich ganz
auf das Römische Recht; sind keine Descendenten vorhanden, so folgen die Ascendenten *ex usu veteri* oder *secundum morem procerum et magnatum*. Hier wird kein
Unterschied zwischen väterlichem oder mütterlichem Gut gemacht, die zweite Weise der Ascendentenerbfolge geschieht
ex usu novo, oder *ex usu Curiae Nidi et Capuanae*.
Der Vater entsagt auf das mütterliche, die Mutter auf
das väterliche Vermögen des Sohnes, und wird also
hierin von den Collateralen ausgeschlossen. Diese Entsa-
gungen geschehen in den Ehecontracten, weswegen die
Eheeingehung, je nachdem die Entsagung geschehen ist
oder nicht, selbst ex usu vetere oder novo heißt. Dieser
usus Nidi et Capuanae wurde im Jahr 1505 von Ferdi-

---

561) Tit. de succ. fil. Com. et Bar.

nand dem Katholischen bestätigt [562]). Ist eine Ehe auf
diese Weise eingegangen worden, so werden nicht blos die
Ascendenten, wie oben angegeben ist, von der Erbschaft ihrer Kinder, sondern auch von der aller weiteren Descendenten removirt [563]). Sind keine Ascendenten vorhanden
oder haben diese usu Nidi et Capuanae entsagt, so folgen
die Verwandten väterlicher Seite in das väterliche, die
von Mutterseite in das mütterliche Vermögen [564]): in
beiden Linien wird nach der Nähe des Grades geerbt. In
Ermangelung aller Collateralen beerben sich die Ehegatten
wie nach Römischem Recht. Eben dasselbe ist von der
Succession des Fiscus zu sagen. In Ansehung der Pro-
scribirten (forojudicati) hat der Fiscus einen Viriltheil
selbst mit Kindern [565]).

Was die Lehnfolge betrifft, so ist das Neapolitanische
Lehnrecht theils Fränkisch, theils Longobardisch. Durch
König Roger wurde die Primogenitur, welche bei den Longobarden nur bei größeren Lehen statt fand, auf alle, selbst
die kleinsten, ausgedehnt. Als Grund wird angegeben, daß
vielen Fränkischen Herrn, die ins Königreich einwanderten,
beneficia nach Fränkischem Recht verliehen wurden [566]).
Ganz ließ sich aber das Longobardische Recht dadurch nicht
verdrängen. So blieb es z. B. in den Abruzzen, und selbst
unter den Spanischen Herrschern giebt es Verleihungen
nach Longobardischem Recht [567]). Fränkisches und Longo-

---

562) Lupoli l. l. I. p. 317.
563) Lupoli I. p. 318.
564) Consuet. si quis Tit. de succ. ab intestato.
565) Lupoli I. 327.
566) Magliano Iurisprudentia Feudalis Neapoli 1770. p. 445.
567) Magliano l. l. p. 445.

bardisches Lehnrecht theilen sich also das Neapolitanische
Reich; in Sicilien hat das Fränkische immer die Oberhand
behalten: dort sind fast alle Lehne ex pacto et providen-
tia majorum) [568]).

Wenn man das Neapolitanische Familien- und Erbrecht mit den Rechten des übrigen Italiens zusammenstellt,
so wird gleich der Unterschied eines größeren Reiches merk-
lich ins Auge fallen. Jene kleinen Rücksichten, welche die
Italienischen Städte in das Familienrecht aufnehmen, und
wodurch die unnatürliche Farbe desselben entsteht, fallen in
Neapel ganz fort, und keine unbillige Zurücksetzung der
Weiber trübt die Ordnung der Intestatfolge. Die ängst-
lichen Bestimmungen über die Schenkungen der Ehegatten,
die Zurücksetzung der Mutter hinter alle Agnaten, finden
sich im Neapolitanischen Rechte nicht mehr vor. Die
Schicksale des Landes, die früh im Lehnrechte, namentlich
Normannische und Fränkische Satzungen zulassen, bringen
so viel heterogene Einzelnheiten herein, daß von einem starren und steifen Statut, wie etwa in den Italienischen
Republiken, nicht mehr die Rede ist. Constitutionen der
Könige, durch Gewohnheitsrecht theils ermäßigt, theils bestätigt, bringen das Familien- und Erbrecht auf eine seinem Geiste gemäßern Entwickelung zurück. Statt einer
kleinen Eifersucht und Besorgniß um Erhaltung des Ganzen, finden sich zum Erstenmale größere feudalistische Interessen, und eine Vereinigung der aus dem Römischen Rechte
herübergenommenen Natürlichkeit der Familie, mit dem
übrigens weit mehr als irgend sonst in Italien ausgearbeiteten Lehnsprincipe. Indem der Adel sich als wahrer
                                                        Stand

---

568) Magliano l. l.

Stand ausbildet, und sich von dem spießbürgerlichen Patriciate der Städte bedeutend unterscheidet, kommen die freieren familien- und erbrechtlichen Beziehungen der Bürger zum Vorschein, und werden nicht selbst der politischen Haltung des Ganzen zum Opfer gebracht. Daher jene Doppelheit des Neapolitanischen Rechts, indem die Feudalistischen Bestimmungen denen des gemeinen Civilrechts gegenübertreten. Einerseits ist es also das natürliche und sittliche Princip der Familie, welches anerkannt ist, indem die Cognation nicht durch die Agnation ausgeschlossen wird, andererseits die Sorge für die Erhaltung der Geschlechter, welche den Söhnen vor den Töchtern den Vorzug einräumt, aber auch nicht weiter in Ausschließung der Weiber verfahren zu müssen glaubt. Einerseits sind die Ascendenten in ihrer natürlichen erbrechtlichen Stellung, andererseits heischt es die Erhaltung der Familien, daß sie sich dieses Rechts begeben, und es auf die lebendigeren Glieder der Familie übertragen. Daher die doppelte Eingehung der Ehe ex more Magnatum et Procerum und ex usu Nidi et Capuanae. Es ist hier anerkannt, daß, um die Ascendenten auszuschließen, es eines Vertrages bedürfe, und daß die vorgebliche Erhaltung, und der Glanz des Geschlechts nicht hinreichen, um die natürliche Ordnung zu verdrängen. In der Doppelheit des Baliatus oder der Lehnsvormundschaft und der Tutel liegt eben so der Gegensatz des Feudalistischen und gemeinrechtlichen Princips. Bemerkenswerth ist übrigens der in Neapel allein vorkommende Unterschied des erworbenen und ererbten Gutes. Das Canonische Recht kennt zwar diesen Unterschied, wo von der Erbschaft der Geistlichen die Rede ist: allein es ist schon oben bemerkt worden, daß das Canonische Recht damit nichts Anderes als die Römische Unterscheidung von peculium und hereditas meint. In den Statuten der

x

Italienischen Städte findet sich eine Trennung des Gutes in erworbenes und ererbtes nur in wenigen Andeutungen vor. Die Kleinheit der Verhältnisse, der geringe Umfang des Vermögens, die Eifersucht der Erhaltung desselben für die bestimmte gesetzgebende Stadt, würde kaum an eine Spaltung in diesem Sinne denken lassen. Aber in Neapel, wo frische Germanische Eindrücke von allen Seiten haften bleiben, wo Normannisches und Fränkisches Recht oft überwiegend ist, wo die Größe des Staates nicht mehr mit Aengstlichkeit darauf sieht, daß das Eigenthum bleibt, kann auf den Germanischen Unterschied des ererbten und erworbenen Vermögens einiger Werth gelegt werden. Doch ist derselbe nicht tief durchgedrungen, sondern bald von der Substanz des Italienischen Bodens eingesogen worden. Der Unterschied des erworbenen und ererbten Gutes bezieht sich nur auf die Größe des Pflichttheils, der von dem einen oder anderen zu hinterlassen ist.

Wie erworbenes und ererbtes Gut einen Unterschied begründet, so stellt sich auch eine Verschiedenheit des väterlichen und mütterlichen Vermögens einer Person heraus: in das väterliche folgen die nächsten Verwandten von der Vaterseite, in das mütterliche die nächsten Verwandten von der Mutterseite. Dieser Theilung liegt die Rücksicht zu Grunde, jedem Geschlecht das, was von ihm kommt, zu erhalten. Die Person des Erblassers wird nicht als der alleinige Ausgangspunkt betrachtet, in dem der Ursprung des Vermögens verwischt sey, sondern es kommt nach seinem Tode wiederum die Linie zum Vorschein, der es gehörte. Der Erblasser ist so nicht vollständiger Eigenthümer, denn sonst würde auch die Erinnerung an den Ursprung des Vermögens aufhören müssen. Wie in der Lehnfolge alles auf den ersten Besitzer zurückzubringen ist, so ist es in dieser Erbfolge der Verwandten eigentlich die

Linie, welche beerbt wird: nur wird die Berechnung nach der Nähe der Verwandtschaft mit dem Erblasser angestellt. Wenn allerdings in dieser Erbfolge die Beziehung der Succession zur Familie, und die Identität des Familienrechts und Erbrechts stärker hervortritt, so ist doch wiederum die Seite des Eigenthumsrechts schwächer, und die Erben scheinen vor aller Erbschaft berechtigt zu seyn.

Sicilien mit Neapel zu einer Herrschaft verbunden, hat trotz particularer Verschiedenheiten, die aus seinen mancherlei Reminiscenzen herrühren, eine von der Neapolitanischen nicht sehr abweichende Gesetzgebung. Die mehr als irgendwo hier zahlreichen Städte, entbehren zwar nicht einheimischer Originalität, aber derselbe Character der Feudalität ist auch hier, wie in Neapel, vorherrschend, und das Familien- und Erbrecht ist, was die allgemeinen Verordnungen betrifft, in beiden Sicilien dasselbe. Deswegen wird uns das Sicilische Recht nicht der Gegenstand einer besonderen Betrachtung seyn.

Wenn in beiden Sicilien der Uebergangspunkt von Italien zu Spanien liegt, wenn hier die Mengung des Kirchlichen und Weltlichen, welche den Character des Italienischen Geistes überhaupt ausmacht, zu einem Feudalen von der Kirche abhängigen Staate wird, wenn der abstracte und leere, dem Alterthum blos mit falschem Bewußtseyn nachgebildete Patriotismus der Italiener sich in Neapel in eine substantiellere Einheit verliert, die aber noch nicht zur Gewißheit ihrer selbst gelangt, und deshalb auch wieder keinen eigenen, unterschiedenen, und dem übrigen Italien gegenüberstehenden Geist, bildet, so liegen in dem Meere, welches Italien von Spanien trennt, einige Inseln, die weniger in unmittelbaren Zusammenhang mit Italien, aber doch beherrscht von seinem politischen Schicksal in Sprache, Sitte und Recht sich dem Begriffe des Spani-

schen Rechts annähern, und den Romanischen und Feudalistischen Character aus der Sphäre des bloßen Beianein-
seyns zu größerer Mischung und Durchdringung gebracht
haben. Italien hat sich von den streng Romanischen Ländern den Einflüssen des neueren Geistes am meisten geöffnet, und sich von den Fortschritten und Entwickelungen der
Geschichte bisweilen fortgezogen gefühlt. Das Romanisch-
Feudalistische bildet hier noch keine so dichte Substanz, daß
nicht der Sonnenschein des freieren Geistes bisweilen hin-
eindringen könnte. Das Katholische, Feudalistische und
Römische Moment, sind noch nicht so in eines zusammen-
gewachsen, daß nicht bisweilen antiker Schwung, die beiden anderen Theile der Bildung vergessen lassen könnte,
oder diese in Formen erscheinen machte, die das Uebergewicht des Alterthümlichen erklärten. Wer etwa mit der
nächtlichen Fackel an den Italienischen Torso tritt, wird
kaum das Leben verkennen dürfen, dessen dieser noch in
seiner heutigen Gestalt fähig ist, während es in den weiteren Romanischen Ländern einer förmlichen Auflösung und
Abbröckelung bedürfte, um an die Stelle des alten Lebens
ein neues zu begründen. Die Inseln aber, von denen eben
die Rede war, haben sich in ihrer mittelaltrigen Verdum-
pfung um so entschiedener erhalten, als ihre Berührung mit
den Weltbegebenheiten geringer, und die Möglichkeit, alte
Sitten zu bewahren, selbst die Bedeutung dieser Länder und
ihre Geschichte ausmacht.

Das Sardinische Familien- und Erbrecht kann aus
einem im vierzehnten Jahrhundert gesammelten Rechtsbuche dargestellt werden, das gewöhnlich unter der Bezeichnung der Carta de Logu bekannt ist, und unter dem Namen
der Donna Eleonora Richterinn von Arborea, und
Gräfinn von Goceano geht. Dasselbe besteht aus 198
Kapiteln, und enthält sicherlich sowohl im Criminal- als

Civilrecht die ältesten Sardinischen Gewohnheiten[569]). Die
Ehe ist in Sardinien eine doppelte; entweder wird sie nach
Sardinischer Weise eingegangen (*a modu Sardiscu*) [570]),
oder nach Dotalrecht. Die Ehe auf Sardinische Art geschlossen, begründet eine Gütergemeinschaft der Ehegatten
in Beziehung auf das während der Ehe Erworbene, und
läßt eine Getrenntheit des Vermögens nur für das vorher Besessene bestehen [571]). Dieses alte Germanische
Recht, das lange Zeit in Sardinien herrschend war, ist
aber bald, wie es scheint, durch die Ehe nach Dotalrecht
verdrängt worden. Wir finden in der Carta de Logu,
daß die Ehegatten, wenn Descendenten oder Ascendenten
vorhanden sind, sich nur zehn Lire sollen vermachen können; erst in Ermangelung beider ist die Summe freige-
stellt [572]). Wer seine Tochter nach Dotalrecht (a dodas)

---

569) Le Costituzioni di Eleonora Giudicessa d'Arborea In-
titolata Carta de Logu. in Roma 1805. I. Vol. i. f.

570) Carta de Logu cap. 99.

571) Carta de Logu l. l. n. 162.

572) *Carta de Logu* c. 100. Volemus et ordinamus, chi
alcuna femina non usit, neu deppiat dari in alcunu modu assu maridu, nen in vida, nen in morti sua, plus de liras deghi,
et issu maridu assa mugeri, atteru e tantu, dess' issoru pe-
cugiari, ed icussu det cussu, chi hat a haviri valsenti, dae liras vinti 'nsusu; ed icussu, chi hat a haviri valsenti, dae liras vinti 'ngiossu, det soddos vinti; ed icussu det s'unu a s'atteru, s'illi hat a plagheri; e si nolli plagherit, nondi seat te-
nudu nen assu maridu, nen assa mugeri; ed icustu Capidulu
happat legitimu logu, in casu chi su maridu, over mageri ha-
virint, seat illis licitu de lassarisi s'unu ass' atteru per testamentu, over per donacioni causa mortis totu ciò, chi hant a
voler, dessos benis issoru.

verheirathet, braucht ihr nichts als die dos zu hinterlassen, wenn er außerdem Söhne hat [573]). Das Concubinat scheint, wie in Spanien im Mittelalter, eine gewöhnliche und ganz erlaubte Verbindung in Sardinien gewesen zu seyn. Nur soll die Concubine (Fanti de lettu) nichts aus dem Hause bringen können, bei Gefahr, als Diebinn betrachtet zu werden [574]). In Beziehung auf die Vormundschaft findet sich in der Carta de Logu eine Verordnung [575]), wonach, wenn jemand gestorben ist, ohne seinem Kinde einen Tutor gesetzt, oder wie die Carta sich ausdrückt, sein Kind empfohlen zu haben (e nollas accomandarit per testamentu); der Hof von Arborea, mit Zuziehung der guten Männer der Stadt oder des Dorfes (bonos hominis dessa contrada over dessa villa), ein Inventarium des hinterlassenen Vermögens anfertigen soll. Nachdem dies geschehen ist, soll der Hof den Pupillen einem nahen Verwandten desselben empfehlen (ad alcunu parenti de istrittu dessos Ceracos), und in Ermangelung eines solchen, einem anderen tüchtigen Mann. Der tutor legitimus oder dativus muß einen Eid leisten, die Tutel redlich führen zu wollen. Diese, so wie der tutor testamentarius (chi hat a chiamari, cuss homini, chi fagherit testamenta) [576]) werden mit 10 Liren bestraft, wenn sie ohne gehörige Gründe die Tutel anzunehmen sich wei-

---

573) Carta de Logu c. 98.

574) Carta de Logu c. 50. Item ordinamus, chi nexuna femina, chi seat *Fanti* di lettu angiena, o chi non seat mugeri legittima, usit nen deppiat levari dae se domu, dess' habitacioni chi fagherint impari cum s' Amigu etc.

575) Carta de Logu c. 101.

576) Carta de Logu c. 101.

gern [577]). Wenn ihnen, in Beziehung auf die Mündel,
ein Proceß gemacht wird, so soll nur der Hof von Logu
in dieser Beziehung competent seyn [578]). Die Volljährigkeit tritt übrigens mit dem achtzehnten Jahre ein [579]). Die
Lehre von den Testamenten wird auf eine höchst originelle
Weise vorgetragen. In Erwägung, heißt es, daß in der
Insel Sarbinien, nicht blos in den Dörfern, sondern auch
in den Städten Mangel an öffentlichen Notarien ist, deswegen aber Testamente, in denen häufig Verfügungen zu
frommen und guten Zwecken gemacht werden, nicht unterbleiben sollen, so wird gestattet, daß eine letztwillige Verfügung vor dem Pfarrer oder Gerichtsschreiber, und in deren Ermangelung, vor einem Schreiber des Orts, dann
aber in Gegenwart von sieben oder wenigstens fünf Zeugen gemacht werden könne [580]). Hieraus scheint hervor-

---

577) Carta de Logu l. l.

578) Carta de Logu c. 102.

579) Carta de Logu c. 101.

580) Carta de Logu c. 51. Consideradu su grandu defet-
tu, e mancamentu, chi est de Nodajos in s' Isula de Sardig-
na, non solament in sas Cittadis, Terras e Logos murados, ma
interdeu via plus in sas Villas de foras, e chi pro cussu de-
fettu hant a poder mancari multas bonas, e pietosas causas,
chi si lassant, et si faghint peri sos testadoris in sa fin' isso-
rum, volemus ed ordinamus, chi tantas bonas, e pias causas
non remangiant senza mandarisi ad execucioni, e chi sos testa-
mentos, chi s'hant a fagheri per alcunas personas in sa fin' issoru, bagiant e tengant, ed happant favori, ed effettu, com-
menti e chi esserint fattos in forma depida, e per manos dessu Cappellanu dessa villa, over dessu Scrivanu publicu dess of-
ficiali dessa contrada, si haver si podit; ed in casu chi su
dittu Cappellanu, over Iscrivanu non si poderit haviri assu bi-
sognu, volemus, chi si pozzat fagheri per manos de alcunu

zu gehen, daß eigentlich die öffentlichen Testamente, wie in
Neapel, allein gültig waren, und daß das Privattestament
nur als Surrogat des öffentlichen betrachtet wird. Niemand aus dem Reich von Arborea (dessu Rennu nostru
de Arboree) soll seine Söhne oder männliche Descendenten, in Beziehung auf das nicht erworbene, sondern ererbte
väterliche oder mütterliche Gut enterben können: es müsse
denn ein gerechter Grund vorhanden seyn, welchen der zu
beweisen hat, dem das Vermögen hinterlassen worden, und
zwar innerhalb eines Monats (e sa ditta oecasioni si
deppiat provari legittimamenti peri sa, a chi hast a haviri lassadu sos benis issoru, infra unu mesi dae sa
die, dessa morti dessu testadori) [581]. Aus dem argumentum a contrario scheint hervorzugehen, daß es sich mit
dem Erworbenen nicht so verhält. Auch ist kein Pflichttheil bestimmt, durch den die Freiheit des Testirens erhalten wird.

Ueber die Intestaterbfolge ist in der Carta de Logu
sehr wenig zu finden. Der Vorzug der Söhne vor den
Töchtern ist entschieden ausgesprochen [582]: eben so das
Erbrecht der Mutter [583]. Der Vater nicht allein, sondern auch die Mutter scheinen das Recht zu haben, dem
Sohne pupillariter zu substituiren, jedoch nicht in Beziehung auf das ganze Vermögen desselben, sondern nur auf
denjenigen Theil, den sie demselben hinterlassen haben [584].

Scrivanu dessu Logu, in presencia de setti, over de chimbi
testimongios pro su minus.

581) Carta de Logu c. 97.

582) Carta de Logu c. 98.

583) Carta de Logu c. 99.

584) Carta de Logu l. l.

Fassen wir, nachdem Italien in seinen Stadtrechten so wie in den Gesetzgebungen des südlichen Reiches und der Inseln dargestellt worden ist, dasselbe als ein Ganzes zusammen, so findet sich die Römische Grundlage und die Erinnerung des Alterthums, weder durch den Bau der katholischen Kirche verdrängt, noch durch die Ueberziehung des Feudalistischen Geistes zu einem durchaus Anderen geworden. Wie die Ruinen, welche das Alterthum zurückgelassen hat, den besonderen Schatz und den Hauptreichthum dieses Landes ausmachen, und dagegen gehalten, selbst die Denkmäler der neueren Bildung weichen müssen, so hat es die katholische Kirche niemals dahin bringen können, daß man in Italien stolzer auf ihre unmittelbare Nähe, als auf die Verwandtschaft mit dem Alterthum gewesen wäre. Die Kirche, wie die Feudalität, haben sich in Römische Formen und Sprache gekleidet, dagegen die Römische Bildung sich unversehrt neben der neuen aus ihr hervorgehenden erhalten hat. Italien, wiewohl die Kirche in ihm ihren Sitz hat, ist, trotz dem, kein in den Katholicismus versenktes und nur in demselben befriedigtes Land. Die Kirche hat hier viele Seiten des Lebens ihrer eigenen Waltung frei überlassen müssen, und nirgends hat Freigeisterei und ein der Kirche entgegengesetzter Sinn festeren Fuß gefaßt, als grade in Italien. Die Bannstrahlen, welche von von hier ausgingen, wurden mit zu gewaltiger Kraft geschleudert, als daß sie die Nachbarländer der Kirche hätten treffen können. Diese waren sicher neben der Gewaltigen, und spotteten vielleicht derselben in ihrer Sicherheit. Italien ist in diesem Sinne nicht das katholische Reich, das den Katholicismus in weltliches Blut und Fleisch verwandelt, und sich mit dem Namen des katholischen Königsthums schmückt; denn es ist zuvörderst kein einiges Reich überhaupt, sondern in vielfache Herrschaften und Städte

zertheilt, kann es keinen bedeutenden Staat bilden neben
der Kirche, dann aber ist der Katholicismus hier mehr ein
großer in dem ganzen Lande gesehener, und in seiner her-
vorragenden Gestalt anerkannter Dom, zu dem man sich
wendet, wenn man beten will, und den man nicht bemerkt,
wenn man andere Geschäfte treibt. Es ist nicht die katholische alles durchziehende Substanz, welche die übrigen Bestandtheile und Momente des Lebens auflöst, und dann
höchstens in sich aufnimmt, die in Italien die Grundlage
des Geistes ausmacht. Das Römische Element erhält sich
neben dem Katholischen und Feudalistischen. In dieser
Mengung und Neutralisirung liegt die Bedeutung der Italienischen Geschichte. Die Kirche hat nur die Kraft, von
hier aus zu herrschen, nicht Italien zu ihrem unmittelbaren
Reiche zu machen; die Weltlichkeit und Feudalität ver-
mummt sich in Römische Objectivität und Eleganz, die
Grundlage des Römischen Alterthums und der cläffischen
Bildung endlich, benutzt jeden Augenblick und jede Lücke,
um sich als den zwar überbauten, aber vom Bau nicht
ausgefüllten Boden, zu erweisen.

Eine aufmerksame Betrachtung des Familien- und
Erbrechts, wie es hier dargestellt worden, kann nur denselben Character erblicken lassen. Die Kirche hat ihre eheliche Festigkeit und Unauflöslichkeit als Dogma hingegeben:
weiter bekümmert sie sich um die Ehe nicht. Das Dotalrecht, die verbotenen Schenkungen, das Witthum in eine
donatio propter nuptias umgewandelt, zeigen, wie wenig
die katholische Ehe die Römische hat verdrängen können.
Die kleinen Maale und Flecken, die wir als Zeichen der
Germanischen Verwandtschaft niemals anzugeben unterlaf-
sen haben, sind zu unbedeutend, um dem Ganzen eine andere Färbung zu gewähren. Wie sich die katholische Ehe
in ihrer Unauflöslichkeit bei sonstiger Gleichgültigkeit gegen

den weiteren Inhalt zufrieden giebt, so ist auch ein starrer
feudalistischer Zug in das Erbrecht gekommen. Der Vorzug der Männer vor den Weibern, der Agnation vor der
Cognation, verändert die Richtung des sonst Römisch gebliebenen Erbrechts. Aber dieser Zug ist so wenig fähig,
wie die Festigkeit der Ehe, sich des Ganzen zu bemächtigen,
und sich in die übrigen Theile einzubilden. Was der
Schärfe dieses Princips entgehen kann, bleibt Römisch,
und in den größeren Italienischen Staaten kann dasselbe
in seiner vollendeten Schroffheit gar nicht hervortreten.

Wenn Italien das Land ist, von wo aus die katholische Kirche ihre Wirksamkeit hat, so ist Spanien der unmittelbar von der Kirche überzogene Boden, das katholische Reich, dessen Schmuck dieser Namen und Titel,
dessen Bedeutung die Interessen der Kirche im weltlichen
Leben darzustellen, dessen Aufgabe, der Kirche mit unwan-
delbarer Ergebenheit nahe zu bleiben, und sie zu beschützen.
Spanien ist das Land des katholischen Glaubens ohne weitere Reflexion; die ferneren katholischen Länder sind sämmtlich schon mit dieser Reflexion behaftet. Es ist kein bloßer Zufall und leerer Titel, wenn Portugal, das der Kirche
getreue Königreich, der König von Frankreich aber der Al-
lerchristlichste König heißt. Der unmittelbare Katholicismus, der in Spanien sich bewährt, ist in Portugal schon
zur Treue gegen ihn geworden; in Frankreich aber hat er
sich zu einer allgemeinen Christlichkeit herausgearbeitet.
Spanien hat sich vom Katholicismus durchziehen lassen: die
Römische Grundlage, wie die Feudalistische Freiheit sind
von ihm aufgelöst worden, und sind nur noch innerhalb
der Substanz, die er gebildet hat, zu erkennen: hier findet
sich die Kirche in ihrer unmittelbaren, durch keine anderen
Einflüsse getrübte Energie. Von ihr geht das Leben und die
Einheit aller Beziehungen aus, und diese kommen zu ihr als

zu dem Ausgangspunkt zurück. Wenn in Italien die katholische Kirche die Römische Grundlage nicht hat zerstören
können, sondern ihre Gegenwart überall hat gestatten müssen, so hat in Spanien der Katholicismus die aufgelöste
und flüssig gewordene in sich aufgenommen. Der Romanismus, ist hier nur noch eines der Prädicate des katholischen Reiches. Weder als Theil des Lebens, noch als
selbstständige Ruine vorhanden, hat er mehr die Natur des
Colorits angenommen, mit dem das Ganze übergossen
ist. Aber dieses Ganze ist von Anfang an ein Reich.
Die Einzelnheiten und Particularitäten sind nicht mehr
nebeneinanderstehende Größen, sondern Glieder eines Or-
ganismus, der sie alle zu seinem Leben zu verwenden
weiß.

II. Spanien.

In keinem anderen Europäischen Lande hat das ursprüngliche Gesetzbuch der Kindheit so sehr die beständige
Grundlage auch des folgenden Rechts ausgemacht, als in
Spanien. Wir haben schon in der Einleitung den unterscheidenden Character des Fuero juzgo gegen alle anderen
barbarischen Gesetzgebungen gehalten, angegeben, und in
ihm eine Bildung, eine Ganzheit und daraus nothwendig
hervorgehende Ansprüche gefunden, die nirgend anders auf-

treten, und die in jedem Theile des Rechts hervorzuheben sind [585]).

Was die Ehe in diesem Gesetzbuche betrifft, so ist der Begriff und das Wesen derselben theils aus dem Römischen Rechte, theils aus der bisherigen Gesetzgebung der Kirche vorausgesetzt, obgleich die Westgothischen Herrscher außerordentlich eifersüchtig auf die Originalität ihrer Gesetze zu seyn scheinen, und fremden Rechten jeden Eingang verwehren [586]). Allerdings sind es Gothische Rechtsgewohnheiten, welche in diesem Gesetzbuche vorwiegen, aber die Lehre von der Ehe enthält grade nur Spuren davon, durch die Dürftigkeit und Einzelheit der Bestimmungen. Ohnehin galt das Breviarium für einen großen Theil der Unterthanen der Westgothischen Könige, und seine Macht erstreckte sich wohl auch auf diejenigen, welche ihm nicht direct unterworfen waren. Wenn so Römer und Westgothen auch nach verschiedenen Rechten lebten, so kamen sie doch in der That näher zusammen als in Italien, wo sie sogar das Band eines Gesetzbuches umschließen sollte.

---

585) Wenn Montesquieu esprit de lois XXVIII. 1. ein hartes Urtheil über diese Gesetze fällt, so kommt es daher, weil er einen absoluten Maßstab an dieselben legt, und sie nicht mit den gleichzeitigen Gesetzen der übrigen barbarischen Völker zu vergleichen weiß. Aber selbst, daß man geneigt ist sie strenger zu beurtheilen, als die anderen Gesetze, zeigt von ihren Vorzügen. Daß der Styl in seinem falschen Pompe dem Inhalt nicht entspricht, ist wahr, aber selbst in den neuesten Spanischen Gesetzen ist jene falsche Declamation, und jenes Ausholen von Weitem noch sichtbar. Welches andere barbarische Gesetz hat aber wohl eine Uebersetzung in die Landessprache ertragen können, als die lex Visigothorum.

586) L. Visig. II. 1, 9. *Fuero juzgo en Latin y Castellano. Madrid 1815. II. 1, 8. Biener, Comm. de origine et Progressu Legum jurisque Germ. P. I. p. 104 et sq. Lips. 1787.*

Die Ehen zwischen Gothen und Römern, welche durch
eine ganz allgemeine Verordnung der Kaiser Valentinian
und Valens, die in das Breviarium gekommen war, unter-
laubt scheinen konnten [587], wurden vom König Rees-
wind gestattet, nachdem aber eine vorläufige Einholung
der Erlaubniß des Grafen angeordnet war [588]. Hierdurch
war schon eine Uebereinstimmung des Gothischen und Römischen Eherechts dargethan, weil diese Erlaubniß nur unter der Voraussetzung einer nicht großen Verschiedenheit erklärt werden kann. Doch sind Verordnungen in dieser
Lehre zu finden, welche ganz die Härte des barbarischen
Characters an sich tragen. Sponsalien werden für durchaus bindend erklärt, und es soll keinem frei stehen, davon
abzugehen, wenn auch keine schriftliche Verabredung statt
gefunden, wohl aber eine arrha gegeben worden [589]. Vom
Tage der Verlobung bis zur Ehe, dürfen in der Regel nur
zwei Jahre vergehen [590]. Es soll nicht erlaubt seyn, daß
ein jüngerer Mann eine ältere Frau heirathe, denn dies
sey gegen die Ordnung der Natur, und man könnte hinzusetzen, auch gegen die Etymologie, da das Wort vir daher den Namen habe, weil die Männer mit Gewalt die

---

587) L. un C. Theod. de nupt. Gent. Nulli provincialium
cujuscunque ordinis, aut loci fuerit, cum barbara sit uxore conjugium, nec ulli gentilium provincialis femina copuletur.

588) Fuero juzgo III. 1, 2. Lex Visig. III. 1, 1. „ut tam
gotus romanam quam etiam gotam romanus si conjugem habere voluerit, praemissa petitione dignissima, facultas ei nu-
bendi subjaceat, liberumque sit libero liberam, quam voluerit
honesta conjunctione consultum perquirendo prosapiae solem-
niter consensu comite percipere conjugem.

589) Fuero juzgo III. 1, 4. L. Vis. III. 1, 3.

590) Fuero juzgo III. 1, 5. L. Visig. III. 1, 4.

Frauen leisten sollen, was aber, wenn die Frauen älter sind, nicht möglich ist [591]). Was die Heirathsverbote betrifft, so ist das Verbot des Römischen Rechts für die Wittwe, im Trauerjahr zu heirathen, auch in den Westgothischen Codex gekommen, aber mit weit härterer Strafe begleitet worden. Denn während man die infamia vermißt, die bei so starken Naturen, wie die der barbarischen Völker nicht geeignet seyn konnte, großen Eindruck zu machen, soll die Wittwe, die zur zweiten Ehe schreitet, die Hälfte ihres eigenen Vermögens zu Gunsten ihrer Kinder erster Ehe, oder, wenn keine solche da sind, zu Gunsten der Erben des Mannes verlieren [592]), während sie doch im Römischen Rechte nur die lucra nuptialia einbüßte [593]). Der Grund der Bestimmungen, die Besorgniß vor etwaiger Schwangerschaft [594]) und die dadurch entstehende Unsicherheit der Vaterschaft wird ganz deutlich ausgesprochen, so wie die Strafe nicht blos auf die zweite Ehe, sondern auch auf den Ehebruch innerhalb des Trauerjahres geht [595]). Eine freie Frau, die sich mit ihrem Sklaven oder eigenen Freigelassenen fleischlich vermischt, oder denselben heirathen will, soll dessen überführt, getödtet werden. Die Heirath ist null und nichtig, und die Kinder aus einer früheren Ehe oder die Verwandten bis zum dritten Grad, oder in Ermangelung derselben, der König, erhalten die Verlassenschaft der Getödteten [596]). Minder hart wird es bestraft, wenn eine

---

591) Fuero juzgo III. 1, 5. L. Visig. III. 1, 4.

592) Fuero juzgo III. 2. I. Antiqua.

593) L. 1. C. Theod. de sec. nuptii.

594) Fuero juzgo l. l.

595) Fuero juzgo l. l.

596) Fuero juzgo III. 2, 2.

freie Frau sich mit einem fremden Sklaven verheirathet,
sie erhält alsdann hundert Peitschenhiebe, und zwar jedesmal, wo sie mit dem Sklaven betroffen wird. Nach der
dritten Uebertretung soll sie ihren Eltern zurückgeschickt
werden; aber sobald sie aus dem elterlichen Hause entlas-
sen ist, wird sie alsdann die Magd des Herrn jenes Sklaven [597]). Die Kinder folgen dem Stande des Vaters, das
heißt der deterior conditio, und die Frau wird von ihren
sonstigen Verwandten beerbt [598]). Haben die Kinder aus
einem solchen contubernium aber das dreißigste Jahr erreicht, und können sie darthun, daß sie während dieser Zeit
als ingenui behandelt worden, und daß auch ihre Eltern
nicht in der Sklaverei lebten, so soll diese Verjährung hinreichen, sie in der Ingenuität zu erhalten [599]). Dasselbe,
was hier von den freien Frauen gesagt worden ist, gilt
aber auch von den freien Männern, die sich mit königlichen
Mägden verbinden [600]). Noch milder sind die Gesetze,
und mit merklicher Abstufung in Beziehung auf die Freigelassene, welche einen fremden Sklaven heirathet. Drei-
mal muß der Herr des Sklaven der Frau vor dreien Zeugen in diesem Falle kund thun, daß sie die Verbindung
aufzugeben habe. Gehorcht sie der Aufforderung nicht, so
wird sie alsdann erst Sklavinn des Herrn [601]). Ist ihr
die Aufforderung gar nicht zugegangen, ehe sie Kinder hatte,
so

---

597) Fuero juzgo III. 2, 3.
598) Fuero juzgo l. l.
599) Fuero juzgo l. l.
600) Fuero juzgo l. l.
601) Fuero juzgo III. 2, 4.

so bleibt die Frau frei, die Kinder aber sind Sklaven[602]). Ein Gleiches gilt von den freigelassenen Männern, die mit fremden Mägden sich verbanden. In beiden Fällen aber ist die Ehe rechtsbeständig, wenn der Herr des Sklaven oder der Magd die Verbindung erlaubte [603]). Hat der Herr eines Sklaven betrügerischerweise denselben für einen ingenuus ausgegeben, und ihn so mit einer Freien verheirathet, so soll, wenn solches bewiesen ist, der für frei Ausgegebene wirklich frei seyn [604]). Ungemein streng sind die Gesetze über die Entführung. Wenn ein Freier eine Jungfrau oder eine Wittwe mit Gewalt entführt, so verliert er, wenn sie ihre Jungferschaft oder Keuschheit (integritatem virginitatis aut castitatis) [605]) noch nicht eingebüßt hat, die Hälfte seines Guts gegen die Entführte. Ist der Entführer aber zu seinen Zwecken gekommen, so soll er auf keine Weise sich mit der Entführten ehelich verbinden können, sondern ihr als Sklave übergeben werden [606]). Hat der Entführer indessen Kinder aus einer früheren rechtmäßigen Ehe, so wird er zwar nach wie vor Sklave, aber sein Vermögen fällt nicht an die Entführte, sondern an seine Kinder[607]). Wenn die Eltern der Entführten diese dem Räuber entreißen, so wird der Räuber den Eltern als Sklave dienen müssen[608]). Weder die Geraubte darf bei Todesbeßstrafe in die Heirath mit dem Gewaltthäter einwilli-

---

602) Fuero juzgo l. l.

603) Fuero juzgo l. l.

604) Fuero juzgo III. 2. 8. (Antiqua)

605) Fuero juzgo III. 3. 1. (Antiqua)

606) Fuero juzgo l. l.

607) Fuero juzgo l. l.

608) Fuero juzgo III. 3. 2.

Y

gen [609]); noch die Eltern, bei Gefahr, dem früheren Bräutigam der Entführten das Vierfache dessen geben zu müssen,
was er als dotalitium seiner Braut versprach [610]), noch
die Brüder, welche in diesem Falle die Hälfte ihres Vermögens zum Besten ihrer Schwester verlieren, und noch
außerdem 50 Peitschenhiebe vom Richter erhalten [611]).
Hat jemand die Braut eines anderen entführt, so verliert
er die Hälfte seines Vermögens an den Bräutigam, die
Hälfte an das Mädchen, oder wenn er nichts hat, so wird
er verkauft, damit Braut und Bräutigam sich in die Hälfte
des Kaufpreises theilen können [612]). Wer einen Entführer
tödtet wird nicht bestraft [613]); doch verjährt in dreißig Jahren jede Klage gegen den Räuber [614]). Was die Hindernisse wegen naher Verwandtschaft betrifft, so ist die Ehe
bis zum sechsten Grade Römischer Computation verboten,
und zwar erst durch König Chindaswind, denn es wird
ausdrücklich bemerkt, daß das Gesetz nicht rückwirkend seyn,
und alle innerhalb dieser Grade vorher geschlossenen Ehen
gültig bleiben sollen [615]). Verwirkung des Vermögens
steht zum Besten der Kinder oder Verwandten darauf, wenn
solche Ehen durch Gewalt oder Consens zu Stande kommen, eben so wie auf die Ehe, welche man mit einer Gott
geweihten Jungfrau, oder mit einer Wittwe, die die Witt-

---

609) Fuero juzgo I. 1.

610) Fuero juzgo III. 3. 3.

611) Fuero juzgo III. 3. 4.

612) Fuero juzgo III. 3. 5.

613) Fuero juzgo III. 3. 6.

614) Fuero juzgo III. 3. 7.

615) Fuero juzgo III. 5. 1. Dieses Verbot gilt auch für die
Juden, wie ausdrücklich bemerkt wird Fuero juzgo XII. 3. 8.

wenschaft gelobt hat, eingeht [616]). Der Vorzug der Ehelosigkeit vor der Ehe ist den Westgothen sehr genau bekannt,
denn es heißt in dem Gesetze von Receswind, daß nicht
Ehe genannt werden könne, was von einem besseren Vor-
satz zum schlechteren führt (quod a meliori proposito deducitur ad deterius, et sub falsi nominis copula, incestiva
pollutio et fornicationis immunditia perpetratur) [617]).

Als eine Hauptbedingung der Ehe, ohne welche dieselbe gar nicht gedacht werden zu können scheint, kommt
die Morgengabe (dos, arras) vor [618]). Ihre Größe wird
in den Gesetzen genau bestimmt, und hängt von dem Stande ab. Die edlen Gothen, die für sich oder für ihre
Söhne um eine Frau werben, sollen derselben nicht mehr
als den zehnten Theil ihres Vermögens, oder dessen, was
der Sohn nach dem Tode des Vaters zu erwarten hat,
verschreiben [619]). Außerdem darf sie zehn Sklaven und
zehn Mägde, so wie zwanzig Pferde erhalten [620]), und an
Schmuck, was den Werth von 1000 solidi (sueldos) nicht
übersteigt [621]). Hat die Frau in der Ehe keine Kinder, so
kann sie mit der Morgengabe machen was sie will: stirbt
sie ab intestato, so fällt die Schenkung an den Mann
oder an dessen Erben. Mehr als in diesem Gesetz von
Chindaswind festgesetzt ist, sollen die Eltern der Frau auf
keine Weise verlangen dürfen [622]). Aber wenn etwa die

---

616) Fuero juzgo III. 5. 2.

617) Fuero juzgo l. l.

618) Fuero juzgo III. 1. 6. L. Vis. III. 1. 5.

619) Fuero juzgo l. l.

620) Fuero juzgo l. l.

621) Fuero juzgo l. l.

622) Nec erit ultra licitum puellae parentibus, seu etiam

Frau, wie dies nach Römischem Recht gebräuchlich ist, eine dos dem Manne zugebracht hat, so darf die dagegen versprochene donatio propter nuptias größer seyn, denn diese richtet sich ja nach der Größe der dos.[623]). Diese Rücksichtsnahme auf das Römische Institut zeigt, wie sehr schon das Römische Recht unter den Gothen sich verbreitet hatte. Hat der Bräutigam mehr als den zehnten Theil seines Vermögens verschrieben, so kann er, oder seine Erben, dieses Mehr selbst daun vindiciren, wenn es durch einen Eid bekräftigt worden[624]). Nachdem die Ehe abgeschlossen ist, und ein Jahr gedauert hat, darf der Mann der Frau übrigens beliebige Geschenke machen[625]). Während des ersten Jahres der Ehe ist eine Schenkung unter Ehegatten, nur im Falle schwerer Krankheit und drohender Todesgefahr, erlaubt[626]). Die Morgengabe bewahrt der

---

puellae vel mulieri ab sponso vel ab sponsi parentibus plus quidquam petere, vel in suo nomine conscribendum optare, nisi quantum nunc legis hujus institutio continet. *Fuero juzgo l. l.*

623) So verstehe ich die Worte. Aut si forte juxta, quod ex legibus romanis recolimus fuisse decretum, tantum puella vel mulier de suis rebus sponso dare elegerit, quantum sibi ipsa dari poposcerit. *Fuero juzgo l. l.*

624) Fuero juzgo l. l.

625) Fuero juzgo l. l.

626) Fuero juzgo l. l. Nam non aliter infra anni circulum, maritus in uxorem seu mulier in maritum excepta dote ut praedictum est, aliam donationem conscribere poterint, nisi gravati infirmitate periculum sibi mortis imminere perspexerint. Von Gütergemeinschaft ist im Fuero juzgo nur eine schwache Spur V. 2. 3. Was der Mann der Frau schenkt, kann sie ihren Kindern hinterlassen, oder darüber testiren. Sonst fällt die Schenkung dem Manne zurück. V. 2. 4. 5. Im Fall des Ehebruchs verliert die Frau die Schenkung, die übrigens eine schriftliche seyn muß V. 2. 5. 7.

Vater oder die Mutter der Braut, und in Ermangelung dieser, die Brüder oder nächsten Verwandten [627]). Es kommt übrigens nicht darauf an, von welchem Theile des Vermögens die dos verschrieben wird (an de rebus propriis, an de principum dono conlatis, an quibuscunque justis profligationibus) [628]). Daß aber eine Morgengabe gegeben werden müsse, ist durchaus nothwendig, denn sonst ist keine Bürgschaft für die Würde der Ehe vorhanden (nam ubi dos nec data est, nec confirmata, quod testimonium esse poterit in conjugii dignitate futura?) [629]). Es ist, wie schon im Canonischen Recht bemerkt worden, die Rücksicht auf die Oeffentlichkeit, welche Dotalverhältnisse nothwendig machen (quando nec conjunctionem celebratam publica roborat dignitas, nec dotalium tabularum adcomitatur honestas) [630]).

Die Ehescheidung ist in den Westgothischen Gesetzen nur im Falle des Ehebruchs erlaubt. Die besondere und strenge Gesetzgebung über Ehebruch muß hier berührt werden, um das Folgende zu erklären. Der, welcher mit der Frau eines Anderen Ehebruch getrieben hat, kommt als Leibeigener in die Gewalt des Mannes, es mag nun der Ehebruch mit oder ohne Bewilligung der Frau geschehen seyn [631]). Hat

---

Was der Mann mit den Sklaven der Frau gewinnt, braucht er nicht wieder herauszugeben. Fuero juzgo IV. 2. 15. Die Vermehrung des gemeinschaftlichen Vermögens kommt Mann und Frau nach Maßgabe des Eingebrachten zu. IV. 2. 16.

627) Fuero juzgo III. 1. 7. L. Vis. III. 1. 6.

628) Fuero juzgo III. 1. 10. L. Vis. III. 1. 9.

629) Fuero juzgo III. 1. 1. In den legibus Visig. ist diese Stelle mit III. 1. 9. verbunden.

630) Fuero juzgo I. 1.

631) Fuero juzgo III. 4. 1. (Antiqua)

der Ehebrecher eheliche Kinder, so behalten diese das Ver=
mögen [632]), ist dies nicht der Fall, so bekommt der Mann
der Frau, mit der Ehebruch getrieben worden, auch das
Vermögen des Ehebrechers [633]). Der Begriff des Ehe=
bruchs wird sogar auf die durch sich selbst, oder durch ih=
re Verwandten, verlobte Braut ausgedehnt, die nach der
Verlobung Ehebruch beging, oder einen anderen als den
ihr bestimmten Mann heirathete [634]). Auch diese und der
Ehebrecher, oder ihr Mann, werden dem früheren Bräuti=
gam zum Eigenthum übergeben [635]). Der Mann und
der Vater, der letztere wie es scheint nur im eigenen Hau=
se [636]), konnten die Ehebrecherinn tödten [637]), doch hatten
sie auch das Recht ihrer zu schonen: auch Brüdern und
Vaterbrüdern ist eine willkührliche Gewalt über die Ehe=
brecherinn eingeräumt [638]). Sklaven ist es nicht gestattet,
die Ehebrecher, etwa um ihren Herrn zu rächen, zu tödten,
sondern sie sind angewiesen, dieselben den Gerichten zu über=
geben, damit hier über die gesetzliche Strafe entschieden
werde [639]). Wie der Ehebrecher in die Gewalt des Man=

---

632) Fuero juzgo l. l.

633) Fuero juzgo l. l. Si autem filios legitimos non habuerit quibus facultas sua deberi legitime possit cum omnibus
rebus suis in potestate mariti mulieris deveniat, ut in ejus potestate vindicta consistat.

634) Fuero Juzgo III. 4. 2. (Antiqua) „et postea puella vel
mulier adulterium commisisse detegitur, aut fortasse alteri viro se dispondisse, vel in conjugio sociasse probatur.

635) Fuero juzgo l. l.

636) Fuero Juzgo III. 4. 5.

637) Fuero juzgo III. 4. 5.

638) Fuero juzgo III. 4. 5.

639) Fuero juzgo III. 4. 6.

nes der ehebrecherischen Frau kommt, so kommt auch umgekehrt, die ehebrecherische Frau, in die Gewalt der Frau
des Ehemannes mit dem sie den Ehebruch beging [640]).
Will der Ehebrecher die Ehebrecherinn hinterher heirathen,
so ist dies gestattet, wenn die Eltern der ehebrecherischen
Frau ihre Erlaubniß dazu geben [641]), doch brauchen die
Eltern einer solchen keinen Antheil an der Erbschaft zu gewähren [642]). Um einen begangenen Ehebruch an den Tag
zu bringen, wird die Folterung der Sklaven verordnet [643]),
und eine etwaige Freilassung abseiten des Herrn, um diese
Folterung und die daraus herzunehmenden Beweise dadurch
unmöglich zu machen, ist ungültig [644]). Sollte der Mann
aus Schwäche, oder weil er glaubt, nicht hinlängliche Beweise zu haben, die Anklage einer Ehebrecherinn unterlassen,
so wird diese dem Richter und den Verwandten, die den
fünften Theil des Vermögens erhalten, zur Pflicht gemacht [645]). Unterbleibt auch hier die Anklage, so soll der
König, sobald er davon in Kenntniß gesetzt ist, einen Ankläger ernennen [646]). Es ist bemerkenswerth, daß die Bestimmung, der Mann solle das Vermögen seiner ehebrecherischen Frau erhalten, nur von dem Falle zu verstehen ist,
wenn er niemals wieder nachher mit ihr zusammen lebt.
Geschieht dies, so bekommen die Erben der Frau ihr Ver-

---

640) Fuero juzgo III. 4. 9.

641) Fuero juzgo III. 4. 7. 8. (Antiqua)

642) Fuero juzgo I. l.

643) Fuero juzgo III. 4. 10. (Antiqua)

644) Fuero juzgo III. 4. 11. (Antiqua)

645) Fuero juzgo III. 4. 13.

646) Fuero juzgo l. l.

mögen⁶⁴⁷). Die Bestimmungen des Westgothischen Gesetzbuches über Nothzucht, über das Adulterium der Sklaven, und über die Unkeuschheit der Priester, welche mit den
Strafen über Ehebruch in Verbindung gesetzt sind, gehören
eigentlich nicht hierher⁶⁴⁸).

Außer den eben erwähnten Strafen ist nun die Ehescheidung die nothwendige Folge des Ehebruchs; denn da
der die Ehe brechende Theil in die Gewalt des unschuldigen Theils kommt, so kann die Ehe nicht bestehen, wenn
der unschuldige Theil von seinen Rechten Gebrauch macht⁶⁴⁹).
Nur bei der Ehescheidung, im Fall eines Ehebruchs, ist
eine Wiederverheirathung erlaubt⁶⁵⁰). Früher scheint eine willkührliche Ehescheidung durch Uebereinkunft in den
Westgothischen Gebräuchen gestattet gewesen zu seyn (Mulierem ingenuam a viro suo repudiatam, nullus sibi in
conjugium adsociare praesumat nisi *aut scripturis, aut
coram testibus* divortium inter eos factum fuisse evidenter agnoscat)⁶⁵¹). Doch ist eine solche Scheidung
vom König Chindaswind ausdrücklich verboten worden,
und Ehebruch als der einzige Ehescheidungsgrund aufgestellt (ut neque per testem, neque per scripturam, seu
sub quocumque argumento facere divortium inter se
et suam conjugem audeat)⁶⁵²). Will der eine der Ehegatten mit Erlaubniß des Anderen sich Gott weihen, so
soll dies geschehen können, und die Ehe scheint dadurch ge-

647) Fuero juzgo III. 4. 12.
648) Fuero juzgo III. 4. 15.—18.
649) Fuero juzgo III. 6. 1.
650) Fuero juzgo III. 6. 2.
651) Fuero juzgo III. 6. 1.
652) Fuero juzgo III. 6. 2.

löst zu seyn, aber ohne daß eine Wiederverheirathung von beiden Seiten gestattet ist (Certe si conversionis ad Deum voluntas extiterit communem ad consensum viri scilicet et mulieris, sacerdos evidenter agnoscat, ut nulla postmodum cuilibet eorum ad conjugalem aliam copulam revertendi excusatio intercedat)[653]. Bei Brautleuten findet ganz dieselbige Bestimmung, wie bei Eheleuten, statt, so daß eine Ehe und eine Verlobung, die förmlich abgeschlossen ist, im Westgothischen Recht fast ein und dieselbige Bedeutung haben.[654].

Die väterliche Gewalt kann in dem Fuero juzgo nur an einigen der ihr zustehenden Rechte erkannt werden. Der Vater hat das Recht seine Tochter ganz willkührlich zu verheirathen[655]. Der Tochter wird durchaus kein Widerspruchsrecht in dieser Beziehung zugestanden[656]. Hat sich dieselbe gegen den Willen ihres Vaters mit einem Mann verbunden, so wird sie und dieser Mann dem vom Vater bestimmten Bräutigam übergeben[657]. Haben Mutter und Brüder die Widerspenstigkeit der Tochter unterstützt, oder sie etwa gar dem Manne, den sie wünscht, zugeführt, so sollen sie dafür dem Könige ein Pfund Goldes zahlen[658]. Diese väterliche Gewalt, in Beziehung

---

653) Fuero juzgo III. 6. 2.

654) Fuero juzgo III. 6. 3.

655) Fuero juzgo III. 1. 3. L. Visig. III. 1. 2.

656) Fuero juzgo l. l. et ipsa puella contemnens voluntatem patris, ad alium tendens, patri contradicat, ut illi non detur, cui a patre fuerit pacta; hoc ita eam nullo modo facere permittimus.

657) Fuero juzgo l. l.

658) Fuero juzgo III. 1. 3.

auf die Verheirathung der Tochter, dauert auch noch gleichsam nach dem Tode des Vaters fort. Hat der Vater
über die Heirath seiner Tochter bestimmt, und er stirbt vor
der Vollziehung derselben, so muß die Tochter sich diese
Anordnung gefallen lassen [659]). Der Vater hat, wie schon
bemerkt worden ist, das Recht, die Morgengabe der Tochter einzufordern und aufzubewahren [660]). Im Todesfalle
des Vaters kommt die Gewalt über Kinder beiderlei Geschlechts an die Mutter (Patre mortuo, utrinque sexus
filiorum conjunctio in *matris potestate* consistat) [661]).
Ist auch die Mutter todt, oder ist sie zu einer zweiten Ehe
geschritten, so steht den Brüdern die Bestimmung zu, mit
wem die Schwester oder der Bruder am würdigsten zu
verheirathen sey [662]). Haben die Brüder noch nicht das
dazu erforderliche reife Alter erreicht, so fällt das Recht der
Bestimmung dem Vaterbruder [663]) zu. Weder der Vaterbruder, noch der Bruder [664]) scheinen aber, wie der Vater, das Recht gehabt zu haben, eigenmächtig dem ebenbürtigen Bewerber zu willfahren, oder sich demselben zu
widersetzen; sondern sie waren genöthigt einen Familienrath
zu berufen (De puella vero, si ad petitionem ipsius, is,
qui natalibus ejus videtur aequalis, accesserit petitor,
tunc patruus, sive frater cum proximis parentibus con-

---

659) Fuero juzgo l. l.

660) Fuero juzgo III. 1. 7. (Antiqua)

661) Fuero juzgo III. 1. 8. (Antiqua). Es heißt auch umgekehrt Matre mortua, filii in patris potestate consistant, Fuero
juzgo IV. 2. 13.

662) Fuero juzgo l. l.

663) Fuero juzgo l. l.

664) Fuero juzgo l. l.

loquantur, si velint suscipere petitorem ut aut communi
voluntate jungantur, aut communi judicio denegetur).
Schieben die Brüder die Heirath der Schwester mit einem
würdigen Manne aus dem Grunde auf, um der Schwester
ihren Erbtheil nicht herauszuliefern zu müssen, so soll das Mädchen zu ihrem Verlobten zu entfliehen, und ihren Erbtheil
von ihren Brüdern zu fordern, das Recht haben [665]).
Weigern sich die Brüder aber deshalb, weil sie der Schwester
einen würdigeren Mann zugedacht haben, während diese sich
einen Mann geringeren Standes erwählt, so soll die Schwester, die darauf nicht achtete, ihren väterlichen Erbtheil [666])
verlieren. Es werden die Brüder als an die Stelle des
Vaters tretend betrachtet, und es wird verlangt, daß sie
für die Ehre ihrer Schwester Sorge tragen (cujus etiam
honorem debuerant exaltare) [667]). Gegen die Aussetzung
der Kinder abseiten ihrer Eltern, enthalten die Westgothischen Gesetze ebenfalls einige Bestimmungen. Das von
den Eltern ausgesetzte Kind muß aus dem Vermögen derselben zurückgekauft werden, entweder durch einen Sklaven
oder durch Geld [668]). Haben die Eltern dies zu thun
unterlassen, so tritt der Richter des Territorii ins Mittel,
und die Eltern werden alsdann mit dem Exil bestraft [669]).
Haben die Eltern keine Mittel um das Kind loszukaufen,
so muß der Aussetzende statt des Kindes als Sklave dienen [670]). Das Verbrechen der Kinderaussetzung scheint

---

665) Fuero juzgo III. 1. 9. L. Vis. III. 1, 8.

666) Fuero juzgo l. l.

667) Fuero juzgo III. 3. 4. (Antiqua)

668) Fuero juzgo IV. 4. 1.

669) Fuero juzgo l. l.

670) Fuero juzgo l. l. Die Eltern dürfen ihre Kinder überhaupt nicht verkaufen. Fuero juzgo V. 4. 12. (Antiqua)

übrigens bei den Westgothen nicht selten gewesen zu seyn. In Beziehung auf dasselbe wird den Richtern zugegeben, zugleich anklagen und urtheilen zu können (judicibus et accusare liceat et damnare)[671].

Das was der Sohn bei Lebzeiten des Vaters oder der Mutter erwirbt, sey es durch die Gunst des Königs, oder seiner Patrone, gehört dem Sohne allein zu, so daß jede Disposition darüber demselben zusteht[672]. Vater und Mutter haben keinen Antheil daran bei Lebzeiten des Sohnes. Von dem mütterlichen Vermögen der Kinder zieht der Vater die Früchte mit seinen Kindern. Nach der Verheirathung der Kinder behält er nur den Nießbrauch eines Drittels. Hat der Sohn sonst etwas durch anderweitige Unternehmungen erworben, und lebt er noch mit dem Vater in einem Haushalt, so erhält der Vater ein Drittel des Erwerbs, zwei Drittel aber behält der Sohn[673]. Eine Verordnung des Königs Chindaswind setzt auch fest, daß Eltern niemals sollen zurückfordern können, was sie ihren Kindern zur Zeit der Hochzeit, an Sklaven, Ländereien, Gebäuden, Kleidern oder sonstigem Schmuck gegeben haben[674], ohne daß hierdurch jedoch der Collation Eintrag geschieht[675]. Mit dem zwanzigsten Jahre scheint eine vollkommene Selbstständigkeit der Kinder in Beziehung auf das Vermögen eingetreten zu seyn[676].

Was die Lehre von der Verwandtschaft betrifft, so

---

671) Fuero juzgo L. 1.

672) Fuero juzgo IV. 5. 5.

673) Fuero juzgo IV. 2. 13. IV. 5. 5.

674) Fuero juzgo IV. 5. 3.

675) Fuero juzgo L. 1.

676) Fuero juzgo IV. 2. 13.

findet sich im Westgothischen Gesetzbuch, wie natürlich, die
Römische Computation vor [677]). Die Berechnung der
Grade geht nur bis zum siebenten, und es wird deutlich
gesagt, daß die für das Erbrecht wirksame Verwandtschaft
hier ein Ende habe (Successionis autem idcirco gradus
septem constituti sunt, quia ulterius per rerum natu-
ram, nec nomine inveniri, nec vita succedentibus pro-
pagari potest) [678]). Daß die Verwandten theils durch
Rath bei Heirathen, theils durch Verfolgung der ehebrecherischen Ehegatten eine Wirksamkeit gehabt, und sogar einen
Familienrath gebildet haben, ist schon oben gezeigt worden:
bis zu welchem Grade indessen dieses Recht der Verwandtschaft gegangen seyn mag, ist nirgends gesagt, doch scheint
auch wohl hier der siebente Grad als die Gränze angenommen werden zu müssen [679]). Was das Recht der
Vormundschaft betrifft, so soll nach dem Tode des Vaters
die Mutter die Tutel, vorausgesetzt, daß sie im Wittwen-
stande bleibt, übernehmen [680]). Sie hat die Verpflichtung
ein Inventarium über das Vermögen ihrer Kinder anzufertigen, damit dieselben ihr Erbe dereinst fordern können [681]). Schreitet die Mutter aber zur zweiten Ehe, und
hat einer der Söhne schon das zwanzigste Jahr erreicht, so
soll dieser die Vormundschaft über seine jüngeren Geschwi-

677) Fuero juzgo IV. 1.

678) Fuero juzgo IV. 1. 7.

679) Verwandte sollen auch kein Zeugniß gegen Andere ablegen. Hier werden folgende genannt: Fratres, Sorores, uterini, patrui, amitae, avunculi, materterae, sive eorum filii, nepos, ne-
ptis consobrini, amitius. Fuero juzgo II. 4. 12.

680) Fuero juzgo IV. 3. 3.

681) Fuero juzgo I. 1.

fter erhalten, er haftet denfelben mit feinem Erbtheil für
Alles, was durch Nachläffigkeit oder Abficht an dem ihrigen
fich verringert ⁶⁸²), erhält aber für den Unterhalt der Minderjährigen den zehnten Theil ⁶⁸³). Sind Brüder des er-
forderlichen Alters oder der nöthigen Fähigkeit (ejus aetatis vel meriti) nicht vorhanden, fo gelangt der Vaterbruder, oder deffen Sohn, unter denfelben Bedingungen zur
Tutel ⁶⁸⁴). In Ermangelung diefer erwählt der Richter
unter den übrigen Verwandten einen tutor ⁶⁸⁵). Auch die
anderen Tutoren müffen, wie die Mutter, vor Zeugen oder
Verwandten ein Inventarium (brevis) errichten, worin
der väterliche Nachlaß genau verzeichnet wird ⁶⁸⁶). Diefe
Schrift wird bei dem Bifchof oder Presbyter niedergelegt.
Alle Vormünder haften den Pupillen, welchen übrigens die
restitutio in integrum zufteht, für jeden Schaden ⁶⁸⁷).
Welche Verwandten vorzugsweife nach dem Sohne des
Vaterbruders zu Vormündern gewählt werden follen, fagt
das Weftgothifche Gefetz nicht. Hier fcheint eine reine
Willkühr des Richters eingetreten zu feyn. Eben fo kann
es zweifelhaft erfcheinen, bis zu welchem Jahre man nach
dem Weftgothifchen Gefetzbuch eine Pupille heißt. Einige
Handfchriften haben hier die Zahl 25, während die Madrider Ausgabe, wahrfcheinlich nach glaubwürdigeren Codices, die Zahl 15 hat ⁶⁸⁸). Diefe letzte Annahme dürfte

682) Fuero juzgo I. I.
683) Fuero juzgo l. l.
684) Fuero juzgo l. l.
685) Fuero juzgo l. l.
686) Fuero juzgo l. l.
687) Fuero juzgo l. l.
688) Fuero juzgo IV. 3. 1.

deshalb glaubwürdiger erscheinen, weil die Zahl 25 leicht in Beziehung auf das Römische Recht Aufnahme gefunden haben kann [689]). Aber dann möchte wieder aus einer anderen Stelle desselben Titels hervorgehen, als wenn im Grunde das 14te Jahr, in Uebereinstimmung mit dem Römischen Recht, das Jahr der Pubertät wäre (haec custodienda modis omnibus conditio ordinatur, ut sive in minori aetate, seu etiam, quamvis *quartum decimum aetatis annum* videantur pupilli transire) [690]).

Zum Bilde, welches uns das Fuero juzgo in Beziehung auf das Familienrecht gewähren soll, gehört auch noch eine kurze Betrachtung des Rechts der Sklaven und Freigelassenen. Wie im Römischen Recht ist ein beträchtlicher Unterschied zwischen gewöhnlichen Sklaven und servis publicis, hier Sklaven des Königs: diesen letzteren ist Glaubwürdigkeit wie den ingenuis zugestanden [691]), den ersteren nur, wenn von ingenuis nichts herauszubekommen wäre, und wenn ihnen kein Verbrechen zur Last zu legen ist [692]). Jeder Freie, der sich als Sklave erkaufen läßt, bleibt Sklave, er müßte denn hinterher Geld zu seiner Loskaufung herbeischaffen [693]). Wer von einem Sklaven et-

---

689) So rechnet z. B. v. Savigny diese Stelle zu denen, die aus dem Römischen Recht ins Westgothische Gesetzbuch gekommen seyen. Geschichte d. R. Rechts im Mittelalter II. S. 74.

690) Fuero juzgo III. 3. 4. Eben so soll ein Knabe oder ein Mädchen im 14ten Jahre Zeugniß ablegen können. Fuero juzgo II. 4. 11. Cf. II. 5. 10.

691) Fuero juzgo IV. 4.

692) Fuero juzgo II. 4. 9.

693) Fuero juzgo V. 4. 10. (Antiqua). Der Satz scheint

was, das dem Herrn gehört, kauft, verliert das pretium,
es müßte denn die gekaufte Sache zum peculium des
Sklaven gehört haben [694]), aber auch dann nur, wenn sie
von geringer Bedeutung ist: den Verkauf werthvoller Sachen durch Sklaven kann der Herr jederzeit anfechten [695]).
Hat ein Sklave, nachdem er verkauft worden, seinen früheren Herrn eines Verbrechens beschuldigt, so hat der Ver-
käufer das Recht, diesen Sklaven gegen Erstattung des
pretii zurückzunehmen [696]). Niemand soll übrigens genöthigt seyn, seinen Sklaven wegen vermeintlicher Strenge
zu verkaufen [697]). Keinem Herrn steht es frei, denselben
zu tödten, sondern, wenn sich dieser ein Verbrechen hat zu
Schulden kommen lassen, so muß er vor den Richter gestellt werden, und seine Strafe daselbst empfangen [698]).
Die Tödtung eines Sklaven gilt nur alsdann nicht für
homioidium, wenn der Sklave gegen den Herrn sich ver-
griffen hat, und so im gerechten Zorn getödtet worden
ist [699]). In jedem anderen Fall wird der tödtende Herr
infam, sein Vermögen geht an die nächsten Erben über,
und er muß ins Exil wandern [700]). Wer seinen Sklaven
oder seine Magd verstümmelt, soll, nach einem Gesetze des
                                                    Rö-

---

dem Römischen Recht ganz entlehnt zu seyn. S. v. Savigny
Geschichte d. R. R. im Mittelalter. II. 74.

694) Fuero juzgo V. 4. 13.
695) Fuero juzgo l. l.
696) Fuero juzgo V. 4, 14.
697) Fuero juzgo V. 4, 14.
698) Fuero juzgo VI. 5, 12.
699) Fuero juzgo l. l.
700) Fuero juzgo l. l.

Königs Recceswind, ebenfalls mit einem dreijährigen Exil bestraft werden, und sein Vermögen soll während dessen in die Obhut der Kinder, Verwandte oder des Richters kommen [701].

Freilassungen kommen sowohl durch Testament, als vor Zeugen vor, deren Zahl beliebig drei oder fünf zu seyn scheint [702]. Auch hier ist ein Freibrief nöthig. Eben so finden wir im Westgothischen Gesetzbuch die Freilassung in der Kirche vor dem presbyter oder diaconus [703]. Die Manumission kann nur im Fall großer Undankbarkeit [704] revocirt werden. Die Rechte der Freigelassenen kommen, schon des kleineren Wergeldes wegen, keineswegs denen der ingenui gleich: die Freigelassenen sind, in Beziehung auf ingenui, nur sehr beschränkterweise zu Zeugnissen berechtigt [705], wenn sie keine Kinder haben, fällt ihr Vermögen ganz oder zum Theil an den Patron, der aber wohl nicht immer der manumissor gewesen zu seyn scheint, sondern den sie sich wohl auch frei wählen konnten [706], es steht dem manumissor zu, bei der Freilassung Bedingungen in Beziehung auf das peculium der Sklaven hinzuzufügen [707]. Versucht es ein Freigelassener, oder einer seiner Descendenten,

---

701) Fuero juzgo VI. 5. 13.

702) Fuero juzgo V. 7. 1.

703) Fuero juzgo V. 7. 2. Der Sklave eines Juden, der zum Christenthum übergeht, wird dadurch frei. Fuero juzgo XII. 3. 17.

704) Fuero juzgo V. 7. 9. 10. ein zweimal verkaufter Sklave, der sich zweimal dem Käufer durch die Flucht entzieht und zum alten Herrn zurückkehrt, ist frei. Fuero juzgo IX. 1. 10.

705) Fuero juzgo V. 7. 12.

706) Quod si alium patronum sibi elegerit V. 7. 13.

707) Fuero juzgo V. 7. 13.

3

um eine Frau aus dem Geschlechte des manumissor zu
werben, so soll dieser sogleich in die Sklaverei zurückfallen[708]. Nur die zu geistlichen Würden gelangenden Freigelassenen scheinen von der Unehre, mit der der ganze Stand
noch behaftet war, befreit gewesen zu seyn[709]. Den
Freigelassenen des Königs, die gegen seine Feinde zu Felde
ziehen, werden Ingenuitätsrechte beigelegt, während die zu
Hause bleibenden in die Sklaverei zurückfallen[710].

Was das Erbrecht betrifft, so werden wir hier zunächst
die Intestaterbfolge, dann den Spielraum, welcher dem
Testament eingeräumt ist, und endlich die weiteren erbrechtlichen Bestimmungen abzuhandeln haben.

Die nächsten Intestaterben sind die Descendenten, ganz
ohne Unterschied des Geschlechts, mit Repräsentationsrecht[711], so daß nur der Nähere derselben Linie den Entfernteren ausschließt. Die Weiber haben überhaupt ganz
dieselben Rechte, wie die Männer, und alles richtet sich
beim Erbrecht nach dem einfachen Grundsatz der Nähe bei
der Cognation.

Fuero juzgo IV. 2. 2. de successionibus.

In haereditate illius, qui moritur, si intestatus discesserit filii primi sunt: si filii desunt nepotibus debetur haereditas: si nec nepotes fuerint, pronepotes ad
haereditatem vocantur: si vero qui moritur nec filios,
nec nepotes, seu patrem, vel matrem relinquit, tunc
avus aut avia haereditatem sibimet vindicabit.

---

708) Fuero juzgo V. 7, 17.
709) Fuero juzgo V. 7, 18.
710) Fuero juzgo V. 7, 19.
711) Fuero juzgo IV. 5, 4.

Fuero juzgo IV. 2. 9.

Foemina ad haereditatem patris aut matris, avorum vel aviarum, tam paternorum, quam maternorum, et ad haereditatem fratrum vel sororum, sive ad has haereditates, quae a patruo vel a filio patrui, fratris enim filio, vel sororis relinquuntur, aequaliter cum fratribus veniat. *Nam justum omnino est ut quos propinquitas naturae consociat, haereditariae successionis ordo non dividat.*

In Ermangelung von Descendenten fällt die Erbschaft dem Vater und der Mutter zu, dann den weiteren Ascendenten nach der Nähe des Grades [712]), dann den Collateralen, und zwar zuerst den Brüdern und Schwestern [713]). In Ermangelung der Geschwister kommen die Kinder derselben und zwar nicht in stirpes, sondern in capita zur Erbfolge [714]). Fehlen auch diese, so erben die Verwandten nach der Nähe des Grades [715]), zuerst die Geschwister des Vaters und der Mutter auf gleiche Weise [716]). Endlich beerben sich Mann und Frau gegenseitig, wenn kein Verwandter bis zum siebenten Grad vorhanden ist (Maritus et uxor tunc sibi haereditario jure succedant, quando nulla adfinitas [717]) usque ad septimum

---

712) Fuero juzgo IV. 2. 2. 6.

713) Fuero juzgo IV. 2. 3. 5. Auch consanguinei oder uterini erben das, was von dem gemeinschaftlichen Vater oder der gemeinschaftlichen Mutter kommt.

714) Fuero juzgo IV. 2. 8.

715) Fuero juzgo IV. 2. 4.

716) Fuero juzgo IV. 2. 7.

717) Statt cognatio.

3 2

gradum de propinquis eorum, vel parentibus inveniri
potuerit) [718]).

Wenn aber auch alle Verwandte bis zum siebenten
Grade, und in Ermangelung derselben, Mann und Frau
zur Intestatsuccession gerufen werden, so haben nur Descendenten ein Recht zu verlangen, daß, wenn sie vorhanden
sind, nicht ganz willkührlich über die Erbschaft verfügt
werde: sie sind mit anderen Worten die einzigen Notherben
des Westgothischen Rechts.

Fuero juzgo IV. 2. 20. Flavius Cinthasvintus Rex.

Omnis vir ingenuus atque femina, sive nobilis,
seu inferior, qui filios vel nepotes aut pronepotes non
reliquerit, faciendi de rebus suis, quidquid voluerit in-
dubitanter licentiam habeat, nec ab aliis quibuslibet
proximis ex superiori, vel ex transverso venientibus,
poterit ordinatio ejus in quocumque convelli. *Quia
recta linea decurrens non habet originem quae cum
successione naturae haereditatem possit accipere.* Ex
intestato autem juxta legum ordinem sibi debitam haereditate poterunt jure successionem.

Im älteren Westgothischen Recht hatten Ascendenten
eine vollkommene freie testamentifactio, selbst wenn Descendenten da waren (ideo abrogata legis illius sententia,
qua pater vel mater, aut avus sive avia in extraneam
personam facultatem suam conferre, si voluissent, potestatem haberent) [719]). König Chindaswind hebt aber

---

718) Fuero juzgo IV. 2. 11. Die Frau, die nicht wieder heirathet, bekommt den Nießbrauch eines Kindestheils, hat aber gar
keine Dispositionsrechte. Sobald sie zur weiteren Ehe schreitet, verliert sie den Nießbrauch. Fuero juzgo IV. 2. 14.

719) Fuero juzgo IV. 5. 1.

dieselbe auf und beschränkt den bis dahin unumschränkten
Willen (indiscreta voluntas) der Ascendenten auf folgende
Fälle. Wollen Eltern oder sonstige Ascendenten einige ihrer Descendenten vorzugsweise bedenken, so können sie dieses nur innerhalb des dritten Theils ihres Vermögens
(Igitur pater vel mater, avus vel avia, quibus quem-
piam filiorum vel nepotum *meliorandi* voluntas est,
hanc servent omnino mensuram, ut super tertiam partem rerum suarum, meliorandis filiis aut filiabus vel
nepotibus atque neptibus ex omnibus rebus suis nihil
amplius impendant) [720]. In Beziehung auf diese Prä-
legate können Ascendenten ihren Descendenten jegliche Bedingung auferlegen [721]. Außer diesem dritten Theil sind
die Ascendenten noch berechtigt, einen anderen fünften Theil
ihres Vermögens an Kirchen oder andere Personen zu
vermachen (Sane si filios sive nepotes habentes ecclesiis vel libertis, aut quibus elegerint de facultate sua
largiendi voluntatem habuerint extra illam tertiam portionem quae superius dicta est quinta iterum pars se-
parabitur) [722]. Ausgenommen von dem übrigen Vermögen wird ferner Alles dasjenige betrachtet, was der
Erblasser vom Fürsten erhielt, denn darüber kann er ohne
weitere Rücksichtsnahme verfügen (Nam quod quisque
ille per auctoritatem percipere meruerit Principum, nullo
modo in adnumeratione hujus tertiae vel quintae partis quolibet titulo admiscetur, sed juxta legem aliam,
qui hoc a Rege perceperint, habebunt licitum, quale
voluerint de conlatis sibi rebus a Principe ferre judi-

---

720) Fuero juzgo l. l.

721) Fuero juzgo l. l.

722) Fuero juzgo l. l.

eium) [723]). Fremde Personen über dieses Fünftel hinaus
zu bedenken, ist, wenn Descendenten da sind, durchaus nur
erlaubt, wenn die letzteren sich ein schweres Vergehen haben zu Schulden kommen lassen. Es wird sehr naiv im Westgothischen Gesetzbuch bemerkt, daß der Vater zwar seine Kinder züchtigen und schlagen könne, so lange sie in seiner Gewalt sind, aber nicht enterben (Exhaeredare autem filios
aut nepotes, licet pro levi culpa inlicitum jam dictis
parentibus erit. Flagellandi tamen et corripiendi eos,
quamdiu sunt in familia constituti tam avo quam aviae
seu patri quam matri potestas manebit) [724]). Haben
sich die Kinder gegen ihre Eltern thätlich vergangen, oder
dieselben eines Verbrechens angeklagt, so ist dann einzig
und allein die vom Richter als Strafe auszusprechende
Exheredation begründet [725]). Diese ist jedoch nicht nothwendig: haben die Kinder um Verzeihung gebeten und die
Eltern dieselbe bewilligt, so können sie zur Erbfolge gelangen [726]). Eine Frau hat nur das Recht über ein Viertel
ihrer Morgengabe zum Besten von Fremden zu disponiren: drei Viertel muß sie ihren Kindern hinterlassen [727]).
Hat sie Kinder aus mehreren Ehen, so erhalten nur die
Kinder die dos, deren Vater sie bestellt hat: die Kinder
aus einer anderen Ehe haben keinen Anspruch darauf[728]),

---

723) Fuero juzgo l. l.

724) Fuero juzgo l. l. In der Spanischen Version ist die
Zusammenstellung noch besser. El padre non puede desheredar
los fijos ni los nietas por lieve culpa, mas puedelos ferir e
castigar mientre, que son en su poder.

725) Fuero juzgo l. l.

726) Fuero juzgo l. l.

727) Fuero juzgo IV. 5. 2.

728) Fuero juzgo l. l.

eine Collation der Descendenten scheint nach Westgothischem Rechte statt gefunden zu haben [729]).

Vier Arten der Testamente werden im Fuero juzgo genannt, das Testament mit Unterschrift des Testators und der Zeugen (voluntas auctoris et testium manu subscripta), das Testament mit Unterschrift und Siegel des Testators und der Zeugen (sive utrarumque partium signis aut subscriptionibus extiterit roborata), das Testament, wo anstatt des Testators ein Zeuge mehr unterschreibt oder untersiegelt (seu etiam, etsi auctor subscribere vel signum facere non praevaleat alium tamen eum legitimis testibus subscriptorem vel signatorem ordinationis suae instituat), endlich das blos mündliche Testament sive quoque, si tantummodo verbis coram probatione ordinatio ejus qui moritur patuerit promulgata) [730]). Allen diesen vier Arten wird ein gleicher Werth beigelegt [731]). Das vom Testator und den Zeugen unterschriebene und untersiegelte Testament, muß innerhalb sechs Monate nach der Anfertigung bei dem competenten Pfarrer niedergelegt werden [732]). Ist statt des Namenzuges vom Testator ein bloßes Zeichen gemacht worden, so muß einer der Zeugen beschwören, daß dieses Zeichen vom Testator gemacht worden sey [733]). Das Testament, welches der Testator nicht unterschrieben hat, bekommt nachträglich dadurch seine Gültigkeit, daß innerhalb sechs Monate alle Zeugen schwören, daß bei Anfertigung des Testaments kein Betrug statt gefunden hat,

---

729) Fuero juzgo IV. 5. 3.
730) Fuero juzgo II. 5. 11.
731) Fuero juzgo l. l.
732) Fuero juzgo l. l.
733) Fuero juzgo l. l.

und daß sie vom Testator zum Zeugniß aufgefordert worden [734]). Was die vierte Weise des Testaments, das
mündliche anbetrifft, so müssen die Zeugen ebenfalls innerhalb sechs Monate, diesmal aber mit noch anderen Eides-
helfern die Wahrheit dessen, was sie gehört haben, beschwören (sua coram judice juratione confirment ejusdemque juramenti conditionem tam sua, quam testium manu corroborent) [735]). Diese Zeugen sollen für ihre Mühe den dreißigsten Theil des baaren Geldes des Erblassers
erhalten [736]), aber auch für Falsarien gelten, und als solche bestraft werden, wenn sie es verabsäumen, binnen sechs
Monate den Erben vom Testament in Kenntniß zu setzen [737]).
Es könnte das Testament dessen, der auf Reisen stirbt, als
fünfte Art betrachtet werden. Dieser kann seinen letzten
Willen allein niederschreiben, oder ihn seinen Sklaven in-
sinuiren: der Bischof oder Richter untersucht seine Gültigkeit, und der König bekräftigt alsdann dieselbe [738]). Die
Handschrift des Testators, so wie die der vor den bestimmten sechs Monaten gestorbenen Zeugen soll mit anderen
Handschriften verglichen, und deren Richtigkeit oder Un-
richtigkeit daraus geschlossen werden [739]). Aber alle diese

---

734) Fuero juzgo l. l.

735) Fuero juzgo l. l.

736) Fuero juzgo l. l. Die Spanische Version spricht vom
zwanzigsten Theil.

737) Fuero juzgo l. l. Als Falsarius wird ferner der betrachtet, welcher das Testament eines Lebenden öffnet, oder etwas darin
ändert. Der letztere verliert das ihm etwa im Testament ausgesetzte.
Fuero juzgo VII. 5. 4. 5.

738) Fuero juzgo II. 5. 12.

739) Fuero juzgo II. 5. 13.

Testamentsförmlichkeiten scheinen nicht durchaus nothwendig gewesen zu seyn. Konnte jemand keine Zeugen finden, und schreibt er sein Testament allein nieder, so soll noch innerhalb dreißig Jahre, wenn die Echtheit der Urkunde durch Zeugen, die unterschreiben müssen, ausgemittelt ist, dieses Testament Gültigkeit haben [740]). Das Testament wird übrigens demjenigen der Erben zunächst übergeben, der am Meisten von der Erbschaft zu erhalten hat (illi qui majorem partem de eodem testamento est consequuturus reddatur heredi) [741]). Hat der, bei welchem das Testament deponirt war, es einem anderen, etwa dem Gegner der Erben, überliefert, so muß er das Doppelte des Schadens als Strafe bezahlen (duplam compositionem restituat illi, cui fraudem inferre voluerat [742]). Das Alter, in welchem man ein gültiges Testament machen kann, ist das vierzehnte Jahr. Vorher ist die testamenti factio nur in dem Falle einer schweren und lebensgefährlichen Krankheit (gravis langor) gestattet [743]), und zwar immer nur vom zehnten Jahr ab [744]). Vor dem zehnten Jahre kann man eben so wenig, als etwa im Wahnsinn testiren [745]). Wird der vor dem vierzehnten Jahre Testirende von seiner Krankheit wieder hergestellt, so ist das Testament ungültig, weil es nur in Beziehung auf diese Krankheit gestattet war; es müßte denn der Testator einen Rückfall bekommen und das Testament wieder bestätigen,

---

740) Fuero juzgo II. 5. 15.
741) Fuero juzgo V. 5. 10.
742) Fuero juzgo l. l.
743) Fuero juzgo II. 5. 10. L. Vis. II, V, 11,
744) Fuero juzgo l. l.
745) Fuero juzgo l. l.

oder diese Bestätigung müßte nach vollendetem vierzehnten Jahre erfolgen (Quod si ab aegritudine convalescere potuerint, quidquid eos ordinasse constiterit invalidum erit, donec aut rursus aegrotantes iterum quae ordinaverant, nova ordinatione reforment, aut venientes, usque ad plenum quartum decimum annum in omnibus judicandi de rebus suis liberam habeant absolutamque licentiam) [746]).

Was die sonstigen erbrechtlichen Bestimmungen, abgesehen von den allgemeinen Principien der Intestaterbfolge und des Testaments, betrifft, so sind diese im Westgothischen Gesetze äußerst dürftig. Der allgemein bekannte Satz, daß die Erben die Schulden des Erblassers zu bezahlen haben, wird auch hier ausdrücklich anerkannt [747]). Posthumi werden den schon bei Lebzeiten des Erblassers geborenen Kindern gleich gestellt [748]). Hat jedoch der Testator sein Vermögen extraneis zugewandt, so haben die Posthumi nur das Recht, drei Viertel des Vermögens in Anspruch zu nehmen; es bleibt dem Erblasser also ein Viertel zur beliebigen Disposition, während nur ein Fünftel bei schon geborenen Kindern für Legate freigelassen ist [749]). Haben Mann und Frau, ehe sie Kinder hatten, sich ihr Vermögen gegenseitig vermacht, und erhalten sie später Kinder, so ist das Testament rumpirt, nur der fünfte Theil bleibt für den überlebenden Ehegatten [750]). Haben sich aber die Ehegatten vor der Heirath etwas vermacht,

---

746) Fuero juzgo l. l.
747) Fuero juzgo V. 1. 2. V. 6. 6.
748) Fuero juzgo IV. 3. 19.
749) Fuero juzgo l. l.
750) Fuero juzgo l. l.

so können Kinder, die aus der nachfolgenden Ehe entstehen,
auf keine Weise die Disposition ungültig machen[751]).
Ein Kind, das erben und die Erbschaft auf andere transmittiren soll, muß getauft worden seyn, und wenigstens
zehn Tage gelebt haben, denn wie könnte jemand Ansprüche auf das irdische Gut des Kindes machen wollen, ehe
er sicher ist, ob dieses das himmlische Gut erlangt hat.
Diese Argumentation giebt übrigens ein gutes Bild von
dem Bombast der Sprache, worin das Westgothische Gesetzbuch abgefaßt ist. Non aliter, sagt König Receswind,
in utroque sexu haereditatem capiat qui nascetur, nisi
post nativitatis ortum et sacri baptismatis gratiam con-
sequatur, et decem dierum spatiis vixisse probetur, ut
successoris patris vel matris persona, quae per hunc
parvulum terrenae capit haereditatis adquirere commo-
da, ante morituro, aeternae mansionis praeparet vitam,
et ita demum adsequitur vivens cum rebus labentibus
terram. *Sicque salutari commercio dum haereditat ille coelum, haereditet iste solum, dum illi providentur
adire coelestia, isti permittantur adire terrena, dum-
que adsequitur ille vitalia, conquirat iste caduca ut
etsi defunctus terrenum jus non potuit possidere terrenus
saltim ille* coelestem lucrum valeat obtinere[752]). Dieser Tauschhandel zwischen irdischem und himmlischem Gut,
giebt schon einen Vorgeschmack der Bilderfülle, deren sich
die spätere Spanische Poesie und das Spanische Recht bedient. Die Mutter oder der Vater eines Kindes, das zehn

---

751) Fuero juzgo l. l.

752) Fuero juzgo IV. 2. 17.

Tage gelebt hat, kommen auf diese Weise zur Erbschaft des Kindes vom Vater oder der Mutter[753]).

Wenn wir nach dieser Darstellung des Familien- und Erbrechts der Westgothen, beides noch einmal zusammenfassen, so ergiebt sich uns folgendes Resultat. Die Ehe ist in ihrem Grundprincip von der Gestalt, wie sie im Römischen und Canonischen Recht erscheint, nicht verschieden. Der Gedanke, daß sie ein Sacrament und deswegen unauflöslich sey, ist zwar noch nicht vorhanden, aber auch in der Kirche ist man noch weit davon entfernt, ihn als einen unumstößlichen zu betrachten. Daß der Ehebruch der einzige Grund der Scheidung sey, ist deutlich genug ausgesprochen. Eben so ist die höhere Gunst, in welcher die Ehelosigkeit, die Ungunst, in welcher die zweite Ehe steht, nicht verhehlt. Auf die Vermögensverhältnisse der Ehegatten hat, wie im Römischen und Canonischen Recht, die Ehe gar keinen Einfluß. Die Ehegatten behalten nach wie vor getrenntes Gut, und ihr Vermögen wird wie nach der spätesten Römischen Gesetzgebung erst dann auf die überlebenden Ehegatten vererbt, wenn keine entferteiten Cognaten vorhanden sind. Wenn die Ehegatten sich auch späterhin unter einander Geschenke machen dürfen, so ist dies doch grade im ersten Jahre der Ehe nur im Falle drohender Todesgefahr erlaubt, sicherlich aus denselben Gründen, aus welchen die Schenkung unter Ehegatten im Römischen Recht überhaupt verboten ist. Man fürchtet im ersten Jahr der Ehe grade die überwiegendere Macht der Liebe, und ihren Einfluß auf das Geschenk, während von der Gewohnheit der späteren Jahre keine solche Gefahr zu besorgen ist. Die Römische Furcht, ne mutuo amore invicem spoliarentur ist hier also nur in anderen Bestimmun-

---

753) Fuero juzgo IV. 3. 18.

gen wiederholt. Um die Schenkungen zwischen Mann und
Frau ferner zu erschweren, ist die Schriftlichkeit derselben
angeordnet [754]).

Aber es ist nicht zu verkennen, daß, wenn auch der
Kern der Ehe Römisch und Canonisch bleibt, und die Einbildung des Christlichen Begriffes nicht wie in den übrigen
Germanischen Rechten sich vorfindet; Germanische Gedanken dennoch sichtbar sind. Dahin gehört vor Allem die
dos und die Morgengabe, ohne welche eine Ehe kaum
gedacht werden zu können scheint. Daß diese Morgengabe den zehnten Theil des Vermögens nicht übersteigen
darf, daß sogar der Werth des Schmuckes, die Zahl der
Mägde und Sklaven vorgeschrieben ist, hat das Westgothische Gesetz mit anderen barbarischen gemein. Daß
auch der Römischen dos und der sich darauf bezie-
henden donatio propter nuptias im Westgothischen Gesetzbuche Erwähnung geschieht, ist schon oben bemerkt
worden.

Dann ist aber dem Germanischen Rechte im Westgothischen Gesetze jene barbarische Härte zu vindiciren, von
der die Strafen über die Entführung, über die fleischliche
Vermischung Freier und Sklaven, endlich über den Ehebruch Zeugniß geben, obgleich bei dem letzteren das Römische Recht allerdings auch die Grundlage macht. Das
Verbot der Ehe im Trauerjahr, obgleich Römisch, enthält
in der härteren Strafe einen Zusatz Germanischer Schär-

---

754) Die Spur von Gütergemeinschaft, worauf Spanische Juristen aufmerksam gemacht haben, und welcher das Gesetz von Receswind Dum cujuscunque Fuero juzgo IV. 2. 16. zu Grunde
liegen soll, ist in Wahrheit nicht vorhanden.

fung. Dann sind aber jene kleinlichen Gebote und Verbote, die eine gebildete Gesetzgebung verschmäht, ebenfalls
als aus der Germanischen Quelle herrührend zu bezeichnen.
Daß eine ältere Frau keinen jüngeren Mann heirathen darf,
daß zwischen der Verlobung und der Heirath nur zwei
Jahre vergehen sollen, kann sicherlich nicht für unvernünf-
tig gehalten werden; nur muß sich die Gesetzgebung solcher
Bestimmungen nicht bemächtigen, und sie zu den ihrigen
machen. Eben so ist die Rücksicht auf den Stand bei der
Heirath, obgleich das Römische Recht ihrer nicht ganz entbehrt, wesentlich Germanisch.

Die väterliche Gewalt hat im Grunde den Character
des spätesten Römischen Rechts, das heißt, den einer aufgelösten Härte und eines zur Natürlichkeit zurückkehrenden
Gegensatzes. Von absoluter Gewalt zeigt nur die Machtvollkommenheit, welche der Vater bei der Verheirathung
seiner Tochter hat, eine Macht, die sich noch über seinen
Tod hinaus erstreckt, indem er seine Tochter gleichsam testamentarisch verheirathen kann. Er bewahrt der Tochter
die Morgengabe auf, und behält so während der Ehe, wenn
auch keine Gewalt über sein Kind, wenigstens doch ein
Schutzverhältniß. Daß er den in seinem Hause begangenen Ehebruch bestrafen kann, ist grade dem Westgothischen
Gesetzbuch nicht eigenthümlich. Was die Vermögensverhältnisse der väterlichen Gewalt betrifft, so ist hier die spätere
Römische Lehre der peculia adventitia vollkommen durchgedrungen. Einerseits behält das Kind fast jeden Erwerb
mit geringen Ausnahmen für sich, andererseits ist dem Vater ein Ususfructus eingeräumt. Da wo er einen Theil
des Erwerbs selbst erhält, ist die gemeinschaftliche Wirthschaft als Grund angegeben. Germanisch ist aber wiederum auch in dieser Lehre, daß nicht blos dem Vater die
Gewalt zusteht, sondern daß vielmehr statt der väterlichen

Gewalt ein weiteres elterliches Verhältniß eintritt, dem sich
das Verwandtschaftliche alsdann anschließt. In Ermangelung des Vaters und in gewisser Beziehung auf gleichzeitig mit ihm, hat die Mutter dieselben Rechte über das
Kind: ihr liegt die Verheirathung der Kinder ob, und sie
scheint hier ganz eben so selbstständig wie der Vater gewesen zu seyn. Mutter und Vater werden immer zusammen
in einem Athem und in einer Bedeutung genannt. In
Beziehung auf die Fürsorge schließt sich an das elterliche
Verhältniß das verwandtschaftliche an. Der Bruder und
Vaterbruder werden hier vornehmlich als Stellvertreter
der Eltern bezeichnet; doch steht ihnen nicht dieselbe Macht
zu, und sie scheinen an einen Familienrath der nächsten
Verwandten gebunden gewesen zu seyn. Daß jemand vorhanden seyn müsse, von dem ein Mädchen zur Ehe gefordert werden könne, daß sich ein Mädchen nicht allein verheirathen dürfe, ist schon dem Griechischen Rechte bekannt.
Wesentlich aber hängt dieser Satz mit dem Begriff des
Christlichen Eherechts zusammen; er kommt daher schon an
vielen Stellen des Canonischen Rechts vor, aber seine eigentliche Ausbildung ist in den Nordischen Rechten zu suchen, in welchen überhaupt der Christliche Ehebegriff tiefere
Wurzeln geschlagen hat. Daß der Vater die Kinder nicht
aussetzen und verkaufen dürfe, ist dem späteren Römischen
Rechte entnommen; dagegen ist das zwanzigste Jahr als
der Zeitpunkt, in welchem wahrscheinlich die väterliche Gewalt aufgehört hat, Germanisch, und es wird dadurch der
Mangel jeder Bestimmung über die Emancipation im Westgothischen Gesetze erklärt. Auch die Verheirathung und
eigene Wirthschaft können als das Ende der väterlichen
Gewalt angesehen werden.

Die Vormundschaft bietet eine Mischung des Germanischen Mundii und der Römischen Tutel dar. Die Mut-

ter muß, nach der Stellung die sie überhaupt im Familienrecht einnimmt, auch zunächst zur Vormundschaft berufen
seyn; dann folgen der Bruder und Vaterbruder, endlich
wählt der Richter einen dativus, aber nicht beliebig, sondern aus dem Kreise der Verwandten. Das Inventarium,
das der Tutor errichten muß, die Verantwortlichkeit für
allen Schaden, den er dem Pupillen verursacht, endlich die
Jahre der Testamentsmündigkeit weisen auf das Römische
Recht hin, während der zehnte Theil des Vermögens, welches dem Vormund zukommt, eine durchaus barbarische
Vorstellung ist.

Auch das Sklavenverhältniß erinnert durchaus an
das Römische Recht. Der Unterschied zwischen öffentlichen
Sklaven und anderen, der Widerruf der Freilassung wegen
Undankbarkeit, endlich das Verbot der Tödtung eines Sklaven und die Strafen, die darauf gesetzt sind, gehören hierher. Doch ist die Beschaffenheit dieser Strafen selbst, so
wie die große Leichtigkeit und Härte, mit welcher ein Frei-
geborner aus Strafe unfrei werden kann, barbarisch. Es
scheint indessen, als wenn die ingenui, die aus Strafe anderen zugesprochen wurden, die Rechte der Ingenuität nicht
verloren, und daß mehr ein factischer Zustand der Unfreiheit, als ein rechtlicher für sie eintrat.

Endlich ist das Erbrecht so aus Römischen Rechts-
sätzen und Germanischen Einflüssen zusammengewebt, daß
dies einer besonderen Auseinandersetzung bedarf. Diese
Lehre ist eigentlich die gebildetste und am besten gedachte
im Westgothischen Gesetzbuch, und bei aller äußeren Dürftigkeit der Bestimmungen, können sich die Principien mit
der vollendetsten in dieser Beziehung messen. Die Westgothen
kennen allerdings, wie die Römer, die testamentarische Erbfolge und das Intestaterbrecht; aber sie stellen beide nicht
einander kämpfend gegenüber, um sie durch die Brücke des
                                                      Noth-

Notherbenrechts zu verbinden. Sind Kinder vorhanden,
so darf der Erblaffer, wenn diese sich nicht nicht bestimmte
Verbrechen gegen ihre Eltern haben zu Schulden kommen
laffen, nur über ein Drittheil des Vermögens, um einige
Kinder beffer zu bedenken, und über ein Fünftel zu Gun-
ften Anderer verfügen. Der übrige Theil des Vermögens
bleibt unantastbar und gehört den Descendenten. Es ist
also hier nicht von einem Pflichttheil, den die Eltern den
Kindern schuldig sind, sondern vielmehr von einem solchen
die Rede, welchen die Kinder den Eltern zur Verfügung
frei laffen müffen. Die Quote selbst ist mit großer Ein-
ficht bestimmt und sehr richtig zwischen den Prälegaten,
welche Kinder erhalten, und denen, welche Fremden zufallen können, unterschieden. Dagegen kann jemand über sein
ganzes Vermögen frei verfügen, wenn keine Descendenten
vorhanden sind. Ohne daß grade dieser letztere Satz durchaus vertheidigt werden kann, ist doch der absolute Unterschied der Descendenz von allen anderen Verwandten, scharf
aufgefaßt. Das spätere Römische Recht mit seinen Gegen-
fätzen von Testament und Intestatfolge, mit seinem aus-
gleichenden Notherbenrecht mußte, auf das Germanische
Recht stoßend, das die Testamente nicht kennt, und an der
Grundlage der Familienerbfolge fest hält, diese Combina-
tion hervorbringen, die im Wesentlichen das Richtige hat,
indem sie das Princip der Intestatfolge als das eigentliche
anerkennt, ohne der willkührlichen Verfügung allen Spielraum zu nehmen. Man braucht sich daher gar nicht zu
wundern, sie in einer sonst ziemlich rohen Gesetzgebung zu
finden, da die einfachste Betrachtung dahin führen muß,
das Römische Testamentsrecht in umgekehrter Weise anzuwenden, nicht das Testament als principale, die Intestatfolge aber als Nothstand zuzulaffen, sondern vielmehr die

Intestatfolge für herrschend zu erklären, dem Testamente aber einige Freiheiten zu gestatten.

Was die Intestaterbfolge betrifft, so findet sich im Ganzen im Westgothischen Recht die 118te Novelle vor. Das absolute Recht der Cognation, so daß selbst die Sachen keinen Unterschied begründen, ist weit davon entfernt, dem Germanischen Rechte anzugehören. Die Berechnung der Grade ist ganz die Römische Computation: daß Mann und Frau hinter den letzten Cognaten stehen, wird jeder für Römisch erkennen müssen[755]). Daß die Ascendenten den Geschwistern vorgehen, so wie daß voll- und halbbürtige Geschwister nicht hintereinander kommen, sondern, daß der letzteren Erbrecht sich nach der Linie richtet, von welcher der Erblasser sein Vermögen erworben hat, kann als Ausnahme von der übrigens Römischen Intestaterbfolge bezeichnet werden. Was durchaus interessant ist und am besten davon zeigt, wie sehr die Germanischen Vorstellungen schon in die Römischen Begriffe im Westgothischen Rechte aufgegangen sind, ist der Mangel an jedem Unterschied der Sachen in Beziehung auf Erbrecht. Wenn auch bisweilen Sachen, die der Fürst schenkte, von anderem Erwerb getrennt werden, so gründet sich doch darauf kein erbrechtlicher Unterschied: Ländereien und fahrende Habe werden zusammengestellt, noch weniger wird in der fahrenden Habe selbst unterschieden, man müßte denn darauf ein Gewicht legen wollen, daß Sklaven und Pferde bisweilen vorzugsweise ausgezeichnet werden. Jemehr im spätern Spanischen Recht dieser Unterschied der Sachen allerdings er-

---

755) S. v. Savigny Geschichte des Römischen Rechts im Mittelalter II. 74.

scheint, desto wichtiger ist es auch, auf den Mangel desselben im Fuero juzgo aufmerksam zu machen.

Die Form der Testamente, obgleich vierfach, ist dem Römischen Recht entlehnt. Als Germanischer Zusatz kann die sechsmonatliche Frist betrachtet werden, innerhalb welcher die Zeugen ihre Deposition zu machen haben, so wie die Remuneration, die die Zeugen erhalten.

Mit dem Erbrecht steht in der Regel in anfänglichen Gesetzgebungen die Blutrache in Verbindung: es ist die Pflicht, die mit dem Erbrecht Hand in Hand geht. Im Westgothischen Gesetzbuch kommt von eigentlicher Blutrache nur wenig vor. Der schon stark gewordene Staat verschmäht jene subjective Form der Vergeltung. Als Spuren der Blutrache kann man nur die Fälle betrachten, in welchen jemand dem Verletzten addicirt wird, und das Recht anzuklagen, das beim Morde vor Allen den Verwandten des Verstorbenen ertheilt ist [756]). Aber dieses Anklagerecht ist kein absolutes Recht der Verwandtschaft: sind die Verwandten zu lau, so steht jedem aus dem Volke dasselbige zu [757]). Freilich wird die Verfolgung des Mörders den Verwandten, so wie dem Ehegatten zur Pflicht gemacht, und es wird ausdrücklich gesagt, daß den Erben auch die Blutrache obliege [758]). Es sey nicht würdig,

---

756) Fuero juzgo VI. 5. 15. „Ne ergo possit evadere homicida, quod fecit, aut aliquis scelus ejus praesumat forsitan excusando celare, *primo proximis occisi datur licentia accusandi.*

757) Fuero juzgo I. l. quod si iidem proximi ad quaerendam defuncti mortem aut tepidi fuerint, aut forte distulerint, tunc accusandi homicidam tam omnibus generaliter aliis parentibus quam exteris aditum pandimus.

758) Fuero juzgo VI. 5. 14. seu propinqui, quibus ad capiendam haereditatem legitima successio competit, accusare

sagt König Receswind, das Erbe zu nehmen, wenn nicht zuvor der des Mordes Schuldige bestraft sey (nec enim dignum est parentum aut propinquorum habere facultatem, si non reus vel homicida debitam sententiam condemnationis excipiat)[759]), aber der Proceß und die eigentliche Strafe stehen doch einzig und allein dem Richter zu, und das Geschäft des Verwandten beschränkt sich lediglich darauf, die Verfolgung zu verlangen (ulciscendum insistere)[760]). Der Richter, nicht der Verwandte wird bestraft, wenn er die Verfolgung unterläßt[761]). Hat sich jemand an eine heilige Stätte geflüchtet, so muß der Priester den Mörder zwar dem verfolgenden Verwandten ausliefern, aber dieser muß zuvörderst einen Eid leisten, den Herausgelieferten nicht tödten zu wollen. Was er außer der Tödtung mit dem Mörder beginnen will, selbst die Blendung, ist in seine Macht gegeben[762]).

Wir haben das Familien- und Erbrecht des Fuero juzgo weitläuftiger mitgetheilt, als dies bei irgend einer barbarischen Gesetzgebung der Fall seyn wird oder seyn kann, und zwar aus dem schon angegebenen Grunde, weil dasselbe noch heute als die Grundlage des Spanischen Rechts zu betrachten ist, auf jede Weise aber im Mittelalter als solche angesehen werden mußte. Um die Verbindung des Familien- und Erbrechts des Fuero juzgo mit dem späteren Spanischen Rechte anschaulich zu machen,

---

reum vel homicidam ac sicut parentes facere poterant, instanter prosequi habeant potestatem.

759) Fuero juzgo l. l.
760) Fuero juzgo l. l.
761) Fuero juzgo l. l.
762) Fuero juzgo VI. 5. 16.

bedarf es aber einer Kenntniß der äußeren Spanischen
Rechtsgeschichte überhaupt, die wir nicht hier voraussetzen
können, und zu deren gedrängten Darstellung wir uns des
Verständnisses halber entschließen müssen, so wenig auch
der innere Plan und die Neigung solche episodische Ein-
schaltungen begünstigt.

Als im Anfang des achten Jahrhunderts die Sárace-
nen in Spanien einfielen, und es bald, mit Ausnahme
der Wälder von Asturien, ganz eroberten, wurde dennoch
den Christen, die unter Maurischer Botmäßigkeit.[763] sich
befanden, gestattet, nach ihrem Rechte zu leben[764]. Es wurden sogar von den Maurischen Fürsten Christliche Grafen ernannt, um für die Christen nach dem Fuero juzgo Recht
zu sprechen. Eben so richteten sich die Gothen, welche
nach Asturien geflüchtet waren und den Pelayo zu ihrem
König gewählt hatten, nach ihrem Gothischen Gesetzbuch.
Die Nachfolger des Pelayo[765] begannen von diesem
Punkte aus die Wiedereroberung der Monarchie. Schon
Alonso I. nimmt Leon und andere Städte ein, Alonso V.
erweitert die Restauration über Castilien, Galicien und
Portugal, und schon Ordonno II. verlegt den Sitz des
Christlichen Reiches von Oviedo nach Leon. Von der
Zeit an hört man den Namen der Könige und des Rei-
ches von Leon, aber die Gesetze, welche beobachtet wer-

---

763) Pellicer. Ann. lib. 6. num. 37. p. 275.

764). *Marina* Ensayo Historico Critico sobre la antiqua
legislacion y principales Cuerpos legales de los Reynos de
Leon y Castilla Madrid. 1808. p. 27.

765) *Silense Chron.* n. 25. Ceterum Gothorum gens, velut a somno surgens ordines habere paulatim consuefacit: scilicet in bello sequi signa in regno legitimum observare imperium. Cf. *Don Lucas de Tuy* Chron. p. 37. 74.

den, sind immer noch die alten Westgothischen. Don
Alonso II, mit dem Beinamen der Keusche, erneuert dieselben, indem er die Etiquette seines Hofes und Palastes
wie die Albeldensische Chronik [766]) meldet, nach der
Art und Weise der früheren Gothischen Könige einrich-
tet [767]). Gleiche Bestätigung erfahren die Westgothischen
Gesetze durch Bermudo II. [768]) und Alonso V. in den
allgemeinen Cortes von Oviedo im Jahre 1003. Aber
das besondere Bedürfniß der sich nun erweiternden Christlichen Städte und Reiche rief bald besondere Bestimmungen hervor. Die sich mehr und mehr entwickelnde Feudalität, das Ansehn der Städte, ließ den Gothischen Codex
als dürftig erscheinen. Schon Alonso V. giebt auf dem
Concilium von Leon im Jahre 1020 das bekannte Fuero
de Leon [769]), welches aus 49 Gesetzen verschiedenen Inhalts besteht, und als allgemeines Gesetz neben dem Fuero
juzgo für Leon, Asturien und Galicien zu betrachten ist.

---

766) *Chron. Albeld. n.* 58. Omnemque gothorum ordinem
sicut Toleto fuerat tam in Ecclesia quam in palatio in Oveto
cuncta statuit. *Lucas de Fuy* Chron. era. 827.

767) Andere Bestätigungen finden sich im Jahre 811, durch
Alonso III. im Jahre 875, *Espan. Sagr.* Tom. 40. p. 123. y App.
XIV., unter der Regierung Ramiros III. im Jahre 980. In einer
Schenkungsurkunde von diesem Jahre kommen die Ausdrücke vor:
sicut lex canit Gothorum. *Berganza Antig. Tom. II. apénd
escrit* 73. 77.

768) Silense Chron. n. 68. Esp. sagr. Tom. 34. p. 310.
Tom. 36. app. 4. p. 7. Tom. 19. p. 183. 184.

769) Pelagius Chron. n. 5. Dem Concilium von Leon wohnte
die Gemahlinn Alonsos, Elvira, und alle Bischöfe, Aebte und Mag-
naten Spaniens bei. Dieses Fuero de Leon war ein allgemeines
Recht, es wird aber häufig mit dem besonderen Stadtrecht der Stadt
Leon verwechselt. *Marina Ensayo* etc. p. 68.

Während dessen, und schon einige Jahre früher als in Leon, nimmt man gewöhnlich an, wurde auch in Castilien das von Grafen, die von Leon abhängig waren, regiert wurde, ein allgemeines Fuero zu geben versucht. Zwar bis zum sechsten Grafen Garci Fernandez, der im Jahre 995 starb, soll kein solcher Versuch gemacht worden seyn. Aber überall wurden in Castilien, wie in den übrigen Reichen den einzelnen Städten Fueros municipales gegeben. Es ist mit Recht bemerkt worden, daß nicht alle diese Fueros eine gleiche Bedeutung, oder auch nur einen gleichen Character haben. Die einen sind wahre Stadtrechte, nach denen gesprochen und geurtheilt wurde, die anderen sind bloße Freibriefe und Immunitäten, die einzelnen Orten verliehen waren, endlich werden auch oft Schenkungsbriefe an Herren und Kirchen mit dem Namen von Fueros bezeichnet [770]). Die ältesten und wichtigsten dieser Fueros im ersteren Sinne sind das von Leon, Villavicencia [771]), Naxera, Sepulveda [772]), Logronno [773]), welches nachher an Miranda de Ebro verliehen wurde, Sahagun [774]), Salamanca, Toledo [775]), San Sebastian en

---

770) Marina Ensayo p. 78.

771) Im Jahre 1221 erhielt diese Stadt das Fuero municipal de Leon. *Escalona Hist. de Sahagun* apend. III. p. 440.

772) Rodrigo de reb. Hisp. V. 3.

773) Gedruckt in Joaquin de Landazuri y Romarate historia de la civdad de Vitoria. Madrid 1780.

774) Historia de Sohagun ap. III. escrit: 118. 119 130. 141. 148.

775) Eigentlich das wichtigste Stadtrecht in Castilien nächst dem von Cuenca. Buriel Informe de Toledo sobre pesos y medidas f. 286.

Geipuzcoa, Zamora, Palencia Cuenca [776], welches buchstäblich in die Fueros von Plasencia und Baeza überging, endlich das von Madrid, Sanabria und Caceres. Diese Fueros und andere sind zum Theil spät, das heißt im dreizehnten Jahrhundert gegeben, und gehen neben der allgemeinen Gesetzgebung her. Aber schon der Nachfolger des Grafen von Castilien Garci Fernandez Sancho, der 1017 starb, soll allgemeine Gesetze, 173 an der Zahl, für Castilien, und zwar wahrscheinlich in lateinischer Sprache, abgefaßt haben, welche von den Nachfolgern übersetzt und vermehrt, vom König Don Pedro noch einmal compilirt und unter dem Namen Fuero Viejo de Castilla in 33 Titeln und fünf Büchern herausgegeben worden sind. Dieser Codex wird auch oft Fuero viejo de Burgos genannt, weil Burgos die Hauptstadt Castiliens ist, Fuero de Hijosdalgo, weil er die Befreiungen der Ritter enthält, Fuero de fazañas y alvedrios, weil viel Königliche Entscheidungen hinzugefügt sind, endlich Libro de los jueces, weil er in den Gerichten practische Gültigkeit erlangte [777].

---

776) Das bedeutendste aller Fueros von Castilien. Chron. de Alonso VIII.

777) Wir haben hier die gemeine unter den Spanischen Juristen herrschende Meinung mitgetheilt, welche von bedeutenden Autoritäten vertheidigt wird. Z. B. vom P. *Buriel* Informe de Toledo p. 265. *Masden* Hist. Critica Tom. XIII. n. 53. *Asso y Manuel* Discurso Preliminar al Fuero viejo de Castilla. Madrid 1771. p. II. et sq. Aber mir scheint diese Meinung vollkommen falsch, und die Abfassung eines allgemeinen Gesetzbuches durch Graf Sancho auf keine Weise erwiesen zu seyn. Der Beinamen des Sancho, Conde de buenos, fueros will noch gar nichts sagen, und der Inhalt des Fuero viejo zeigt, daß es aus nichts Anderem, als

In den vereinigten Königreichen Leon und Castilien und den dazu gehörenden Provinzen, galten also im dreizehnten Jahrhundert zunächst die einzelnen von den verschiedenen Fürsten verliehenen Stadtrechte, dann als allgemeines Recht das Fuero de Leon für Leon, endlich das Westgothische Gesetzbuch, das weder durch die besonderen, noch durch die allgemeinen Fueros außer Gebrauch gekommen war.

Aber auch Navarra und Arragonien hatten sich unabhängig von Leon und Castilien zu Christlichen Staaten gebildet. Hier galt das Fuero juzgo wie in Leon und Castilien [778]). In Arragonien kamen ebenfalls im zehnten Jahrhundert einige besondere Gesetze zu Stande, aus welchen das berühmte *Fuero de Sobrarbe* zusammengestellt wurde [779]). Auch die Stadt Jaca erhielt ein eigenes und berühmtes Stadtrecht, das selbst einige Städte von Castilien einführten. Umgekehrt wurde auch Castilisches Recht von Arragonischen Städten geborgt, Alonso II.

---

aus dem Fuero municipal de Toledo, und dem ordenamiento de las Cortes de Náxera besteht. *Marina* Ensayo p. 112.

778) Es ist ganz falsch, wenn Mariana Hist. Esp. lib. 9. cap. 7. nach Pedro Carbonel. Chron. de Spanya f. XXXIII. behauptet, daß Don Sancho Garcia von Arragonien den Gothischen die Römischen Gesetze substituirte. Zu allen Zeiten findet sich in Arragonien die Anwendung des Westgothischen Gesetzes. *Geronymo Blancas* Comentarios Zarageza 1588. p. 132.

779) Ueber das Fuero de Sobrarbe herrschen die verschiedensten Meinungen unter den Spanischen Juristen. Einige lassen es den Longobarden entlehnt und durch die Vermittelung des Pabstes Adrian II. gegeben seyn. *Viana Cronica de Navarra* l. 5. *Blancas* l. 1. p. 25—29. *Martinez* Historia de San Juan de la Penna l. c. 34—37.

gab der Stadt Teruel das Fuero de Sepulveda. In
Navarra wurde kein Arragonisches Stadtrecht vor der
zweiten Vereinigung beider Reiche im Jahre 1026 unter
Sancho Ramirez aufgenommen. Erst um diese Zeit
erhielten die Fueros de Sobrarbe und Jaca in einigen
Ortschaften von Navarra, wie z. B. in Pamplona selbst
Anwendung. Außer den Arragonischen Fueros war aber
in vielen Städten von Navarra das s. g. Fuero de los
Francos eingeführt, das südfranzösisches Recht enthielt[780]).

In Catalonien galt das Fuero juzgo ganz allein bis
zur Vereinigung mit Arragonien im Jahre 1137. Späterhin wurde aus dem Westgothischen Gesetze und aus dem
Römischen Recht eine Compilation veranstaltet, die unter
dem Namen Usaticos oder Usages bekannt ist. Als Valencia im Jahre 1240 erobert wurde, gab man demselben
Catalonisches und Arragonisches Recht[781]). Schon Ferdinand der Heilige von Castilien wollte der Vielfachheit
und Verschiedenheit der Fueros durch größere Einförmig-
keit abhelfen: er scheint den Plan zu einem allgemeinen
Gesetzbuch, den sein Sohn Alonso der Weise ausführte, gefaßt[782]), oder doch, was die Absicht, gehabt zu haben, die

---

780) Valdelomar. Resumen de la Hist. Cronólogica del
Decreto de España. Madrid 1798. Tabla I.

781) Valdelomar l. l.

782) Der Antheil Ferdinands des Heiligen an dem Plan der
siete Partidas gehört zu den bedeutendsten Streitfragen der äußeren Spanischen Rechtsgeschichte. Während ihn einige, wie ich glaube,
mit Recht zugeben, wird er von andern ganz geläugnet. Cf. So-
telo Historia del Derecho Real de España. Madrid 1738. p.
419 et sq. Toribio de la Rumiana Disertacion sobre las Causas que habo para la Composicion de las siete Partidas. Ma-

Geltung des Westgothischen Gesetzbuches vor den einzelnen
und es verdrängenden Stadtrechten zu befördern. Alonso
der Weise, der mit Recht der Spanische Justinian genannt
werden kann, erbte von seinem Vater die Schwierigkeiten
und das Bedürfniß eines allgemeinen Gesetzbuches. Aber
ehe er an ein so großes und für die Zeit fast unerhörtes
Unternehmen ging, glaubte er einen Vorläufer voraus-
schicken zu müssen, der auf das eigentlich große Gesetzbuch
vorbereitete. Er ließ aus dem Fuero juzgo und aus den
besten Stadtrechten einen kleineren Codex zusammensetzen,
der an die Stelle des Fuero juzgo, Fuero viejo de Castilla und Fuero de Leon treten, und den Städten, denen er gegeben wurde, und die ihn annahmen, auch die
Stelle ihrer Stadtrechte ersetzen sollte. Dieses Gesetzbuch
wurde Fuero Real oder Fuero de las leyes genannt.
Die Städte waren nicht gezwungen ihn anzunehmen, sie
erhielten diesen Codex statt ihrer dürftigen Stadtrechte, als
ein Zeichen der Huld und Gnade abseiten des Königs.
Trotz dem war es die Absicht des Königs, daß er allgemeine Geltung erhalten sollte [783]). Dieser Codex wurde
von Alonso zuerst der Stadt Aguilar de Campo und den
Städten Valladolid, Burgos und Alarcon gegeben: späterhin erbaten ihn die Städte Leon, Sevilla, Cordova, Jaen,
Baeza, Murcia und Badajoz. In Castilien fand er außer in den schon genannten Städten weniger Eingang [784]).

---

drid 1797. p. VI. *Asso y Manuel.* Instituciones del Derecho
Civil de Castilla Introducion p. 53. *Marina* Ensayo p. 254. 255.

783) Fuero real. prologo por que se juzguen comunal-
mente todos varones é mugeres, é mandamos que este fuero
sea guardado por siempre jamas, é ninguno no sea osado de
venir contra el.

784) Marina Ensayo p. 252.

Der Adel widersetzte sich ihm, und glaubte seine alten Rechte dadurch beeinträchtigt. Dieser Widerstand machte, daß man den Gebrauch des alten Fuero an den meisten Orten wieder einführte, wo auch das Fuero real schon beobachtet worden war.

Unmittelbar nachdem er durch das Fuero real den Weg geebnet zu haben glaubte, ging König Alonso, der Weise, an die Abfassung des größern Gesetzbuches der siete partidas, das am 23. Junius 1256 begonnen und im Jahre 1263 wahrscheinlich vollendet wurde [785]). Es enthält eine Compilation aus Römischem, Canonischem und Spanischem Recht, und umfaßt das öffentliche und Privatrecht, das Criminal- und Kirchenrecht [786]). Aber diese Gesetze fanden fast ein ganzes Jahrhundert lang keine Anwendung, weil man sich noch weit mehr gegen dieselben als gegen das Fuero real sperrte. Erst durch das Ordenamiento de Alcala, welches Alonso XI. 1348 auf den Cortes von Alcala gab, wurden sie aus einem Projecte wirkliche Gesetze [787]). Doch war der ursprüngliche Text vielfach verbessert oder verändert: es hatten sich eine Menge abweichender Lesearten eingeschlichen, mitunter ganz sinnlose Stellen, so daß unter Carl I. eine offizielle Ausgabe durch Gregorio Lopez veranstaltet werden mußte.

Der Zustand des Castilischen Rechts gegen die Mitte des vierzehnten Jahrhunderts war ungefähr folgender. Als Grundlage des gesammten Rechts war noch das Westgothische Gesetzbuch zu betrachten. Dazu trat das Fuero viejo de Castilla, das Fuero de Leon, die unzähligen

---

785) Marina Ensayo p. 255.
786) Marina Ensayo p. 255.
787) Marina Ensayo p. 378.

Stadtrechte, die nur sehr unvollkommen von dem Fuero real und den siete Partidas verdrängt worden waren[788]. Alle Tage wurden neue Städte von den Mauren befreit, und man mußte ihnen ein bestimmtes Recht geben, wenn man sie nicht in die Hände einzelner Herren (enseñorar) wollte fallen lassen. In dem Ordenamiento de Alcala, dessen schon oben Erwähnung geschehen, wurde endlich durch Alonso XI. bestimmt, daß zuerst die Ordenamientos (Constitutionen der Könige), in Ermangelung derselben, die Municipalrechte, dann das Fuero de Castilla und de Leon, dann das Fuero real, endlich aber subsidiarischerweise die siete Partidas gelten sollten. Daß das Fuero juzgo außer Gebrauch gesetzt sey, wird nirgends gesagt[789].

Die folgenden Könige schritten nun auf dem Wege der Novellen fort[790], indem sie theils Zusätze zu dem Ordenamiento de Alcala machten, und dasselbe bestätigten, theils eigene Ordenamientos über verschiedene Gegenstände der Gesetzgebung erließen. So viel dieser einzelnen Gesetze gab es gegen die Mitte des funfzehnten Jahrhunderts, daß schon Juan II. und Enrique IV. ersucht wurden, eine Zusammenstellung derselben zu veranlassen. Ueberhaupt war die Verwirrung gegen die Mitte dieses Jahrhunderts auf das Allerhöchste gestiegen. Alte Gesetze, die theils ihre Geltung verloren, theils sie noch behalten hatten, Gesetzbücher, die nie zu allgemeiner und ausschließ-

---

788) Auaerdem gab es Privatarbeiten, die in der Praxis galten, wie das Espéculo oder espeyo de Fueros, so wie Hofrechte Fuero de la Corte del Rey. Marina Ensayo p. 384.

789) Marina Ensayo p. 382.

790) Asso y Manuel Instituciones del Derecho. Madrid 1806, 7 Edicion p. 60 et squ.

licher Beobachtung durchgedrungen waren, Königliche Constitutionen, die bald interpretirten und vermittelten, bald
Neues schufen und in Widerspruch mit Geltendem standen,
endlich das Römische Recht, das, obgleich im Gothischen
Gesetzbuch sowohl, wie in den siete Partidas und im Ordenamiento de Alcala ausgeschlossen, doch durch das Studium eine Hinterthüre in die Gerichte zu finden gewußt
hatte, wodurch das eigenthümliche Spanische Recht verdrängt zu werden fürchten mußte. Ferdinand und Isabella
gestatteten im Jahre 1496 den mittelbaren Gebrauch des
Römischen Rechts, indem sie Bartolus und Baldus als
Autoritäten zu folgen erlaubten, ohne daß jedoch durch diesen Ausweg dem üblen Zustand des Rechts im Allerge-
ringsten abgeholfen wurde.

Die gesetzgeberische Thätigkeit Ferdinands und Isabel-
las in allen Zweigen des Rechts, vermehrte noch ins Unendliche die bisher vorhandenen Rechtsquellen. Die be-
rühmtesten unter diesen Gesetzen sind die 84 leyes de Toro [917], welche aber erst Johanna am 7. März 1505 zu
Toro promulgirte. In diesen Gesetzen wurde die Gültigkeit des Ordenamiento de Alcala, des Fuero real, der
Fueros municipales und der siete Partidas nochmals
eingeschärft, aber das Madrider Gesetz, wonach die Autorität des Bartolus und Baldus anerkannt war, wurde wieder
aufgehoben. Uebrigens sind die verschiedensten und wichtigsten Gegenstände des Rechts, als die Lehren von Testamenten, Erbschaften und Schenkungen darin behandelt.
Der Königinn Isabella genügten aber diese leyes del Toro nicht: sie wurde noch auf ihrem Sterbebette von dem
Gedanken an die Unsicherheit und Verwirrung des Rechts

---

791) Asso y Manuel Instituciones Introd. p. 105. 106.

gequält, und in einer Clausel ihres Codicills zu Medina del Campo am 23. November 1504 abgefaßt, bat sie ihren sie überlebenden Ehegatten und ihre Tochter Johanna, an eine Ueberarbeitung des gesammten Spanischen Rechts zu denken.[792]).

Aber weder unter der Regierung der Johanna, noch unter der Kaiser Carls, wurde der Wunsch der Königinn Isabella erfüllt, obgleich bereits dahin führende Privatarbeiten übernommen worden waren. Kaiser Carl vermehrte die Verwirrung weit eher durch die vielen Ordenanzas, Cedulas und Pragmaticas die er erließ. Unter seiner Regierung wurden allein so viel Gesetze gegeben, daß schon diese eine Compilation nöthig gemacht hätten. Aber so herablassend auch der Kaiser die Anträge der Cortes in dieser Beziehung aufnahm, so viele Vorarbeiten auch gemacht wurden, so kam doch erst die Ueberarbeitung Recopilacion unter Philipp II. im Jahre 1567 in 2 Theilen, 9 Büchern und 212 Titeln zu Stande[793]).

Fast alle Gesetze, welche in dieser Recopilacion zusammen gestellt wurden, sind zwischen den Jahren 1325 bis 1567 gegeben, 46 sind aus dem Fuero real und einige aus dem Fuero juzgo aufgenommen: 105 befinden sich darin aus dem Ordenamiento de Alcala, bald buchstäblich, bald bearbeitet, über 1000 Gesetze sind darin von Ferdinand und Isabella; 800 von Carl I., endlich sind die 84 Leyes del Toro vollständig recipirt[794]).

In der *Pragmatica*, womit die *Recopilacion* beginnnt, ist der verwirrte Zustand des Rechts, dem dieselbe abhelfen

792) Valdelomar l. l. Tabla II.
793) Asso y Manuel l. l. p. 109.
794) Valdelomar l. l.

soll, dargestellt. Aber indem die Recopilacion kein die
Gesetzgebung aus den vorhandenen Materialien neu auf-
richtendes Werk, sondern vielmehr nur eine Zusammenstellung des etwa aus den verschiedenen Quellen geltenden ist,
indem sie weder eine Umschmelzung in den Styl und Geist
der Zeit, noch eine Einheit beabzweckt, ist der Unsicherheit
des Rechts weder abgeholfen, noch auch eine Grundlage
für das künftige Recht gelegt worden. Unter den compi-
lirten Gesetzen finden sich viele, welche gar nicht in die Titel passen, zu denen sie gehören, Lebendiges und Geltendes,
vermischt mit Abgestorbenem und schon längst außer Gebrauch gekommenem, die einzelnsten Bestimmungen dicht neben Allgemeinem, die Sprache verschiedener Jahrhunderte
in ungeziemender Vereinigung. Daher hat die Recopilacion, auch weder die alte Gesetzgebung, die vielmehr immer wieder hineingriff, angetastet, noch die unendlichen
Novellen verhindert, die in Gestalt von Leyes, Cedulas,
Pragmaticas, Provisiones auf einander folgten. Das Römische Recht bemächtigte sich dieser Unschlüssigkeit und
Verwirrung, und weil es an Bestimmtheit und Genauigkeit dem geltenden Rechte weit überlegen war, so wußte
es wenigstens die Fueros und Partidas als Hülfsrechte
zu verdrängen, indem es oft sogar eine höhere Autorität,
als die Recopilacion selbst, sich anmaßte. Die Feinde
durchgreifender Gesetzgebung können an dem Beispiel zweier
entgegengesetzter Staaten, Spaniens wie Englands, wahr-
nehmen, wohin das historische Additionsexempel und das all-
mählige Aufsummen verschiedenartiger Rechtssätze führt[795]).

Durch

---

795) Es hier nicht der Ort, von den verschiednen Ausgaben
der Nueva Recopilacion zu sprechen, welche in die neue Geschichte

Durch kein Gesetz aber, weder durch das Fuero real noch durch die siete Partidas oder das Ordenamiento de Alcala, oder die Recopilacion ist jemals das Fuero juzgo abgeschafft worden, wie fälschlich von einigen Spanischen Alterthumsforschern angenommen wird [796]. Denn das Ordenamiento de Alcala sagt ausdrücklich, daß die siete Partidas nur in Ermangelung der anderen Fueros, wozu das Fuero juzgo gehört, gelten sollen (Mandamos que los dichos fueros sean guardados en aquellas cosas, que se usaron e los pleytos e contienda que se non pudieren librar por las leys deste nuestro libro e por los dichos fueros, mandamos que se libren por las leys contenidas en los libros de las siete Partidas. Et tenemos por bien que sean guardadas e valederas de aqui adelante en los pleytos é en los juicios é en todas las otras cosas, que se en ellas contienen *en aquello que non fueren contrarias a las leys deste nuestro libro e los fueros sobredichos* [797]). Dieser Theil des Ordenamiento de Alcala ist aber in die Leyes del Toro gewandert, und von da in die Nueva Recopilacion Ley. 3.

hineinreichen, und in denen die Gesetze der Nachfolger Philipp des zweiten zu lesen sind; die Nueva Recopilacion ist wieder durchgesehen, vermehrt und herausgegeben worden in den Jahren 1569, 1580, 1610, 1640, 1723, 1745, 1772, 1775, 1777, 1798, 1804. In Arragonien ist Castilisches Recht erst durch das Decret Philipp V. vom 29. Junius 1707 vorherrschend geworden. Navarra, Catalonien, Vizcaya werden noch heut von ihren besonderen Fueros beherrscht. Asso y Manuel l. l. p. 129 et sq.

796) *Berganza Antig. de España* T. I. *l. 4. c. 9. n. 46.* „Sabemos tambien, que las leyes de los Godos no fueron abrogadas hasta que se promulgaron las Partidas del Rey Don Alonso el Sabio."

797) Ordenamiento de Alcala Ley. 1. Tit. 28.

Tit. 1, Lib. 2. aufgenommen worden. Man muß also durchaus behaupten, daß das Fuero juzgo noch heut zu Tage in Spanien practisch ist, wo es nicht durch Gewohnheit außer Gebrauch gekommen. Noch unter Carl III ist dies 1788 in einer eigenen Verordnung bemerklich gemacht worden [798]).

Wir mußten diese Episode, über die äußere Spanische Rechtsgeschichte dem Verständniß des Folgenden durchaus widmen. Nur durch die Einsicht in diesen Zusammenhang ist es möglich, die Darstellung des Spanischen Familien- und Erbrechts im späteren Mittelalter gehörig aufzufassen. Das in einzelnen Fueros zersplitterte Recht muß gleichsam musivisch zusammengesetzt werden, damit es ein Bild gewähre: zugleich aber muß im Allgemeinen erkannt werden, in welcher Verbindung diese zwar verschiedenen, aber doch wieder zusammenlaufenden Stadt- und Landrechte mit der ursprünglichen Gothischen Grundlage sich befinden.

Die ehelichen Formen, welche im Castilischen Mittelalter vorkommen, sind theils solche, welche mit den kirchlichen Bestimmungen übereintreffen, theils solche, welche ihre Begründung in Gothischer Sitte zu suchen haben. Zwei Formen der Ehe finden sich in den verschiedenen Fueros, die vollständig kirchliche Ehe, mit priesterlicher Einsegnung und das sogenannte *matrimonio a yuras*, das heißt eine zwar nicht öffentlich eingesegnete, aber doch beschworene Ehe [799]). Diese beschworene Ehe hatte voll-

---

798) Fuero juzgo Discurso p. 43. 44.

799) *Fuero de Caceres* „Todo home que su mulier de benediciones o de yura lexare." Cf. Marina Essayo p. 176.

kommen die Wirkung einer eingesegneten [800]): sie unterscheidet sich nur durch die Heimlichkeit und entspricht ganz
demjenigen, was wir Gewissensehe nennen. Die muger a
yuras, wird zwar von der muger de bendiciones oder
velada unterschieden, aber ohne irgend eine nachtheilige
Wirkung. Ganz anders ist es mit dem Concubinat (barragania), welches bis gegen das Ende des dreizehnten
Jahrhunderts in Spanien vollkommen anerkannt war.
Es war ein Freundschafts- und Gesellschaftsvertrag zwischen Mann und Weib, dessen hauptsächliche Bedingung
die Dauer und die Treue waren. War auch die barragana kein eigentliches Eheweib, so konnte dieselbe doch
durch Treue mehrere Rechte desselben erlangen. Ist die
barragana treu ihrem Herrn und gut, sagt das Fuero de
Plasencia, so erbt sie die Hälfte des Erwerbes beider in
beweglichem und unbeweglichem Gut [801]). Der Vertrag,
durch welchen dieses Concubinat eingegangen wird, heißt
häufig carta de mancebia e companeria: er wird auf
Lebenszeit geschlossen (por todos los dias, que yo vis-
quiere) und die barragana wird auf Brod, Tisch und
Messer (a pan mesa e cuchello) angenommen [802]). Der
Ausdruck manceba en cavellos, welcher für die barragana wie für jede unverheirathete Frau auch häufig vorkommt, beruht darauf, daß diese nicht wie die wirkliche

---

800) Fuero de Burgos tit. 276. In Navarra scheint dies
nicht der Fall gewesen zu seyn. Cf. Recopilacion de todas las
leyes del Reyno de Navarra. Pamplona 1614. p. 177.

801) „La barragana si probada fuere fiel a su sennor, e
buena, herede la meatad que amos en uno ganaren en muebles e en raiz."

802) Fuero viejo ley. I. tit. V. lib. V.

Ehefrau eine Haube (toca) tragen[803]), sondern sich nur
in bloßem Haar (pelo tendido) zeigen durfte. Der Umstand, daß fast alle Fueros von den barraganas sowohl
bei Clerikern, als bei Layen reden, zeigt von ihrer großen
Verbreitung. Wenn in einigen Fueros eine Strafe darauf gesetzt ist, wie z. B. in denen von Cuenca und Baeza[804]), so werden doch nur die verheiratheten Männer gemeint, die zugleich Concubinen halten[805]), denn dieselben
Fueros von Cuenca und Baeza sprechen an anderen Stellen von der Gleichheit der Concubinen und der Eheweis-
ber[806]). Erst vom Jahre 1228 ab, seit dem Concilium
von Valladolidi bemüht man sich, dem Concubinate, namentlich der Cleriker, entgegen zu arbeiten[807]), obgleich
ohne Erfolg, da dasselbe bis ins funfzehnte Jahrhundert
hinein, auch selbst bei Geistlichen, troz der vielfachen
Verordnungen und der Erblosigkeit, womit die Kinder der
Geistlichen behaftet wurden, ziemlich allgemein bleibt. Die
späteren Gesetzbücher des Mittelalters haben aber schon
ganz das Canonische Recht in dieser Beziehung. Das
Fuero real erklärt sich gegen die heimlichen Ehen, und belegt dieselben mit einer Strafe von 100 Maravedis (quien
a furto fiziere casamiento peche ciente maravedis al
rey: si los no oviere sea del rey: por lo que fincare

---

803) Fuero viejo l. l. die mulier in capillo der Longobarden.

804) Fuero de Cuenca l. XXXVII. cap. 11. Dies ist auch
in das Fuero de Baeza aufgenommen.

805) „El baron que mugier hobiere en Baeza o en otras
tierras, y barragana tobiere paladinamente sean ambos liga-
dos y fostigados."

806) Fuero de Cuenca ley. XXX. c. 10.

807) Esp. Sagr. t. XXXVI. p. 216. y. 229.

sea el cuerpo a merced del rey [808]). Noch viel weniger ist die barragania gern gesehen, aber es scheint dennoch nicht, als habe dieselbe unterdrückt werden können,
oder als habe der weltliche Arm etwas gegen dieselbe gehabt. Alonso der Weise sagt in der Einleitung zum Titel
14. Partida 4.: die heilige Kirche habe das Concubinat
verboten, aber die weisen Alten, welche die Gesetze verfaßten, hätten keine zeitliche Strafe darauf gesetzt, weil sie gefunden hätten, daß es immer besser sey, eine wie mehrere
Weiber zu halten (Barraganas defiende Santa Eglesia,
que non tenga ningun Christiano, porque biven con
ellas en en pecado mortal. Pero los Sabios antiguos
que fizieren las leyes, consentieronles que algunos las
pudiessen aver sin pena temporal, porque tovieron que
era menos mal, de aver una, que muchas. E porque
los fijos que nascieren dellas fuesen mas ciertos).
Die Wirkungen, die früher die barragania hatte, sind ihr
freilich in den siete Partidas, die mehr das Römische Concubinat im Sinne haben, nicht mehr beigelegt.

Die Bestimmungen des Fuero juzgo, daß ein Weib
nicht ohne Erlaubniß ihres Vaters oder ihrer Brüder heirathen dürfe, daß sie von diesen zur Ehe begehrt werden
müsse, und daß sie sonst erblos sey [809]), finden sich in
den hauptsächlichen Stadtrechten von Castilien fast buchstäblich wieder, wie z. B. in den Fueros de Burgos, und in
dem ordenamiento der Cortes von Naxera [810]).

---

808) Fuero Real d'España. Madrid 1547. f. 107. III. 1. 1.

809) Fuero juzgo III. 1. 8. III. 2. 8.

810) Fuero viejo de Castilla V. 5. 2. Esta es por fuero
de Castilla, que si una manceba en cabellos se casa, o se va
con algun home, si non fuere con placer de su padre, si lo

Was die der Frau von dem Manne zu gebende dos betrifft, so bestätigten die Municipalrechte fast ganz das Westgothische Gesetzbuch. Jedoch konnte die in demselben vorgeschriebene Quantität keine Geltung mehr behalten, sondern mußte sich in den Reichthum und die Armuth der verschiedenen Zeiten und Orte schicken. Das Fuero de Cuenca setzte die dos auf 20 Maravedis in Gold (mando quod quicumque civis puellam desposaverit, det ei viginti aureos in dotem vel apreciaturam vel pignus viginti aureorum) [811]. Das Fuero de Salamanca gestattet 30 Maravedis baar und 20 in Kleidern, das von Molino erlaubte einer Jungfrau 20 Maravedis, und überdies 40 Maaß Wein, ein Schwein, 7 Hammel und fünf Maaß (cafices) Weizen zu geben: der Wittwe durfte man nur 10 Maravedis bezahlen [812], endlich stellten andere, wie z. B. die Fueros von Oviedo und Caceres, die Summe ganz in die Willkühr des Bräutigams [813]. Nach dem Ordenamiento de las Cortes de Naxera durfte ein Edelmann (fijodalgo) seiner Frau den dritten Theil seines Erbes (heredamiento) zur dos (arras) geben. Sie hatte das Recht des Nießbrauchs nach dem Tode des Mannes, vorausgesetzt, daß sie ein reines Leben führte, und im Wittwenstand verblieb [814]. Bemächtigten sich die Verwand-

---

hobiere o con placer de sus hermanos, si los hobiere, o con placer de sus parientes los mas cercanos, debe ser desheredada.

811) Fuero de Cuenca I. 9. ist eben so in die von Baeza Plasencia und andere übergegangen.

812) Marina Ensayo p. 208.

813) Marina Ensayo p. 207.

814) Fuero viejo de Castilla V. 1. 1. 2.

ten des Verstorbenen des Vermögens, so mußten sie der
Wittwe 500 solidi (quinientos sueldos), den vermeintlichen
Werth der dos bezahlen. Außerdem war es gestattet, der
Frau eine donatio ante nuptias (*ante que sean jura-
dos*) zu geben, welche 1000 Maravedis nicht übersteigen
durfte[815]). In Leon und Andalusien wurde die Gothische Vorschrift, welche nur den zehnten Theil des Vermögens in dotem zu geben gestattet, buchstäblicher bewahrt, wie
aus der Carta de Arras des berühmten Cid[816]), und
aus vielen anderen Urkunden sichtbar hervorgeht[817]) Eben
so streng hielt man sich während des 11ten und 12ten
Jahrhunderts an die Gothischen Gesetze in dieser Beziehung
in Catalonien und Arragonien. Im Jahre 1039 verschreibt
Don Ramon Perenguer, Graf von Barcellona, seiner Frau
Isabella den zehnten Theil seiner Güter, indem er sich ausdrücklich auf die Vorschriften des Gothischen Gesetzes beruft[818]), eben so Ramon, Graf von Pallars, im
Jahre 1055 seiner Frau Valencia. Beide Urkunden befinden sich im Königlichen Archiv von Barcellona.

Nächst der dos kommen Hochzeitgeschenke nicht blos
der Verwandten der Braut (*axuar*), des Bräutigams, sondern auch Fremder vor. Diese Geschenke haben einen
durchweg juristischen Character. Waren von den Hochzeitgästen Geschenken versprochen worden, so war dieses Versprechen bindend, und konnte auf keine Weise zurückgenom-

---

815) Fuero viejo l. l. dies ist ebenfalls dem Fuero juzgo entnommen.

816) Risco la Castilla apend. III.

817) Historia de Sahagun apend III. esc. 83. anno 1034.
Informe de Toledo p. 242. nota 103.

818) Marina Ensayo p. 209.

men werden. Es kam hier auf den Umstand an, daß man dem Hochzeitfeste beigewohnt und auf demselben gegessen hatte[519]). Die Lästigkeit dieser immer mehr um sich greifenden Sitte, die Verschwendung, ja sogar die Unordnungen, zu denen sie Veranlassung gab, machten schon im Spanischen Mittelalter Sumptuargesetze nothwendig. Der Rath von Oviedo verordnet, daß auf den Hochzeiten, selbst bei Strafe von sechshundert sueldos, nichts mehr geschenkt werden solle, daß diejenigen, welche den Brautleuten Geschenke machen wollten, sie denselben vor der Hochzeit zukommen lassen möchten. Das Stadtrecht von Soria erlaubt dem Bräutigam, seiner Braut nur zwei Paar Kleider zu schenken. Von anderen Verwandten solle die Braut gar nichts nehmen. Der Vater oder Verwandte soll die Hochzeit nicht über einen Tag währen lassen, einen anderen festlichen Tag anzuordnen ist denen gestattet, welche etwa die Brautleute ehren wollen. Wer dieses Sumptuargesetz übertritt, soll dem Rathe von Soria das Doppelte der Ausgabe als Strafe bezahlen[820]). Diese Sumptuar-

---

819) *Fuero de Burgos* tit. 129. Esto es fuero que quando viere hora de desposorio o de casamiento, e dan algo al novio, o a la novia otros homes qualesquier, todo aquello que mandaren á la boda, o al desposorio quantos que comieren, hi puedan prendarlos por ello, si non ge lo quisieren dar. Et si quisieren negarlo e dixere, que ge lo probará con testimonio de su vecindat, probe con ellos, et si non pudiere haber tales pruebas, probe con homes de fuera, que se açertaron al comer de la boda, o al disposorio facer.

820) *Fuero de Soria.* Qualquier che casare, non sea osado de dar a su mugier a bodas, nin a desposayas mas de dos pares de pannos, quales se avinieren entre si. Et el che mas diere, e el che mas tomare, que le pechen lo dado e lo tomado doblado al conceyo. Otrosi ninguno sea osado de tomar

gesetze bleiben nicht blos auf die Städte und ihre Gesetzgebungen beschränkt, sondern es finden auch allgemeine
Maßnahmen in dieser Beziehung statt. So verordnet
Alonso XI in dem Ordenamiento der Cortes von Alcala vom Jahre 1348, daß kein ricohomo seiner Frau,
weder vor der Hochzeit, noch vier Monate nachher, mehr
wie drei Kleider schenken dürfe, von diesen soll nur eins
von Gold oder Seidenstoff seyn. Weder die Sättel der
Frauen, noch die Zügel der Pferde dürfen Silber oder
Stickerei enthalten: für Toledo verordnet derselbe König,
daß niemand mehr wie einen Hochzeittag feiern solle, und
daß es niemanden freistehe, weder acht Tage vor der Hochzeit, noch einen Monat nach derselben, einem Bürger von
Toledo ein Gastmahl zu geben. Auf der Hochzeit selbst
dürfen nur zwanzig Personen, zehn Verwandte und eben
so viel Verwandtinnen erscheinen. In Ermangelung von
Verwandten kann die Lücke mit fremden Personen ausge-
füllt werden. Den Hochzeitgästen darf man drei Fleisch-
speisen und eine Schüssel mit Geflügel vorsetzen (a estos,
que les den tres mansares de sendas carnes e un
manjar que sea de aves) [821]). Keinem Ritter von Toledo ist gestattet, seiner Tochter zum Hochzeitgeschenk (axuar)
mehr als sechstausend Maravedis zu geben: ein nichtadli-
cher Einwohner (che non sea caballero nin escudero).

---

calzas, nin otro don ninguno, por casamiento de su parienta,
e el, che lo diere, o el que lo tomare, que lo pechen todo doblado al conceyo. *Ninguno non de bodas mas de un dia:* et
aquellas que honrar le quisieren, *quel den otro dia.* Et si mas
de un dia diere et rescibiere, que lo peche doblado al conceyo, atanto, como la mision que hi fuere fecha.

821) Marina Eusayo p. 214.

darf die Summe von dreitausend Maravedis nicht übersteigen [822]). In dem Ordenamiento für Sevilla, Cordova und das Bisthum Jaen, welches auf denselben
Cortes von Alcala erlassen wurde, ist es erlaubt, dreißig
Personen, funfzehn Männer und funfzehn Frauen, auf der
Hochzeit zu bewirthen, auch der Tochter zehntausend Maravedis zum Axuar zu geben [823]). Es scheint daraus
hervorzugehen, daß in Andalusien ein größerer Wohlstand
als in Castilien herrschte.

In Castilien und Leon ist übrigens im Mittelalter eine Art von Gemeinschaft des Mannes und der Frau am
Vermögen, welches in der Ehe erworben worden (gananciales), nicht zu verkennen. Es bezieht sich diese Gütergemeinschaft äußerlich auf die Vorschriften des Fuero juzgo [824]); wo mehr von der Theilung des mit gemeinschaft-
lichem Vermögen gemachten Gewinnes, als von wahrer
Gütergemeinschaft die Rede ist. Nach dem Fuero juzgo
wird der Erwerb zwischen Mann und Frau nach Maßgabe des Vermögensantheils, den jeder einsetzte, getheilt:
hier ist also keine wahre communio, welche die Ehe begründet, sondern vielmehr ein sich auf das Eingebrachte
beziehendes Verhältniß vorhanden. In Castilien hat diese
Bestimmung der verschiedenartigen Theilung, nach Maßgabe des Eingebrachten, sich in den Stadtrechten verloren,
und der Gebrauch sich vielmehr eingeführt, immer ohne

---

822) Marina Ensayo l. l.

823) Marina Ensayo l. l.

824) Fuero juzgo IV. 2. 16. Spanische Juristen und Historiker, wie z. B. Marina in seinem vortrefflichen Ensayo p. 216.
wollen im Fuero juzgo eine wahre Gütergemeinschaft bemerken,
aber mit Unrecht. S. oben S. 340. N. 626.

weitere Rücksicht das Erworbene zur Hälfte jedem Ehegatten zuzuschreiben. Im Jahre 1034 verspricht Ansur Go-
mez seiner Frau außer der dos, *quanto in uno potueri-
mus ganare vel argomentare, medietate habeas inde
ex integra:* ein gewisser Ordono Saracinu schenkt
unter anderen Dingen dem Kloster von Sahagun die
Hälfte einer Mühle mit der Bemerkung, daß er sie nur
zur Hälfte verschenken könne, weil er sie während der Ehe
gekauft habe, die andere Hälfte also der Frau gehöre (*tod
quia emi haec sedent eum uxore mea, Mayor Ovequiz,
et secundum faro de terra mediatas sua erat, dedi ei
medietatem meam*) [825]). So verordnen die Fueros von
Alcala [826]) und Fuentes [827]), daß der Erwerb in beweglichem und unbeweglichem Gut zwischen den Ehegatten getheilt werden sollt. Aehnliches findet sich im Stadtrecht von Cuenca [828]) und Caceres [829]), womit die

---

825) Escrit del anno 1103. *Historia de Sahagun apend.*
III. n. 137.

826) *Fuero de Alcala.* Toda bona de mueble ó de raiz,
que ganaren ó compraren marido e mulier, por medio lo
partan.

827) *Fuero de Fuentes.* Toda buena, que compraren ó
ganaren marido o muger de mueble o de raiz, partanlo por
medio.

828) *Fuero de Cuenca* ley. XXI. Si vir et uxor steriles
fuerint et insimul cambium aut comparationem fecerint in
radice alterius, sive domos aut molendinos, aut talium labo-
rem aut plantationem fecerint, pariter dividant illud cum fuerit necesse, tam in vita, quam in morte. Cum alter eorum
decesserit, vivus habeat medietatem praedicti laboris, et pro-
pinquiores consanguinei defuncti aliam medietatem; alia radix
redeat ad radicem.

829) *Fuero de Caceres.* Todo home, que comprare heren-

Stadtrechte von Plasencia, Baeza und andere übereinstimmen. Auch die allgemeine Gesetzgebung hat späterhin
diesen Grundsatz aufgenommen, zuerst der Kaiser Alonso VII.
in den Cortes von Naxera, welche Beschlüsse alsdann in
das Fuero viejo, Fuero real und Especulo übergingen[830]).

Nächst dieser Gütergemeinschaft, in Beziehung auf
den Erwerb, kommt in den Municipalrechten auch ein Vertrag zwischen Mann und Frau (unidad) vor, zufolge welches der überlebende Ehegatte im Besitz des Vermögens
unter der Bedingung der Wittwenschaft bleibt. Nach den
Fueros von Cuenca[831]) und Plasencia[832]), dürfen
alsdann die Erben das Gut nicht vor dem Tode der Wittwe oder des Wittwers theilen. Diese Unidad mußte mit
großen Feierlichkeiten geschlossen werden. Nach dem Recht
von Caceres sollen Mann und Frau darüber am Sonn-
tage nach der Morgenmesse, oder am Sonnabend Abend

---

cia ó mueble con su muger de su haber, entre la mulier en
medietate despues que fueren velados, ó cambiaré; et si mulier comprare aliquam causa de so haber, ó cambiare, otrosi
entre el marido en la meatad.

830) *Ordenamiento de las Cortes de Naxera* t. 29. y. 90.
Fuero viejo l. 1. y. 7. *Fuero de las leyes* l. III. t. 3. *Especulo*
l. 39. t. 12. L. IV.

831) *Fuero de Cuenca* XXXVI. 10. De unitate viri et uxoris. Quamvis superius sit dictum, quod post mortem mariti
sui sive uxoris heredes cum superstite dividant; tamen si vir
et uxor unitatem fecerint, sicut forum est, in vita utriusque;
nullus heres sive filius dividat cum superstite, quamdiu vixerit.

832) *Fuero de Plasencia.* Como despuso es dicho que despues de la muerte del marido ó de la mugier, los herederos
que con el que sobrevisquiere que partan: todavia si el ma-

sich vereinigen [833]), und das Fuero de Cuenca will, bei
Strafe der Nichtigkeit, daß sämmtliche Erben einwilligen,
und auch nicht ein einziger widerspreche [834]. Außer dieser unidad kommen in Castilien andere Vortheile vor, welche dem im Wittwenstand verharrenden Ehegatten zukommen, und welche nicht grade auf Verträg beruhen. Diese
Vortheile sind unter dem Namen der *ley de viudedad*
bekannt, und beruhen darauf, daß die Wittwe oder der
Wittwer gewisse bewegliche oder unbewegliche, nach den
verschiedenen Statuten verschiedene Sachen unter der Bedingung der Wittwenschaft und Keuschheit erhält. Diese
ley de vindedad war den Weibern übrigens nützlicher
als den Männern: jene bekamen in der Regel bessere Sachen vorweg [835]). Hatte ein Wittwer oder ein Wittwe,

---

rido ó la mugier unidat ficieren, ansi como fuero es en vidade
cada uno de ellos; los herederos ó fijos non partan con el,
que despues que sobrevisquiere, mientre fuero vivo el fuero de
la unidat.

833) *Fuero de Caceres.* Vir et mulier, quae unitatem
fecerint, faciant illam in die dominico, exida della misa mati-
nale in collatione de Villa, aut sabado ad vesperas: et prestet:
sin autem non prestet.

834) *Fuero de Cuenca.* Forum vero unitatis est, ut unitas
sit stabilis et firma oportet quod fiat in concilio vel in collatione *et ab omnibus heredibus concedatur;* ab omnibus dico, ita
quod nullus heredum sit absens, quia, si aliquis heredum de-
fuerit, vel aliquis praesentium eam contradixerit, frivola habeatur et cassa.

835) *Fuero de Salamanca.* De la viuldidade de la vilda.
Esta es la viuldidade: una tierra sembradura de tres cafices
en barbecho, ó una casa ó una aranzada de vina, ó una vez
de acenia, ó un yugo de bues, ó un asno, ó un lechon, ó un
quenabe, ó un lichero, ó un fieltro, ó dos sabanas, ó dos cabe-

dieses Gesetz der Keuschheit gebrochen, so mußte, wie das Fuero de Cuenca sagt, alles vorweg genommene, den Erben wieder zurückgegeben werden [836]. Die Wittwe mußte selbst während der Wittwenschaft an gewissen näher bestimmten Tagen in der Kirche erscheinen, Geschenke dem Angedenken des Mannes darbringen und über denselben trauern. Außer den Sachen, welche die Wittwe vorweg erhielt, waren aber auch Ehrenbezeigungen und Befreiungen mit der Wittwenschaft verbunden. Die Fueros von Naxera, Escalona, Toledo und die von ihnen hergeleiteten [837], von Corboba, Sevilla, Riebla und

---

zales, espetes, mesa, escudielas, vases, cuchares, quantos huvieren de madera, escanos, cedacos, archas vadil, calderas, escamielos. cubas e una carral de treinta medidas, todo esto, quando lo hobieren de conssuno, tómelo entrego, e aquello que fore del parte de marido tome el medio. *Fuero de Cuenca* XLII. 10. De praerogativa viduorum. Si viduus in viduitate sive vidua permanere voluerint, ista ei extra sortem relinquantur; viduo equus suus et arma tam lignea quam ferrea. Nec sortiantur thorum, in quo prius cum uxore jacebat, neque aves accipitres. Viduae non sortiantur lectum, quem cum pari suo tenere solebant: dent etiam et agram unius Kaficii et jugum boum, et aranzadam vinae, sed non parrae. Hoc habent vidui de jure viduitatis, et non aliud. Istae viduitates dentur de illis rebus, quas simul adquisierint, et non de aliis rebus.

836) Fuero de Cuenca XLIII. 10.

837) *Fuero de Caceres.* La muger, que entrare en posesion de los bienes, afectos ó la viudedad que lieve in die dominico, et in die lunes bodigo, et dinero et candela, et quantos dias non lo levare, tantos maravedis peche a parientes del morto. Et postquam acceperit et lo delexaverit, et virum acceperit, dé lo duplado. *Fuero de Salamanca.* Como debe ofrecer la vilda. Vilda que vildade prisiere despues que pan é vino cogiere lieve siempre oblada, e oblacion de suyo, e todos

Carmona, gewähren den Wittwen der Ritter dieselben
Privilegien und denselben Rang, deren ihre Männer genossen. Alonso der Weise gewährte dieses Recht der
Stadt Escalona, oder bestätigte vielmehr das von
Alonso VI. schon gegebene [838]). Nach dem Stadtrecht
von Alcala hatte die Wittwe das Recht, das beste Maul-
thier vorweg zu nehmen [839]). Eben so nach dem von
Fuentes [840]). Dieses Recht war durch Donna Uraca
in Leon gegeben, und wörtlich in die ebengenannten Stadtrechte übergegangen [841]). Die Wittwen brauchten, um
ihre Reinheit besser bewahren zu können, nicht vor Gericht
zu erscheinen. Der ordentliche Richter sollte Wittwen und
Waisen vertheidigen [842]). Wittwen brauchten, wie Geistliche und Ritter, niemanden zu beherbergen: darin stimmen

---

los lunes lleve bodigo ó dinero: e si non lo fecier los parientes del morto prendanla fasta que lo faga.

838) *Privil. de don Alonso á la Villa in Escalona, despa-
chado a 5 de Marzo del anno 1261.* „Mandamosque quando vel
caballero moriere, et fincare la mugier viuda que haya aquella
franqueza que habie su marido mientre toviere bien vivedad."

839) *Fuero de Alcala.* Si la mulier envibdare é tobiere
vibdedad fasta cabo danno, la meyor bestia que hobieren, mular de siella ó de albarda, tómelo sin particion, et si non tobiere vibdedad nol preste.

840) *Fuero de Fuentes.* La muger teniendo vibdedad fasta ue ano, tome bestia mular de siella ode albarda, et si ante
del ano casare, non vala.

841) Fueros de Leon y Carrion por la reyna Dona Uraca
en el ano 1109. *Esp. Sagr.* XXXV. ap. III.

842) Marino Essayo p. 221.

viele Fueros, z. B. die von Balbas[843]), Zorita[844]) und von Villavincencio[845]) überein. Trotz dieser zwar nicht ausgebildeten aber auch nicht zu verkennenden Gütergemeinschaft, trotz der Unidad, und der Berücksichtigung der Wittwen, war der Grundzug dennoch Getrenntheit des Vermögens der Ehegatten. Daß sich Mann und Frau ohne Einwilligung der Erben nichts sollen vermachen können, gehört hierher. Das Fuero de Soria[846]), das von Baeza, sprechen diesen Satz ausdrücklich aus. Nach dem Fuero de Sepulveda[847]) durfte der Mann der Frau und umgekehrt diese dem Mann einen Ususfructus vermachen. Nach dem Fuero de Caceres dürfen sich Ehegatten gegen das Ende ihres Lebens die Hälfte ihres Gutes geben. Doch ist diese Vorschrift, wie deutlicher aus

dem

---

843) Vom Kaiser Don Alonso VII. den 11. Juni 1135 gegeben. *Memorias para la vida de Fernando* apend. p. 523.

844) Memorias cit. p. 271.

845) *Hist. de Sahagun apend III. esc. 225.*

846) *Fuero de Soria.* „En vida nin en muerte el marido non pueda dar nin mandar á su muger ninguna cosa; nin la mugier al marido, los herederos non queriendo ó non lo sabiendo. *Fuero de Baeza.* Aquel que testamento ficiere ninguna cosa non pueda dar á la mugier ni la mugier al varon si los herederos non fueron delante o nón quisieren.

847) *Fuero de Sepulveda.* Todo marido a su muger ó muger á su marido que su testamento ficiere, mandel una dona del mueble qualquisiere, e valal; e non le pueda mas mandar, salvo que pueda mandar el marido á su muger o la muger al marido de su raiz lo que quisiere que tenga en tenencia que lo esquilme en su vida; e despues que se torne la raiz a aquellos herederos onde viene el heredamiento, salvo dent armas que non pueda mandar el marido a su muger.

dem Fuero de Alcala hervorgeht, so zu verstehen, daß
keine Kinder vorhanden seyn dürfen. Vier Verwandte von
jeder Seite müssen alsdann die Urkunde vollziehen. Den
Frauen war übrigens untersagt, ohne Einwilligung ihrer
Männer oder Väter Contracte oder sonst Geschäfte einzugehen. Dieses Verbot findet sich in den Fueros von Molina [848]), Fuentes [849]), Alcala [850]) und Sepulveda [851]), und ist von da in das Fuero viejo [852]) und
Fuero de las leyes übergegangen [853]). Den Frauen
wurde sogar das Recht über ihre dos zu disponiren, welches ihnen im Fuero juzgo zustand, immer mehr beschränkt,
wie aus dem Fuero viejo und dem Ordenamiento de
las Cortes de Naxera zu ersehen ist [854]).

Die Ehelosigkeit war übrigens in den Spanischen
Städten des Mittelalters nicht sehr in Ehren. Nach dem
Stadtrecht von Carmona konnte niemand an diesem

---

848) *Fuero de Molina.* La mugier que fuere maridada
non haya poder de empeñar nin de vender sin mandamiento
de su marido.

849) *Fuero de Fuentes.* Toda muger que haya marido non
pueda facer fiadura ninguna, nin fijo emparentado.

850) *Fuero de Alcala.* Mulier maridada de Alcala ó de so
término que alguna cosa fiare ad alguno home ó mandar fiar,
nol preste; e venga so marido é dél una telada, é éscase de
la fiadura.

851) *Fuero de Sepulveda.* Toda muger casada o manceba
en cabello, ó vibda que morare con padre ó con madre en su
casa, non haya poder de adebdar ninguna debda mas de fata
un maravedi.

852) Fuero viejo V. 1. 12.
853) Fuero de las leyes V. 18; 13. VII. 20. 13.
854) Fuero viejo V. 1. 1.

Cc

Orte ein Erbe (heredamiento) besitzen, der nicht mit
Frau und Kindern daselbst wohnte[855]). Nach dem Stadtrecht von Molina[856]) galt keiner für einen Bürger, der
nicht von Michaelis bis Johanni mit seiner Frau in der
Stadt wohnte: eben so in Fuentes[857]). Die Ehelosen
konnten nach einigen Stadtrechten kein vollgültiges Zeugniß ablegen, wie das Fuero de Burgos zeigt[858]). Nach
dem Fuero de Plasencia war grade ein Unverheiratheter
gezwungen für alle Zeugniß abzulegen, ohne dieses gegenseitig von einem Anderen verlangen zu können[859]). In-
jurien, die man gegen Verheirathete beging, wurden weit
härter bestraft, als wenn sie Unverheirathete trafen. In
Miranda[860]) wurde die Verwundung eines verheiratheten
Mannes oder einer verheiratheten Frau mit 60 solidis bestraft, während die Strafe sonst nur fünf oder zehn solidi

---

855) *Fuero de Carmona.* Otrosi mando é etablesco que
ninguna persona non haya heredamiento en Carmona, sinon
aquel que hi morare con sus hijos é con su muger.

856) *Fuero de Molina.* El caballero que non tuviere casa
poblada con su muger e con fijos en la villa *de san Miguel*
hasta *san Juan* non haya parte en los portiellos.

857) *Fuero de Fuentes.* Tod home de Fuentes que tobiere
casa poblada en Fuentes con muger é con fijos, est tenga por-
tiello en Fuentes, e otro non sea aportellado.

858) *Fuero de Burgos* tit. 61.

859) *Fuero de Plasencia.* Todo home, que en Plasencia
morare ó sea vecino o morador, o sea se en la cibdat ó en
su término, e mugier con fijos ocho meses non tuviere, el
responda á todos, e nadie non responda a el.

860) *Fuero de Miranda.* Si aliquis vir vel mulier percus-
sent popularem uxoratum, aut mulierem uxoratam, et extraxerit ei sanguinem, pectet sexaginta solidos et si non extraxerit
sanguinem pectet triginta solidos.

betrug ⁸⁶¹). Gegen verheirathete Männer herrschte solche
Nachsicht, daß in Salamanca ⁸⁶²) ein Ritter vom
Kriegsdienst befreit war, wenn seine Frau krank wurde,
eben so in Caceres ⁸⁶³), wenn die Frau krank oder ge
storben war. Ein Ritter brauchte ein Jahr von seiner
Verheirathung an gerechnet, keine Kriegsbeisteuer (fonsa
dera) zu bezahlen, ein Recht, das ausdrücklich in den
Fueros de Leon bestätigt ist ⁸⁶⁴). Die Strafen des Ehe
bruchs und der Entführung sind in den Municipalrechten
meistens wie in dem Fuero juzgo. Dem Vater, Mann
oder Bräutigam stand zu, die Ehebrecher zu tödten, aber
nicht den einen zu verschonen, während der Andere getöd
tet wurde ⁸⁶⁵). Es wird ganz naiv in den Fueros de
Burgos erzählt, daß ein Ritter von Cibbat Rodrigo,
der einen anderen Ritter bei seiner Frau fand, denselben
castrirt habe, worauf ihn König Fernando hängen ließ,
und bloß aus dem Grunde, weil er seine Frau nicht zu
gleich mit bestraft habe ⁸⁶⁶). Es war indessen keinem

861) So im Fuero de Trevino und im Fuero de Briones.

862) *Fuero de Salamanca.* Todo home, a quien su mulier
enfermare, que veyan los alcaldes et las justicias el dia del
viernes en su cabildo, que non es de andar et embie un caba-
lero vecino, e quande mejorare, vayase a la nubda.

863) *Fuero de Caceres.* Que todo home a quien su muger
le moriere XV. dias ante del fonsado, si fijo o fija non hobiere de edat, non vaya en Fonsado.

864) *Fuero de Leon.* Et caballeiro in ipso anno, quo mulier accepit et vota fecerit usque annum completum ad fossa-
tum non vadat.

865) *Fuero de Sepulveda.* tit. 73. Fuero de Cuenca XI. 28.

866) *Marina Ensayo* p. 172. Esta es fazanno de un caballero
de Cibdat Rodrigo, que fallo yaciendo á otro caballero con su

Fremden gestattet, die Frau des Ehebruchs anzuklagen, wenn der Mann sich dabei beruhigte [867]). Mit großer Nachsicht ist in den verschiedenen Municipalrechten, z. B. in denen von San Sebastian, Baeza, Cuenza, Molina, Sepulveda, Caceres, Yanguas, Soria das stuprum voluntarium behandelt.[868]).

Die väterliche Gewalt erscheint in den Municipalrechten verschieden von der Grundlage des Gothischen Gesetzbuches. Keinem Vater steht frei, sein Kind zu mißhandeln oder zu verwunden; das Fuero de Burgos gestattet dem Kinde, sich dieserhalb bei dem Richter zu beschweren, welcher den Vater in Geldstrafe nimmt [869]). Doch haftet der Vater für allen Schaden, den sein unverheirathter Sohn anrichtet. Das Fuero de Ucles sagt in dieser Beziehung: Filio emparentado qui male fecerit ad alium hominem, suos parentes pectent totum quod fe-

---

muger: é prisol este caballero é castrol. Et sus parientes querelláron al rey don Fernando, é el rey embió por el caballero que castró al otro caballero, é demandol porque lo ficiera: et dixo que lo falló yaciendo con su muger. Et juzgáronle en la corte que debia ser enforcado, pues que á la muger non la fizo nada; et enforcáronle. Mas quando tal cosa aviniere á otro, yaciendo con su muger quel ponga *cuernos*, sil quisiere matar é lo matar, debe matar á su muger: é si la matar, non será *cuernero* nin pechará homecidio. Et si matare á aquel que pone los cuernos, é non matare á ella, debe pechar homecidio. Et si matare a aquel que pone los *cuernos*, é non matare a ella, debe pechar homecidio, e ser encornado, et debel el rey justiciar el cuerpo por este fecho.

867) Marina Ensayo p. 170.

868) Marina Ensayo p. 174.

869) Fuero de Burgos tit. 265.

cerit nisi fuerit *casado* [870]). Vater und Mutter sollen nach dem Fuero de Plasencia [871]) ihre gesunden oder tollen Kinder nicht eher verläugnen (desafiar) können, das heißt, nicht eher für sie aufzukommen aufhören, als bis sie verheirathet sind. Im Fuero de Burgos [872]) ist wenigstens noch das gemeinschaftliche Wohnen erforderlich: Wenn der Sohn toll ist, meint das Fuero de Baeza, so sey der Vater verbunden, ihn einzusperren, oder sich desselben zu versichern, damit kein Schaden geschehe. Die Söhne konnten dafür, während der väterlichen Gewalt, gar nicht selbst belangt werden, wie dies ausdrücklich im Fuero de Caceres gesagt ist. Mit dem Augenblicke der Verheirathung aber hört die Verbindlichkeit der Eltern, für ihre Kinder zu haften, auf. Das Fuero de Molina [873]) stellt die Verheirathung in dieser Beziehung dem Tode der Eltern gleich. Der Grund, daß der Vater für sein Kind aufkommen mußte, ist allerdings eine vermuthete culpa; ihm stand keine noxae datio, wie im Römischen Rechte, zu. Selbst wenn der Vater den Sohn verstieß oder enterbte,

---

870) Fuero de Vales ley 60.

871) *Fuero de Plasencia.* Mandamos que padre ó madre non puedan desafiar sus fijos sanos ó locos fasta que los den casamiento e tanamientre los parientes hayan de responder por el daño que ficieren.

872) *Fuero de Burgos* 62. Esto es fuero de home que ha padre ó madre é non sea casado e mora con el padre ó con la madre e face calonias e son apreciadas é vienen á casa del padre ó de la madre, e testigual el merino en casa del padre: debe pechar la calonia el padre al merino.

873) *Fuero de Molina.* Todos los homes, que los fijos hobieren casados, legitimamente ayustados; el padre, ni la madre nón respondar por ellos mas.

mußte er dennoch den Schaden bezahlen[874]). An eine Emancipation auf andere Weise, als durch Verheirathung, ist in den Spanischen Municipalrechten nicht zu denken.

Wie die Fueros der Städte vom Gothischen Gesetze bedeutend, in Hinsicht auf die Verantwortlichkeit des Vaters, abweichen, so auch rücksichtlich der Vermögensverhältnisse der Hauskinder. Was Sohn oder Tochter gewinnen, gehört nach dem Fuero juzgo nur zu einem Drittel dem Vater[875]). Die Spanischen Stadtrechte dagegen lassen Alles, was die unverheiratheten Kinder erwerben, dem Vater zufallen[876]). Selbst was der Sohn vom Könige geschenkt erhielt, gehört dem Vater nach dem Stadtrecht von Soria[877]), da nach dem Fuero juzgo die alleinige Disposition dem Sohne zustand[878]). Im Fuero de Cuenca wird dieser Erwerb des Vaters durch die Hauskinder ganz bestimmt als ein Aequivalent für den Schaden aufgestellt, den der Vater möglicherweise zu tragen hätte[879]). Weber über

---

874) Marina Ensayo p. 163.

875) Fuero juzgo IV. 2. 13. IV. 5. 5.

876) *Fuero de Fuentes.* Todo fijo ó fija, que haya padre o madre, si alguna cosa ganare ante que case, seya en poder del padre ó de la madre lo que ganare, é quando moriere padre, venga á particion de los hermanos.

877) „Si fijo emparentado ganare alguna cosa de herencia de hermano, ó *donadia de rey ó de senor*, ó en hueste ó dotra parte qualquier que le venga, a cuerta o a mision dellos, si quier non, et despues de muert del padre é de la madre, pártaalo el, é los otros hermanos suyos egualmente entre si.

878) Fuero juzgo IV. 5. 5.

879) *Fuero de Cuenca* ley. XI. cap. 10: Quaecumque filius mercede vel alio modo adquisierit, sit parentum suorum, sicut jam dictum est. Quia sicut illi pro excessibus eorum, et sce-

erworbenes noch über ererbtes Gut können Kinder auf irgend eine Weise disponiren: eben so ist es ihnen untersagt, ein Testament zu machen. Nur die Verheirathung macht den Sohn vollkommen selbstständig [880]). Die Väter haben in Beziehung auf natürliche Kinder dieselben Rechte, wie über eheliche. Der Unterschied der Ehelichkeit und Unehelichkeit scheint in Spanien nicht sehr groß gewesen zu seyn: der Wachsthum der Christlichen Bevölkerung war es, den politische Gründe wünschenswerth machten [881]). Eine Amme, die durch eigene Schuld ihre Milch so schlecht werden ließ, daß der ihr anvertraute Knabe starb [882]), wurde einer Mörderinn gleichgeachtet [883]).

leribus solent delere, sic justum est, ut de lucris et acquisitionibus eorundem aliquid gaudeant habere. Propterea quidquid extra domum parentum suorum adquisierit, totum tradat partitioni fratribus suis, si conjugatus vel conjugata non fuerit: quia post contractionem non habent tradere partitioni aliquid de iis, quae adquisierint.

880) *Fuero de Plasencia.* „Todo testamento, que fijo ante que fage casamiento con mugier ficiere *sea quebrantado e non sea estable*: ca en tanamientra que en poder del pariente fuere, non puede dar nada." *Fuero de Cuenca.* „Omne testamentum quod filius antequam contrahat, condiderit frivolum habeatur et cassum ruptumque judicetur. Quia cum sit in potestate parentis nichil potest dare, nichil testare."

881) Marina Ensayo p. 166.

882) *Fuero de Cuenca* ley. LI. c. 9. Si nutrix lactanti suo lac dederit infirmum, paccatis calumpniis exeat inimica si ea occasione puer obierit.

883) *Fuero de Cuenca* ley. IV. c. 38. Si mancipium mercenarium nutricem domini sui cognoverit, *et ejus occasione lac fuerit corruptum*, et filius obierit *sit inimicus* in perpetuum et pectet calumpnias homicidii.

Das Erbrecht der Stadtrechte ist im Sinne des Fuero juzgo, dessen Grundsätze über Succession bei weitem das Ausgebildetste in jenem Gesetzbuche sind, wie wir dieses schon oben zu bemerken Gelegenheit hatten: auch die materiellen Bestimmungen weichen nicht sehr vom Westgothischen Gesetze ab. Das Princip, das Gut der Eltern den Kindern und überhaupt der Familie zu erhalten, muß hier obenangestellt werden. Schon bei Lebzeiten der Eltern, die etwa Verschwender sind, sollen die Verwandten dafür sorgen[884], daß dieselben nichts am Vermögen einbüßen. Die Eigenthümer und Familienväter dürfen ihr Gut nicht an extraneos, oder mächtige Personen veräußern, oder darüber zum Besten der Mönche disponiren (Ninguno non pueda mandar de sus cosas á ningun herege, nin á home de religion, desque hobiere fecho profesion)[885]. Damit das Vermögen der Laien nicht endlich durch fromme Vermächtnisse in die todte Hand komme, muß jeder, der ins Kloster geht, sein unbewegliches Gut den nächsten Intestaterben zurücklassen, und nur noch über einige bewegliche Sachen ist ihm die Disposition gestattet[886]. Es ist durch-

---

884) *Fuero de Cuenca ley.* XXXIV. *c.* 10. *Fuero de Salamanca.* Nengun home o mugier de Salamanca, que se malvare, sus parientes mas propincos tomen su haber *para proe* de los sus fijos, si los hobiere, é tengan los parientes los fijos é el haber, que se non pierda. E se tornar en bondat, denle su haber e sus fijos.

885) *Fuerode de Soria.* Fuero de Cuenca III. 32. Cucullatis et saeculo renuntiantibus nemo dare neque vendere valeat radicem. Nam quemadmodum ordo istis prohibet haereditatem vobis dare aut vendere vobis quoque forum et consuetudo prohibet cum eis hoc idem.

886) *Fuero de Fuentes.* Tod home que entrar quisiere en orden, haya poder de levar sus armas, e su caballo, e sus

gängig in den Spanischen Städten Rechtens, daß niemand
der Kirche, oder sonst einem pium corpus mehr als den
fünften Theil des beweglichen Gutes geben dürfe. Nur
darin weichen die Stadtrechte ab, daß einige [887] auch
den nicht kinderlosen dieses Legat gestatten, andere die Bedingung der Ehe und Kinderlosigkeit (maneria) daran knüpfen [888]. Eben so machen einige Stadtrechte einen Unterschied zwischen Krankheit und Gesundheit, so daß namentlich den Geisteskranken (doliente en cabeza atado) nicht
gestattet ist, mehr als den fünften Theil des Vermögens
frommen Stiftungen zu hinterlassen.

Mit diesem Principe des Erhaltens der Güter in den
Familien hängt auch das Retractrecht der Verwandten zu-
sammen, das sich in den meisten Fueros vorfindet. In
Baeza muß jeder, welcher ein unbewegliches Gut veräu-

---

paños, e el quinto del mueble, e toda raiz finque a sus herederos. *Fuero de Caceres* Todo home, que se metier en orden,
de la meatad de su haber á sus parientes, como si fuere
muerto: et otrosi non meta consigo herencia pinguna. *Fuero
de Plasencia* Otorgo que todo home que en orden entrare lleve el quinto del mueble solo, e finque toda la raiz a sus herederos.

887) Fuero de Burgos tit. 207. Esto es fuero, que si home ó muger viene a hora de la muerte, é ha fijos é fijas, e
ha mueble é heredat, pueda dar por su alma el quinto.

888) Ordenamiento de las Cortes de Náxeres tit. 67. y 100.
Cf. *Fuero viejo* V. 2. l. 1. y 6. Es fuero de Castiella que
todo fijodalgo que sea *manuero* seyendo sano puede dar lo
suyo a quien quisiere e venderlo. Mas de que fuere alechu-
gado de enfermedad acuitado de muerte, onde moriere, non
puede dar mas della quinta de lo que hobiere por su alma, e
todo lo al que hobiere debenlo heredar sus parientes los mas
propineos.

fern will, es drei Tage vorher in der Stadt bekannt machen, damit die Verwandten sich zu melden im Stande seyen.
Hat jemand heimlich verkauft, so begründet dies einen Anspruch abseiten der Verwandten [889]). In anderen Stadtrechten, wie z. B. in dem von Zamora, ist der Termin
der Bekanntmachung neun Tage vor dem beabsichtigten
Verkauf (Padre ó madre, abolo ó abola que here-
dade hobieren á vender, quanto uno è otro dier por
ela, fillos ó fillas, ó nietos ó nietas la tomen si quisieren, e paguen hasta IX dias).

Das Recht der testamentifactio war in den Castilischen Stadtrechten ganz eben so beschränkt, wie in dem
Gothischen Gesetzbuch. Die Enterbung der Kinder war
durchweg verboten, und nur im Falle diese sich ein unge-
ziemendes Betragen gegen ihre Eltern hatten zu Schulden
kommen lassen, gestattet. In diesem Falle mußte der Vater nach dem Fuero de Alcala vor dem Rath erscheinen,
und die Exheredation, so wie ihre Gründe öffentlich angeben, eine wahre ἀποκήρυξις des Griechischen Rechts; er
mußte sich gleichsam entsohnen [890]) (desafijar). Nach anderen
Stadtrechten, wie z. B. nach dem von Zamora, konnte
auch der Vater und die Mutter, selbst wenn keine Gründe
der Enterbung vorhanden waren, den Pflichttheil so lange

---

889) *Fuero de Baeza.* Empero aquel que raiz alguna quisiere vender fágala pregonar III. dias en la villa, é estonce
ai alguno de sus parientes la quisiere comprar, cómprele por
quanto aquel que mas cara la quisiere comprar.

890) *Fuero de Alcala.* Filio o filia que malos fueren pora
el padre ó pora la madre; si padre ó madre amos ó el uno
venieren á concejo ó *desafijaren* en concejo que non quieren
que hereden de su haber, sean desheredados, e non partan en
su haber.

für das Kind aufheben lassen, bis es sich gebessert habe (Home 'que habier fillo que salga de mandado del padre ó de madre, ó fur yugador ó home 'malo et pasar el padre ó la madre del sieglo: el que ficar viva enno haber, e non haya poder de lo vender, neu de lo engayar, nen de lo malmeter, *e non le den herencia ninguna ata que sea home bono*; esto sea por fillo ó por filla). Die Erlaubniß, welche das Fuero juzgo ertheilte, Descendenten bis zum Betrage des dritten Theils des Vermögens vorzugsweise zu bedenken [891]), war in die Castilischen Stadtrechte nicht übergegangen. Diese verwerfen fast alle die ungleiche Theilung, sowohl im Zustande der Krankheit als der Gesundheit, sowohl in Beziehung auf bewegliches als auf unbewegliches Gut [892]). Wenn es auch gestattet ist, den Kindern Hochzeitsgeschenke zu machen, so sollen doch diese auf das strengste conferirt werden, überhaupt bei der Theilung eine durchgängige Gleichheit hervorzubringen sey [893]). Was Kinder von ihren Ascenden-

---

891) Fuero Juzgo IV. 5. 1.

892) *Fuero de Baeza.* Por estas avandichas razones mandamos que nin padre nin madre non hayan poder de dar á alguno de sus hijos mas que á otro, *nin sanos, nin enfermos,* mas todos egualumente tomen su parte, asi en mueble como en raiz. *Fuero de Alcala* Padre o madre que mandamiento ficiere á fijo ó á fija, ó á nieto ó á nieta, non preste. *Fuero de Fuentes* Padre ó madre seyendo sanos ó enfermos non hayan poder de dar mas á un fijo que á otro, si á los otros fijos non ploguiere. Cf. *Ordenamiento de las Cortes de Náxera tit.* 52. *Fuero viejo* V. 2. 4. y. V. 3. 6.

893) Fuero de Burgos ley. 125. Esto es fuero, que padre ó madre dant á fijo heredat o rope en casamiento, ó cocederas o sábanas ó otra tal ropa, o sechas, o otra ropa que sea de yacer, et hobiere otros fijos et otras fijas que sean de

benten geschenkt erhalten, sollen sie auf keine Weise ver=
pfänden oder veräußern dürfen, weil diese Schenkungen
immer noch dem Schicksale unterworfen sind, in die Erb=
masse eingeworfen zu werden [894]). Verletzung der Gleich=
heit kann auf keine Weise der echt Germanische Grundsatz
genannt werden, daß die männlichen dem Vater gehörigen
Sachen auf die Männer, die weiblichen Geräthe auf die
Weiber übergehen. Armas del padre o cabale, sagt das
Stadtrecht von Alcala, los filios varones lo hereden;
vestidos de madre las filias los hereden [895]). Eben so
war es ein besonderes Recht des Castilischen Adels, daß
dem ältesten Sohn das Pferd, dessen sich der Vater be=
diente, und die Waffen, die er trug, vormeg gegeben wer=
ben konnten [896]). Keinem anderen Sohne gebührt ein sol=
cher Vorzug (salvo al fijo mayor, quel puede dar el ca-

_____

tiempo é non otorgaren, ó non sean de edat para otorgar, et
viene a tiempo que muere el padre ó la madre, e demandan
los otros fijos que aduga la heredat a particion, ó la ropa, et
si non entréguese cada uno de sennos tantos si han de que
et si non hobiere deque aduga la heredat ó la ropa a particion
qual fuere usada. Cf. *Fuero de Cuenca ley.* XXII. c. 10.

894) *Fuero de Zamora.* Fillo que padre ó madre hobier,
o abolo ó abola que hayan heredar, de quanto le dieren en casamiento non hayan poder de vender, vender nen de donar nen de
enagenar sin so mandado de toda cosa que le dier padre o
madre, abolo ó abola, o soglo ó sogla, e quien delos comprar
ó engayar, pérdalo.

895) *Fuero de Fuentes.* Tot home de Euentes que hobier
fijos é fijas, el caballo ó las armas del padre é los panos finquen en los fijos varones, e los panos de la madre finquen
en las fijas.

896) Ordenamiento de las Cortes de Náxera tit. 52. Fuero viejo de Castilla. V. 2. 4.

ballo ó las armas del su cuerpo para servir al sennor como sirvió el padre á otro sennor qualquier). Auch in Leon findet sich, wie in Castilien, dieses Recht der Erstgeburt, namentlich in dem Stadtrecht von Caceres [897]).

Wichtig ist noch für das Erbrecht der Unterschied zwischen dem unbeweglichen Gut oder Erbe (raiz, heredamiento heredad) und dem beweglichen, der sich fast in allen Castilischen Stadtrechten vorfindet. Derselbe ist im Fuero júzgo durchaus nicht begründet [898]), aber die verschiedenen Fueros [899]) knüpfen bedeutende Wirkungen an diesen Unterschied [900]). Dahin gehört das sogenannte derecho de troncalidad, wonach Ascendenten mit Ausschluß aller Collateralen in das bewegliche Vermögen folgten, aber von liegenden Gründen zwar den Usufructus hatten, nach dem Tode jedoch diesen Theil des Gutes wieder den Collateralen zukommen lassen mußten (la raiz torne á su raiz) [901]).

---

897) *Fuero de Caceres.* Todo home que moriere, den su caballo et sos armas á so filio mayori, et si filio varon non habuerit, dent suas armas et suo caballo por sua anima.

898) S. oben S.

899) Marina Ensayo p. 154. 155.

900) Marina Ensayo p. 195. Interessant ist, was Marina p. 154. 155. über die Verjährung von Jahr und Tag, por año y dia, sagt.

901) *Fuero de Baeza,* Todo fijo herede de la buena de su padre y de su madre en mueble y raiz, y el padre y la madre hereden la buena del fijo en el mueble: ca el padre no ha de heredar la raiz del fijo que de su patrimonio alcanzó. Maes la otra raiz que los parientes ensemble ganáron, hala de heredar el padre que fuere vivo ó la madre por el derecho del fijo en todos los dias de su vida, si el fijo

Nachdem wir aus den einzelnen Stadtrechten der Reiche Castilien und Leon diejenigen hervorstechenden Punkte
herausgehoben haben, die vom Familien- und Erbrecht
handeln, müssen wir einen Blick auf die größeren Gesetzbücher werfen, die zwar im Laufe dieser Darstellung bisweilen berührt worden sind, aber jetzt eine eigene
Behandlung erfordern, weil ihre Absicht war, sich an die
Stelle dieser einzelnen Municipalrechte zu setzen. Wenn
diese Absicht auch niemals erreicht worden ist, wenn vielmehr die Fueros der Städte immer dem Fuero de las
leyes und den siete Partidas vorgezogen werden, so haben doch diese letzteren den entschiedenen Werth, den Geist
der allgemeinen Castilischen Gesetzgebung aufzuweisen. Welche Schwierigkeiten sie auch hatten, sich in die Praxis einzuführen, wie wenig sie auch im Stande waren, die fortwährend Gültigkeit selbst des Fuero juzgo ganz zu verdrängen, so geben sie dennoch für uns einen vollkommenen Maaßstab für die Bedeutung des Spanischen Rechts
ab, und zwar ganz eben so, als ob ihre Einführung unbestritten und ihre Anwendung durchgängig gewesen wäre.
In den Fortschritten dieser Gesetzbücher vor dem Fuero

VIII dias yisquiere. Maes despues de la muerte del padre ó
madre la raiz tome a su raiz. Por esta cavsa mando yo que
maguer el pariente que fuere vivo, haya de heredar la buena
del fijo todos los dias de su vida, empero por quanto á la
raiz ha de tornar, de fiadores que la raiz guarde que non se
danne. Maes la raiz que al fijo de patrimonio le alcanzare,
tome á su raiz aquel dia que el finare. Diese Stelle ist wörtlich aus dem Fuero de Cuenca ley. I. cap. 10. findet sich aber,
dem Inhalte nach, ganz eben so in den Fueros von Sepulveda,
Plasencia und Burgos. Nicht minder in denen von Zamora, Caceres und Alcala.

juzgo läßt sich aber auch zugleich am besten bemerken, welche Mittelstufe die Spanischen Municipalrechte erstiegen haben, weil sie die Verbindung zwischen der ursprünglich Gothischen und späteren Gesetzgebung bilden.

Was zuerst das Fuero real oder Fuero de las leyes betrifft [902]), so sind folgende hauptsächliche Bestimmungen über das Familienrecht darin zu finden. Die Ehe casamiento soll auf keine Weise heimlich eingegangen werden (a furto): der Uebertreter bezahlt dem König hundert Maravedis oder sein ganzes Vermögen (peche cienie maravedis al rey: si los non oviere, todo lo que oviere sea del Rey, por lo que fincare sea el cuerpo a merced del Rey) [903]). Die Eltern haben, wie im Fuero juzgo, unbedingte Freiheit, ihre Töchter zu verheirathen an wen sie wollen: nur die Wittwe kann ohne Einwilligung derselben eine zweite Ehe schließen [904]). Eine manceba en cabello dagegen, welche dies ohne Consens thut, wird dadurch erblos, es müßte denn seyn, daß ihr von den Eltern Verzeihung geworden ist; ist der Vater oder die Mutter gestorben, ohne verziehen zu haben, so hat die Verzeihung des Ueberlebenden die Wirkung, auch in das Vermögen des Verstorbenen folgen zu lassen [905]). Haben die Eltern bis zum dreißigsten Jahre die Tochter nicht verheirathet, so hat sie alsdann das Recht mit einem angemessenen Mann (con

---

902) Fuero real d'España hecho por el noble Rey Don Alonso IX concordado con las siete Partidas y Leyes del Reyno, Madrid 1547.

903) Fuero real f. 107.

904) Fuero real f. 107.

905) Fuero real l. l.

onre conveniente) sich zu verbinden⁹⁰⁶). So lange Streitigkeiten in Beziehung auf die Existenz einer Ehe obwal-
ten, darf keiner der Betheiligten heirathen⁹⁰⁷) (Otresi de-
fendemos que si pleytos de casamientos fueren comen-
çados entre algunos en juyzio, ningun dellos non sea
osado de casar en otra parte fasta que el pleyto sea de-
terminado por juyzio de santa yglesia). Die Strafen
der Verheirathung innerhalb des Trauerjahres sind mit
dem Fuero juzgo⁹⁰⁸) ganz übereinstimmend. Die Frau
verliert die Hälfte des Vermögens zum Besten der Kinder
oder Erben des Mannes⁹⁰⁹).

Die dos, welche der Mann der Frau giebt, darf im
Fuero real, wie im Westgothischen Codex, den zehnten
Theil des Vermögens nicht übersteigen⁹¹⁰). Hat jemand
kein eigenes Vermögen, so kann er auch den zehnten
Theil dessen was er späterhin erwerben würde, verspre-
chen⁶¹¹). Der Vater oder die Mutter, oder in Ermangelung derselben der Bruder, oder die anderen nächsten
Verwandten sollen der manceba en cabello die dos (arras) verwahren, wie im Fuero juzgo⁹¹²): jedoch nur
bis zum zwanzigsten Jahre: dann bekommt die Frau die
dos zu eigener Obhut⁹¹³). Hat der Bräutigam der Braut
Ge-

---

906) Fuero real f. 108.
907) Fuero real l. l.
908) S. oben S. 335.
909) Fuero real f. 109.
910) Fuero real f. 110.
911) Fuero real l. l.
912) S. oben S. 341.
913) Fuero real f. 110.

Geschenke gemacht, und stirbt derselbe vor der Ehe, so behält die Braut die Hälfte, wenn der Bräutigam sie küßte: die vor der Ehe gegebenen arras können aber ganz zurückgefordert werden, wenn die Ehe nicht zu Stande kam [914]). Durch Ehebruch verliert die Frau ihre Ansprüche auf die dos [915]).

Die Gütergemeinschaft, von der der wir oben bei den Municipalrechten gesprochen haben, und deren das Fuero juzgo, troz der entgegengesetzten Behauptungen Spanischer Juristen, fast ganz ermangelt, findet sich dann auch wieder im Fuero real aber mehr den ursprünglichen Bestimmungen des Fuero juzgo als den Municipalrechten ähnlich. Alles, was Mann und Frau zusammen kaufen oder erwerben, soll beiden gehören (Toda cosa que el marido e la muger ganaren o compraren de consuno aganlo ambos por medio) [916]). Was aber der König oder ein Anderer einem der Ehegatten ausdrücklich allein schenkte, soll auch jedem allein zukommen [917]). Doch ist diese Gütergemeinschaft durchaus auf das Erwerben mit gemeinschaftlichen Mitteln beschränkt. Was jeder der Ehegatten aus seinen eigenen Mitteln erwirbt, gehört auch ihm allein. Zieht der Mann auf Kosten der Frau in den Krieg, und erbeutet er etwas, so theilt er die Beute mit der Frau, weil diese zu den Kosten beigetragen [918]). Die Früchte aller Sachen, auch der, welche jeder Ehegatte für sich allein hat, sind gemein-

914) Fuero real f. 111.
915) Fuero real f. 112.
916) Fuero real f. 112.
917) Fuero real f. 113.
918) Fuero real f. 114.

Dd

schaftlich⁹¹⁹). Eine vollkommene Gemeinschaft der Güter (hermandad de sus bienes) ist den Ehegatten nur erst
ein Jahr nach der Ehe in dem Falle zu machen erlaubt,
daß sie keine Kinder haben. Sobald sie aber Kinder erhalten, ist die hermandad dadurch aufgelöst⁹²⁰). Die
Frist des Jahres nach der Ehe ist ebenfalls im Fuero
juzgo aufzufinden. Dort bezieht sie sich auf die Schenkungen zwischen Ehegatten, die erst nach einem Jahre gestattet sind⁹²¹).

Ueber die väterliche Gewalt finden sich wenig Bestimmungen im Fuero real. Einige betreffen die gegenseitige
Alimentation (goviernos). Die Kinder sind genöthigt Vater und Mutter zu erhalten: schreitet einer von diesen zur
zweiten Ehe, so braucht nur die Hälfte der bisherigen Alimente gegeben zu werden. Die Stiefmutter ist vom Stief-
kinde nicht zu ernähren (non sean tenudos de governar
la madrasta si no quisieren)⁹²²). Außer der Ehe als
Grund der väterlichen Gewalt kommt auch die legitimatio
und zwar per subsequens matrimonium vor (Si ome sol-

---

919) Fuero real l. l.

920) *Fuero real f.* 136. III. 6. 9. Si el marido e la muger fizieren hermandad de sus bienes de que fuere el año
passado, que casaren en uno, no aviendo fijos de consuno ni
de otra parte, que hayan derecho de heredar: vala tal hermandad; si despues que fizieren la hermandad ovieren fijos de
consuno no vala la hermandad: ca no es derecho que los fijos
que son fechos por casamiento sean desheredados por esta
razon.

921) S. oben S. 340. Auch nach dem Fuero real sind die
Schenkungen zwischen Ehegatten erst nach einem Jahre gültig; ebenfalls unter der Bedingung, daß keine Kinder vorhanden sind.

922) Fuero real f. 153.

tero con muger soltera fiziere fijos et despues casare con ella estos fijos sean herederos) ⁹²³). Wenn jemand eine schwangere Frau hinterläßt, so werden allerlei Vorsichtsmaßregeln angewandt, daß kein Betrug geschehen könne: es sollen ihr zwei Hebammen (mugeres buenas) beigegeben werden, und keine anderen Frauen, als die, welche bei der Geburt behülflich sind, werden zugelassen. Stirbt das neugeborne Kind, ehe es getauft worden, so erben lediglich die Verwandten von Vatersseite; stirbt es nach der Taufe, so beerbt die Mutter das Kind ⁹²⁴). Die Putativkinder haben nach dem Fuero real alle Rechte, welche das Canonische Recht denselben gewährt ⁹²⁵): auch die Putativfrau hat rücksichtlich der Gemeinschaft aus dem Erwerb alle Befugnisse einer wahren Ehefrau: wußte sie dagegen, daß der Mann, mit dem sie sich verband, schon verheirathet sey, so soll sie und ihr Vermögen (im Fall sie keine Kinder hat) in die Gewalt der rechtmäßigen Ehefrau fallen, die mit ihr alles vornehmen kann, bis auf das Tödten (faga della y de sus bienes lo que quisiere, fuera que lo no mate) ⁹²⁶). Adoptionen können wenigstens in wirksamer Beziehung auf Erbrecht nur vorgenommen werden, wenn keine leiblichen Kinder vorhanden sind⁹²⁷). Später erzeugte eheliche Kinder schließen die Adoptivkinder aus ⁹²⁸). Was die Rechte des Vaters am Vermö-

---

923) Fuero real f. 133. Auch in p. rescriptum principis f. 141.

924) Fuero real f. 134.

925) Fuero real. l. l.

926) Fuero real f. 135.

927) Fuero real. f. 135.

928) Fuero real l. l.

gen der Kinder betrifft, so enthält das Fuero real keine bestimmte Entwicklung in dieser Beziehung, und es scheint das oben dargestellte Recht der Städte vorausgesetzt zu seyn. Die Rechte der Brüder und der Verwandten sind im Ganzen nicht von denen des Fuero juzgo verschieden. Die Vormundschaft ist zwar nicht sehr abweichend vom Fuero juzgo bestimmt, aber dennoch mit größerer Annäherung an das Römische Recht. Der tutor muß wenigstens zwanzig Jahre alt und von unbescholtenem Rufe seyn [929]). Ein Inventarium, wie im Westgothischen Gesetzbuch, findet sich im Fuero real ebenfalls, nicht minder die Belohnung des zehnten Theils der Früchte [930]), die der tutor für seine Mühe erhält. Die Mutter hat, bis sie zur zweiten Ehe schreitet, die Vormundschaft über ihre Kinder [931]), sonst ist dieselbe entweder legitima oder dativa.

Ab intestato erben die ehelichen Descendenten zuerst, und zwar, wie ausdrücklich angeführt wird, mit Ausschluß

---

929) Fuero real f. 149. 150. Todo home, que oviere de guardar huerfanos y sus bienes, debe ser de veynte annos al menos: deve ser cuerdo de buen testimonio; si tal no fuere no pueda guardar a ellos, ni a sus bienes.

930) Fuero real f. 150. Si algunos huerfanos que sean sin hedad fincaren sin padre o sin madre, los parientes mas propinquos que hayan hedad sean para ello; reciban a ellos todos sus bienes delante el alcalde — tomen para si el diezmo de los frutos por razon de su trabajo.

931) Fuero real f. 152. Si el padre muriere, hijos del fincaren sin hedad la madre no casando tome a ellos y a sus bienes si quisiere y tengalos en su guarda fasta que sean de hedad.

der Concubinenkinder [932]). Diese Bemerkung zeigt, wie
sehr das Concubinat der Ehe und die in demselben erzeug=
ten Kinder den ehelichen gleichgesetzt waren.. Das Fuero
real mußte, was sich in vielen Municipalrechten eingeschli=
chen hatte, erst verdrängen. Ueber den fünften Theil sei=
nes beweglichen oder unbeweglichen Vermögens kann aber
jeder auch zu Gunsten der Concubinenkinder verfügen [933]).
Sind keine Kinder vorhanden, so können weder Vater und
Mutter noch sonstige Verwandten die freie Disposition
hindern (no le pueda embargar ni padre ni madre ni
otro pariente) [934]). In Ermangelung von Descendenten
folgen die Ascendenten, und dann erst die Collateralen nach
der Nähe des Grades [935]). Unter den Descendenten gilt
durchweg Repräsentationsrecht [936]). Theilen Ascendenten
miteinander, so nehmen die väterlichen das, was
von der väterlichen Linie kommt, die mütterlichen das,
was von der Mutterseite herrührt [937]). Eben so geschieht
die Theilung, wenn consanguinei und uterini zusammen

---

932) Fuero real f. 131, no pueden heredar con ellos otros
algunos que aya de barragana.

933) Fuero real f. 132.

934) Fuero real l. l.

935) Fuero real l. l.

936) Fuero real f. 135. Si el muerto dexare nietos, que
hayan derecho de heredar, quier sean de fijo, quier de fija, o
oviere mas nietos del un fijo que del otro todos los nietos de
parte del un fijo hereden aquella parte, que heredara su padre si fuesse vivo et no mas: los otros nietos del padre del
otro fijo, maguer sean mas pocos, hereden todos lo que su
padre heredaria.

937) Fuero real f. 137.

erben: nur der gemeinschaftliche Erwerb geht zu gleichen
Theilen [938]). Sowohl bei der Erbschaft des Vaters als
der Mutter ist Collation angeordnet [939]). Die Testamente
(mandas) werden gültigerweise entweder von einem öffentlichen Notarius, oder von anderen öffentlichen Personen,
oder von einem Privatschreiber, der sein Siegel darunter
setzt, oder sonst von gültigen Zeugen gemacht per escripto
de mano de los escrivanos o de alguno dellos que sean
publicos, o por otro escrivaho, en que ponga su sello
conocido, que sea de creer, o por buenas testimo-
nias) [940]). Diese vier Arten der Testamente sind an die
Stelle der vier Weisen gesetzt, wie man nach dem Fuero
juzgo eine letztwillige Verfügung machen kann [941]). Jede
derselben hat indessen nach dem Fuero real einen gleichen
Werth [942]). Durch das spätere Testament wird immer
das frühere vernichtet, und zwar ganz ohne Berücksichtigung, ob jemand krank oder gesund ist (quier seyendo sano quier enfermo) [943]). Ist im Testamente über mehr
verfügt worden, als in der Erbmasse vorhanden ist, so sollen Abzüge pro rata gemacht werden [944]). Weder Minderjährige, Wahnsinnige, Ketzer, zum Tode Verurtheilte und
Sklaven, noch Mönche und Geistliche sollen ein Testament
machen können, letztere jedoch nur über das nicht, was sie

---

938) Fuero real f. 138.
939) Fuero real f. 139.
940) Fuero real f. 121.
941) S. oben S. 359.
942) Fuero real f. 121.
943) Fuero real f. 122.
944) Fuero real f. 123.

durch die Kirche erhalten haben⁹⁴⁵). Im Fuero real
findet sich das Eigenthümliche, daß ein Testament ex alie-
no arbitrio, welches das Römische Recht verbietet, erlaubt
ist. Man kann einem anderen (cabeçalero) den Auftrag
geben ein Testament zu machen, und dieses Testament gilt,
als wenn es der Erblasser selbst gemacht hätte (vala asi,
como si la ordonasse aquel que dio el poder)⁹⁴⁶).
Der Name cabeçalero kommt wohl daher, weil der Man-
datarius statt des Mandans der Urheber des Testaments,
oder dessen Hauptperson ist. Keine Frau, kein Mönch,
Minderjähriger, Stummer, Tauber, Ketzer, Mohr und Jude
dürfen zu cabeçaleros genommen werden⁹⁴⁷): eben so wenig ein Hochverräther, zum Tode Verurtheilter oder aus
dem Lande Verbannter⁹⁴⁸). Wenn diese Person des cabeçalero ein durchaus dem Spanischen Rechte eigenthümliches ist, so stimmt das Fuero real darin wieder mit dem
Römischen Rechte überein, daß die Testamentszeugen ausdrücklich zum Zeugniß aufgefordert (rogados) seyn müssen, und daß der Erbe nicht selbst Zeuge seyn kann⁹⁴⁹).
Unter dem Namen des cabeçalero wird im Fuero real
aber auch häufig der bloße executor testamenti verstanden, der in einigen Italienischen Stadtrechten fideicommissarius heißt. Dieser cabeçalero kann den Inhalt des
entweder selbst gemachten oder ihm zur Ausführung über-
gebenen Testaments erfüllen, ohne auf die etwaige Recla-

---

945) Fuero real f. 123.
946) Fuero real f. 125.
947) Fuero real l. l.
948) Fuero real l. l.
949) Fuero real l. l.

mationen der Intestaterben Rücksicht nehmen zu dürfen⁹⁵⁰).
Haben aber die Intestaterben vor der Erfüllung Einspruch
gethan, so muß der cabeçalero erst die Ehescheidung ab-
warten⁹⁵¹). Innerhalb eines Monats nach dem Tode
des Erblassers muß der cabeçalero das Testament publi-
ciren lassen; sonst verliert er Alles was ihm darin ausgesetzt war; war ihm nichts ausgesetzt, so muß er den zehnten Theil des im Testament hinterlassenen als Strafe bezahlen (si alguna cosa no hoviere en la manda, pechen
el diezmo de la manda)⁹⁵²). Jeder der ein Testament
angreift, oder nicht cabeçalero, oder tutor seyn will, verliert Alles, was ihm in demselben ausgesetzt worden⁹⁵³).
Zu Erben im Testamente können nicht eingesetzt werden,
Ketzer, solche, die das Klostergelübbe abgelegt haben, Hochverräther, solche, die ihrem Herrn in großer Gefahr nicht
beistanden (ni a quier vee matar a su señor captivar o
ferir y no lo quiso acorrer) Kinder, die im Ehebruch erzeugt sind⁹⁵⁴), Juden und Mauren. Sind dieß
letzteren, so wie Ketzer, im Testamente zu Erben ernannt,
so fällt alles an den König⁹⁵⁵). Daß Ascendenten einige
Descendenten vorzugsweise innerhalb des dritten Theils des
Vermögens bedenken können, ist aus dem Westgothischen
Gesetzbuch beibehalten.

Die Enterbungen der Descendenten können nur aus
bestimmten im Gesetz verzeichneten Gründen, entweder im

---

950) Fuero real f. 130,
951) Fuero real l. l,
952) Fuero real f. 131,
953) Fuero real l. l.
954) Fuero real f. 127,
955) Fuero real f. 140.

Teſtamente oder vor Zeugen vorgenommen werden [956], ſie müſſen entweder gleich, oder von den Erben bewieſen ſeyn [957]). Dieſe Enterbungsgründe ſind: Beleidigungen gegen die Eltern (si le dixere denuesto devedado), Ablängnung des elterlichen Verhältniſſes, Anklagen die Tod, Verluſt eines Gliedes oder Verbannung zur Folge haben können, Umgang mit der Frau oder Concubine des Vaters, Uebertritt zum Islam oder Judenthum, Vertheidigung und Ergreifung irgend einer Ketzerey [958]). Wer das Teſtament des Vaters oder ſonſtigen Aſcendenten hindert, wird nicht erblos, ſondern verfällt nur in eine Strafe [959]). Das Fuero real kennt übrigens auch den Fall der Indignität, wenn der eingeſetzte volljährige Erbe, den am Erblaſſer verübten Mord nicht rächt, oder gar ſelbſt an demſelben Theil genommen hat [960]). In dieſem Fall und überall, wo die Erbſchaft vacant iſt, nimmt der König dieſelbe (aya ló el rey) [961]).

Wenn das Fuero real im Ganzen den Character des Weſtgothiſchen Geſetzes und der Municipalrechte bewahrt, ſo iſt das gleichzeitige Werk der siete Partidas durchweg von dieſer Wurzel abweichend, und indem es eigentlich mit ſichtbarem Stolze eine Compilation aus Römiſchem, Canoniſchem und Feudalrechte ſeyn will, hat es mehr den Character eines fremden, eingeführten und überſetzten Codex, als eines originell Spaniſchen Rechtsbuches. Bis-

---

956) Fuero real f. 155.

957) Fuero real l. l.

958) Fuero real l. l.

959) Fuero real f. 156.

960) Fuero real l. l.

961) Fuero real l. l.

weilen versuchen die Compilatoren, Spanische Rechtssätze mit Römischen in Verbindung zu bringen, und ganz verschiedene Namen miteinander zu verknüpfen. Daher auch die ursprüngliche Fremdheit der ganzen Unternehmung, die Schwierigkeiten, mit denen die Partidas immer zu kämpfen hatten, und der Vorsprung, den endlich das reine Römische Recht über dieselbe gewann. Namentlich ist die vierte Partida, welche das Familienrecht enthält, ein Muster von Verwirrung und Widersprüchen. Wo Römisches und Canonisches Recht verschiedene Bestimmungen enthalten, ist oft Beides ohne Rücksicht auf die Praxis verbunden. Harte Festsetzungen finden sich in den siete Partidas vor, wo in den Municipalrechten, ja selbst im Fuero juzgo und noch mehr im Fuero real natürlichere und gebildetere Gültigkeit erlangt haben.

Es ist daher, da der Kern der siete Partidas Römisch und Canonisch ist, nur nöthig, durch einzelne Beispiele aus dem Familien- und Erbrecht eine Vorstellung von der Breite der Darstellung, von dem Bombast der Sprache, und von den Widersprüchen zu geben, die in jeder Lehre sich finden. Wollten wir hier auf Vollständigkeit Anspruch machen, so würde Vielerlei, das unbestritten Römisch oder Canonisch ist, noch einmal mit in die Darstellung kommen, ohne daß das Bild, das von dem Familienrecht der siete Partidas entworfen werden soll, an Genauigkeit oder Aehnlichkeit gewönne.

Schon die Erklärung, woher das Wort matrimonium oder casamiento komme, zeigt die ganze breite Anlage des Gesetzbuches. Aus der Glosse ist der Grund aufgenommen, weswegen die Ehe nicht patrimonium sondern matrimonium genannt wird, weil die Mutter weit mehr Arbeit beim Gebären, als der Vater beim Erzeugen hat, weil die Erziehung der Kinder meist der Mutter zur Last fällt, und weil die Kinder der Mutter, wenn sie klein sind, mehr als des Vaters bedürfen [962]). Nachdem die Vortheile der Ehe, welche namentlich drei (se linaje e sacramento) sind, weitläuftig auseinandergesetzt werden, wird in einem eigenen Gesetze das Paradies als der erste Wohnsitz der Ehe beschrieben [963]). Dann erst kommen die Partidas zu den Eingehungsweisen der Ehe. Dies giebt Veranlassung zu einer weiten Dissertation, daß es nicht die Worte sind, sondern daß es die Uebereinstimmung des Willens ist, welche die Ehe eingehen lassen. Denn sonst könnte ja ein Stummer nicht heirathen [964]). In ähnlicher unerträglicher Geschwätzigkeit, wird von den Ehehindernissen nach Canonischem und Römischem Recht, und von der Gewalt der Ehe gehandelt, wobei zu gleicher Zeit ausgeführt wird, wann es eine Sünde sey, daß Ehegatten sich beiwohnen und wann nicht [965]) Rücksichtlich der Strafen, wenn die Frau während des Trauerjahres heirathet, ist das Canonische Recht, welches diese Strafen aufhebt, mit dem Römischen Recht, das ins Fuero real überging, zusammengestellt,

---

962) *Partida IV. Tit. II. ley.* 2. Matris et munium son palabras de latin, de que tomo nome matrimonio, que quier dezir tanto en romance, como officio de madre. E la razon porque llaman Matrimonio al Casamiento e non Patrimonio es esta. Porque la madre sufre mayores trabajos con los fijos, que el padre. Ca como quier que el padre los engendra, la madre sufre muy grand embargo con ellos, demientra que los trae; e sufre muy grandes dolores, quando han de nascer: e despues que son nascidos, ha muy grand trabajo en criar a ellos mismos.

963) Part. IV. Tit. IV. ley. 4.

964) Part. IV. Tit. II. l. 5.

965) Part. IV. Tit. 2. l. 7.

so daß man eigentlich nicht weiß, welchem Rechte die Partidas den Vorzug geben wollen.

Partida IV. Tit. XII. L. 3.

Librada e quita es la muger del ligamiento del matrimonio despues de la muerte de su marido, segund dize, Sant Pablo. E porende non tovo por bien Santa Eglesia que le fuesse puesta pena, si casare quando quisiere, despues que el marido fuere muerto. Solamente que case como deve, non lo faciendo contra defendimiento de Santa Eglesia. Pero el fuero de los legos defendiole, que non case fasta un año e ponelas pena a las que ante casan. E la pena es esta: que es despues de mala fama, e deve perder las arras, e la donacion que le fizo el marido finado, e las otras cosas que le oviesse dexadas en su testamento: e devenlas aver los fijos que fincaren del.

Diese Stelle mag eine Vorstellung von der oft gedankenlosen Compilation geben, die mehr in Form eines weitschweifigen Lehrbuches, als eines Gesetzbuches auftritt[966]). Es ist hier weniger um einen practischen Satz, als um vollständige Mittheilung der Meinungen, die man vor sich hat, zu thun. Je mehr das Römische und Spanische Recht in Beziehung auf die Güterrechte der Ehegatten abweichen, desto nützlicher wird es seyn, an dieser Materie die Art und Weise, wie die Compilatoren der Partidas zu Werke gingen, zu zeigen. Was die Frau dem Manne zubringe, sagen sie, heiße dos; was der Mann dagegen der Frau wegen der Ehe schenkt, werden auf lateinisch donatio propter nuptias genannt: auf Spanisch nenne man die donatio

---

966) *Marina Ensayo p. 334.*

propter nuptias arras. Alsdann wird der Unterschied der dos profectitia und adventitia dargestellt, und die donatio propter nuptias von der sponsalitia largitas getrennt [967]). Die verbotenen Schenkungen unter Ehegatten werden ganz aus den im Römischen Rechte aufgeführten Gründen erklärt [968]). Zur Dotirung der Tochter ist eben so der Vater und väterliche Großvater, nicht die Mutter verpflichtet, es müßte denn die Mutter eine Ketzerinn, Maurinn oder Jüdinn, die Tochter aber eine Christinn seyn (Pero si la madre fuesse Hereja o Judia o Mora puedenla apremiar que dote su fija aquella que fuesse Christiana) [969]). Dies ist fast die einzige originelle dem Spanischen Character angehörige Stelle in der ganzen Lehre. Von Gütergemeinschaft, wie sie in Castilien gebräuchlich und in das Fuero real übergegangen war, von einem Witthum, wovon alle Castilischen Stadtrechte sprechen, ist in den siete Partidas keine Spur zu finden.

Auch in der Lehre von der väterlichen Gewalt muß man dieselbe Bemerkung machen. Die vielen Unterschiede zwischen den Kindern und ihre mannigfachen Arten, welche das alte Castilische Recht gar nicht kannte, sind nach Römischen Begriffen mitgetheilt, und fast ist an Subtilität über diese noch hinausgegangen. So giebt es legitimos, no legitimos, legitimados, naturales, adoptivos, porfiados, fornecinos, notos, espurios, manceres [970]), während das altcastilische Recht fast alle Arten der unehelichen Kinder zusammenstellt. Die Arten der Legitimation,

---

967) Partida IV. Tit. II. l. 3.
968) Partida IV. Tit. XI. l. 6.
969) Partida IV. Tit. XI. l. 9.
970) Marina Ensayo f. 336.

obgleich sie im Ganzen dem Römischen Rechte nachgebildet sind, bieten doch einige Veränderungen dar. So z. B.
kommt eine legitimatio per testamentum vor, die aber
der König noch bestätigen muß⁹⁷¹), eine legitimatio por
carta, die jemand vor drei Zeugen vornimmt, indem er ei-
genhändig ein Instrument darüber vollzieht, oder von einem öffentlichen Schreiber vollziehen läßt⁹⁷²). Die legitimatio per Curiae dationem ist, wie es scheint, ohne
irgend ein entsprechendes Bedürfniß nachgeahmt: denn daß
der Stadtrath (Concejo de la Cibdad) der Römischen Curie vergleichbar sey, und daß es einen Sinn habe durch
die Erklärung des Vaters, der Sohn solle im Dienst des
Concejo seyn, die Legitimation für vollbracht anzusehen,
kann kaum angenommen werden⁹⁷³). Selbst, was allerdings noch eine Bedeutung hat, und was hier der legitimatio per Curiae dationem an die Seite gestellt ist, nämlich, daß der Vater den Sohn in die Dienste des Kaisers
oder Königs bringt, und dadurch legitimirt, scheint mehr
hinzugefügt zu seyn, um nicht eine leere Nachahmung des
Römischen Rechts allein stehen zu lassen. Die Rechte der
väterlichen Gewalt, so wie die Lehre von den verschiedenen
Peculien, sind ganz dem Römischen Recht entlehnt: dem
Vater wird das Verkaufsrecht des Sohnes, im Falle des
Hungers und der Noth, zugesprochen, und zwar mit der
naiven Rechtfertigung, daß beide darunter gewönnen⁹⁷⁴).

---

971) Partida IV. Tit. XV. ley. 6.
972) Partida IV. Tit. XV. 7.
973) Partida V. Tit. XV. ley. 5.
974) Partida IV. Tit. XV. ley. 8. Quexado seyendo el
padre de grand fambre, e aviendo tan grand pobreza, que non
se pudiesse acorrer dotra cosa; estonce puede vender o em-

Wenn der Vater für seinen Lehnsherrn ein Schloß zu vertheidigen hat, dem es an Lebensmitteln fehlt, so soll er sogar die Befugniß haben, seinen Sohn zu essen, wenn es
Noth thut (ca segund el fuero leal de España seyendo
el padre cercado en algun Castillo, que toviesse de
señor, si fuere tan cuytado de fambre, que non oviesse
al que comer, puede comer al fijo sin mala estança,
ante que diesse el castillo, sin mandado de su senor)⁹⁷⁵).
Solche Züge, die eigenthümlich genannt werden können,
sind gar oft mit weitläuftigen Römischen Institutionen vermischt vorgetragen, und geben dem Gesetzbuche seine
schon oben angegebene barocke Gestalt. Die leere Nachahmung des Römischen Rechts tritt aber sicherlich am stärksten bei der Aufzählung der Gründe her, wodurch der Sohn
aus der väterlichen Gewalt geht, hier kommen Römische
Würden vor, die in Spanien auch dem Namen nach nicht
bekannt waren, als z. B. die eines Proconsul, praefectus urbis, praefectus orientis, quaestor, princeps agentium in
rebus, magister sacri scrinii libellorum ⁹⁷⁶). Auch das
Erbrecht ist ganz im Sinne des Römischen Rechts abgefaßt, und weicht von Allem ab, was bis zum 15ten Jahrhundert in Castilien und Leon Sitte war. So kann jemand nach den Partidas mit Kindern zugleich extranei

---

penar sus fijos porque aya de que comprar que coma. E la
razon, por que puede esto fazer; es esta, porque pues el padre non ha otro consejo, por que pueda estorcer de muerte
el; nin' el fijo guisada cosa es, quel pueda vender e accorrersi
del precio.

975) Partida IV. T. IV. l. l.

976) Partida IV. Tit. XVIII. l. 7.

einsetzen [977]), was sowohl im Fuero juzgo, als in den Municipalrechten, als auch im Fuero real durchaus unstatthaft war. Mann und Frau beerben sich nach den Partidas, wenn keine Verwandte im zwölften Grade da sind, während sie nach Castiliens allgemeinen und städtischen Rechten schon nach den Verwandten des siebenten Grades kommen [978]). Eben so kommt der Fiscus nach den Partidas unmittelbar nach Mann und Frau, während nach Altcastilischem Recht die entferntesten Cognaten demselben vorgehen: das Recht, welches wir oben als das derecho de troncalidad dargestellt haben, wird in den Partidas gänzlich aufgehoben, und nach Maaßgabe der Novelle 118 umgewandelt [979]). Dagegen finden sich alle Hauptbestimmungen des Römischen Erbrechts, die querela inofficiosi testamenti, die legitima, nach Verhältniß der Intestaterben, die Quarta Falcidia und Trebellianica, das Erbrecht der armen Wittwen, welches dadurch nöthig wird, daß die Partidas kein Witthum oder dos des Mannes kennen. Indem so der Kampf des Testaments und der Intestaterbfolge, das Notherbenrecht, welches in den Altcastilischen Fueros durchweg vermieden ist, wiederhergestellt wird, sind grade die Hauptpunkte des Castilischen Erbrechts hier nicht zu finden. Das Verbot, der todten Hand etwas zu vermachen, das mit dem Erbrecht in Verbindung stehende Retractrecht, der Unterschied zwischen beweglichem und unbeweglichem Gut, sind den Partidas ganz fremd; und doch hatten ihre Verfasser ernstlich im Sinn, einen so

durch-

---

977) Partida VI. tit. XV. ley. 3.

978) Partida VI. tit. XIII. l. 8.

979) Partida IV. XIII. 4.

durchaus fremden antinationalen und im Widerspruch mit
allem bestehenden befindlichen Werk Eingang in den Gerichten zu verschaffen [980]).

Wenn wir bisher die Rechte und Gewohnheiten des
Spanischen Mittelalters, namentlich in Beziehung auf Castilien
und Leon, und die dazu gehörigen Provinzen verfolgt haben,
so muß jetzt auch ein Blick auf diejenigen Theile Spaniens
geworfen werden, die sich von jeher, und selbst noch nach
der Vereinigung zu einem Reiche, einer ganz eigenthümlichen Rechtsverfassung zu rühmen hatten. Dahin gehört
vor Allen Arragonien.

Das Güterrecht der Ehegatten bietet hier ebenfalls
eine Vermischung des Princips der Gütergemeinschaft und
des getrennten Gutes dar, doch mit vorwiegender Bedeutung der ersteren. Der Mann soll der freien
Frau ein dreifaches Erbe (tres haereditates) zur dos
geben [981], und zwar gilt dies von allen Ständen, sowohl
von den Barones als von den milites, als von den Infantiones: ein Baro giebt seiner Frau drei Schlösser: ein
miles und infantio dagegen giebt derselben drei Häuser,
Felder oder Weingärten (Item nota quod barones, quando detant uxores in tribus hereditatibus in genere, intelligitur de tribus castris vel villis vel de toto heredi-
tamento quod habeant in uno loco vel in diversis, sed
milites et infantiones dotant uxores in tribus hereditatibus in genere: intelligitur in tribus campis vel vineis,
vel domibus) [982]). Diese drei Erbe kann die Frau nach

<hr>

980) Durch die Partidas und den Römischen Grundsatz des
Repräsentationsrechts den sie vollständig aufnahmen, ist übrigens die
Thronfolge in Spanien geordnet worden. Marina Ensayo p. 365.

981 Fueros y observancias de las costumbres escriptas
del Reyno de Aragon. Pars I. for. f. 122.

982) Fueros y observancias P. II. Observ. f. 17.

dem Tode des Mannes verpfänden, wenn sie sonst nicht zu leben hat. Sind Söhne vorhanden, die ihr das Nöthige geben, so ist ihr dies nicht gestattet [983]). Ein Dispositionsrecht über die drei hereditates steht der Frau während der Wittwenschaft in so fern zu, als sie das eine Erbe einem ihrer Söhne zuwenden, das andere dem Orte schenken kann, wo ihr Mann begraben ist, wenn sie sich selbst da begraben lassen will: das dritte muß sie auf gleiche Weise unter ihren übrigen Söhnen theilen [984]). Ueberlebt der Mann die Frau, und schreitet derselbe zu einer zweiten Ehe, so kann er troß des Widerspruches der Söhne erster Ehe, die zweite Frau mit einem der hereditates dotiren, die schon die erste Frau zur dos erhalten hatte, doch muß es die schlechteste seyn, eine dritte Frau kann mit der zweiten hereditas dotirt werden [985]). Das Witthum scheint nach Arragonischen Rechten nicht sowohl als Eigenthum der Frau, wie als Sicherheit für ihren Unterhalt betrachtet zu werden. Das Eigenthum kommt eigentlich den Söhnen zu: ernähren diese die Mutter, so soll sie über die hereditates kein Verfügungsrecht haben; eine mulier Francha ist darin von den Arragonischen Frauen unterschieden, daß sie nicht drei hereditates zur dos zu erhalten braucht, sondern mit 500 solidi zufrieden seyn muß: hat diese Frau Söhne aus der Ehe, so darf sie die dos gar nicht in Anspruch nehmen, wohl aber in Ermangelung derselben [986]). Späterhin sind von Kaiser Carl V. in Arragonien Beschränkungen, in Beziehung auf die Quantität des

---

983) Fueros y observ. P. I. fuer. f. 122.
984) Fueros y obs. l. l.
995) Fueros y obs. l. l.
986) Fueros y obs. l. l.

Witthums, gemacht worden. Die acht ersten Häuser, das von Ribagorca, Sastago, Jlreca, Ricla, Belchite, Aranda, Fuentes, Castro sollen die Majorate mit einem Witthum von mehr als zwölftausend Ducaten nicht beschweren[987]) dürfen.

Außer der dos des Mannes kommen die Mitgift und Geschenke vor, welche die Eltern und Verwandte der Frau bei der Verheirathung geben, *axovarium*, das Castilische *axuar*. Ist für das axovarium eine hereditas gegeben worden, so dürfen weder Mann noch Frau dieselbe verkaufen, ehe sie Kinder haben: sie müßten denn dafür Bürgschaft leisten, daß sie das gelös'te Geld in einem eben so guten Erbe anlegen[988]) wollen. In Beziehung auf den gemeinschaftlichen Erwerb (gananciales) finden in Arragonien dieselben Bestimmungen, wie in Castilien, statt. Die Frau nimmt die Hälfte des Erworbenen.[989]). Außerdem haftet sie mit ihrem Vermögen für alle Schulden des Mannes, ausgenommen in Beziehung auf das Witthum, welches unangetastet bleiben muß[990]).

Es wird ganz ausdrücklich in den Arragonischen Observanzen gesagt, daß es keine väterliche Gewalt in Arragonien gebe (Item de consuetudine regni non habemus patriam potestatem)[991]). Dies ist freilich nur so zu verstehen, daß der Erwerb des Sohnes und sein Vermögen nicht dem Vater gehört: derselbe braucht daher auch nicht, wie in Castilien, für den etwaigen Schaden aufzukommen, den der Sohn anrichtet; es hat aber diese Richt-

---

987) Fueros y obs. l. l.

988) Fueros y obs. l. l.

989) Fueros y obs. l. l.

990) Fueros y obs. f. 123.

991) Fueros y ohserv. P. II. obs. f. 7.

existenz der väterlichen Gewalt gar keinen Einfluß auf den
Unterschied der ehelichen und unehelichen Kinder, und auf
das verschiedene daher entstehende Erbrecht. Schenkt der
Vater dem Sohne bei seiner Verheirathung etwas (plures
hereditates, vel plura bona), so braucht derselbe dies
nicht zu conferiren[992]). Daß nicht conferirt werden muß,
zeigt eben, daß der Sohn, in Beziehung auf seinen Vater,
ganz im Verhältniß eines extraneus steht. Trotz dem ist
die gegenseitige Alimentation, welche nicht auf dem Grund
der väterlichen Gewalt, sondern auf dem elterlichen Verhältniß beruht, angeordnet. Hat der Sohn oder die Tochter Ausgaben und Verwendungen für den Vater oder für
die Mutter gemacht, und ist kein eigenes Instrument darüber aufgenommen worden, so wird vorausgesetzt, daß
der Sohn dem Vater ein Geschenk habe machen wollen[993]).

Bei den Testamenten kommen in Arragonien spondalarii vor, was ganz mit dem Castilischen cabaçellero
übereinstimmt. Diese haben das Testament auszuführen,
und wenn Streitigkeiten über den Sinn desselben entstehen
sollten, diesen auszulegen[994]). Die spondalarii müssen
über die Uebereinstimmung des Inhalts des Testaments
mit der Absicht des Testators einen Eid auf Bibel und
Kreuz vor dem Richter an der Kirchthüre ablegen[995]).
Ganz unterschieden von Castilien, wo völlige Gleichheit der
Kinder herrscht, scheint in Arragonien die Gewohnheit aufgekommen zu seyn, durch Stiftung von Majoraten einige
Kinder den anderen vollständig vorzuziehen. König Ja-

---

992) Fueros y obs. P. II. obs. f. 16.
993) Fueros y obs. P. I. f. 7.
994) Fueros y obs. P. I. Fueros f. 126.
995) Fueros y obs. l. l.

Job II. von Arragonien gestattet im Jahre 1307, auf Bit-
ten der barones, memadarii, milites und infantiones,
daß diese, um der Zersplitterung der Güter vorzubeugen,
einen einzigen unter ihren Kindern zum Erben machen dürfen, indem sie den anderen Kindern nur das zu hinterlassen brauchten, was ihnen beliebe [996]). Da im Jahre
1311 die Bürger und übrigen Männer von Arragonien um
dieselbe Gunst anhalten, so wird ihnen diese gewährt [997]).
Ganz einzig im Spanischen Mittelalter ist in Arragonien
der Vorzug, welcher häufig den Söhnen vor den Töchtern
eingeräumt wird. Die Edelleute können die Töchter erster
Ehe der dos berauben, welche diese von ihrer Mutter erhalten haben, um sie den Söhnen einer anderen Ehe anzu-
weisen [998]). Abgesehen von diesen Fällen und von den
durch Jacob II. ertheilten Rechten, findet eigentlich eine
Enterbung und Entsöhnung (desafiliatio) nur in ganz be-

---

996) Fueros y obs. P. I. f. 127.

997) Fueros y obs. P. I. f. 127. Nos Jacobus dei gratia
rex predictus, recolimus statuisse in curia, quam in alagone
aragonensibus celebravimus generalem, quod barones, memadarii, milites et infantiones aragonum possint unum ex filiis
quem voluerint heredem facere, aliis filiis de bonis suis, quantum placuerit dimittendo. Nunc autem ad supplicationem hu-
milem nobis factam per procuratores civitatum, villarum villa-
riorum aragonum qui ad hanc nostram generalem curiam con-
venerunt *volentes ipsos simili foro, gaudere.* De voluntate et
consilio totius curiae perpetuo duximus statuendum, quod de
cetero omnes cives, omnes alii homines villarum, et villario-
rum aragonum possint in suis testamentis unum ex filiis, quem
voluerint heredem facere, aliis filiis de bonis suis quantum eis
placuerit relinquendo: exceptis hominibus universitatis Turolii
Albarrazonii qui habent alios foros suos.

998) Fueros y obs. l. l.

stimmten Fällen statt, wenn jemand den Vater oder die Mutter schlägt; ihnen Eide zuschiebt, Verlust am Vermögen mit Absicht zu Wege bringt, sie Lügner schilt, bei den Haaren zieht, oder aus der Gefangenschaft nicht befreit[999]). Außer diesen Gründen ist nur erlaubt, dem einen oder anderen Kinde ein Prälegat (mejora) zu geben. Die Quantität dieser mejora ist nicht bestimmt: es wird nur gesagt, daß es eine bewegliche Sache oder ein hereditas seyn könne.

Eben so eigenthümlich, wie das Recht von Arragonien, ist das von Vizcaja, namentlich in Beziehung auf die Privilegien, Freiheiten und eigene Fueros der Edelleute: hier findet man eine völlige Gütergemeinschaft, nicht blos in Beziehung auf die gananciales, sondern auf das ganze Vermögen, sofern nämlich Kinder vorhanden sind[1000]). Sind keine Kinder aus der Ehe da, und kam die Frau con dote ó arsó ins Haus, so behält sie nach

---

999) Fueros y obs. l. l.

1000) El Fuero, Privilegios, Franquezas y Libertades de los cavalleros hijos dalgo del Señorio de Vizcaja confirmadas por el Rey Don Felipe II. nuestro señor y por el emperador y Reyes sus predecessores. Medina del Campo 1575. Primeramente dixero, que avian de fuero, y establecian por ley, que casados marido y muger, ligitimamente, si ovieren hijos o descendientes, siendo suelto el matrimonio, todos sus bienes de ambos y dos muebles y rayzes, aunque el marido aya muchos bienes, y la muger no nada, o la muger muchos, y el marido no nada, sean communes a medias, y aya entre ellos hermandad y compañía de todos sus bienes y en caso que el matrimonio se disvelva sin hijos ni decendientes per ser toda la rayz de Vizcaja troncal, que si en el tal matrimonio ambos, marido y muger o alguno dellos truxiere en dote ó donacion bienes rayzes, los tales se buelvan, y queden con el que los truxo.

Jahr und Tag (fasta año y dia) den Ususfructus der Hälfte, dann nimmt jeder Theil das seinige [1001]). Die Kinder der zweiten Ehe haben keinen Theil an der dos der ersten. Sind während der zweiten Ehe aber Verwendungen gemacht worden, so müssen die Kinder der ersten Ehe binnen Jahr und Tag dieselben bezahlen [1002]). Mit dem Arragonischen Recht übereinstimmend ist, daß die Frau zwar für die Schulden des Mannes aufkommen muß, aber nicht für die Forderungen aus den Delicten desselben, daß der Mann ohne den Consens der Frau nicht veräußern darf, wenn auch die Sachen von der Seite des Mannes herkamen (aunque los bienes provenguen de parte del marido) [1003]). Die Erben des Mannes müssen die Schulden bezahlen, die die Frau contrahirte, und umgekehrt.

In Beziehung auf Erbrecht finden in Vizcaja ähnliche Bestimmungen wie in Arragonien statt. Ascendenten können einem Descendenten Alles hinterlassen, vorausgesetzt, daß sie die übrigen mit einem minimum bedenken. Fremden darf man, wenn man Kinder hat, ein Fünftel hinterlassen, was mit dem Westgothischen Gesetze zusammenfällt. Sind keine Descendenten vorhanden, so kann man über alles Bewegliche frei disponiren. Das Unbewegliche wird jedoch ab intestato vererbt [1004]). Die Schulden werden alsdann von den beweglichen Gütern bezahlt. Hat der Vater dem Sohne etwas geschenkt, so kann dieser, wenn er keine Descendenten hat, nicht über die Schenkung dis-

---

1001) El Fuero de Vizcaja f. 58.

1002) Fuero de Vizcaja l. l.

1003) Fuero de Vizcaja l. l.

1004) Fuero de Vizcaja f. 62.

poukren, die vielmehr an den Vater zurückfällt[1005]). Jede
Linie erbt ab intestato das unbewegliche Gut was von
ihr kommt; die väterlichen Ascendenten das Vatergut, die
mütterlichen das von der Mutter stammende, Collateralen
gehen hierin sogar den Ascendenten einer anderen Linie vor.
Beim beweglichen Gut kommt es gar nicht auf die Art
der Erwerbung an; die väterlichen und mütterlichen Verwandten theilen sich hierin auf gleiche Weise: in jeder Linie kommt alsdann die Nähe des Grades zur Sprache[1006]).
Ein unbewegliches Gut das ein Ascendent von einem Kinde erster Ehe geerbt hat, soll nicht einem Kinde einer folgenden Ehe hinterlassen werden; dagegen es beliebig irgend
einem Kinde erster Ehe gegeben werden kann[1007]).
Auch wer blos Collateralen hinterläßt, soll nur den fünften Theil seines unbeweglichen Gutes in Legaten erschöpfen
können: es müßten denn die Legatare selbst Collateralen
seyn[1008]). In der Lehre von den Testamenten kommen
die cabeçalleros häufig vor, theils in der Eigenschaft solcher, die das Testament machen, theils als Executoren desselben: sie haben Jahr und Tag Zeit das Testament auszu-
fertigen[1009]). Beim letzten Willen ist die Zuziehung von
zwei Zeugen hinreichend, namentlich auf dem Lande. Als
Grund wird angegeben, daß Vizcaja ein bergiges Land ist,
und die Eewohner sehr weit von einander entfernt sind
(Por quanto Vizcaja es tierra montanosa e los vezinos

1005) Fuero de Vizcaja f. 63.
1006) Fuero de Vizcaja l. l.
1007) Fuero de Vizcaja l. l.
1008) Fuero de Vizcaja f. 64.
1009) Fuero de Vizcaja f. 63.

et moradores della moran desviados unos de otros)[1010])
Ein öffentlicher Schreiber wird nicht einmal erfordert.

Aus dem Familien= und Erbrecht der übrigen eigen=
thümlicher und selbstständiger Rechte genießenden Spani=
schen Provinzen, heben wir Folgendes hervor. In Va=
lencia haben Vater und Mutter das Recht, ihr Vermö=
gen unter ihre Kinder zu ungleichen Portionen zu verthei=
len, und zwar nach einer Verordnung von Jakob I. im
Jahre 1251 (Ideoque nos Iacobus Dei gratia sancimus
quod pater, mater, deductis primo debitis, omnia bona
sua in testamento, vel qualibet alia eorum ultima voluntate inter omnes filios et filias ex legitimo matri-
trimonio procreatos, partibus, quibus voluerit aequali-
bus vel inaequalibus distribuant atque donent. Non
obstante aliquo jure canonico vel civili)[1011]. In
Navarra verliert der Vater, der zum zweiten Male hei=
rathet, die Tutel über seine Kinder und das Administra=
tionsrecht ihrer Güter[1012]. Der zur zweiten Ehe schrei=
tende Vater oder die sich weiter verheirathende Mutter,
sollen, wenn sie keine Theilung im Augenblick der Schlie=
ßung der neuen Ehe gemacht haben, alles, was sie in der
folgenden Ehe erwerben, zu drei gleichen Portionen thei=
len: die erste empfangen die Kinder erster Ehe, die zweite
der, welcher zur zweiten Ehe schritt, die dritte endlich der

1010) Fuero de Vizcaja l. l.

1011) *Aureum opus regalium privilegiorum civitatis et regni
Valentiae* 1514. *Valli soleti p.* 13. Volum e Recopilacio de
Toti los Furs y actes de Cort de la Civtat y Reyne de Va=
lencia. Valencia 1625.

1012) *Recopilacion de las Leyes, y Ordenanias, Reparos de
Agravios Provisiones del Reyno de Navarra* 1567. *en Estella.*
f. 142.

andere Ehegatte[1013]). Die Tutoren erhalten nicht, wie im Fuero juzgo, den zehnten, sondern nur den zwanzigsten Theil der Einkünfte der Pupillen [1014]). In den Majoraten werden immer die Männer den Weibern vorgezogen, auch wenn diese älter wären (y los varones prefieran a las hembres aunque sean de menor edadque ellas). In Granada erben die Wittwen und Minderjährigen auch das Amt ihres Erblassers, und können dasselbe innerhalb zweier Jahre, vom Todestage angerechnet, verkaufen [1015]). Nach den Catalonischen Gesetzen ist, um die Zersplitterung des Vermögens zu verhindern, jene selbe Willkühr, welche wir schon in Arragonien und Bizcaja gefunden haben, ebenfalls eingeführt: es steht dem Vater frei, dem einen Sohne alles, den anderen aber nur ein minimum zu geben: er kann ferner den Abzug der Quarta Trebellianica durchweg verbieten [1016]). Wie in Arragonien kann, nach den

---

1013) Recopilacion etc. f. 126. Otrosi ordenamos que casando padre o madre secunda vez sin hacer particion de bienes con la creatura o creaturas del primer matrimonio, que lo conquistado o amejorado durante el segundo matrimonio se communique con las *creaturas* del primero, y que se reparten en tres partes yguales, la una para el que caso segunda vez y la otras para las *creaturas* del primer matrimonio y la tercera parte para aquel o aquella, que caso con el, que deno de hazer la dicha particion con sus creaturas del primer matrimonio.

1014) Recopilacion l. l.

1015) Ordenancas de la Real Audiencia y Chancelleria de Grenada. Grenada 1601.

1016) *Constitutions fetes per la S. C. R. Magestat del Rey Don Fhelip Segon Rey de Castella de Arrago* en la *primera Cort celebra als Cathalans.* 1635. f. 8. Por conservar los patrimonis dels poblats en lo present Principat de Cathalunga y

Privilegien und Gewohnheiten von Barcellona, keine Frau, die Kinder hat, ihre dos fordern, sondern muß sich mit den Früchten begnügen [1017]).

Nachdem so von den Provinzialrechten Spaniens gehandelt worden ist, so wie von den einzelnen unglücklichen Versuchen nach dem Fuero juzgo eine allgemeine Gesetzgebung zu Stande zu bringen, die sich bald durch ihre Dürftigkeit unbrauchbar macht (Fuero real), bald durch Compilation, Weitschweifigkeit und Nachahmungssucht fremder Rechte sich dem Eingang selbst erschwert (siete Partidas) haben wir von dem letzten juristischen Schlußstein des Spanischen Mittelalters, nämlich von der Recopilacion zu sprechen. Obgleich sie bis auf unsere Tage eigentlich fortgesetzt worden, und so das beste Bild von dem Zustande Spaniens darbietet, welches selbst nur die gedankenlose Fortsetzung eines blühenden mittelaltrigen Zustandes ist, so haben wir es hier doch nur mit der Recopilacion in ihrer ursprünglichen Gestalt, wie sie aus den Händen Philipp II. hervorging, zu thun. Wie sich diese Zeit zu den vorangegangenen Jahrhunderten ver-

---

Comptats de Rosello y Cardanya statubim, y ordinam ab loatio y approbatio de la present Cort que sia licit y permes als pares qui taran testament prohibir ab paraules expresses y no altrament la Quarta Trebellianica als fills herens en primer lloch instituits.

1017) *Codex Mss. Regiae Bibliothecae Parisiensis No. 4670.* A Privilegia et Consuetudines Barcinonenses f. 6. Item quod uxor mortuo viro stantibus liberis in puppilari aetate non potest peters dotem sibi solvi; accipiat fructus et possit vivere competenter de bonis mariti, vel de bonis suis paternalibus vel de justa negotiatione sua.

hält, wird sich am besten aus der folgenden Darstellung ergeben [1018]).

Strenger wie im Fuero real ist gleich im Anfang des Eherechts das matrimonio clandestino behandelt. Nicht bloß die es schloßen, sondern auch alle Zeugen, verlieren ihr Vermögen und werden verbannt, so daß auf die Rückkehr Todesstrafe steht; die Eltern können ihre Kinder deswegen enterben. Dieses furchtbare Gesetz, welches die einfachen Untersagungen der Kirche mit blutigen Strafen belegt, zeigt, wie sehr Spanien der katholische Staat genannt zu werden verdient. Was die Kirche ungern sieht, ergreift es mit Eifer, um schreckliche Drohungen daran zu knüpfen, und das weltliche Schwert als zum Schutze der Kirche bereit zu erklären, selbst wenn dieser mit minderem Zorne gedient wäre. Dieses Gesetz ist übrigens aus den leyes del Toro, also grade zu einer Zeit, wo sich das mittelaltrige Spanien in den Brennpunkt des Katholicismus zusammenzieht [1019]). Eben so hart wird es bestraft, wenn jemand, bei einem señor wohnend, heimlich seine Tochter heirathet; hier kann jeder Verwandte bis zum dritten Grade den Ankläger machen [1020]). Wie heftig das Spanische Recht im funfzehnten Jahrhundert in der Aufrechthaltung der Canonischen Bestimmungen wird, zeigt am besten die Recopilacion durch die Aufnahme eines Gesetzes von Enrique III. im Jahr 1401, wonach der Wittwe mit Auf-

---

1018) Recopilacion de las leyes destos reynos hecho por mandado de la magestad Catholica del Rey Don Philippe Segundo, nuestro Senor. Alcala 1598.

1019) Recopilacion V. 1. 1.

1020) Recopilacion V. 1. 2. aus l. 2. tit. 21. des Ordenamiento de Alcala.

hebung der entgegenstehenden Fueros nicht allein gestattet
wird, im Trauerjahr zu heirathen, sondern auch jedem Alcalde, der Einhalt thut, eine Strafe von zweitausend Maravedis auferlegt wird [1021]). Die Erlaubniß des Apostels
Paulus wird für etwas Positives und Nothwendiges genommen, das man durchaus begünstigen müsse: man
brauchte nur einen Schritt weiter zu gehen, um Belohnun-
gen für die Ehe innerhalb des Trauerjahres auffindig zu
machen. Weit weniger eifrig ist man für die Befehle des
Königs als für die der Kirche. Befiehlt der König einem
Mädchen oder einer Wittwe, eine bestimmte Person zu heirathen, so ist diese nicht verbunden zu gehorchen (que no
sea tenudo de parescer ante nos, o por no parescer,
no incurran en pena alguna) [1022]). Die in einem Gesetze von Ferdinand und Isabella aus alten Fueros herge-
nommenen und bestätigten Sumptuargesetze, in Beziehung
auf Hochzeiten, finden sich auch wieder in der Recopilacion, aber nur anwendbar auf Galicien, Asturien, Vizcaja,
Guipezcoa, Trasmiera, die Meeresküste, Castilien und Leon.
Es sollen auf Hochzeiten in diesen Provinzen nur Verwandte und affines bis zum dritten Grade gebeten werden dürfen: diese sollen nur einen Tag schmausen, und zwar
auf Kosten dessen, der sie eingeladen hat, und der durchaus
nichts dafür empfangen darf: jeder Uebertreter dieses Gesetzes wird mit zehntausend Maravedis und mit zweijähri-
ger Verbannung aus der Provinz bestraft [1023]).

Die Beschränkungen der dos, welche die Frau von ihren Eltern erhält und der arras, welche der Mann giebt,

---

1021) Recopilacion V. 1. 3.
1022) Recopilacion V. 1. 10.
1023) Recopilacion V. 1. 12. 13.

sind ebenfalls aus den Gewohnheiten und aus dem Fuero juzgo in die Recopilacion übergegangen. Nur daß die Verhältnisse des Vermögens und die Summen etwas anders lauten. Wer 200,000 bis 500,000 Maravedis Einkünfte hat, darf seiner Tochter eine Million Maravedis (un cuento de maravedis) zur Mitgift geben, wer mehr besitzt, anderthalb Millionen oder die Einkünfte eines Jahres: niemand darf den dritten oder fünften Theil seiner Güter, wie das Fuero juzgo erlaubt, zur dos bestimmen, endlich darf die Aussteuer den achten Theil der dos nicht übersteigen [1024]. Was die dos des Mannes (arras) betrifft, so ist ausdrücklich von Ferdinand und Isabella in den leyes del Toro eingeschärft, daß man gegen die Bestimmung des Fuero juzgo, die arras dürften den zehnten Theil des Vermögens des Mannes nicht übersteigen, auf keine Weise pacisciren könne [1025]. Ebenfalls in den Taurinischen Gesetzen wird bestimmt, daß die Frau während der Ehe keine Erbschaft ohne Erlaubniß des Mannes ausschlagen dürfe [1026], daß sie weder ohne denselben vor Gericht stehen, noch einen Contract schließen könne [1027], daß es aber gleichbedeutend sey, wenn der Richter supplire, oder der Mann hinterher genehmige [1028]. Die Frau haftet nicht für die Schulden des Mannes, und kann sich nicht für denselben verbürgen, ausgenommen gegen den König [1029]. Daß die Frauen nicht verschleiert,

---

1024) Recopilacion V. 2. 1.
1025) Recopilacion V. 2. 1.
1026) Recopilacion V. 3. 1.
1027) Recopilacion V. 3. 2. 3.
1028) Recopilacion V. 3. 4. 5. 6.
1029) Recopilacion V. 3. 7. 8. 9.

sondern mit offenem Geficht gehen follen, ift von Philipp II. befohlen worden [1030]). Die Gütergemeinschaft zwischen Mann und Frau ift ganz, wie fie in den Fueros erfcheint, obgleich nicht verhehlt wird, daß man nur die Sitte nicht unterdrücken kann, und daß es eigentlich dem Rechte angemeffener wäre, daß der Mann alles befitze, was die Frau erwirbt (Como quier *que el derecho diga*, que todas las cosas, que han marido, e muger, que todas se presumen ser del marido, hasta que la muger muestre que son suyas *pero la costumbre guardada eb en contrario*, que los bienes que han marido, i muger, son de ambos por medio: salva los que probare cada uno, que son suyos apartadamente, i ansi mandamos que se guarde por lei) [1031]). Die Gütergemeinschaft bezieht fich in fo fern lediglich auf die Errungenfchaft, doch gehört dem Manne allein zu, was er durch Erbfchaft im Kriege oder vom Könige erwirbt [1032]). Die dos oder donatio propter nuptias für den Sohn muß aus dem gemeinfchaftlichen Vermögen beftritten werden [1033]). Entfagt die Frau der Errungenfchaft, fo haftet fie weiter nicht für die Schulden des Mannes mit ihrem eigenen Vermögen [1034]). Vermacht der Mann der Frau etwas im Teftamente, fo bekommt die Frau diefes vorweg, ohne daß es ihr auf ihre Hälfte angerechnet wird [1035]). Ueber die ga-

1030) Recopilacion V. 3. 11.
1031) Recopilacion V. 9. 1.
1032) Recopilacion V. 9. 3.
1033) Recopilacion V. 9. 8.
1034) Recopilacion V. 9. 9.
1035) Recopilacion V. 9. 7.

nanciales kann der Ehegatte frei verfügen, ohne auf seine Kinder Rücksicht nehmen zu müssen [1036]).

In Beziehung auf väterliche Gewalt hat die Recopilacion nicht den Character des älteren Castilischen Rechts: vielmehr findet sich eben so wenig ein fest bestimmtes Verhältniß, als ein eigener Titel für diese Lehre. Das Taurinische Gesetz, daß der Sohn, der sich in der Gewalt des Vaters befindet, testiren könne, als wenn er selbstständig wäre, ist, wie alle leyes del Toro, in die Recopilacion übergegangen [1037]). Beschränkungen rücksichtlich der Ankäufe und Geschäfte, die der Sohn macht, sind von Philipp II. angeordnet [1038]). Die Legitimation per rescriptum principis, wenn sie natürliche Söhne der Edelleute trifft, soll ihnen noch deswegen nicht die Rechte des Adels beilegen: vielmehr sollen sie nach wie vor Steuern zu bezahlen haben (pechos y contribuciones).

Zur Gültigkeit des mündlichen Testaments werden nach der Recopilacion ein öffentlicher Schreiber und drei Zeugen, oder wenigstens drei Zeugen, die Einwohner des Ortes (vecinos del Lugar) sind erfordert. Sind die Zeugen keine Ortseinwohner, so müssen sieben zugegen seyn [1039]). Dadurch, daß der Erbe nicht antritt, wird das Testament nicht in seinen übrigen Bestimmungen destitut [1040]): beim schriftlichen Testament sind immer sieben Zeugen und ein Notarius, bei dem des Blinden wenigstens fünf Zeugen nöthig

---

1036) Recopilacion V. 9. 6.
1037) Recopilacion V. 4. 4.
1038) Recopilacion V. 11. 22.
1039) Recopilacion V. 4. 1.
1040) Recopilacion l. 1.

nöthig [1041]). Der cabeçallero des alten Rechts heißt in der Recopilaciòn, nach den leyes del Toro, commissario. Die Rechte desselben sind, gegen das alte Recht gehalten, sehr beschränkt. Ist ihm der Auftrag geworden, ein Testament zu machen, so hat er blos die Befugniß, die Schulden zu bezahlen, den fünften Theil des Vermögens in Vermächtnissen zu erschöpfen und das übrige den Intestaterben zu hinterlassen. Sind keine solche da, so darf das Vermögen nur zu frommen Zwecken verwandt werden [1042]). Eine solche Vollmacht dauert überhaupt nur 4 — 6 Monate, wenn sich der Commissarius im Königreich, ein Jahr, wenn er sich außerhalb desselben aufhält [1043]): er kann das einmal gemachte Testament auf keine Weise widerrufen [1044]). Ist der Bevollmächtigte seinem Auftrag nicht nachgekommen, so müssen die Intestaterben die nicht Descenten oder Ascendenten sind, den fünften Theil des Vermögens von selbst für die Seele des Testators verwenden. Das Testament ist übrigens dem Alcalden innerhalb eines Monats vorzuweisen [1045]).

Es ist schon bei dem Westgothischen Gesetze als das Eigenthümliche aufgewiesen worden, daß es kein eigentliches Notherbenrecht besitzt, sondern daß umgekehrt nur den Erblassern freisteht, über eine gewisse Quote ihres Vermögens zu verfügen; diese mejora de tercio y quinto ist denn nun auch in die Recopilacion vollständig übergegangen.

1041) Recopilacion V. 4. 2.
1042) Recopilacion V. 4. 6.
1043) Recopilacion V. 4. 7.
1044) Recopilacion V. 4. 8. 9.
1045) Recopilacion V. 4. 14.

Nach den leyes del Toro kann diese mejora auch widerrufen werden: man darf dieselbe auch den Enkeln ertheil-
len, vorausgesetzt, daß ihre Eltern noch leben; der Erbe
kann die Erbschaft ausschlagen und die mejora annehmen; dieselbe gilt, wenn auch das Testament sonst umge-
stoßen wird; jede Schenkung wird endlich als eine solche
mejora betrachtet [1046]).

Der Titel, welcher von der Erbschaft und ihrer Theilung handelt (de las Herencias i particion dellas), ist
fast ganz aus den leyes del Toro genommen. Auf die
Descendenten folgen die Ascendenten; erben diese, so steht
es den Descendenten frei, über den dritten Theil des Vermögens zu verfügen [1047]. Geschwister erben nicht mit
Ascendenten [1048]); wohl aber Geschwisterkinder zugleich
mit den Onkeln und Tanten [1049]). Unehelichen Kindern
dürfen weder Vater noch Mutter mehr als den fünften
Theil des Vermögens hinterlassen, wenn eheliche da
sind [1050]). Kinder die durch rescriptum principis
legitimirt sind, erben nicht, wenn eheliche Kinder oder
solche vorhanden sind, deren Legitimation durch subsequens matrimonium erfolgte [1051]). In allen anderen
Hinsichten haben sie die Rechte der ehelichen. Der im alten Castilischen Rechte vorkommende Fall der Indignität,

---

1046) Recopilacion V. 6. 4 — 9.

1047) Recopilacion V. 8. 1.

1048) Recopilacion V. 8. 5.

1049) Recopilacion V. 8. 6.

1050) Recopilacion V. 8. 7. 8.

1051) Recopilacion V. 8. 10.

wenn der Erbe den Tod des Erblassers nicht rächt, findet sich auch in der Recopilacion [1052]).

Die Gesetze über Majorate (mayorazgos), welche sich in der Recopilacion finden, sind nicht älter wie Ferdinand und Isabella. Auf drei Weisen soll ein Majorat bewiesen werden können, durch Urkunden, Zeugen und unvordenkliche Verjährung [1053]). Die Ratihabition des Königs soll nicht einmal im Stande seyn, eine ohne dieselbe errichtetes Majorat zu bestätigen, sondern die königliche Erlaubniß muß durchaus der Gründung vorangehen [1054]). Dagegen macht der Tod des Königs die Erlaubniß nicht rückgängig, selbst wenn das Majorat nicht gestiftet worden wäre [1055]). Der Stifter des Majorats kann dasselbe widerrufen, ausgenommen, wenn er es vermöge eines Contracts begründete, oder vor einem Notarius errichtete, oder es bereits übergeben hat [1056]). Im Majorate erbt der Nächste und Aelteste, so jedoch, daß die Descendenten des Berechtigten immer den Vorzug haben, selbst wenn ihr Ascendent das Majorat niemals besessen hätte. Eine Per-

---

1052) Recopilacion V. 8. 11.

1053) Recopilacion V. 7. 1.

1054) Recopilacion V. 7. 3. Ordenamos i mandamos que la licencia del Rei para facer mayorazgo, preceda al facer de mayorazgo, de manera que, aunque el Rei de licencia para facer mayorazgo, por vertud de la tal licencia, no se confirme el mayorazgo, que de antes estuviere fecho: salvo si en la tal licencia expressamente se dixesse que aprobaba el mayorazgo, que estaba fecho.

1055) Recopilacion V. 7. 4.

1056) Recopilacion V. 7. 4.

son soll nicht zwei Majorate, wovon jedes zwei Millionen beträgt, zugleich besitzen können [1057]).

Diese Entwickelung des Spanischen Familien- und Erbrechts im Mittelalter führt uns schließlich zu einer näheren Betrachtung des unterscheidenden Charakters desselben. Schon im Allgemeinen haben wir Spanien die eigenthümliche Bedeutung zugewiesen, den Katholicismus ohne weitere Reflexion in einem weltlichen Reiche darzustellen, aber die vollkommene Höhe dieser Darstellung erlangt es, mit dem Namen, erst gegen das Ende des Mittelalters; die Geschichte desselben ist nur die Bemühung und Arbeit zu diesem Resultate zu gelangen. Die Westgothische Herrschaft stellt Spanien schon als ein Reich dar, aber es ist noch weit entfernt davon, ausschließlich dem Katholicismus anzugehören; unter allen barbarischen Gesetzen, das was am wenigsten diese Bezeichnung verdient, einem durchweg gegliederten Staate angepaßt, hat es theils Römische Bestimmungen in sich aufgenommen, theils sind selbst die Germanischen meist von ihrer subjectiven Gestalt entkleidet. So lange es zweifelhaft bleibt, wie sich Italien gestalten wird, so lange hier der Schauplatz der Gährung und einer fortgesetzten Völkerwanderung ist; kann Spanien als das am meisten Romanische Land angesehen werden. Das Longobardische Recht unterscheidet sich vom Westgothischen hauptsächlich darin, daß das erstere, durch und durch Germanisch, sich in seiner Entwickelung dem ganz entgegengesetzten Römischen Systeme anzuschmiegen weiß, daß letztere dagegen von Hause aus dem Römischen Rechte nicht fremd, für die Folge die Grundlage fast Germanischer Sitten und Gebräuche wird.

1057) Recopilacion V. 7. 7.

In Italien knüpft die Kirche an das Römische Alterthum, an seinen Boden und an seine Erinnerungen an. Die Germanischen Völker, wie sie der Kirche sich unterwerfen, müssen auch die Herrschaft des Römischen Alterthums anerkennen, das sie nur mit wenigen Zügen bereichern. Das Christenthum hat hier nicht mit seinem absoluten Gegensatz zu kämpfen: es kann daher auch unterlassen, nach der ihm angewiessenen weltlichen und rechtlichen Gestalt zu suchen. In Spanien wird das Westgothische Reich, weil es eben nicht aus der Germanischen und Christlichen Tiefe herausgebildet ist, nicht etwa zerstört, sondern durch den absoluten Gegensatz des Islam zu seiner Wurzel zurückgedrängt: in den Wäldern Asturiens werden die Nachfolger des Pelagius, wie in der Einleitung einem geistreichen Schriftsteller nachgesagt worden ist, wieder Germanen. Was an dem Westgothischen Gesetzbuche noch Germanisch war, wird weiter diesem Geiste gemäß ausgebildet, was das Römische daran ist, verliert sich allmählich, indem es in seiner Dürftigkeit, und ohne Zuwachs des Studiums, ganz wurzellos dasteht. So erstaunt man in den Fueros der Städte, Germanische Lehren zu finden, die man mit aller Mühe aus dem Fuero juzgo nicht herleiten kann, und aus den Gewohnheiten von Castilien und Arragonien, jene Römische Farbe verschwinden zu sehen, die man in dem Westgothischen Gesetze nicht verkennen darf.

Nachdem der kleine zurückgedrängte Christliche Rest des Westgothischen Staates sich aber endlich siegend zu einem großen Reiche abermals entwickelt, ist es der katholische Glaube, wie er sich seitdem in der Kirche ausgebildet, welcher die Substanz ausmacht, in der die neuen Germanischen Züge sich verlieren. Der verflüchtigte Römische Character ist nur noch in so fern sichtbar, als er äußerlich aus der Sprache und aus anderen Erscheinungen sich nicht

verdrängen ließ. Während in Italien das Römische durchaus immer noch mit der Anmaßung Römisch zu seyn auftritt, hat es sich unbewußt in Spanien in das Ganze des
Lebens verloren; etwa wie auch die Mauren in Sprache
und Sitten Spuren ihres langen Aufenthalts hinterlassen
haben.   Dagegen ist dann der katholische Glaube, der in
Italien nur seinen Sitz hat und sich vorfindet, hier in
Spanien das Bewußtsein des ganzen Reiches; man ist
nun stolz darauf katholisch zu seyn, und die Gesetzgebung
hat ihre neu erworbene Germanische Bildung gegen die
Objectivität der kirchlichen Formen aufzugeben.   Das Römische Recht führt sich in Spanien im Gefolge des Canonischen ein: diesem hat es seine Erfolge zu danken; zur
Zeit als die siete Partidas verfaßt worden, worin dieser
doppelte Einfluß allein sichtbar ist, war man in Spanien,
trotz dem Westgothischen Gesetzbuch, mit der Richtung des
Römischen Rechts weder einverstanden, noch vertraut. Aber
die Germanischen Rechtssätze, welche sich das Spanische
Recht zur Zeit des Kampfes angeeignet hatte, ließen sich
vom Canonisch-Römischen Recht nicht ganz verdrängen:
sie hielten sich wenigstens neben demselben aufrecht, und
haben sich endlich in der Recopilacion, die nur einheimisches Recht aufnahm, eine feste Sammlung bereitet.

Spanien bietet also das eigene Schauspiel dar, mit
einer allgemeinen Gesetzgebung zu beginnen, in der die Germanischen Bestandtheile sich in Römisches Recht verlieren,
dann zu Germanischem Rechte sich zurückzubilden, und sein
Gesetz damit zu verjüngen, endlich der Ausbildung dieses
Rechts durch die vollkommene Anschließung an die Kirche
und an das Römische Recht entgegenzuwirken.   Zuerst
Römischer als irgend ein barbarisches Reich, wird es alsdann Germanischer als sonst wohl ein Romanisches, um
zuletzt in dem einen Aufgehen in den Dienst der katholi-

schen Kirche, sowohl seine Römischen als seine Germäni-
schen Bestandtheile als gleichgültig anzusehen.

Betrachtet man nun das Familien- und Erbrecht, so
wird sich der mitgetheilte Gang eben so darin vorfinden.
Die Gütergemeinschaft, in Beziehung auf die Errungenschaft, wovon das Fuero juzgo nur eine ganz dürftige
Spur hat, ist fast überall in Spanien einheimisch, während
in Italien sogar die Vorstellung eines anderen Verhältnisses, als des getrennten Gutes unbekannt bleibt. Aber noch
weit entfernter von dem Character der Römischen Ehe ist
die völlige Gemeinschaft (hermandad), welche Ehegatten
mit einander eingehen können, und die unidad, wodurch
dem überlebenden Ehegatten das Vermögen gesichert wird.
Zwar läuft immer noch das Verbot der Schenkungen unter Ehegatten, wie es im Westgothischen Gesetze vorkomint,
nebenbei, und zugleich mit der Gemeinschaft des Erworbenen scheint ein getrenntes Dotalrecht bestehen zu können:
aber es zeigt diese Einheit des Erwerbes doch den durch-
brechenden und nur nicht zur Ausbildung gekommenen Germanischen Character. Mehr als in Castilien findet dieses
noch in Arragonien und Vizcaja statt, wo die Freiheit länger den Angriffen der absoluten Macht, sie zu absorbiren,
Widerstand geleistet hat. Nirgends ist bis zum dreizehnten Jahrhundert das Ansehn der Kirche in den Stadtrechten bedeutend: die Ehelosigkeit ist weit davon entfernt, als
ein Vorzug betrachtet zu werden, und weder Ehen noch Concubinate der Cleriker kann man lange Zeit verhindern. In
der väterlichen Gewalt muß man den Umstand, daß der
Vater für das Kind haftet, und auch durch dasselbe erwirbt, nicht etwa für einen Römischen Gedanken halten,
denn nur das gemeinschaftliche Wohnen, die Aufsicht, welche dem Vater zugemuthet wird, begründet dieses Recht.
Auch ist der Unterschied von Ehelichkeit und Unehelichkeit

hier nicht vorhanden. Der Erwerb durch den Vater wird ganz ausdrücklich als eine Compensation für dieses Haften angesehen. Ueberall ist übrigens die Heirath des Kindes das Ende der väterlichen Gewalt, und die ziemlich abstracte Freiheit des Arragonischen Volkes kennt dieselbe überhaupt gar nicht.

Das Princip des Gesammteigenthums im Erbrecht, das oben ausführlicher nachgewiesen worden ist, die große Beschränkung der testamentifactio und der Enterbung, das mit diesem Geiste zusammenhängende Retractsrecht der Verwandten, der Unterschied zwischen unbeweglichen und beweglichen Sachen, zwischen Sachen die den Männern zukommen und zwischen weiblichem Geräthe, müssen sogleich als Germanische Züge des Spanischen Rechts erkannt werden. Als ganz eigenthümlich der Spanischen Anschauung angehörig, ist der Auftrag zu betrachten, den man einem Fremden geben kann, ein Testament zu machen. Wenn eine solche Anordnung mit der Willkühr, wie sie das Römische Recht anerkennt, streitet, so hängt sie in Spanien mit dem Princip der Treue und Pietät zusammen, auf die man sich besser als auf den eigenen Willen verlassen kann.

Dieser Germanismus des mittleren Spanischen Familien- und Erbrechts wird aber durch das sich abermalige Zusammennehmen zu einem nunmehr katholischen Reiche in seiner Entwickelung durchweg gehemmt. Wie der Kampf gegen die Mauren diese Gedanken hervorruft und befestigt, so hindert sie nunmehr das andere Eindringen des Cano-nisch-Römischen Rechts. Diesem kann man nichts als passiven Widerstand entgegensetzen, der seine Macht nur eine Zeitlang abhält, aber nicht abwehrt. Was soll auch das katholische Reich gegen das katholische Recht vorbrin-gen können? Wenn Spanische Juristen über den Geist der Partidas, gegen die Castilischen Municipalrechte gehalten,

erstaunen, so verkennen sie eben den nothwendigen Gang
ihrer Geschichte, welche die Germanische Sittlichkeit des
Spanischen Mittelalters in die Römisch-Katholische Substanz wieder verlaufen läßt. Die Blüthe des Spanischen
Lebens ist allerdings diese Germanische Beweglichkeit desselben, welche im Verein mit der zusammenhaltenden Einheit des Königthums, und dem von ihm ausstrahlenden
Glanz die schöne Gestalt einer damals Alles überragenden
Bildung giebt. Nachdem Rom und die Kirche aber in die
offenen Thore eingezogen, wird das was vom Germanischen Leben sich kund giebt, nur noch tolerirt und in eine
todte Sammlung gebracht. Die Rechtssätze, welche man
in den Stadtrechten als blühende Pflanzen begrüßt, erscheinen in der Recopilacion wie in einem Herbarium. Es
giebt noch Gemeinschaft der Errungenschaft in der Ehe,
Beschränkung der testamentifactio: das Recht, innerhalb
des dritten oder fünften Theils zu verfügen besteht, aber
eigentlich ist es das Römische Dotalrecht, das Römische Te-
staments- und Notherbenrecht, welches theils aus den Partidas, theils als reines Subsidiarrecht, den Kern und den
Inhalt der Spanischen Praxis begründet. Wenn die
Stadtrechte die Ehelosigkeit mit Ungunst betrachten, und
die Veräußerung an die todte Hand nicht zugeben, so findet sich von Ferdinand dem Katholischen ab, der furchtbare
Drang, die kirchliche Gesetzgebung noch strenger und consequenter durchzusetzen, als die Kirche selbst es möchte, und
katholischer zu seyn, als der Katholicismus selbst.

So ist Spanien am Ende des Mittelalters wieder in
dem, durch den Katholicismus vermittelten Romanismus,
nicht in jenem ursprünglichen, wie Italien, wo er selbstständig neben der Kirche hergeht. Was in Italien aus
der politischen Lage, und aus der Mengung der Bestandtheile hervortritt, die kleinliche Zurücksetzung der Weiber,

der Vorzug der Agnation vor der Cognation, hat in einem großen und in sich begründeten Reiche keine Freiheit sich zu entwickeln. Was nicht die Interessen der Kirche nahe berührt, wird seinem natürlichen Laufe zurückgegeben.

Doch es erhebt sich innerhalb der Pyrenäischen Halbinsel ein kleiner, und gegen das Ganze gehalten, unbedeutender Punkt, in dem der Katholicismus mehr die Religion des Staates, als der Staat selbst ist; wo sich die Regierung bei aller Treue gegen die Kirche, doch von der unmittelbaren Herrschaft derselben emancipirt. Durch die Lage, durch die Sprache und frühere Geschichte ist Portugall, theils als zu Spanien gehörig, zu betrachten, und in dieser Hinsicht hat es, namentlich in Beziehung auf Recht, auf bedeutende Originalität keinen Anspruch. Dann aber hat es durch sein Streben nach außen, um durch Eroberung und Colonisation zu ersetzen, was ihm an physischer Ausdehnung in der Heimath abgeht, eine frühe Freiheit der Bewegung erlangt, die auf das Mutterland selbst Einfluß hatte. Das Portugiesische Recht ist nicht ohne Spuren desselben, und wenn auch späterhin das Römische und Spanische Recht die einheimische Sitte zu untergraben suchten, so ist in den Ordenaçoes jener allgemeine Zusammenhang mit weltgeschichtlichen Interessen nicht zu verkennen, der den Verordnungen der Spanischen Könige so oft abgeht.

III. Portugall.

Es fehlt uns bei der Betrachtung des Portugiesischen Familien- und Erbrechts eine sehr wichtige Quelle, nämlich

die Stadtrechte, und wir müssen uns mit demjenigen Theile
des Lusitanischen Rechts, der in der allgemeinen Gesetzgebung niedergelegt ist, begnügen. Doch scheint das Privatrechtliche in den Portugiesischen Statuten nicht von so
großer Bedeutung als in Spanien gewesen zu seyn, und
die Ordenaçoes bilden sehr früh die Hauptquelle der Berufung. Da diese ferner nicht willkührliche Verordnungen
enthalten, sondern vielmehr der richtige Ausdruck des herr-
schenden Rechtsgeistes sind, so kann auch aus ihnen allen
eine befriedigende Entwickelung geschöpft werden. Obgleich
in den Portugiesischen Gesetzen bisweilen von einer potestas [1058]) des Mannes über die Frau gesprochen wird,
so ist hierunter doch kein wahres Mundium zu verstehen,
das weder im Fuero juzgo, der ältesten Grundlage des
Portugiesischen Rechts, noch sonst sich vorfindet [1059]): es
weicht der Begriff des ehelichen Verhältnisses überhaupt
nicht von dem ab, welcher bei allen Katholisch-Romanischen
Völkern sich festsetzt. Der Mann hat ein mäßiges Züchtigungsrecht [1060]), er kann die Frau mit Privatgefängniß
bestrafen [1061]), die im Ehebruch ertappte tödten [1062]),
was dem Vater nach Lusitanischen Begriffen nicht zusteht:
endlich kann die Frau ohne Erlaubniß des Mannes nicht

1058) Ordenaçoes e Leys do Reyno de Portugal. Lisboa
1727. IV. 66. „quer a esse tempo seja *em poder do marido*."

1059) *Paschalis Josephi Mellii Freirii* Institutiones Iuris
civilis Lusitani. Ed. 4. Olispione 1807. II. 145.

1060) Orden. V. 36. §. 1.

1061) Orden. V. 95. §. 5. Doch spricht der Text eigentlich nur
von Kindern: die Ausleger haben ihn auch auf die Frauen angewandt.

1062) Orden. V. 38. pr.

vor Gericht erscheinen [1063]). Die Königinn von Portugall, welche einen Privatmann heirathet, ist in allen Punkten, die nicht die Regierung betreffen, diesem Eherecht unterworfen: nach dem Lanegischen Gesetze erhält der Mann der Königinn den Titel des Königs aber nicht eher, als bis ein Sohn aus der Ehe entsprossen ist: immer muß jedoch der Mann zur linken Seite der Königinn gehen, und darf nie eine Krone tragen (ibit in manu manca et maritus non ponet in capite coronam regni) [1064]). Das Concubinat ist niemals in Portugall so wie in Spanien begünstigt worden, obgleich die Concubinenkinder den ehelichen gleichgesetzt sind. In den Ordenaçoes finden sich harte Strafen in Beziehung auf dasselbe, namentlich für diejenigen, die den vornehmen Klassen und der Kirche angehören [1065]). König Manuel verbannt Weiber, die Unzucht treiben, vier Monate aus Lissabon, und läßt sie tausend Rees an den Ankläger bezahlen [1066]).

Was aber nun die Portugiesische Ehe von der Spanischen gründlich unterscheidet, das ist die in Portugall früh ausgebildete vollkommene Gütergemeinschaft, welche nicht allein sich auf den gegenseitigen Erwerb bezieht, son-

---

1063) Orden. III. 47.

1064) Pasch. Ios. Mellii Freirii Inst. II. 147.

1065) Orden. V. 27, 28.

1066) *Leis extravagantes collegidas e relatadas pello Licenciado Duarte Nunez Do Liam per mandado do muito alto e muito poderoso Rei Dom Sebastian nosso Senhor.* Lisboa 1569. f. 170. Ordenou el Rei Dom Manuel, que qualquer molher, que na corte, ou na cidade de Lisboa fosse comprendida, e se provasse, que com sey corpo ganharen dineiro fosse presa e degradada, por quatro meses foro da cidade, e pagasse mil reaes para quen a accusasse.

bern das ganze Vermögen der Eheleute umfaßt. Dieses
in vielen Städten herrschende Recht, wurde schon unter
Alphons V. zu einer allgemeinen Reichsgewohnheit erhoben [1067]). Jede Portugiesische Ehe wird als unter dem
Gesetz der Gütergemeinschaft (carta de ametade) geschlossen angesehen, wenn nicht ausdrücklich das Gegentheil pa-
ciscirt worden (Todos os casamientos feitos em nossos
Reynos, e senhorios; se entenden serem feitos por
Carta de ametade Salvo, quando entre as partes outra
cousa for acordada, e contratada, porque então se guar-
darà, o que entre elles for contratado) [1068]). Die
Ehegatten sind aber nur als theilhaftig der Gemeinschaft
(meeiros) zu betrachten, wenn die Ehe kirchlich (a porta
da Igreja) vollzogen ist [1069]), oder der kirchlichen durch

1067) Mellii Freirii Inst. II. 151. Außerordentlich naiv aber richtig
drückt sich zur Vertheidigung der Gütergemeinschaft ein alter Portugiesi-
scher Jurist, Belasco, in der Praxis Partitionum et Collationum inter heredes secundum jus commune ac regium Lusitaniae Fra-
cof. 1608. p. 11. et sq. aus et est nimium rationabilis consuetudo
ex pluribus; primo ut qui communicant corpora, quod plus est,
communicent etiam omnia bona jura et actiones, quod minus
est, *quia excellentior est persona rebus, item ne quotidie in eadem domo sit illud jurgium inter conjugatos, quod esse consue-
vit: hoc est meum, illud est tuum, prout contigit in illis locis,
in quibus hujusmodi consuetudo non viget.*

1068) Orden. V. 46. pr.

1069) Orden. V. 46. 1. E quando o marido, e mulher
fore casados por palabras de presente á porta de Igreja, ou
por licença do prelado fóra della, havendo copula carnal, se-
raõ meeiros em seus bens, e fazenda. E posto que elles
queirão porvar. e provem que forão recebidos por palavras de
presente, e que tivèrão copula, se não provarem que forão
recebidos à porta da Igreja, ov fora della com licença do prelado, não serão meeiros.

Erlaubniß gleichgesetzt werden kann [1070]). Die Ehegatten in einer Putativehe haben keine Gütergemeinschaft [1071]). Es ist übrigens vollkommen gleichgültig, welchen Stand und welches Alter die Eheleute haben, so wie, ob sie reich oder arm sind [1072]). Die Communio findet sowohl an dem Vermögen statt, welches in die Ehe gebracht wird, als auch an dem, das während derselben erworben wurde. Eine Wittwe von funfzig Jahren, die zum zweitenmale heirathet, und Kinder aus der ersten Ehe hat, bringt nur ein Drittel ihres Vermögens in die Gemeinschaft, was sie späterhin von Descendenten oder Ascendenten erbt, hat ganz dieselbe Bedeutung [1073]). Ausgenommen von der Gütergemeinschaft sind blos Majorate, Emphyteusen und Güter der königlichen Krone [1074]).

Was die Wirkungen dieser Gütergemeinschaft betrifft, so ist zunächst zu bemerken, daß die Frau sowohl beim Leben als nach dem Tode des Mannes, als im Besitz des Vermögens seyend betrachtet wird (em posse e cabeça de casal) [1075]). Dann kann kein Ehegatte Veräußerungen, namentlich unbeweglicher Sachen, ohne Einwilligung des anderen vornehmen [1076]). Ohne die Frau soll der Mann im Gerichte nicht gehört werden, es müsse sich denn um eine unaufschiebbare Alimentation, oder um die Aus

---

.1070) Ord. V. 46. §. 2.

1071) Mellii Freirii Instit. II. 152.

1072) Valasc. de part. cap. 5. n. 9. 14.

1073) Ord. IV. 105.

1074) Ord. IV. 95. 1.

1075) Orden. IV. 95. pr.

1076) Orden. IV. 47. pr. 48.

führung eines rechtskräftigen Urtheils handeln[1077]. Bewegliche Sachen kann der Mann auch ohne die Frau veräußern: entsteht aber ein großer Nachtheil aus der Veräußerung, so ist dieselbe nur in Beziehung auf die Hälfte des Mannes gültig[1078]. Nicht zur Lehre von der Gütergemeinschaft gehörig ist aber der Satz, daß die Frau nicht einmal für ihren Theil bewegliches Gut alieniren darf[1079]. Dieses Verbot bezieht sich auf die Unterordnung der Frau in Beziehung auf die Administration, welche dem Manne allein zusteht. Eine Streitfrage, die die Portugiesischen Juristen namentlich in Bewegung gesetzt hat, ist die, ob die vor der Ehe contrahirten Schulden des einen oder anderen Theils mit in die Gemeinschaft zu rechnen seyen. In der Regel wird hier verneinend entschieden[1080].

Diese Gütergemeinschaft, welche die allgemeine Gewohnheit des Königreiches ist, kann aber, wie schon gesagt worden, durch die Willkühr der Eheleute aufgehoben, und die Ehe in eine Dotalehe verwandelt werden (Quando alguns casão não pelo costume e ley do Reyno, por que o marido e mulher são meeiros, mas por contraro de dote, e arras)[1081]. Hier tritt alsdann das Römische Recht mit dem Unterschiede des Dotal- und Paraphernalgutes ein, und die Lusitanische Praxis ist bis auf einige wenige Abweichungen mit dem, was anderswo das gemeine Recht genannt wird, ganz zusammenfallend[1082]. Zu die-

---

1077) Orden. I. 66. III. 86. §. 27. 28. in f.
1078) Ord. IV. 64.
1079) Ord. IV. 66.
1080) Mellii Freirii Inst. II. 157. 158.
1081) Ord. IV. 47.
1082) Mellii Freirii Inst. II. 161. et sq.

sen Abweichungen gehört, daß der Vater auch die unehelichen Töchter, wenn sie dürftig sind, dotiren muß [1083], daß bei einer Ehe mit Gütergemeinschaft auch die Mutter von der Pflicht, eine dos zu bestellen, nicht befreit ist [1084], daß gewisse eigenthümliche Sachen, die nicht in die Gemeinschaft kommen können, wie Majorate, Emphyteusen und Güter der königlichen Krone, auch nicht in dotem gegeben werden dürfen [1085], daß endlich für die dos ein Maximum, das nicht überschritten werden darf, festgesetzt ist. Dieses Maximum ist der Pflichttheil der Tochter, oder der dritte Theil des Vermögens des Vaters oder der Mutter [1086]. Die Beschränkungen, welche durch König Johann IV. namentlich Weibern des hohen Adels auferlegt waren, daß ihre dos zwölftausend Crusaden nicht übersteigen durfte, sind späterhin wieder aufgehoben worden [1087]. Es versteht sich übrigens von selbst, daß die von einem Fremden kommende dos adventitia an ein solches Maximum nicht gebunden ist [1088]. Die dos adventitia bedarf, wie jede Schenkung, einer Insinuation [1089]. Nach dem Tode der Frau geht die dos profectitia nicht an den Vater, sondern an die Kinder oder sonstige Erben desselben [1090].

Wenn

1083) Mellii Freirii Inst. II. 164.

1084) Orden. IV. 46.

1085) Orden. II. 35. §. 18. IV. 38. pr.

1086) Orden. IV. 97. §. 3.

1087) Orden. IV. 47. 97. §. 3.

1088) Mellii Freirii Inst. II. 166.

1089) Orden. IV. 62.

1090) Orden. I. 88.

Wenn so Gütergemeinschaft und Römisches Dotalrecht im Portugiesischen Rechte parallel neben einander hergehen, so muß die Frage entstehen, ob in demselben keine dos (arras), die der Mann der Frau giebt, gefunden werde. Bei einer durchgängigen Gemeinschaft ist ein Witthum nicht denkbar: wenigstens würde es wieder in die ohnehin bestehende Einheit des Gutes zurückfallen. Daher kann die dos des Mannes ebenfalls nur statt finden, wenn die Ehe nach Dotalrecht eingegangen ist. Die Ehe heißt alsdann casamiento de dote e arras. Dadurch wird aber die dos welche der Mann giebt, zu einer wahren donatio propter nuptias, das heißt zu einem Gegenstück der von ihr vorausgesetzten dos der Frau. Diese dos des Mannes darf daher den dritten Theil der dos der Frau nicht übersteigen: sie findet gar nicht statt, wenn die Frau keine dos einbrachte [1091]): ferner muß sie niemals Unbestimmtes zu ihrem Gegenstande haben, oder wie sich die Portugiesischen Quellen ausdrücken, de camera cerrada seyn [1092]). Indem somit die dos des Mannes den eigentlichen Character des Witthums verloren, und zu einer wahren donatio propter nuptias geworden ist, scheint es auch consequent zu seyn, daß die Frau die arras niemals lucrirt, sondern nur wenn sie den Mann überlebt, den Ususfructus auf Lebenszeit hat [1093]) und daß sie während der Ehe die Früchte nicht erhält. Von der donatio propter nuptias unterschieden, und dem Witthum wiederum näher steht die arras dadurch, daß dieselben überhaupt gar nicht nothwendig sind und ganz unterbleiben können. Wenn im Römischen Recht eine

---

1091) Orden. IV. 41.

1092) Orden. l. l.

1093) Mellii Freiril Inst. II. 181.

dos ohne donatio propter nuptias nicht denkbar ist, so kann dieselbe in Portugall allerdings auch ohne arras statt finden.

Was die Schenkungen zwischen den Ehegatten betrifft, so bestimmte das Altportugiesische Recht, so wie wir es noch im Alphonsinischen Codex lesen[1094]), daß die Frau, wenn ihr vom Manne ein Erbe (herdade) geschenkt worden war, und Kinder vorhanden sind, dasselbe mit in die Masse conferiren mußte. Aus diesem sehr bedingten Verbot der Schenkung, welches eigentlich aus der Natur der Gemeinschaft schon von selbst folgte, ist seit Alphons V. ein durchgreifenderes gemacht worden, so daß man sagen kann, es sey das Römische Recht vollkommen in dieser Beziehung eingeführt[1095]). Es versteht sich indessen von selbst, daß auf Ehen, die durch Carta de ametade eingegangen sind, dieses Verbot keine Wirkung hat.

Die väterliche Gewalt ist in Portugall ganz von den Bestimmungen des Westgothischen Codex abgewichen, und durchweg nach dem Geiste des späteren Rechts gebildet. Die Vorrechte, die nächst dem Vater die Mutter in Spanien hat, finden sich hier nicht. Das Kind wird zwar, wo Gütergemeinschaft herrscht, auf gemeinschaftliche Kosten erhalten, aber nach etwa getrennter Ehe, allein auf Kosten

---

1094) *Alph. Codex* IV. 14. Costume foy dantiguamente usado em estes Reynos, e escripto na nossa Chancalleria em tempo d'El Rey Dom Affonso o Terceiro em esta forma, que se segue. Costume he que se o marido dao em sua vida a sua molher alguña herdade, depois da morte do marido aduga, a molher essa herdade a particom com os filhos do marido, ou dambos.

1095) Ord. IV. 65.

des Vaters [1096]). Nur bis zum dritten Jahre soll die
Mutter das Kind ernähren, und im Falle sie keine Milch
hat, ihm eine Amme halten müssen [1097]). Dem Vater
steht allein das Recht zu, im Testamente einen Tutor für
das Kind zu ernennen und demselben pupillariter zu substituiren, ferner das Vermögen des Kindes zu administri-
ren [1098]) und dasselbe vor Gericht zu vertreten. Wie die
übrigen Administratoren hat der Vater übrigens Rechenschaft abzulegen [1099]), und ist wegen schlechter Verwaltung
zu entfernen, ohne daß dem Kinde Nachtheil daraus entstehen darf (Se as o dito pay dissipar gastar, ou em
tal maneira damnificar, que o filho as não poderá depois recoprar ao tempo, que lhe houverem de ser re-
stituidas) [1100]). Die Rechte, welche der Mutter ertheilt
sind, kommen mit denen überein, welche auch das spätere
Römische Recht ihr gewährt [1101]). Nur zur Verheirathung
des Kindes wird ihr Consens ebenfalls erfordert.

Die väterliche Gewalt entsteht durch Ehe und Legitimation, und zwar kommt die letztere sowohl in Form des
subsequens matrimonium, als auch des rescriptum principis vor [1102]). Von einer legitimatio per Curiae dationem findet sich keine Spur, wohl aber geschieht einer

---

1096) Ord. IV. 99. §. 2. l. 88. §. 11.

1097) Mellii Freirii Inst. II. 100. sie mußte eine Frau von
Stande seyn. Hier muß der Vater die Amme bezahlen. Ord.
IV. 99.

1098) Ord. I. 88. §. 6. E deixara os bens em poder do
pay porque elle por direito he seu legitimo administrador.

1099) Valasco Praxis Part. c. 18.

1100) Orden. III. 9. §. 4.

1101) Mellii Freirii Inst. II. 105.

1102) Ord. II. 35. §. 12.

Gg 2

Legitimation durch Testament Erwähnung, die jedoch noch hinterher eine Königliche Bestätigung erfordert [1103]. Arrogationen und Adoptionen waren in Portugall entweder ganz außer Gebrauch oder kamen doch nur in einzelnen seltenen Beispielen vor [1104]. Wie im Spanischen Rechte ist die Heirath eine eigene Weise der Emancipation (porque segundo estylo de nosso Reyno, sempre, como o filho he casado, he havido por mancipado, e fora do poder de seu pay) [1105]. Sonst ist auch diese Lehre ganz mit dem Römischen Rechte übereinstimmend.

Die unehelichen Kinder (bastardi) genossen in Portugall ähnliche Rechte, wie früher in Spanien, sie waren im Grunde wenig von ehelichen Kindern zu unterscheiden. Die illegitimen Kinder adlicher Personen folgten in den Adel des Vaters, nur durch einen Riß in dem Wappen ihres Schildes ausgezeichnet (quebra de bastardia) [1106]. Diese Bestimmung ist um so weniger auffallend, als die Kinder auch die Freiheit hatten, Adel und Wappen ihrer Mutter anzunehmen (E se quizerem tomar sómente estremes as armas da parte de suas mays) [1107].

In Hinsicht auf die Lehre von der Vormundschaft ist folgendes hervorzuheben. Ursprünglich kannte das Portugiesische Recht den Unterschied zwischen tutor und curator nicht. Beide waren unter dem Namen guardador begrif-

---

1103) Ord. I. 3. §. 1. II. 35. §. 12.

1104) Ord. I. 3. §. 1. II. 35. §. 12. Mellii Freirii Inst. II 121. 122.

1105) Ord. I. 88. §. 6.

1106) Ord. V. 92. E os bastardos hão de trazer as armas com sua quebra da bastardia, segundo ordem da armana.

1107) Ord. V. 92. §. 4.

fen, späterhin ist aber dieser Unterschied dem Römischen
Rechte nachgebildet worden [1108]). Die Tutel ist testamentaria, legitima und dativa, doch kommt die legitima nicht
blos den Agnaten, sondern eben so den Cognaten nach der
Nähe des Grades zu. Während der väterlichen Gewalt
kann ein Vormund nur ernannt werden, wenn der Vater
krank, abwesend ist, oder zur zweiten Ehe schreitet (E se o
pay for torvado do entendimento, ou doente de tal
enfermidade, que não possa reger, ou administrar os
bens de seus filhos) [1109]). Wie im Römischen Rechte
sind das 14te und 12te Jahr die Jahre der Pubertät, das
25ste das der Volljährigkeit. Die Bestimmung des Westgothischen Codex, daß der Tutor den zehnten Theil der
Früchte nehmen dürfe, hat sich in Portugall nicht erhalten.

Die ältesten Testamente in Portugall beziehen sich in
Form und Inhalt ganz auf den Westgothischen Codex: sie
enthalten keine eigentlichen Erbeinsetzungen, sonder nur Legate, in der Regel für fromme Stiftungen. Daher werden ihnen auch Imprecationen gegen diejenigen beigegeben,
die sie umstoßen, und Segenswünsche für solche, die zur
Aufrechthaltung beitragen. Als Beispiele können die Testamente der Könige Alphons I., Alphons II. und Dionysius dienen. In dem letzteren heißt es: E o que por alguma maneira per si, ou per outrem embargar, aja a
maldiçam de Deos, e a minha pera todo sempre, a seja
condemnado com Indas tredor em fundo do Inferno [1110]).
Späterhin aber werden die Vorstellungen des Römischen
Rechts vollkommen überwiegend, und von den Königen in

1108) Ord. IV. 104. §. 6.
1109) Orden. I. 88. §. 6.
1110) Mellii Freirii Iust. III. 37.

ihre Sammlungen aufgenommen. So finden wir sie schon im Alphonsinischen Coder[1111]), von wo aus sie in den von Emanuel und Philipp übergingen. Doch ist auch in diesen Gesetzen noch eine Hinweisung auf die Sitte und den Fuero juzgo nicht zu verkennen. Sind Kinder vorhanden, so können Ascendenten nur über ein Drittel ihres Vermögens frei verfügen[1112]): fünf Zeugen, sowohl Männer als Frauen, reichen zur Gültigkeit des Testaments hin[1113]), welches auch ohne ausdrückliche Einsetzung, oder Enterbung des Sohnes aufrecht erhalten wird, und zwar so, daß der übergangene durch ein Fiction für eingesetzt zu halten ist[1114]).

Am Ende des Mittelalters stellt sich das testamentarische Recht also. Das Testament ist entweder offen (aberto) oder verschlossen (cerrado). Das testamento aberto wird vor einem Notar und fünf Zeugen verfaßt, so daß der Notar es niederschreibt, und der Testator oder einer der Zeugen es vorliest[1115]). Das testamento cerrado muß einem Notar vor fünf Zeugen übergeben werden. Der Notar muß ein Anerkennungsinstrument aufsetzen, das der Testator und die Zeugen unterschreiben[1116]). Die Gefahr des herannahenden Todes berechtigt zu einem mündlichen Testament vor sechs Zeugen, aber ohne weitere Förmlichkeit; hier können auch Weiber zugezogen werden[1117]). Genes't

---

1111) Alph. Cod. IV. 97. 98. 99. 100. 101. 102. 103.

1112) Alph. Cod. IV. 97.

1113) Alph. IV. 103.

1114) Alph. I.

1115) Ord. IV. 80. pr.

1116) Ord. IV. 80 §. 1, 2,

1117) Ord. IV. 80. §. ult. E poderà o testador ao tempo

der Kranke, so ist das Testament null und nichtig. Diese
Bestimmung fehlt indessen im Alphonsinischen und Ema-
nuelischen Coder. Das Canonische Testament vor dem
Pfarrer und zwei Zeugen hat nie in Portugall Eingang
gefunden [1118]). Dagegen ermangelt das Portugiesische
Recht nicht des militärischen Testaments [1119]) und des
auf dem Lande gemachten [1120]). Fillifamilias können, wie
im Römischen Rechte, nur frei über das peculium castrense testiren: aber der Vater kann auch in Portugall
in das Testament des Sohnes über andere Gegenstände
einwilligen, das dadurch Gültigkeit erlangt (posto que o
pay lho permita e consinta) [1121]). Clerifer dürfen, wie
in Spanien, sogar über das verfügen, was sie durch die
Kirche erworben [1122]), nicht aber solche, die ein Klosterge-
lübde abgelegt haben [1123]). Nicht eingesetzt können werden:
Mönche [1124]), Proscribirte (desnaturalizados), zum Tode
Verurtheilte [1125]), Ketzer [1126]), weltliche sowohl als geist-

---

de sua morte fazer testamento por palavra, ou ordenar de
seus bens por algũa maneira, naõ fazendo disso escritura alguma. E neste caso mandamos, que valha o testamento co
seis testemuhhas, no qual numero seràõ contadas assi as mu-
lheres, como os homens, por ser feito ao tempo da morte.
Porem convalescendo o testador da dita doenca o tal testamento serà nullo e de nenhum effeito.

1118) Melii Freirii Inst. III. 45.

1119) Ord. IV. 83.

1120) Alph. IV. 103. Codicille bedürfen nur vier Zeugen.
Ord. IV. 86.

1121) Ord. IV. 81. §. 3.

1122) Ord. II. 18. §. 5.

1123) Ord. IV. 81. §. 4.

1124) Ord. IV. 84. §. 4.

1125) Ord. V. 127. §. 7.

1126) Ord. V. 1. pr.

liche Collegia. Wenn ein Cleriker einen Cleriker instituirt, so darf der eingesetzte Erbe die Erbschaft nur ein Jahr behalten [1127]). Erbverträge sind durch ausdrückliche Gesetze verboten [1128]).

Ein Erblasser, der Descendenten hat, kann im Testamente frei über ein Drittel seines Vermögens testiren, hat er auch seine Kinder in die übrigen zwei Drittel nicht eingesetzt, so gelten sie dennoch für stillschweigend instituirt [1129]). Der postumus rumpirt dagegen das Testament [1130]), weil angenommen wird, daß, wenn seine Existenz gekannt worden wäre, dasselbe nicht gemacht worden sey. Ascendenten und solche Collateralen, die zu einem Pflichttheil berechtigt sind [1131]), können ebenfalls verlangen, daß ihnen der Testator zwei Drittel des Vermögens frei von allen Lasten hinterlasse (E assi mesmo haverà lugar, quando o filho, ou neto, ou outro descendente fallecer e fizer testamento, em cada huma das maneiras sobreditas, sem

---

1127) Ord. II. 18. §. 7.

1128) Ord. IV. 70. §. 3. 4.

1129) Ord. IV. 82. pr. Se o pay, ou mãy fizerem testamento, e sabendo que tem filhos, ou filhas, tomarem a terça de seus bens, e a deixarem a quem lhes aprouver, ou a mandaren distribuir depois de suas mortes, como for sua vontade, posto que no testamento naõ sejaõ os filhos expressamente instituidos, ou desherdados, mandamos que tal testamento valha, e tenha effeito. Por quanto pois tomou a terça de seus bens no testamento, e sabia que tinha filhos, parece que as duas partes quiz deixar ãos filhos, e os instutujo nellas, posto que della não faca expressa meçaõ, e assi devem ser havidos por instituidos herdeiros, come se expressamente o fossem em favor do testamento.

1130) Ord. IV. 82. §. 5.

1131) Ord. IV. 90. §. 1.

deixar descendentes, e tiver pay, may, ou outros ascendentes) ¹¹³²). Die Enterbungsursachen sind aus dem
Römischen Recht genommen ¹¹³³). Im älteren Rechte
war die minderjährige Tochter, die ohne Einwilligung ihres Vaters und ihrer Mutter geheirathet hatte, ipso jure
erblos, und es bedurfte so wenig einer eigenen Enterbung,
daß der Vater die Tochter nicht einmal im Testament einsetzen konnte ¹¹³⁴). Dieses letztere ist jedoch von Alphons V.
in so weit aufgehoben worden, als der Vater, wenn er
keine anderen Kinder hat, die ungehorsamen allerdings in-
stituiren darf ¹¹³⁵). Die Intestatfolge der Ordenaçoes ist
mit wenigen Ausnahmen die der Novelle 118. Als solche
muß bemerkt werden, daß die natürlichen Kinder den ehelichen ganz gleichgesetzt sind, und sowohl in deren Ermangelung
als mit ihnen zugleich folgen. Was die Longobardischen
Gesetze nur unter Rotharis und zwar sehr schüchtern auf-
zustellen wagen, das ist im Portugiesischen Mittelalter sowohl als in der neueren Zeit ganz unverholen ausgesprochen worden ¹¹³⁶). Doch erben die natürlichen Kinder

---

1132) Ord. IV. 82. §. 4.

1133) Ord. IV. 88. 98.

1134) Mellii Freirii Inst. III. 70.

1135) Alph. IV. 99.

1136) Ord. IV. 92. pr. Se algum homer houver ajuntamento
com alguna mulher solteira, ou tiver huma so manceba não
havendo entre elles parentesco, ou impedimento, porque não
possãos ambos casar, havendo de cada huma dellas filhos, os
taes filhos saõ hovidos por naturaes. E se o pay for pião,
succederlhe hão, e viraõ a sua herança igual-mente com os
filhos legitimos, se o pay os tiver. E não havendo filhos legitimos, herdaraõ os naturaes todos os bens, e herança de
seu pay, salvo a terça se o pay tomar, da qual poderà dispor
como lhe aprouver. E isto mesmo haverà lugar, no filho,
que o homem solteira pião houver de alguma escrava sua, ou
alhea, se por morte de séu pay ficar forro.

nur in nicht adelichen Geschlechtern: von der Erbschaft der adlichen werden sie sogar durch Collateralen ausgeschlossen (E fallecendo sem testamento herdaraõ seus bens os parentes mais chegados, e não os filhos naturaes, porque os filhos naturaes não podem herdar ab intestado seus pays, *salvo se ao tempo que nascerem forem seus pays piões*) [1137]). Sind Kinder aus verschiedenen Ehen vorhanden, so wird das, was die Ascendenten durch Gemeinschaft in einer bestimmten Ehe erwarben, den Kindern aus dieser Ehe vorweg gegeben [1138]).

Die Ascendenten folgen unmittelbar nach den Descendenten und gehen sämmtlichen Collateralen, auch den Geschwistern und ihren Kindern vor [1139]). Der Vorzug der vollbürtigen Geschwister vor den halbbürtigen, findet sich auch im Portugiesischen Recht [1140]). Sind keine Cognaten und zwar bis zum zehnten Grade vorhanden, so folgen sich die Ehegatten, vorausgesetzt, daß das eheliche Verhältniß nicht getrennt worden und die Ehegatten zusammen

---

1137) Ord. IV. 92. §. 1. Trotz dem folgen sie in den Adel.

1138) Ord. IV. 91. §. 2. Porèm, se o filho, oŭ filha, que tiver bens, que houve do patrimonio, ou heráça de seu pay, ou do avò da parte do pay, se finar ab intestado sem descendentes, e sua may lhe succeder nos ditos bens, e ella se casar com outro marido, ou jà ao tempo que succedeo era casado, se ella do primeiro marido tiver outro filho, ou filhos irmãos do filho defuncto, haverà sua mãy o uso e fruto sòmete dos ditos bens em su vida, os quaes não poderà a lhear, nem obrigar, nem havera o segundo marido parte da propriedade delles. E por fallecimento della os haveraõ livremente os filhos do primeiro matrimonio, que por fallecimento de sua mãy ficarem vivos sem os filhos do segundo matrimonio em os ditos bens poderem succeder, nem haver nelles parte alguma.

1139) Ord. IV. 91.

1140) Ord. IV. 93.

leben (em casa teuda, e manteuda). Der an der Trennung
unschuldige Ehegatte verliert das Successionsrecht nicht[1141]).
Diese Succession ist durch ein Gesetz Peter I. eingeführt
worden[1142]). Das Erbrecht des Fiscus, in Ermangelung
aller erbfähigen Verwandten, wird zu den Regalien gerechnet (E todos os *bens vagos* a que naõ he achado senhor certo)[1143]).

Die Erbfolge in die Portugiesischen Majorate richtet
sich, wie immer, nach dem Kronerbrecht. Da nach dem
Lamegischen Gesetze auch Weiber, nur mit Vorzug der jüngeren Männer desselben Grades den Portugiesischen Thron
besteigen können, so wird dasselbe Recht auch bei den Majoraten statt finden[1144]). In den früheren Codices des
Königs Alphons und Emanuel sind gar keine Bestimmungen über Majorate: dieselben kommen zuerst im Philippi-
nischen Codex vor[1145]), und zwar sind sie sämmtlich den
leyes del Toro entlehnt[1146]), mit einigen Zusätzen aus
den Extravaganten König Sebastians. Die Majorate werden von Laien und Geistlichen unter Königlicher Erlaubniß

1141) Ord. IV. 94. Fallecendo o homem casado ab intestado, e não tendo parente atè o decimo grào contado segundo o direito civil, que seus bens deva herdar, e ficando
sua mulher viva, a qual juntamente com ella estava, e vivia
em casa teuda, e manteuda, como mulher com seu marido,
ella serà sua universal herdeira. E pela mesma maneira serà o marido herdeiro da mulher com que estava em case manteuda como marido com sua mulher, se ella primeira fallecer
seu herdeiro atè o dito decimo grào. E nestes casos não
teráõ que fazer em taes bes os nossos Almoxarifes.

1142) Alph. IV. 94.

1143) Ord. II. 26. §. 17.

1144) Molina de primeg. I. 1. n. 22.

1145) Philipp IV. 100.

1146) Recop. V. 7.

errichtet[1147]), und zwar nur an unbeweglichen oder sehr kostbaren Dingen[1148]), sowohl durch Testamente als inter vivos[1149]). In das Majorat können Bastarde niemals folgen[1150]), eben so wenig Geistliche und Ascendenten, von den Collateralen nur die, welche von dem Stifter[1151]) des Majorats abstammen. Wenn durch Heirath zwei Majorate, wovon jedes mehr als viertausend Crusaden jährlich einbringt, in eine Hand kommen, so soll der älteste Sohn nur in das folgen, welches er erwählen dürfte; das andere aber soll den zweiten Sohne zufallen[1152]). Diese Bestimmung ist dem Spanischen Recht entnommen, und zeugt davon, wie gefährlich die zu große Anhäufung des Besitzes in einer Hand den Königen geschienen hat. Ist kein successionsfähiger zweiter Majoratsherr vorhanden, so sollen zwar eine Zeitlang beide Majorate noch in einer Hand seyn dürfen, aber von dem Augenblicke an getrennt werden, wo durch die Existenz Successionsfähiger diese Trennung möglich wird[1153]). Diese Vereinigung mehrere Majorate ist

---

1147) Ord. II. 18. §. 7.

1148) Ord. III. 47. pr.

1149) Mellii Freirii III. 126. 127.

1150) Ord. IV. 100. pr.

1151) Succedera o parente mais chegado ao ultimo possuidor sendo do sangue de instituidor.

1152) Ord. IV. 160. §. 6. Ordenamos, e mandamos, que todas as vezes que se aguntarem por via de casamento duas casas, e Morgados, dos, quaes hum renda cada anno quatro mil cruzados, ou dahi para cima, o filho mayor que delle nascer (o quae conforme às instituições dos ditos Morgados houvèra de succeder en ambos) succeda sómente em hum dos ditos Morgados, qual elle quiser escolher. e o filho segundo succeda em o outro Morgado e casa: e isto sem embargo de quaesquer clausulas e condiçoes etc.

1153) Ord. IV. 100. §. 8. E naõ havendo irmaõ capaz ov havendo hum só filho, poderá o filho Primogenito possuir em

nicht bloß dann verboten, wenn beide in Portugall, sondern auch, wenn sie in fremdem Gebiete sich befinden [1154]).

Hält man nun das, was hier über das Portugiesische Familien- und Erbrecht mitgetheilt worden ist, gegen das vorhergehende Spanische Recht, so werden hauptsächlich zwei Unterschiede bemerkbar seyn, die beim ersten Blick durchaus heterogen erscheinen. Einerseits zeichnet sich das Portugiesische Recht durch die stärkere und durchgängigere Ausbildung aus, welche hier der Germanische Gedanke vom Vermögensrecht der Ehe erhalten hat; andrerseits ist grade dem Römischen Rechte ein weit offenerer und unverhehlter Spielraum gegeben worden, als in Spanien. Weiß man diese Gegensätze betrachtet, so glaubt man bisweilen, in Deutschland zu seyn, dem Lande, wo Germanisches und Römisches neben einander wohnt, während im Norden diese Neutralität unstatthaft ist. Auch hat die Portugiesische Praxis viel Aehnlichkeit mit der Deutschen, und man findet in Portugiesischen Werken vielfache Citationen Deutscher Schriftsteller, während man sie z. B. in Spanischen ganz vermißt. Daß die Sitte des Reiches durchgängige Gütergemeinschaft, nicht bloß wie in Spanien, Gemeinschaft der Errungenschaft ist, muß als gänzlich Germanisch bezeichnet werden, dagegen die Wahl, auch mit getrenntem Gute zu leben, die Macht des Römischen Rechts erblicken läßt, welches in ähnlicher Weise, wie in Deutschland, Eingang gefunden hat. Sucht man aber nach dem Grunde

sua vida ambos os Morgados, ate delle por sua morte ficarem filhos, ou taes descendentes, nos quaes possa hacer effeito a divisaõ, e separaçaõ, ques, ditas duas casas e Morgados, conforme a este ley mandamos que se faca.

1154) Ord. IV. 100. §. 14. E esta ley queremos e mandamos se entenda naõ sómente casando as pessoas destes Reynos, e Senhorios de Portugal com outras naturaes dellas; mas que tambem haja lugar nas pessoas que sasarem fora des ditos Reynos co persoas estrangeiros a naõ naturaes.

dieser Verschiedenheit, Spanien gegenüber, und dieser Annäherung an einen Zustand, der sonst in jeder Hinsicht anders genannt werden kann, so liegt er größtentheils in der
freieren Bewegung nach Außen, welche Portugal von jeher
eigen war, und in der größeren Entfernung vom Mittelpunkt des Katholicismus, wodurch die Germanischen Vorstellungen weder gehemmt wurden, noch die Römischen im
Gefolge des Canonischen Rechts eintraten. Was den Spanischen Städten des Mittelalters subjective Erstarkung verliehen hatte, ging in der katholischen Einheit des Reiches
unter, während in Portugall nur der Standpunkt für freiere
Weltunternehmungen war. Der Westgothische Codex bildete sich hier in dem Wenigen aus, was er Germanisches
enthielt, während das Bedürfniß eines ausgearbeiteten Civilrechts, namentlich für den Handel, dem reinen Römischen Recht eine aufrichtige Aufnahme verschaffte. Doch
beschränkt sich das, was man dem Germanischen Rechte
zuschreiben kann, auf so wenige Punkte: daß der eigentliche
Kern des Rechts Römisch genannt werden muß. Das
Canonische Recht hat hier nur den Antheil, der ihm in einem katholischen Lande ohnehin zukommt: es hatte nicht,
wie in Spanien, eine heftigere Einführung, als es selbst
will, zu erwarten. Die kleinen Nüancirungen und Verschiedenheiten, welche sich in der wahrhaft ausgebildeten
Germanischen Gütergemeinschaft vorfinden, sind in der
Carta de Ametade nicht zu suchen, es steht dieselbe isolirt und ohne allen Zusammenhang mit dem sonstigen Charakter der Ehe da, und die Aehnlichkeit, die anscheinend
zwischen Portugall und Deutschland gefunden worden, verhält sich bei tieferer Einsicht etwa wie die, welche sich zwischen China und einem Europäischen Staate darbieten
möchte. Das Römische Recht ist in Portugall nicht nach
langen Kämpfen, und nachdem eine tiefe nationelle Ausbildung des einheimischen vorangegangen war, eingeführt

worden, sondern instinctmäßig, als das alleinig angemessene, da die Dürftigkeit des Westgothischen Gesetzes, und seine Unfähigkeit, sich zu entwickeln, nicht wie in Spanien, durch reiche Municipalrechte ersetzt wurde. Was wir endlich von eigenthümlichen Portugiesischen Bestimmungen in Familien- und Erbrecht gefunden haben, ist fast erschöpft, wenn wir sagen, daß die natürlichen Kinder zugleich mit den ehelichen folgen.

Italien, Spanien und Portugall sind die drei Glieder des strengen und substantiellen Romanismus. Rom in seinem doppelten Sinne von Alterthum und Kirche, so daß beide nebeneinander sind, und keines das Andere überbieten kann, bildet das Wesen des Italienischen Mittelalters. Die Kirche aber, die sich frei darstellt, und von der lästigen Begleitung der alterthümlichen Erinnerung befreit ist, hat zu ihrem weltlichen Boden Spanien. Das Römische ist hier nur die leichter zu vergessende Römische Herrschaft und was von neuem die Kirche sich davon zugelegt. In Portugall findet sich endlich Aneignung des Römischen und Kirchlichen, ohne das eines von Beiden seine Geburtsstätte, oder seinen wahrhaften Wohnsitz daselbst hätte. Was in Italien beieinander ist, weil beides daselbst entstanden, das ist in Portugal zusammen, weil beides daselbst aufgenommen. Will man die Romanischen Länder noch weiter bezeichnen, so ist Italien das eigentlich Romanische, Spanien das Katholische, Portugall aber ein Katholisch-Romanisches Land.

Die Germanische Eigenthümlichkeit, die diese Länder verzogen, hat in jedem von ihnen Spuren hinterlassen. Was von diesen aber am Ende im Familien- und Erbrechte übriggeblieben, beruhte auf Wenigem und Einzelnem. In Italien war es der Vorzug der Agnation und die Zurücksetzung der Weiber, in Spanien die Gemeinschaft der Errungenschaft zwischen Mann und Frau, in Portugall end-

lich eine freilich ausgebildete, aber gar nicht mit anderen Institutionen zusammenhängende Gütergemeinschaft. Der Kern des
Rechts dieser Länder, wie der ihrer Sprachen, blieb Römisch;
man mochte nun dasselbe anerkennen oder sich ihm widersetzen.

Was aber in Portugall naiv und ohne Bewußtseyn
sich neben einander befindet, Germanisches Recht und Römisches, als Producte von Zuständen, die ihr Leben ausge-
haucht, und deren Resultate ohne weitern Zusammenhang
mit ihrem Entstehen, in ein friedliches Ganzes zusammen-
kommen, das ist in der nächsten Stufe der rechtsgeschicht-
lichen Entwickelung, in Frankreich, gegen einander.
Der Germanismus ist hier nicht in den Romanismus aufgegangen, und nur noch in einzelnen Spuren erkenubar;
er hat denselben aber auch nicht überwunden und sich an
seine Stelle gesetzt, sondern dasselbe Land spaltet sich in ein
Doppeltes, des Romanischen und Germanischen Rechts.
Frankreich ist daher nicht mit den streng Romanischen Ländern zu vermischen, sondern das Französische Recht ist als
Romanisch-Germanisches einer eigenen Darstellung zu unterwerfen. Frankreich ist nicht wie Italien, Spanien und
Portugall ein bloßes Land des Mittelalters. Wenn seine
Romanische Grundlage es schon im Mittelalter glänzen
ließ, so hat die freie Bewegung des Germanischen Geistes
in ihm sich eben so von diesem Mittelalter, freilich
in Form einer gewaltigen Feuersbrunst, zu befreien gesucht,
und die neue Cultur, an deren Spitze es getreten, läßt
von einem alten Frankreich sprechen, das sich von dem
heutigen unterscheidet. Wir würden daher gegen ein geist-
reiches und lebendes Volk fehlen, wollten wir Frankreich in
einem Zusammenhange mit Völkern abhandeln, die nur noch
wenige Blumen auf dem Grabstein früherer Größe pflegen.

Ende des dritten Bandes.

Gedruckt bei Johann Friedrich Starcke.